현대 의사결정

# 관리회계

신현대

비즈프레스

# 머 리 말

관리회계의 주요 내용은 Management Cycle인 Plan-Do-See의 효율적 수행을 위한 회계정보의 생산과정으로 구성되어 있다. 많은 다양한 부류의 의사결정자들에게 그들이 필수불가결하게 생각하고 제공받기를 원하는 중요 회계정보를 제공해 줌으로써 경영활동을 돕는 기능과 역할을 수행하여야 하는 것이 관리회계인 것이다. 따라서 경영과 관리회계는 동전의 앞면과 뒷면의 관계로 합리적, 효율적인 의사결정과 계획 및 예산수립, 공정한 성과평가 수행 등과 같은 동일한 종류의 가치를 추구하고 있는 동일 계통의 학문으로서 상호 밀접하면서도 보완적 관계에 있는 것이다.

결국 이러한 관리회계에서 추구하는 중요 이슈는 ① 의사결정에 필요한 회계정보의 생산 ② 계획수립과 그 이행을 위한 회계정보 및 기술적 접근 방법 ③ 합리적인 성과평가를 위한 회계정보의 생산과 그 기술적 접근 방법 ④ 경쟁우위를 점하기 위한 회계정보의 생산과 원가절감 방안 등 크게 4가지 정도의 이슈로 정리할 수 있으며 이는 경영을 돕는 관리회계 기능의 중요성을 시사해 주는 것이다.

본서는 위에서 언급한 관리회계의 이슈에 관한 정보를 잘 활용할 수 있는 경영자 양성을 위하여 4가지 이슈를 주제로 하여 학습내용을 구성한 소책이다. 본서의 1장부터 5장까지는 의사결정에 관한 문제를 다루고 6장은 계획 및 예산에 관한 문제를, 7장부터 10장까지는 성과평가에 관한 문제, 11, 12장은 경쟁우위를 위한 원가통제 문제를 다루었다. 전반적으로 본서에서 가장 많은 부분을 할애하고 중요하게 강조한 부분은 의사결정 부분이다. 세상만사의 모든 결과는 의사결정에 따라 달라진다. 그러나 의사결정에 있어서 아무 단점도 없는 완벽한 의사결정은 기대하기가 어렵다. 그것은 사이몬의 말처럼 수풀에 흩어진 수많은 바늘 중 가장 흠 없는 완벽한 최고의 1등 바늘을 찾는 것처럼 비효율적인 일일지도 모른다. 그 노력과 시간은 정말 아까울 것이다. 그럼에도 불구하고 대부분의 사람들은 최고의 의사결정을 하기 위하여 최선의 노력을 다한다. 이것은 의사결정이 그만큼 중요하기 때문일 것이다. 우리는 비록 완전한 의사결정은 할 수 없다 하더라도 주어진 여건 속에서 최선의 결과를 기대할 수 있는 의사결정을 수행하여야 할 것이다. 이것은 주어진 정보를 어떻게 활용하여야 하는지에 대한 고찰을 필요로 하는 사항인 것이다. 본서는 바로 이를 돕는 소책으로서의 역할을 훌륭히 수행할 수 있을 것이다.

예로부터 콩나물 재배와 학문의 수련은 유사하다는 말이 전해 내려오고 있다. 쉬지 않고 물을 주어도 콩나물시루에 부어지는 물은 고이지 못하고 밑으로 빠져 버린다. 공부도 이와 같이 당장은 수련자에게 남아 있지 않는 것처럼 보인다. 그러나 지속적으로 물을 주다 보면 어느 사이에 훌륭하게 잘 자란 콩나물을 볼 수 있듯이 학문의 수련도 지속적인 노력을 기울이면 어느 사이에 실력자가 되어 있음을 알게 될 것이다. 지속적인 노력을 여러분들에게 권하고 싶다. 학문 수련의 왕도는 따로 없을 것이다. 오직 쉬지 않는 노력만이 학문의 길을 인도해 주는 스탠다드가 될 것이다.

본 저자는 이 소책에 많은 애정을 느낀다. 겨울방학 내내 나와 함께 있어 나를 외롭지 않게 벗하여준 소책이다. 이제는 소천하신 어머님의 소원처럼 훌륭한 선생이 되는 꿈을 나는 아직도 꾸고 있다.

2014년 2월

저 자

# CONTENTS

## Chapter 01 관리회계의 의의


1. 관리회계의 뜻 ······4
2. 재무회계, 관리회계, 세무회계 ······5
3. 정보이용자의 기능 ······7
4. 관리회계 담당자의 역할 ······8


## Chapter 02 원가의 이해


1. 원가의 의의 ······12
   1) 원가의 뜻 / 12
   2) 원가대상 / 13
2. 원가의 분류 ······14
   1) 소멸원가와 미소멸원가 / 14
   2) 직접원가와 간접원가 / 15
   3) 변동원가와 고정원가 / 16
   4) 재료원가, 노무원가, 제조간접비 / 19
   5) 관련원가, 매몰원가, 기회원가 / 20
3. 원가의 추정 ······23
   1) 원가추정의 필요성 / 23
   2) 원가추정방법 / 24
   3) 회귀분석 / 32

4. 학습곡선 ······36
1) 학습곡선의 뜻 / 36
2) 학습곡선모형 / 36
3) 학습곡선의 이용 / 41
5. 종합연습 ······43
■ 연습문제 / 46

## Chapter 03 변동원가계산

1. 변동원가계산의 개념 ······56
2. 전부원가계산과 변동원가계산의 비교 ······58
1) 전부원가계산 / 58
2) 변동원가계산 / 61
3) 전부원가계산과 변동원가계산의 차이 비교 / 64
4) 이익차이의 조정 / 66
3. 스루풋 원가계산의 의의 ······68
4. 기준조업도의 의의 ······71
1) 기준조업도의 종류 / 71
2) 기준조업도와 고정제조간접비 배부율 산정 / 73
5. 종합연습 ······74
■ 연습문제 / 76

## Chapter 04 원가 · 조업도 · 이익 분석

1. 수익성 분석 ······86
2. 공헌이익의 계산 ······88

1) 공헌이익의 산출 / 88
2) 공헌이익과 총공헌이익 / 88
3. 손익분기점 ······91
4. 목표이익 CVP분석 ······93
5. 법인세 CVP분석 ······94
6. 안전한계 ······96
7. 영업레버리지 ······97
8. 다품종 CVP분석 ······99
1) 꾸러미법 / 99
2) 가중평균 공헌이익법률 / 100
9. CVP분석의 활용 ······101
10. CVP분석의 한계 ······107
11. 종합연습 ······108
■ 연습문제 / 111

## Chapter 05 관련원가 분석

1. 관련원가 ······122
2. 특수의사결정 ······125
1) 제품가격 결정에 관한 의사결정 / 126
2) 자가생산과 외부구매 / 130
3) 부문 폐쇄에 관한 의사결정 / 133
4) 의사결정에 고려되는 제 요인 / 135
5) 특별주문 의사결정 / 136
3. 종합연습 ······139
■ 연습문제 / 142

## Chapter 06 종합예산


1. 예산의 뜻 ··········153
    1) 예산의 의미 / 153
    2) 예산의 특성 / 153
    3) 예산의 기능 / 155
2. 종합예산 ··········158
    1) 종합예산의 뜻과 상호관계성 / 158
    2) 종합예산 편성절차 / 158
3. 예산편성의 분류 ··········170
    1) 예산참여도에 따른 분류 / 171
    2) 예산편성 방법에 따른 분류 / 172
4. 종합연습 ··········175
■ 연습문제 / 177


## Chapter 07 책임회계와 성과평가


1. 책임회계의 뜻 ··········190
    1) 분권화와 집권화 / 190
2. 책임중심점 ··········192
    1) 원가중심점 / 193
    2) 수익중심점 / 193
    3) 이익중심점 / 193
    4) 투자중심점 / 194
3. 공헌이익접근 성과평가 ··········194
    1) 공헌이익 / 195
    2) 사업부경영자 공헌이익 / 196

3) 사업부 공헌이익 / 196
4. **BSC 성과평가** ······197
1) BSC의 등장배경과 본질/ 197
2) BSC의 본질적 관점 / 199
3) BSC의 기본 개념 / 201
■ **연습문제** / 203

## Chapter 08 표준원가계산

1. **표준원가** ······212
2. **표준원가계산** ······213
1) 표준원가계산의 의의 / 213
2) 표준원가의 종류 / 215
3) 표준원가의 설정 / 216
3. **차이분석** ······219
1) 차이분석의 기본모형 / 219
2) 직접재료원가의 차이분석 / 220
3) 직접노무원가의 차이분석 / 223
4) 변동제조간접비 차이분석 / 225
5) 고정제조간접비 차이분석 / 226
4. **제조간접비의 차이분석 방법** ······229
1) 변동예산 / 229
2) 제조간접비 차이분석의 구분 / 231
5. **차이안분** ······236
1) 차이안분 방법 / 236
2) 재료원가 가격차이의 안분 / 237
3) 기타 계정의 차이안분 / 238
6. **배합차이와 수율차이** ······240
1) 의의 / 240

2) 재료원가의 배합차이와 수율차이 / 241
3) 직접노무원가의 배합차이와 수율차이 / 243
7. 종합연습 ……245
■ 연습문제 / 247

## Chapter 09 이익중심점의 성과평가

1. 이익중심점의 의의 ……256
2. 이익중심점의 성과보고서 작성 ……257
3. 매출차이분석 ……259
1) 단일 제품의 경우 / 259
2) 다수제품의 경우 / 263
4. 종합연습 ……268
■ 연습문제 / 270

## Chapter 10 투자중심점의 성과평가

1. 투자수익률 ……283
2. 잔여이익 ……288
3. 매출수익률 ……290
4. 경제적 부가가치(EVA) ……291
5. 내부이전가격결정과 성과평가 ……293
1) 내부이전가격의 의의 / 293
2) 내부이전가격 결정의 일반지침 / 294
3) 내부이전가격 결정 / 296
6. 종합연습 ……299
■ 연습문제 / 301

## Chapter 11 전략적 원가관리

1. 전략적 원가관리의 의의 ······310
1) 전략적 원가관리 / 310
2) 전략적 관리 및 원가자료 / 311
2. 원가회계와 가치사슬 ······311
1) 가치사슬원가의 식별 / 312
2) 상류 및 하류원가의 측정 / 313
3) 가치사슬 정보의 유용성 / 314
3. 제품수명주기 원가계산 ······315
1) 제품수명주기 원가계산 / 316
2) 제품수명주기 가격결정 / 319
4. 목표원가계산 ······320
1) 전통적 원가계산과 목표원가계산 / 320
2) 부가가치원가와 비부가가치원가 / 322
5. 카이젠 원가계산 ······326
1) 전통적 원가계산과 카이젠 원가계산 / 327
■ 연습문제 / 328

## Chapter 12 활동기준원가계산

1. 전통적 원가시스템과 ABC ······336
1) 전통적 원가시스템의 한계 / 336
2) ABC의 기본구조와 활용효과 / 339
2. ABC의 기본개념 ······341
1) 가치사슬과 활동 / 341
2) 활동의 계층구조 / 342

3)원가동인 / 344
3. ABC의 계산절차 ··········346
4. 고객원가추적과 고객수익성 분석 ··········349
5. 서비스기업의 ABC와 고객원가분석 ··········350
■ 연습문제 / 352

• 부록 / 355
• INDEX / 366

# 제1부

# 의사결정과 회계

제1장 관리회계의 의의
제2장 원가의 이해
제3장 변동원가계산
제4장 원가 · 조업도 · 이익 분석
제5장 관련원가 분석
제6장 종합예산

Chapter 01

# 관리회계의 의의

1. 관리회계의 뜻
2. 재무회계, 관리회계, 세무회계
3. 정보이용자의 기능
4. 관리회계 담당자의 역할

Chapter 01

# 관리회계의 의의

## I. 관리회계의 뜻

회계는 이를 이용하는 경제단위체가 어떠한 목적을 갖고 있는가에 따라 크게 영리회계와 비영리회계로 분류할 수 있다. 이윤획득을 주요 목적으로 하는 경제단위체들이 행하는 회계가 영리회계이고 이윤획득 이외의 다른 목적을 갖는 경제단위체들이 행하는 회계가 비영리회계이다. 이와 같이 경제 단위체의 근본적인 목적에 따라 영리회계와 비영리회계로 나눌 수 있으나 실무적인 입장에서 볼 때 회계는 그 회계정보를 이용하는 대상이 누구인가에 따라 재무회계, 관리회계, 세무회계 등으로 대별하게 되는데 이러한 구분이 회계의 개념적 접근에 매우 유용하게 활용된다. 따라서 이러한 개념을 근간으로 한 비교, 검토를 통하여 관리회계의 뜻을 알아보고자 한다.[1)]

재무회계는 기업을 둘러싸고 있는 주주, 채권자 등과 같은 불특정 다수의 이해관계자들의 의사결정에 도움을 주기위하여 회계정보를 생산하고 제공하는 회계이고 관리회계는 기업경영을 책임지고 있는 최고경영자, 중간관리자 등 내부정보이용자들의 의사결정에 도움을 주기위하여 회계정보를 생산하고 제공하는 회계이다. 따라서 재무회계는 정보이용자가 특정 대상자가 아닌 불특정 다수인들이므로 다수의 이해관계자가 공통으로 식별, 판단할 수 있도록 회계활동에 대한 제반 방법과 원리, 원칙이 확립되어 있어야 한다. 그러므로 재무회계는 기업회계기준, 회계원칙 등과 같은 규칙에 얽매이게 된다. 이에 반하여 관리회계는 회계정보를 이용하는 대상이 내부이용자라는 특정인들이므로 그 수행과정상에 있어서 공통된 규제가 필요하지 않아 비교적 폭넓은 재량권을 가지고 자유롭게 회계정보를 제공할 수 있는 회계인 것을 알 수 있다.

1) 효율적 학습을 위해 재무회계, 관리회계, 세무회계 중 재무회계와 관리회계를 비교, 검토한다.

이와 같은 제반 사항을 고려해 볼 때, 관리회계는 경영자 등 내부정보이용자들이 한정된 자원을 보다 효율적이고 합리적으로 투자하기 위한 의사결정을 수행할 때 이를 지원하기 위하여 양질의 유익한 회계정보를 비교적 자유롭게 여러 가지 다양한 방법으로 생산, 제공하는 회계정보시스템이라고 정의할 수 있다.

한편, 관리회계에서 근본적으로 추구하고자 하는 것은 효율성이다. 관리회계는 조직이 목적하는 바를 달성하기 위하여 제반 요소들을 투입할 때 최적의 성과를 얻을 수 있는 제 방안을 모색하고 이를 통하여 조직 경영관리의 질을 개선시키고자 지속적인 노력을 기울인다. 예를 들어 고객만족을 유도하여 매출을 증대시키는 방안을 모색한다든지, 히든코스트(hidden cost)를 발견, 관리하여 원가를 낮춘다든지 등의 활동은 관리회계의 효율성 제고를 위한 활동의 일예들인 것이다.

## 2. 재무회계, 관리회계, 세무회계

회계정보를 이용하는 대상에 따라 회계를 재무회계와 관리회계로 분류하였으나 이를 좀 더 세분하면 재무회계, 관리회계, 세무회계로 분류할 수 있다. 세무회계란 세무활동에 필요한 회계정보를 생산, 제공하는 회계이다. 세무회계정보의 주된 이용자는 세무당국과 납세의무자들로서 과세금액 산출 정보에 많은 관심을 갖는다. 재무회계와 관리회계, 세무회계의 차이를 정리하여 비교하면 아래 〈표 1-1〉과 같다.

❖ <표 1-1> 관리회계, 재무회계, 세무회계의 비교

| | 재무회계 | 관리회계 | 세무회계 |
|---|---|---|---|
| 이용자 | 외부정보이용자 : 주주, 채권자, 기타 불특정다수인 등 | 내부정보이용자 : 최고경영자, 중간관리자, 작업담당자 등 의사결정자 | 과세정보이용자 : 세무당국, 납세의무자, 기타이해관계자 등 |
| 원칙의 적용 | 일반적으로 인정된 회계원칙을 적용 | 관리목적에 유용하게 작성하므로 반드시 따라야 할 회계원칙은 없다. | 세입충분성의 원칙, 세원최대 확보주의, 과세 평등성의 원칙 등을 따름. |
| 보고서 | 범용목적의 재무제표 | 특수목적의 보고서 | 특정 보고서를 작성하지 않으나 세무조정계산표 등 작성 |
| 정보성격 | 객관적으로 신뢰할 수 있는 정보 | 좀 더 주관적이고 의사결정에 합목적인 정보 | 세액산출 및 세무조정에 대한 객관적 정보 |
| 회계기간 | 보통 1년 | 보통 월별, 분기별 또는 필요시 수시로 | 납부기한에 따라 상반기, 하반기 등 |
| 강제성 | 강제성이 있음 | 강제성이 없음 | 세금계산의 필요성에 따라 필연적, 당위적임. |
| 정보형태 | 재무적 측정치 | 재무적, 비재무적 측정치 | 재무적 측정치 |
| 적시성 | 과거지향의 정보 강조 | 미래지향적 정보 강조 | 권리, 의무가 확정된 시점을 기준으로 한 정보 |

## 3. 정보이용자의 기능

관리회계 정보를 이용하는 계층은 조직 내부의 정보이용자들로서 최고경영자, 중간관리자, 작업자 등이다. 이들이 주어진 경영과업을 수행할 때 대소 간의 차이는 있으나 각각 상황과 처지, 필요에 따라 관리회계정보를 이용한다. 그리고 이때 관리회계 정보의 이용자들은 ① 의사결정기능 ② 계획수립기능 ③ 실행기능 ④ 통제기능 등 과업달성에 필수적 요소인 제반 경영기능을 수행하게 된다.

의사결정기능(function of decision making)이란 조직의 주어진 문제를 성공적으로 해결하기 위해 예측을 토대로 한 여러 개의 대안을 설정하고 그 중에서 가장 효율적이고 합리적인 것을 선택하는 기능이다. 의사결정은 대안의 선택, 목표의 수립, 전략의 도출 등 제반 단계를 거쳐서 실행된다. 최적의 대안을 선택하기 위해서는 문제발생의 원인을 정확히 파악하고 원인해결에 필요한 자료를 수집하여, 이러한 자료를 바탕으로 문제해결에 필요한 여러 개의 대안을 수립한다. 그 후 이에 대한 평가를 거쳐 가장 바람직한 대안을 선택하는 과정 거쳐야 한다. 그리고 목표수립 시에는 내용의 구체성, 난이도, 구성원들의 참여가능성, 수용가능성, 피드백 가능성, 목표의 단순명료성, 합리적 보상제도, 공정한 경쟁 환경, 조직구성원의 능력 등이 고려되어야 한다. 한편, 의사결정의 성공적 실행을 위해서는 훌륭한 전략이 도출되어야 할 것이다. 전략도출은 기회와 위협, 강점과 약점 등에 대한 상황분석을 통하여 이루어진다.

계획수립기능이란 목표실행을 위해 미래의 일정, 스케줄, 실행 절차 등에 관한 내용을 결정하고 필요한 예산을 수립하는 활동으로 미래 경영관리활동에 대한 의사결정 기능을 말한다. 계획은 예산을 편성하여 조직구성원들의 성취동기를 고무시키는데 필수적으로 요구되는 사항일 뿐만 아니라 합리적 통제를 위하여서도 반드시 요구되는 사항이다. 계획은 목표를 설정하고 실행 방침, 절차, 스케줄, 프로그램 등을 수립하여서 설정된다. 그러나 계획은 최종적으로 예산이 편성되어야만 실행될 수 있는 것이다.

실행기능이란 계획을 실천에 옮기는 기능으로서 책임중심점별로 실시하는 경우가 많다. 책임중심점이란 원가중심점, 이익중심점, 투자중심점 등 관리통제의 중심점을 말한다. 일반적으로 원가중심점은 생산라인, 이익중심점은 판매라인, 투자중심점은 의사결정라인 등을 의미한다.

통제기능이란 계획과 성과의 차이를 분석하고 이에 대한 평가, 수정, 보완, 조정 등을 행하는 기능이다. 통제기능 수행 시 가장 중요한 것은 성과평가이다. 이때 평가에 활용되는 자료는 주로 재무적 성과 측정치이며 이외에 비재무적 성과 측정치가 이용되기도 한다.

## 4. 관리회계 담당자의 역할

관리회계 정보를 이용하는 정보이용자들은 조직내부에서 맡겨진 역할과 기능을 통해 경영과업을 수행하는 최고경영자, 중간관리자, 감독자, 작업자 등의 조직구성원들이다. 이들은 각각 상황과 처지, 필요에 따라 의사결정 시 관리회계정보를 이용한다. 관리회계 담당자는 이러한 관리회계 정보이용자들에게 의사결정에 필요한 회계정보를 제공하는 역할을 수행하게 되는 것이다. 이때 관리회계 담당자에게는 회계정보 제공자로 만 그치지 않고 보다 필요한 자질을 갖추고 이와 함께 폭 넓은 역할을 수행하여야 하는 의사결정 지원자의 기능이 요구된다. 관리회계 담당자가 갖추어야 할 자질과 역할을 요약해 보면 다음과 같다.

첫째, 관리회계 담당자들은 국제환경 변화에 대한 정보수집 능력과 이에 대해 합리적으로 판단할 수 있는 능력과 자질을 갖추어야 한다. 즉, 관리회계담당자들에게는 정보이용자들의 합리적 의사결정에 필요한 관리회계정보를 제공하기 위해서 국제환경의 변화를 바로 볼 수 있는 국제적 감각이 요구되는 것이다. 이것은 국제경제환경, 국제경쟁구조, 국제소비패턴 등 국제적 조류 변화에 대한 파악이 관리회계정보 생산에 매우 중요한 요인임을 의미하는 것이다. 급변하는 국제환경 하에서 유용하게 활용될 수 있는 관리회계정보를 제공하여야 할 역할과 책임이 관리회계담당자에게 있는 것이다.

둘째, 관리회계 담당자들은 조직의 문제를 총괄적으로 인식하고 통찰할 수 있는 자질이 필요하다. 즉, 문제를 부분별로 인식하고 이를 위해 세밀하고 구체적인 정보를 생산, 제공하는 역할을 수행할 필요도 있으나 이보다는 전체적, 총괄적 견지에서 문제에 접근하고 통찰하여 정보를 생산, 제공할 필요성이 더 크게 요구되는 것이다. 이것은 조직 전체의 목적달성에 요구되는 정보에 대한 고찰이 중요함을 의미한다. 지나친 각 부분별 효율성의 추구는 전체적 조화와 합리성 추구에 방해가 될 수 있는 것이다.

셋째, 관리회계 담당자들은 관리회계정보의 생산과 제공에 있어서 획일적, 단편적 사고를 해서는 안 된다. 관리회계정보의 생산과 제공에는 다각적 검토를 바탕으로 하는 유연한 사고가 기본적으로 필요하다. 예를 들어 단순히 의사결정에 있어 원가만을 강조해서는 안 된다. 숨겨진 비용에 대한 고찰과 발견, 품질, 시간, 고객 서비스 등을 고려한 관리회계정보가 되어야 하는 것이다. 따라서 관리회계 담당자는 통합적 정보를 생산, 제공하는 역할을 수행하여야 하는 것이다.

넷째, 관리회계 담당자들은 변화의 주도자 역할을 수행하여야 한다. 환경과 상황 변화를 무시한 원가정보는 왜곡된 정보이고 진부화된 정보인 것이다. 따라서 가치 있는 관리회계정보를 생산하기 위해서는 환경과 상황을 정확히 파악하고 이에 맞는 정보를 생산하는 세심한 주의가 필요하다.

관리회계 담당자들이 위와 같은 자질과 역할에 부합하는 능력을 갖추고 그 기능을 수행할 때 조직 의사결정에 필요한 보다 양질의 정보를 생산하게 될 것이며 이에 따라 조직에서 의사결정자 업무를 수행하는 자들의 효율성, 합리성을 기대할 수 있게 될 것이다.

Chapter 02

# 원가의 이해

1. 원가의 의의
2. 원가의 분류
3. 원가의 추정
4. 학습곡선
5. 종합연습

• 연습문제

Chapter 02

# 원가의 이해

## I. 원가의 의의

### 1) 원가의 뜻

원가(cost)란 어떤 유형, 무형의 재화나 서비스, 권리 등을 획득하기 위해 희생되었거나 소비한 자원의 가치를 화폐액으로 나타낸 것을 말한다. 즉, 재료원가, 노무원가, 제조간접비, 관리비, 유통비 등 필요한 재화나 서비스를 획득하기위하여 소비된 경제적 가치를 원가라고 하는 것이다. 이러한 원가는 그 사용 목적 등에 따라 그 측정 및 의미 상 조금씩 상이한 형태를 나타낸다. 예를 들어 특수한 의사결정에 요구되는 원가를 측정할 때는 의사결정에 따라 변동 발생하는 관련원가 정보의 측정 및 규명이 중요할 것이며, 여러 가지 대안 중 하나만 선택하여야 하는 때는 그 이외에 포기할 수밖에 없는 기회원가 정보의 측정 및 규명이 중요할 것이다.

원가는 이미 언급하였듯이 그 가치를 항상 화폐단위로 측정하여 나타내어야 한다. 따라서 화폐거래가 아닌 물물교환의 형태로 재화나 서비스를 획득한 경우에도 그 원가는 제공된 재화의 시장교환가치인 공정가치의 화폐단위로 측정하여 표현되어야 하는 것이다. 예를 들어 기업이 소유하고 있던 토지를 주고 새 건물을 취득하였다면 그 건물의 취득원가는 포기한 토지의 공정가치 가액으로 평가되어야 한다. 이는 재화나 서비스의 원가는 그 교환가격이나 교환을 위하여 포기한 자산의 공정가치 가액으로 나타내야 하는 것을 의미한다.

한편, 원가 정보는 외부보고 목적으로 생산되기도 하고 내부보고 목적으로 생산되기도 한다. 외부보고 목적으로 생산, 제공되는 원가는 불특정다수인들에게 공지하여 그들의 합리적, 효율적 의사결정에 도움을 주는 원가정보이다. 예를 들어 제품제조나 서비스창출에 소요된 원가, 제품의 운송 원가, 공장의 운영 원가 등은 불특정 다수의 많은 의사결정자에게 제공되어야 할 주요 원가정보인 것이다. 그러나 원가정보는 내부보고 목적으로도 많이 활용된다. 그 예로서 조직 내부의 의사결정자들에게 필요한 관련원가, 기회원가, 차이원가, 매몰원가 등 다양한 형태의 원가정보 등을 들 수 있다. 관리회계담당자는 원가정보가 정보이용자의 의사결정에 매우 중요한 정보임을 인식하고 이에 대한 생산, 제공 등에 착오나 오류 등이 없도록 최선을 다하여야 한다.

## 2) 원가대상

재화나 서비스를 획득하기 위한 제반 활동은 원가를 발생시키는 요인으로서 원가측정의 대상이 되는데 이를 원가대상(cost objective)이라 한다. 조직에서 수행되는 제반 활동의 원가를 측정하기 위해서는 각 활동에 근거하여 원가대상을 결정하는 과정이 우선적으로 수행되어 져야 한다. 원가대상이 되는 활동 중 주요 활동의 예를 들어 본다면 제품 제조활동, 각 부서의 관리 활동, 각종 촉진활동 등으로서 정보이용자들이 알고 이용하여야 하는 원가발생 정보요인들이다. 이러한 원가대상은 보다 더 정확하고 명확하게 정의 되어야 한다. 원가대상이 명확하게 정의되면 될수록 해당 원가대상의 원가측정치가 명확해진다. 반면에 원가대상이 불명확하게 정의 되는 경우에는 해당 원가대상의 원가측정치 또한 부정확해지는 것이다. 따라서 신뢰성과 목적적합성이 높은 원가정보를 얻기 위해서는 원가대상에 대한 명확한 정의가 선행되어야 한다.

회계정보이용자들은 조직에 필요한 합리적이고 효율적인 의사결정을 수행하기 위하여 다양한 원가정보에 관심을 갖는다. 제품 제조원가, 광고원가, 제품 유통원가, 판매관리 원가 등 경영 각 분야에서 발생하는 원가정보를 수집하고 이를 의사결정에 활용하게 되는 것이다. 따라서 원가대상의 결정과 원가정보의 생산 및 제공의 중요성은 매우 크다고 할 수 있다.

## 2. 원가의 분류

원가는 목적적합성이 높은 정보이어야 그 가치가 인정된다. 따라서 원가는 정보이용자의 이용 목적에 부합되는 정도와 종류를 기준으로 다양하게 분류한다. 즉, 정보이용자는 자신의 필요에 따라 각각 다른 원가정보를 필요로 함으로 원가는 이러한 정보이용자의 요구에 따라 다양하게 분류되어 지는 것이다.

일반적으로 원가는 정보이용자의 이용 목적에 따라 ① 소멸된 원가와 소멸되지 않은 원가 ② 추적 가능한 원가와 불가능한 원가 ③ 원가 행태에 따라 변동원가와 고정원가 ④ 제조활동 연관성에 따라 재료원가, 노무원가, 간접원가 ⑤ 의사결정 관련성에 따라 관련원가, 매몰원가, 기회원가 등으로 분류된다.

### 1) 소멸원가와 미소멸원가

원가는 소멸된 원가와 소멸되지 않은 원가로 분류할 수 있다. 소멸된 원가(expired costs)란 재화나 서비스 등을 획득하는 활동에서 소비된 경제적 가치이지만 미래에 그에 따른 경제적 효익이 얻어질 가능성이 객관적으로 예측해 볼 때 희박한 원가를 말한다. 이러한 소멸된 원가가 발생하면 순자산이 감소한다. 소멸된 원가는 일반적으로 비용이라 칭해 지며 순자산의 증가 요인인 수익과 대응되는 개념이다. 소멸되지 않은 원가(non expired costs)란 재화나 서비스 등을 획득하는 과정에서 소비된 경제적 가치로서 미래에 그에 따른 경제적 효익이 얻어질 가능성이 확실하게 객관적으로 예측되는 원가를 말한다. 이러한 소멸되지 않은 원가는 자산으로 분류된다. 따라서 원가는 그 특성에 따라 자산도 될 수 있고 비용도 될 수 있는 것이다. 만약 어느 기업이 내용연수가 10년이며 잔존가치가 없는 제품제조용 공장 건물 5,000,000원과 사무용 건물 6,000,000을 구입하였다고 하자. 구입 당시에는 모두 소멸되지 않은 원가로서 자산 처리된다. 그러나 1년 후 각 건물의 감가상각액은 500,000원과 600,000원이 발생하는데 공장 건물의 감가상각액은 제품 생산이라는 유형자산 생산에 투입된 것이므로 소멸되지 않고 제조원가에 포함되어 자산으로 처리되는 원가가 되지만 사무용 건물 감가상각액은 소멸된 원가로서 비용으로 처리된다. 그리고 이때 아직 감가상각 되지 않은 각 건물의 가액 4,500,000원과 5,400,000원은 각각 소멸되지 않은 원가로서 유형자산으로 남아 있게 된다. 이 가액은 앞으로 잔여 내용연수인 9년 동안에 걸쳐 감가상각액으로 처리되고 이중 소멸되지 않은 원가에 속하는 감가상각액은 제품이라는 자산으로, 소멸된 원가에 속하는 감각상각비는 영업비용으로 처리되는 것이다.

## 2) 직접원가와 간접원가

### (1) 직접원가

직접원가(direct costs)란 발생한 원가와 관련하여 원가대상을 분명하게 추적할 수 있는 원가를 말한다. 예를 들어 특정에 제품에 소요된 재료원가, 노무원가 등은 해당 제품이라는 원가대상에 직접적으로 관련되어 발생한 원가로서 분명하게 원가대상을 추적할 수 있는 직접원가인 것이다. 한편, 직접원가로 분류되려면 일반적으로 ①원가대상에 대한 추적가능성 여부 ②원가의 중요성 여부 등 두 가지 기준이 충족되어야 한다. 즉 어떤 원가가 발생했을 때 원가를 발생시킨 대상을 명확하게 추적할 수 있어야 직접원가가 될 수 있는 것이며 그러나, 원가대상에 대한 추적가능성이 있다고 하더라도 그 금액 등이 작아 중요하지 않다면 중요성원칙에 따라 직접원가로 분류하기 않고 간접원가로 분류할 수 있는 것이다.

### (2) 간접원가

간접원가(indirect costs)란 발생한 원가를 직접적으로 하나의 원가대상에만 관련시켜 추적하는 것이 불가능하거나 추적할 필요가 없는 원가로서 여러 원가대상에 공통적으로 연관되어 발생한 원가이거나 직접원가로 계상할 만큼 중요하지 않은 원가를 말한다. 즉 간접원가는 여러 원가대상에 공통적으로 관련되어 발생하는 공통원가 등을 의미하는 것이다. 따라서 간접원가는 원가대상별로 직접적 집계가 이루어질 수 없으며 공통원가로서 제조간접비라는 집합계정에 집계된 후 일정한 배부기준에 따라 제품 또는 서비스 등과 같은 각각의 원가대상에 배부된다. 예를 들어 여러 종류의 제품을 생산하는 공장의 공장장 임금은 그 공장에서 생산되는 여러 종류의 제품에 공통적으로 배부되어야 할 간접비이다. 이러한 경우 우선 간접비로 집계한 후 결산에 각 제품의 조업도 등과 같은 배부기준을 이용하여 각 제품에 배부하여야 한다. 또한 위 직접원가에서 언급한 바와 같이 그 발생원가를 직접적으로 원가대상에 추적 가능하나 그 금액이 미미한 경우에는 원가대상별로 집계하는 것이 비효율적일 수 있다. 이러한 경우 간접비로 처리하고 결산에 이를 적절한 배부기준을 이용하여 원가대상에 배부한다.

이러한 간접원가로는 공장장의 임금, 공장 건물의 수도광열비, 공장건물의 감가상각액, 공장경비원의 임금, 미미하게 발생하는 제품제조용 소모품비 등 직접재료원가와 직접노무원가를 제외한 대부분의 원가가 간접원가로 분류된다.

### 3) 변동원가와 고정원가

원가행태(cost behavior)란 조업도에 따라 변동하는 원가의 특성과 추세를 말한다. 어떤 원가는 조업도에 정비례하여 변동하지만 어떤 원가는 조업도와 상관없는 행태를 보이기도 하는 것이다. 한편, 이때 조업도란 조직이 목표 달성을 위하여 과업을 수행할 때 그 과업수행 정도를 나타내 주는 제반 활동을 양적 수치 등으로 나타낸 것을 의미한다. 원가행태 분석을 위하여 기준 조업도로 사용되는 것들의 대표적인 예로 매출액, 생산량, 기계 사용시간, 재료소모량, 고객의 수 등을 들 수 있다. 일반적으로 원가행태에 따른 원가의 분류는 조업도와 발생 총원가 간의 관계를 분석하여 조업도에 따라 원가가 어떻게 변화하였는지를 규명함으로 이루어진다. 예를 들어 회계담당자가 월별로 투입되는 재료원가를 기록하고 있다면 이때 월별 재료원가의 변화를 월별 생산량의 변화와 비교해 봄으로써 생산량이라는 조업도의 변화에 따른 재료원가의 원가행태를 알게 되는 것이다. 이러한 원가행태에 따라 원가를 분류하면 변동원가, 고정원가, 준변동원가, 준고정원가 등 네 가지로 구분할 수 있다.

### (1) 변동원가

변동원가(variable costs)란 조업도에 정비례하여 변동하는 원가를 말한다. 즉, 조업도가 증가하면 원가도 정비례하여 증가하고 조업도가 감소하면 원가도 정비례하여 감소하는 원가가 변동원가이다. 예를 들어 재료원가는 생산량이라는 조업도와 정비례 관계를 보이는데 이러한 종류의 원가들이 변동원가인 것이다. 즉, 단위당 직접재료원가가 1,000원 소요된다면 100단위 생산하는 데에는 총 직접재료원가가 100,000원이나 단위당 직접재료원가가 1,000원 일 때 10단위를 생산한다면 10,000원의 총 직접재료원가가 발생하는 것이다. 이러한 조업도와 변동원가와의 관계를 그림으로 나타낸 것이 〈그림 2-1〉의 변동원가이다. 이때의 기울기는 단위당 변동원가를 나타내주는 것으로 단위당 변동원가가 증가하면 기울기의 경사는 올라가고 감소하면 내려간다.

### (2) 고정원가

고정원가(fixed costs)란 조업도의 변화에 따라 전혀 변화하지 않는 원가를 말한다. 즉, 고정원가는 조업도와 관련성이 없는 원가인 것이다. 〈그림 2-1〉의 고정원가에서 보이는 바와 같이 조업도가 증가함에도 불구하고 총 고정원가는 증가하지 않고, 감소하지도 않는다. 그러므로 총고정원가선은 수평선인 조업도축과 평행을 이루고 있는 것이다. 이러한 고정원가는 예로는 감가상각액, 임차료, 일정 급여, 이자비용, 리스료, 광고비 등을 들 수 있다.

### (3) 준변동원가

준변동원가(semi-variable costs)란 고정원가의 속성과 변동원가의 속성을 모두 포함하고 있는 혼합원가(mixed costs)을 말한다. 즉, 일정 수준의 조업도 까지는 고정원가적인 행태를 보이나 일정 수준의 조업도를 넘으면 변동원가적인 행태를 보이는 원가이다. 준변동원가의 예로는 기본료가 있는 수도세, 전력비, 택시비 등을 들 수 있을 것이다. 이러한 원가들은 일정 수준까지의 조업도내에서는 고정적으로 기본료만 지출하는 일정수준을 넘어서면 조업도에 비례하여 부과되는 요금이 증가한다.

즉, 〈그림 2-1〉 준변동원가에 나타난 바와 같이 준변동원가는 고정원가적인 요소를 지니고 있기 때문에 조업수준이 0인 경우에도 일정 수준의 원가가 발생하며 조업수준이 증가함에 따라 일정비율로 발생 원가가 증가하는 것이다.

### (4) 준고정원가

준고정원가(semi-fixed costs)란 일정 조업도까지는 고정원가의 행태를 보이다가 일정 조업도 구간을 넘어서면 갑자기 총원가가 상승하고 다시 일정 조업도 구간까지 고정원가의 형태를 보이다가 또 일정 조업도 구간을 넘어서면 일시에 총원가가 상승하고 다시 일정기간 고정원가 형태를 유지하는 속성을 보이는 원가를 말한다. 이러한 준고정원가는 그 특성에 따라 일명 계단식원가(step costs)라 한다. 〈그림 2-1〉 준고정원가에 나타난 바와 같이 일정 조업구간 내의 고정비가 해당 구간을 넘어서면 갑자기 상승하여 마치 계단층계와 같은 모양을 형성한다. 계단식원가인 준고정원가의 예로 대량의 장거리 운송비를 들 수 있겠다. 즉, 운송비는 일정 수량까지는 한 대의 차량으로 운송할 수 있으나 그 수량을 조금이라도 넘으면 새로운 차량이 필요하게 되어 일시에 운송비가 상승하는 계단식 원가의 행태를 보이는 것이다.

❖ [그림 2-1] 원가행태에 따른 원가의 분류

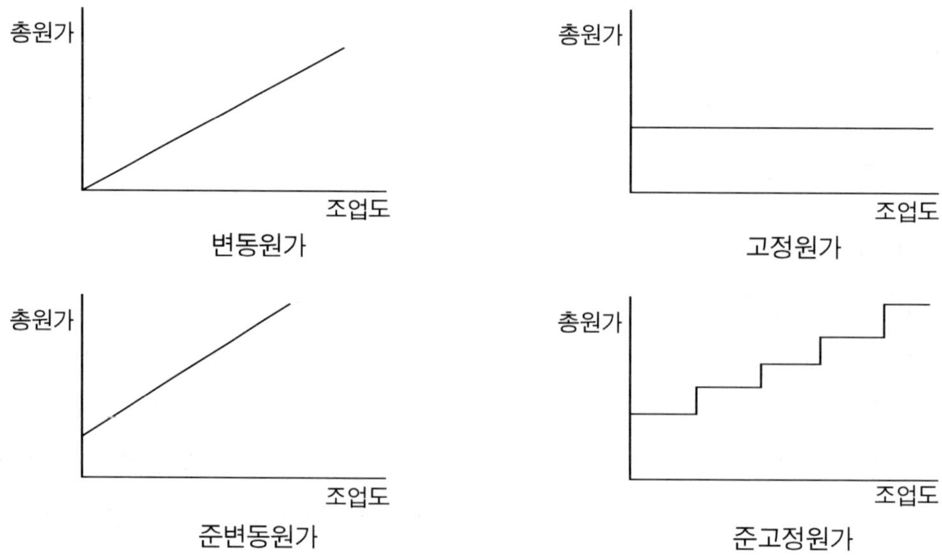

### 4) 재료원가, 노무원가, 제조간접비

원가는 제품의 제조활동에서 소요되는 행태에 따라 재료원가, 노무원가, 경비로 분류할 수 있다. 이러한 재료원가, 노무원가, 경비(제조 간접비)는 제품제조 원가요소(product cost elements)로서 그 중요성이 강조된다.

재료원가(materials costs)는 특정제품 생산에 투입되는 원재료의 원가를 말하는데 직접재료원가(direct materials costs)와 간접재료원가(indirect materials)로 나눌 수 있고 대부분의 재료원가는 직접적으로 원가대상에 투입되는 직접재료원가이다. 간접재료원가는 소모품 등과 같이 여러 개의 원가대상에 공통적으로 발생 하는 경우이거나 그 발생 가액이 미미하게 적어 중요성이 낮은 경우의 부수적 재료원가를 말하는 것으로 모두 제조간접비로 처리된다.

노무원가(labor cost)는 특정 원가대상이나 여러 원가대상에 투입되는 인건비를 말하는데 이러한 노무원가 역시 직접노무원가와 간접노무원가로 나눌 수 있다. 직접노무원가는 특정 원가대상에 직접 투입된 것을 식별할 수 있는 노무원가를 일컫는다. 직접노무원가의 예로는 특정 자동차를 직접 조립하는 조립공의 임금, 전자제품공장에서 해당 제품을 직접 생산하는 노동자의 임금 등 특정 제품 생산에 직접 투입된 노무원가들을 들 수 있다. 간접노무원가는 생산 공정에 투입된 노무원가이나 특정 제품이나 생산 활동에 직접적으로 연관을 시킬 수 없는 노무원가로서 여러 개의 제품이나 제품군에 공통적으로 부과할 수 있는 공통노무원가를 말한다. 간접노무원가의 예로서는 여러 제품 생산에 사용되는 기계를 유지, 보수하는 종업원의 임금, 생산 감독자의 임금 등으로 직접노무를 제공하는 종업원 이외의 생산현장의 모든 종업원의 임금 등이 간접노무원가이다. 이러한 간접노무원가 역시 모두 제조 간접비로 처리된다. 한편, 노무원가 분류에서 유념하여야 내용 중에 하나는 직접노동을 제공하는 종업원들의 복리후생비를 간접노무원가로 분류한다는 것이다.

경비란 제품 생산에 투입된 모든 원가 중 재료원가와 노무원가를 제외한 모든 원가를 의미한다. 이러한 경비는 외주가공비 등과 같은 극소수의 직접경비를 제외하고는 모두 간접경비이다. 근래에 이르러서는 경비의 이러한 점이 고려되면서 직접재료원가, 직접노무원가를 제외한 간접재료원가, 간접노무원가와 함께 모든 경비를 합하여 제조간접비(manufacturing overhead costs)로 분류하는 추세이다. 이에 따라서 본서에서도 이후 경비, 간접재료원가, 간접노무원가 등을 총칭하는 의미로 제조간접비를 사용한다. 이에 따라 제조간접비에 속하는 원가를 다시 정리하여 열거하면 간접재료원가, 간접노무원가와 감가상각액, 보험료, 수도광열비, 재산세, 임차료 등의 모든 경비이다. 제조간접비는 특성상 특정제품군과 직접적으로 연계시킬 수 없는 공통비이기 때문에 특정 제품군에 직접 할당시킬 수가 없다. 따라서 제조간접비는 인위적으로 배부기준을 정하고 이를 통해 각 특정제품군에 배부하는 간접적 원가 부과방법에 의하여 배부가 이루어진다.

위에서 언급하고 있는 직접재료원가, 직접노무원가, 제조간접비 등은 특히 제품제조 원가의 3요소라 하는데 이것이 바로 제조원가를 구성하는 필수적 주요소이기 때문이다. 그런데 이러한 제조원가 3요소 중 직접재료원가와 직접노무원가를 합쳐서 기초원가(prime costs)라고 한다. 기초원가는 특정 제품 제조에 직접적으로 부과되는 직접원가를 의미하는 용어인 것이다. 그동안 기초원가는 제조원가를 합리적으로 통제하고자 하는 많은 정보이용자들에 의해 중요시 되어왔다. 그러나 근래에 이르러서는 제조간접비의 비중이 높아지고 이에 대한 통제의 중요성이 강조되면서 기초원가보다 제조간접비에 대한 관심이 더 높아지고 있는 경향을 보이고 있다. 또한 직접노무원가와 제조간접비를 합쳐서 가공비 또는 전환원가(conversion costs)라고 하는데 이러한 가공비 또는 전환원가는 원재료를 투입하여 완제품으로 가공하는데 소요되는 모든 원가들을 총칭하는 의미를 가지고 있다.

한편, 특정 원가대상에 투입되어 특정 서비스나 제품을 제조하는데 소요된 원가는 제조원가(product costs)라 하고 이러한 제조활동이 아닌 기타 다른 제 활동에 소요된 원가는 기간비용(period costs)이라 한다. 이때 제조원가는 소멸되지 않은 원가로서 제품에 부과하여 자산으로 처리하나 기간비용은 소멸된 원가로서 비용으로 처리한다.

### 5) 관련원가, 매몰원가, 기회원가

앞에서 이미 언급 하였듯이 관리회계담당자는 정보이용자들의 의사결정에 유용한 정보를 생산, 제공하여 그들의 합리적, 효율적 의사결정 활동을 도와야 한다. 이러한 측면에서 볼 때 결국 관리회계의 목적 또한 정보이용자 의사결정에 유용한 정보를 제공하는 것이라 정의할 수 있다. 그런데 급변하는 현대산업환경 속에서 정보이용자들의 의사결정에 요구되는 회계정보는 다양할 수밖에 없다. 따라서 관리회계정보가 높은 유용성을 갖기 위해서는 정보이용자에게 요구되는 다양한 회계정보를 시의 적절하게 제공해주어야 한다. 이때 다양하게 제공되는 회계정보가 이용자의 의사결정에 얼마나 어떻게 관련을 맺고 있는지 여부를 규명하는 것은 매우 그 의미가 깊다. 왜냐하면 의사결정과 관련성이 큰 정보일수록 유용한 회계정보일 것이고 관련성이 작은 정보일수록 유용성이 낮은 정보일 것이기 때문이다. 원가를 정보이용자 의사결정과의 관련성 정도에 따라 분류하면 관련원가, 매몰원가, 기회원가 등으로 분류할 수 있다.

### (1) 관련원가

관련원가(relevant cost)란 의사결정에 관련성을 맺고 있어 정보이용자의 의사결정에 따라 변동하는 원가로서 그 의사결정에 중요한 영향을 미치는 원가를 말한다. 의사결정이란 미래에 대한 대안의 선택이므로 관련원가는 미래에 발생하는 미래원가(expected future costs)이기도 하다. 또한 의사결정이란 여러 개의 다른 원가를 가진 대안 중에서 하나 또는 그 이상의 안을 선택하는 과정이므로 관련원가는 다른 여러 개 대안의 원가와 차이가 나는 차액원가(differential costs)이다. 따라서 관련원가는 의사결정 대안 간에 차이가 있을 것으로 기대되는 미래원가라고 또한 정의할 수 있다. 이러한 측면을 고려하여 볼 때 과거의 원가인 역사적 원가는 관련원가가 될 수 없다. 그러나 이러한 역사적 원가도 미래원가의 대용 값으로 사용되는 경우에는 의사결정과 관련되는 관련원가가 될 수 있을 것이다. 또한 관련원가는 의사결정과 관련을 맺고 있으므로 이미 언급하였듯이 의사결정 대안의 선택에 따라 변동하는 원가이므로 의사결정 대안을 선택함으로써 증가하는 증분원가(incremental costs)이기도 한 원가이다. 그러므로 만약 어떤 의사결정 대안 간에 아무런 원가 차이가 없다면 이러한 원가는 관련원가가 될 수 없는 것이다. 즉 그것은 비관련원가인 것이다.

### (2) 매몰원가

매몰원가(sunk costs)란 의사결정과 전혀 무관한 과거에 발생한 역사적 원가, 즉 잊어져야 할 원가를 말한다. 매몰원가는 의사결정에 영향을 미칠 수 없는 원가이므로 정보이용자들은 이를 염두에 두어서는 합리적, 효율적 의사결정을 수행할 수 없다. 예를 들어 과거 1년 전에 컴퓨터 100대를 1억원에 구입하였는데 현재 이 컴퓨터 100대의 가격은 진부화의 영향으로 1천만원이라고 하자. 이때 과거의 원가 즉 매몰원가인 1억원을 고려하여 이를 기준으로 매각 여부를 결정한다면 매우 잘못된 의사결정을 행하게 될 것이다. 이때에는 관련원가에 대한 정보를 수집하고 그 관련원가를 기준으로 의사결정을 수행하여야 합리적이고 효율적인 결과를 얻을 수 있는 것이다.

### (3) 기회원가

기회원가(opportunity costs)란 의사결정시 여러 개의 대안 중에 하나의 대안을 선택함으로써 포기할 수밖에 없는 차선의 대안이 가지고 있는 효익을 화폐가치로 나타낸 것이다. 즉 차선의 대안에 대한 포기로 희생된 가치를 의미한다. 기회원가는 유한한 자원 및 시간으로 인하여 발생한다. 자원이나 시간의 한계로 여러 개의 대안을 동시에 선택하여 수행할 수는 없는 것이다. 따라서 이때 포기하여야 하는 대안이 발생하게 되는 것이고 이에 의하여 대안으로 선택, 수행하지 못하므로 포기하여야 하는 효익이 발생하는 것인데 이를 기회원가라 하는 것이다. 이러한 기회원가는 의사결정 수행 시에 반드시 고려되어야 할 원가정보이다. 만약 채택되는 대안의 기대되는 효익보다 기회원가가 더 크다면 그 의사결정은 다시 고려되어 져야 할 것이다.

#### 예제 2-1 원가의 개념

다음 보기를 보고 아래 문항 괄호에 가장 알맞은 원가 이름을 찾아 채워 넣으시오.

| 매몰원가, 증분원가, 변동원가, 고정원가, 준변동원가, 기회원가 |
|---|

1) 현대(주)는 구컴퓨터 10대를 매각처분하려 한다. 구컴퓨터 10대의 장부가액은 1,000만원이다. 매각처분결정 있어서 장부가액 1,000만원은 (　　　)이다.

2) 위 구컴퓨터 10대에 대한 대안으로서 현대(주)는 신컴퓨터 10대의 리스를 고려하고 있다. 이때 리스료는 1년에 120만원이다. 원가를 행태별로 분류할 때 연간 리스료는 (　　　)이다.
3) 컴퓨터실을 관리하는 직원에게 기본급에 추가로 초과 근무시간당 일정금액을 추가로 지급하려한다. 이 직원의 급여는 원가를 행태별 분류할 때 (　　　)이다.
4) 위의 구컴퓨터 10대는 300만원에 팔 수 있다. 그러나 현대(주)는 구컴퓨터 10대를 계속해서 사용하려 한다. 이때의 300만원은 (　　　)이다.
5) 현대(주)는 현재 기계의 조업수준을 20% 늘리려 한다. 이러한 의사결정을 하게 되면 추가로 기계에 대한 수선비용이 발생한다. 조업수준을 20% 늘리려 할 때의 수선비용은 (　　　)이다.
6) 현대(주)는 기계사용에 대한 비용을 각 제품별로 사용시간당 일정 금액으로 할당시킨다. 이때 각 제품별 기계사용비용은 (　　　)이다.

[해 답]

1) 매몰원가 2) 고정원가 3) 준변동원가 4) 기회원가 5) 증분원가 6) 변동원가

## 3. 원가의 추정

### 1) 원가추정의 필요성

원가를 행태별로 분류하면 변동원가, 고정원가, 준변동원가, 준고정원가 등으로 구분할 수 있음은 이미 위에서 언급하였다. 그런데 이렇게 분류된 원가는 일정범위의 조업도 구간에서 선형적 형태를 보이므로 일정범위의 조업도 구간, 즉 관련범위(relevant range) 내에서 미래에 발생할 원가에 대한 추정이 가능하다. 의사결정자들은 과거에 발생된 원가에 대하여 알고자 하기도 하지만 그것보다는 미래에 발생할 원가에 대해 예측치를 추정하고 이를 고려하여 의사결정을 하고자 하는 요구가 더 크다. 그러므로 이에 따라 선형적 형태를 보이는 원가에 대한 행태별 추정이 중요하게 대두되고 있는 것이다.

한편, 관련범위 내에서 원가 추정을 가능하게 하는, 즉 선형적인 형태를 보이는 원가들은 항상 Y=a+bX 라는 등식으로 나타낼 수 있다. 이때 Y는 총원가, a는 고정원가, b는 단위당변동원가, X는 조업도를 나타낸다. 우리는 이러한 등식에 의한 원가들의 변수 값 특징을 알아봄으로써 원가의 특성을 식별할 수 있어 그 종류를 분류할 수 있게 된다. 예를 들어 변동원가가 되는 경우는 고정원가 변수 a가 '0' 인 경우이며, 고정원가가 되는 경우는 단위당 변동원가 변수인 b가 '0' 인 경우이다. 또한 준변동원가는 a와 b가 모두 '0' 가 아닌 경우이며 준고정원가는 짧은 관련범위 내에서 b가 '0' 이나 조업도 X가 일정 규모를 초과할 때 갑자기 b가 발생하고 이후 다시 일정 조업도 구간인 관련범위 내에서 b가 '0' 를 유지하는 경우이다.

결국 의사결정자들이 원가를 추정하거나 원가행태를 분석한다는 것은 과거의 자료를 활용하여 Y=a+bX의 등식에서 a값과 b값을 추정해 내고 예측되는 조업도 X를 등식에 대입하여 총원가를 추정하는 하는 것을 기본으로 한다. 그런데 등식에서 a값과 b값을 추정해 내는 방법은 여러 가지로 모색될 수 있다. 그리고 이때 동일한 원가자료를 이용하는 경우라 하더라도 그 추정방법이 다르면 a값, b값도 각각 달라진다. 이러한 원가추정에 있어 대표적인 변수추정 방법으로는 계정분석법, 고저점법, 준평균법, 산포도법, 회귀분석법 등이 있다.

## 2) 원가추정방법

### (1) 계정분석에 의한 방법

계정분석법(accounting analysis method)이란 회계담당자가 임의로 고정비 a값과 단위당 변동비 b값을 결정하는 방법이다. 이 방법은 회계담당자의 전문지식에 의존하여 이미 발생한 원가를 고정비와 변동비를 구분하고 각각의 총계를 구하여 총고정비는 고정비 a값의 추정치로 총변동비는 조업도(생산량 등)로 나누어 단위당 변동비인 b값의 추정치로 이용한다. 이렇게 산출된 변수를 등식에 적용하고 마지막으로 예상되는 조업도 X를 등식에 대입하여 예상 총원가를 추정하는 방법이다.

## 예제 2-2 계정분석법

현대(주)는 지난 1개월 동안 금고 6,000개를 생산하였는데 이때 발생된 각 계정별 원가와 회계담당자에 의한 계정분류는 아래 계정분석표와 같다. 단, 이때 회계담당자는 주관적인 판단에 의해 간접노무원가의 중 고정원가로 134,000원, 그리고 나머지는 변동원가 66,000원으로 분류하였다.

〈현대(주)의 계정분석표〉

| 계정 | 금액 | 추정고정원가 | 추정변동원가 |
|---|---|---|---|
| 직접재료원가 | 100,000원 | | 100,000원 |
| 직접노무원가 | 710,000원 | | 710,000원 |
| 간접노무원가 | 200,000원 | 134,000원 | 66,000원 |
| 소모품비 | 40,000원 | 40,000원 | |
| 수선비 | 10,000원 | 10,000원 | |
| 감가상각액 | 30,000원 | 30,000원 | |
| 기타제조간접비 | 50,000원 | 50,000원 | |
| 총계 | 1,140,000원 | 264,000원 | 876,000원 |

[물음]

위의 계정분석표에 의거하여 원가추정 선형식을 산출하여 나타내시오.

[해 답]

계정분석법에 의한 원가추정식은 다음과 같다.

$$Y = 264{,}000\text{원} + 146\text{원} \times X$$

현대(주)는 예상조업도가 결정되면 위의 원가추정식을 이용하여 언제든지 총원가 발생액을 추정할 수 있을 것이다. 물론 이것은 투입원가의 가격수준 등이 변동이 없다고 가정하는 경우이다. 예를 들어 현대(주)가 다음 달에 4,000단위를 생산할 예정이라면 원가추정식은 [264,000원+146원×4,000단위]이며 이에 따라 추정 총원가는 848,000원이다.

이러한 계정분석법은 용이, 간편하게 총원가를 추정할 수 있는 장점을 갖고 있다. 그러나 회계담당자의 주관적인 판단에 의존한다는 단점을 내포하고 있는 방법이기도 하다. 또한 계정분석법은 총원가 추정치를 산출하는데 이용되는 관측치가 단일 차원의 관측치 하나만을 사용한다. 따라서 여러 개의 관측치를 이용한 원가추정에는 사용할 수 없는 단점이 있다.

### (2) 고저점법

고저점법이란 일정기간 동안 발생한 총원가와 조업도를 자료로 하여 원가추정식의 a값과 b값을 산출하는 방법이다. 즉 조업도가 최고 수준일 때의 총원가와 조업도 그리고 조업도가 최저 수준일 때의 총원가와 조업도를 이용하여 아래 (식 2-1)과 같은 방법으로 b값을 구하고 아래의 (식 2-2)와 같은 방법으로 a값을 구하여 원가추정등식을 완성하는 방법인 것이다. 전술한 계정분석법이 단일 차원의 관측치에 의존하는 단점이 있는데 이에 대한 대안으로 두 개 차원의 관측치를 사용하는 고저점법(high-low method)이 제시되었다고 볼 수 있다. 고저점법에서는 가장 낮은 조업도에서나 가장 높은 조업도에서나 고정원가는 변동 없이 항상 같다고 전제하고 두 극단적 관측치 에서의 원가상의 차이는 순전히 변동원가의 차이에 기인하는 것으로 본다. 고저점법은 이러한 가정에 의하여 총고정원가인 a값과 단위당 변동원가인 b값을 산출할 수 있는 방법인 것이다. 아래 (등식 2-1)에서 보는 바와 같이 가장 높은 조업도와 총원가는 각각 $x_2$, $y_2$이고 가장 낮은 조업도와 총원가는 각각 $x_1$, $y_1$이다.

**단위당 변동원가(b) = $\dfrac{\text{두관측치의 총원가상의 차이}}{\text{두관측치의 조업도의 차이}}$**

**그러므로 b= $\dfrac{y_2 - y_1}{x_2 - x_1}$ , 이때 $x_2$:최고조업도, $x_1$:최저조업도,** (식 2-1)

**$y_2$:최고조업도일 때 총원가, $y_1$:최저조업도일 때 총원가**

위 식 (식 2-1)에 의하여 단위당 변동원가 b값이 산정된 다음 고정원가 a값은 아래 (식 2-2)와 같이 총원가에서 총변동원가를 차감하여 산정한다.

$$\text{고정원가}(a) = \text{최고조업도에서의 원가} - \text{단위당변동비}(b) \times \text{최고조업도}(X)$$
$$\text{또는 최저조업도에서의 원가} - \text{단위당변동비}(b) \times \text{최저조업도}(X) \qquad (\text{식 } 2\text{-}2)$$

## 예제 2-3 고저점법

현대(주)의 10개월간 월별 생산량과 총제조원가는 아래와 같다.

〈현대(주)의 월별 생산량과 원가자료〉

| 기간 | 생산량 | 총제조원가 |
|---|---|---|
| 2009년 1월 | 2,300 | 134,000원 |
| 2월 | 1,000 | 100,000원 |
| 3월 | 2,500 | 135,000원 |
| 4월 | 2,200 | 133,000원 |
| 5월 | 2,100 | 134,000원 |
| 6월 | 3,000 | 200,000원 |
| 7월 | 2,900 | 136,000원 |
| 8월 | 2,800 | 155,000원 |
| 9월 | 2,400 | 133,000원 |
| 10월 | 2,700 | 160,000원 |

[물음]

고저점법을 사용하여 원가추정식을 산출하여 나타내시오.

[해 답]

자료에서 조업도가 가장 큰 관측치와 가장 작은 관측치는 각각 6월의 $(x_2, y_2)$ = (3,000, 200,000원)과 2월의 $(x_1, y_1)$ = (1,000, 100,000원)이다. 따라서 단위당 변동원가와 고정원가는 다음과 같이 추정된다.

$$b = \frac{y_2 - y_1}{x_2 - x_1} = \frac{200{,}000\text{원} - 100{,}000\text{원}}{3{,}000 - 1{,}000} = \frac{100{,}000\text{원}}{2{,}000} = 50\text{원}$$

$$a = y - bx = 200{,}000\text{원} - (50\text{원} \times 3{,}000) = 50{,}000\text{원}$$

따라서 고저점법에 의한 원가추정식은 다음과 같다.

$$y = 50{,}000\text{원} + 50 \times x$$

위와 같은 맥락에서 위의 원가 추정식에 의하면 5,000단위를 생산하는 경우의 추정원가는 300,000원(50,000원+50원×5,000단위)이 될 것이다. 이러한 고저점법은 비교적 계산절차가 간단하다는 장점을 지니고 있으나 이용되는 관측치가 두 개의 극단적인 관측치로 제한되어 있어 나머지 다른 관측치들의 정보를 무시하게 된다는 단점을 지지고 있다. 그리고 이러한 극단적인 관측치는 통계적으로 볼 때 정상적인 상태를 반영하지 않을 가능성을 많이 내포하고 있는 것이기도 하다. 그러므로 실무에서는 최고의 조업도와 최저의 조업도의 관측치를 사용하지 않고 두 번째로 높은 조업도와 관측치, 두 번째로 낮은 조업도의 관측치를 대용하는 경우도 자주 있게 된다. 이때 두 번째로 높은 조업도와 두 번째로 낮은 조업도를 이용하여 원가추정식을 구하는 방법을 대표고저법이라 하고 앞서 위에서 학습한 고저점법은 순수고저점법이라고 한다.

### (3) 준평균법

준평균법(semi-average method)이란 관측치의 조업도를 기준으로 높은 조업그룹과 낮은 조업그룹 두 개의 그룹으로 구분, 분류하고 여기에서 각 그룹의 평균치를 구한 후 이를 대표값으로 이용하여 원가추정식의 a값과 b값을 산출하는 방법을 말한다. 준평균법은 고저점법이 조업도 양극단의 값만(최고와 최저)을 이용함으로써 원가함수의 왜곡 현상을 가져올 수 있는데 이를 보완하기 위하여 이용하는 방법 중의 하나라고 할 수 있다. 준평균법의 원가추정변수 산출 방법은 근본적으로 고저점법과 같다. 다만 모든 관측치의 평균값을 사용함으로써 간접적으로나마 모든 관측치 값을 이용한다는 측면에서 고저점법보다는 개선된 방법이라 할 수 있다.

이제 준평균법을 실제 예로 설명하고자 한다. 먼저 [예제 2-3]에서 사용한 자료를 아래 표와 같이 조업도를 기준으로 조업도가 높은 달의 관측치와 과 조업도가 낮은 달의 관측치로 구분하여 모든 관측치를 두 그룹으로 분리한다. 이때 관측치가 10개이기 때문에 각 그룹에는 관측치가 5개씩 포함되게 된다. 이렇게 두 개의 그룹으로 분리된 관측치를 이용하여 각 그룹별로 생산량과 총제조원가의 합계와 평균을 산출한다. 이때 각 그룹의 평균은 각각 5개의 관측치로 구분, 정리되어 있으므로 각 그룹별 생산량과 총제조원가의 합계를 5로 나누어 각각의 평균값을 산출하는 것이다.

그 결과에 따라 아래 표와 같이 조업활동이 높은 5개월의 평균생산량은 2,780단위이며, 평균 총제조원가는 157,200원임을 알 수 있고, 조업활동이 낮은 5개월의 평균생산량은 2,000단위이며, 평균 총제조원가는 126,800원임을 알 수 있다. 그리고 이에 따라 최고평균점(2,780단위, 157,200원)과 최저평균점(2,000단위, 126,800원)이 정리되어 구하여 진다.

❖ [도표 2-1] 조업도의 고저에 따른 그룹분리

| 조업활동이 낮은 달의 내역 | | | 조업활동이 높은 달의 내역 | | |
|---|---|---|---|---|---|
| 월 | 생산량 | 총제조원가 | 월 | 생산량 | 총제조원가 |
| 1 | 2,300 | 134,000원 | 3 | 2,500 | 135,000원 |
| 2 | 1,000 | 100,000원 | 6 | 3,000 | 200,000원 |
| 4 | 2,200 | 133,000원 | 7 | 2,900 | 136,000원 |
| 5 | 2,100 | 134,000원 | 8 | 2,800 | 155,000원 |
| 9 | 2,400 | 133,000원 | 10 | 2,700 | 160,000원 |
| 합계 | 10,000 | 634,000원 | 합계 | 13,900 | 786,000원 |
| 평균값 | 2,000 | 126,800원 | 평균값 | 2,780 | 157,200원 |

이제 구해진 최고평균점(2,780단위, 157,200원)과 최저평균점(2,000단위, 126,800원)을 이용하여 고저점법에서 실시한 것과 동일한 방법으로 단위당 변동원가인 변수 b값과 총고정원가인 변수 a값을 산출하여 원가추정식을 완성한다. 결국 준평균법에서의 b값, a값 산출 방법은 고저점법의 방법과 동일하다. 다만 공식에 대입되는 조업도와 총원가에 관한 정보가 양극단치가 아니라 두 그룹의 평균치라는 것이 다른 점인 것이다. 산출된 최고평균점과 최저평균점을 이용하여 활동단위당 변동원가를 산출하면 아래와 같다.

$$b = \frac{\text{조업활동이 높은 그룹의 평균원가} - \text{조업활동이 낮은 그룹의 평균원가}}{\text{조업활동이 높은 그룹의 평균활동} - \text{조업활동이 낮은 그룹의 평균활동}}$$

$$= \frac{157{,}200\text{원} - 126{,}800\text{원}}{2{,}780 - 2{,}000} = \frac{30{,}400}{780}$$

$$= 38.97\text{원/단위}$$

위에서 산출한 평균변동원가 b값 38.97원과 조업활동이 높은 그룹 평균 원가(혹은 낮은 그룹의 평균원가)를 이용하여 총고정원가 a값을 산출하면 다음과 같다.

$$\text{총고정원가} \quad a = Y - bX = 157{,}200\text{원} - 38.97 \times 2{,}780$$

$$= 48{,}863\text{원}$$

따라서 준평균법에 의한 총제조원가에 대한 원가함수는 다음과 같이 나타낼 수 있다.

$$y = 48{,}863\text{원} + 38.97\text{원} \times X$$

원가 추정식의 a값과 b값을 산출함에 있어 고저점법과 준평균법 중 실제 값 대비 오차를 적게 발생하는 방법은 준평균법이다. 평균적으로 오차발생 건수는 고저점법이 준평균법보다 적으나 추정오차의 절대 값이 비교적 커서 오차의 폭이 크다. 이에 비해 준평균법은 고저점법보다 오차발생 건수는 많으나 추정오차의 절대 값이 비교적 작아 결과적으로 오차의 폭이 작다. 따라서 추정오차의 절대 값 합의 크기를 통해 원가함수의 우수성을 판단한다면 준평균법에 의한 원가함수 추정이 고저점보다는 좋은 방법이라고 할 수 있다.

### (4) 산포도법

산포도법은 관측치를 자료로 하여 먼저 조업도와 원가를 연결하는 위치를 점으로 표시하고 이를 기초로 하여 원가 추정변수 값을 산출하는 방법이다. 예를 들어 10개의 자료가 있으면 10개의 점이 아래 그림 〈현대(주)의 원가자료에 의한 산포도〉와 같이 표시된다. 이렇게 자료의 수만큼의 점을 표시한 후 가장 밀집된 부분의 2점을 연결하고 그 값들을 측정한 후 공식을 이용하여 총고정원가 a값과 단위당 변동비 b값을 산출하는 방법이다. 이때 밀집된 부분의 2점을 연결하는 직선은 그 직선 상하에 위치한 점들의 수가 대략 비슷하게 대칭을 이루게 해주는 두 점을 찾아 연결해 주어야 한다. 이에 따라 원가 추정선은 관측치의 평균선으로서의 의미를 가질 수가 있는 것이다. 또한 이때 원가 추정선의 기울기는 단위당 평균 변동원가를, 절편은 평균총고정원가를 의미하게 된다.

산포도법은 비교적 쉽게 a값과 b값을 구할 수 있게 해준다. 또한 측정치가 원가 추정선을 그릴 수 있는 선형관계인지 여부도 파악하게 해주고 이때 밀집 지역을 벗어난 특정관측치의 비정상성 여부를 판단하게 해주기도 한다. 그러나 산포도법은 회계담당자의 판단에 의하여 원가 추정선을 결정함으로 객관성이 결여될 수도 있는 단점이 존재한다.

❖ [그림 2-2] 현대(주)의 원가자료에 의한 산포도

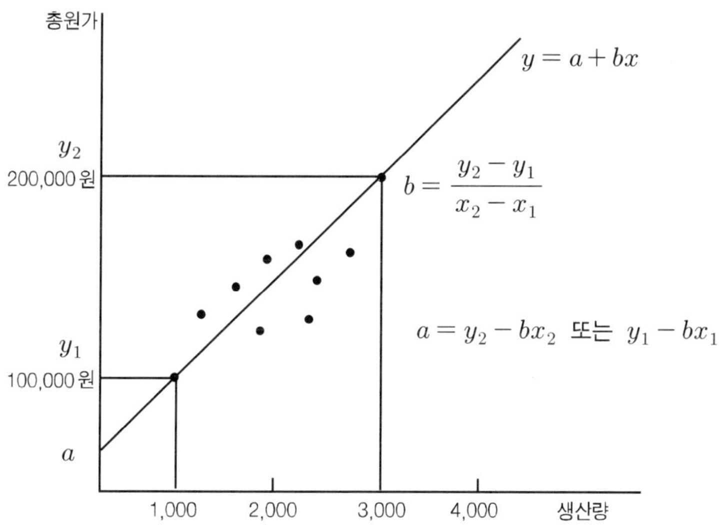

### 3) 회귀분석

회귀분석이란 관련범위 내에서 성립된 선형식의 독립변수와 종속변수의 관련성을 추정하는 분석 방법이다. 즉, 독립변수의 변화가 종속변수의 평균변화량에 얼마나 어떻게 영향을 미치는지를 분석, 측정하는 방법인 것이다. 이때 종속변수는 언제나 하나이지만 독립변수는 분석모형에 따라 하나 또는 그 이상 여러 개일 수도 있다. 예를 들어 원가추정 선형식 Y=a+bX에서의 Y는 종속변수이고 a는 상수, b는 독립변수인 것이다. 위의 원가추정 선형식의 경우는 독립변수가 하나인 경우이다. 우리가 이미 위에서 학습하였듯이 이때 a값과 b값을 구하는 방법은 계정분석법, 고저점법, 준평균법, 산포도법 등이 있었다. 그러나 실제 값 Y에 가장 가깝게 근접할 수 있는 a값과 b값을 구하는 방법, 즉 오차의 폭을 가장 작게 하는 방법은 회귀분석법이다. 즉, 회귀분석에 의해 산출되는 추정식의 독립변수 값은 언제나 실제 값과 추정 값 간의 차이의 제곱을 다 합친 수치를 최소로 극소화시켜주는 종속변수의 값을 구할 수 있도록 하는 값인 것이다. 여기에서 오차 값을 실제 값과 추정 값 간의 차이로 하지 않고 차이의 제곱으로 한 이유는 절대 값 차원에서 오차 값을 구하기 위한 것임을 의미한다.

한편, 위에서 언급하였듯이 회귀분석 방법은 독립변수가 하나인 경우뿐만 아니라 그 이상인 경우도 있다. 독립변수가 하나인 때의 회귀분석은 단순회귀분석(simple linear regression)이라 한다. 그리고 독립변수가 두 개 이상인 회귀분석은 다중회귀분석(multiple linear regression)이라 한다. 회귀분석에서 오차 값을 최소화하기 위한 방법으로 적용되는 것이 바로 최소자승법(least squares method)이다. 이것은 추정값 $\hat{y}$이 실제값 y에 가장 근접하게 하는 $a$값, $b$값을 추정하기 위한 방법으로 오차제곱의 총합계를 최소화하는 접근 방법인 것이다. 이러한 최소자승법을 수식으로 표현하면 아래와 같이 나타낼 수 있다.

$$q = Min\sum_{i=1}^{n}(y_i - \hat{y})^2 = Min\sum_{i=1}^{n}(y_i - a - bx_i)^2$$

이때 $y_i$ : $i$번째 관측치의 실제원가
$\hat{y}$ : $i$번째 관측치에 대한 추정원가
$i$ : 특정 관측치
$n$ : 관측치 숫자
$q$ : 최소자승오차값

이를 풀어서 $a$값, $b$값에 대해서 간단하게 정리하면 다음과 같다.

$$b = \frac{\sum XY - X\sum Y}{\sum X^2 - X\sum X}$$

$$a = Y - bX$$

최소자승법을 그림으로 나타내면 아래의 그림과 같다.

❖ [그림 2-3] 최소자승법

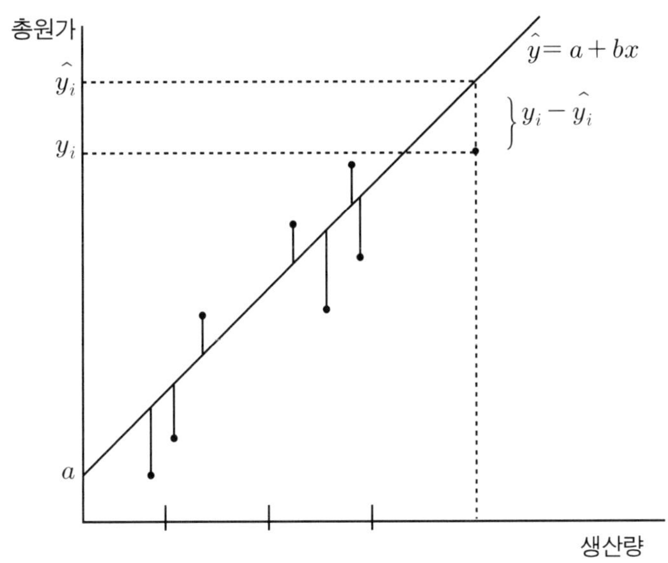

지금까지 원가함수를 추정하는 방법으로 계정분석법, 고저점법, 준평균법, 산포도법, 회귀분석법 등에 대하여 알아보았다. 이러한 여러 방법 중에서 모든 관측치를 사용하여 원가함수를 추정하고 또한 모든 관측치 잔차 제곱의 합을 최소화하는 평균선을 이용하므로 실제 값에 가장 근접하는 추정 값을 얻을 수 있는 회귀분석법이 가장 객관적이고 합리적인 방법이라고 할 수 있다. 그러나 정보이용자가 원가함수를 추정할 때 고려해야 할 요소는 원가함수 추정에 따라 얻어질 수 있는 효익과 지출되는 비용이다. 만약 정보이용자의 의사결정이 추정원가의 작은 오차에도 영향을 받는 사안이라면 되도록 추정 상 오차가 가장 적은 회귀분석법을 사용하는 것이 바람직할 것이다. 그러나 추정원가의 오차에 크게 영향을 받지 않는 의사결정의 경우에는 효익-비용을 고려하여 회귀분석법이 아닌 다른 원가함수 추정방법을 이용할 수도 있을 것이다.

## 예제 2-4 선형회귀분석

<물음>

앞의 [현대(주)의 월별 생산량과 원가자료]의 자료를 가지고 단순선형회귀를 사용하여 추정등식의 $a$값, $b$값을 산출하시오.

[해 답]

〈선형회귀분석 계산표〉

| 기간 | 생산량($x$) | 총제조원가($y$) | $xy$ | $x^2$ |
|---|---|---|---|---|
| 1월 | 2,300 | 134,000 | 308,200,000 | 5,290,000 |
| 2월 | 1,000 | 100,000 | 100,000,000 | 1,000,000 |
| 3월 | 2,500 | 135,000 | 337,500,000 | 6,250,000 |
| 4월 | 2,200 | 133,000 | 292,600,000 | 4,840,000 |
| 5월 | 2,100 | 134,000 | 281,400,000 | 4,410,000 |
| 6월 | 3,000 | 200,000 | 600,000,000 | 9,000,000 |
| 7월 | 2,900 | 136,000 | 394,400,000 | 8,410,000 |
| 8월 | 2,800 | 155,000 | 434,000,000 | 7,840,000 |
| 9월 | 2,400 | 133,000 | 319,200,000 | 5,760,000 |
| 10월 | 2,700 | 160,000 | 432,000,000 | 7,290,000 |
| 총계 | 23,900 | 1,420,000 | 3,499,300,000 | 60,090,000 |

$$b = \frac{3,499,300,000 - \dfrac{23,900}{10} \times 1,420,000}{60,090,000 - \dfrac{23,900}{10} \times 23,900} = 35.53\text{원}$$

$$a = \frac{1,420,000}{10} - 35.53 \times \frac{23,900}{10} = 57,083.3\text{원}$$

위 단순회귀계산표에 나타난 결과에 의해서 단순회귀분석에 의한 원가 추정식은 다음과 같이 산출된다.

$$\hat{y} = 57,083.3\text{원} + 35.53\text{원} \times X$$

이 경우 다음달에 5,000단위를 생산하게 된다면 회귀분석에 의한 예측 총원가는 234,733.3원(57,083.3원+35.53원×5,000단위)이 될 것이다. 이것은 많은 추정선 가운데 $a = 57,083.3 \quad b = 35.53$으로 표현되는 위의 추정선이 $\sum_{i=1}^{n}(y_i - \hat{y_i})^2$값을 최소화시킴을 의미하는 것이다. 그러므로 회귀분석에 의해 산출한 $a$값, $b$값은 오차를 최소화하는 값으로서 이를 최소자승추정치라 부른다.

## 4. 학습곡선

### 1) 학습곡선의 뜻

동일한 과업을 반복적으로 수행하게 되면 작업의 효율성이 향상되는 학습효과가 발생한다. 이러한 학습효과는 작업자, 과업, 환경 등의 특성에 따라 천천히 나타날 수도 있고 빠르게 나타날 수도 있는데 이에 대한 측정과 기술은 학습곡선을 이용하여 수행된다. 즉, 학습곡선(learning curve)은 과업을 반복적으로 수행함으로써 얻어지는 학습효과를 나타내 주는 선이다.

학습곡선으로 나타나는 과업수행에 관한 학습효과는 원가절감과 깊은 관련성을 갖고 있다. 또한 원가절감은 원가우위 확보에 결정적 역할을 수행한다. 경쟁에서 이길 수 있는 기본적 조건이 바로 원가우위이기 때문에 조직에서는 다른 경쟁자보다 원가우위에 서는 것이 최우선이 되어야 한다. 즉 원가우위가 강력한 경쟁력을 확보하는 전제적 조건이 되는 것이다. 이러한 원가우위를 점하기 위해서는 학습곡선에 대한 통제와 관리의 중요성이 부각되는 것이며 이에 대한 고찰과 학습이 요구되는 것이다.

### 2) 학습곡선모형

학습곡선모형은 원가에 영향을 미치는 작업자의 학습효과에 대한 분석, 추정 등을 행할 때 이용되는 수학적 모형이다. 이러한 학습곡선모형은 누적평균시간모형과 증분단위시간모형이 있는데 종속변수로 단위당 누적평균시간을 사용하는 모형이 누적평균시간모형이고 종속변수로 단위당 증분시간을 사용하는 모형이 증분단위시간모형이다. 그런데 실무에서는 주로 대부분 누적평균시간모형을 사용하여 학습효과에 관련된 원가를 분석한다. 이에 본서에서도 누적평균시간모형에 대해서만 설명하고자 한다.

### (1) 누적평균시간모형

특정 과업에 대한 활동을 반복 수행하면 학습이 이루어지고, 그에 따라 작업시간이 감소되는 효과를 학습곡선효과라고 하는데 이는 학습률(learning rate)을 구하여 알아볼 수 있다. 예를 들어 어떤 작업을 처음 수행할 때 40시간 소요되었으나 학습효과에 의해 두 번째 수행할 때는 36시간이 소요되고 세 번째 수행할 때는 32시간이 소요되었다고 한다면 일정한 비율로 줄어드는 작업시간의 학습곡선효과를 계산하여 학습률로 나타낼 수 있는 것이다. 이때 학습률은 90%, 80%, 70% 등과 같이 백분율로 나타내며 이와 같은 학습률에 근거하여 학습곡선을 완성할 수 있으며, 이에 따라 학습효과를 추정하는데 이때의 학습곡선 추정식을 학습곡선모형이라 한다.

전술한 바와 같이 학습곡선모형 중 단위당 누적평균시간을 종속변수로 이용하는 모형을 '누적평균시간모형' 이라고 한다. 누적평균시간모형에서 단위당 누적평균시간을 구할 때 적용하는 가정은 "누적 산출물이 직전 산출물의 두 배가 될 때마다 산출물의 단위당 평균누적 작업시간은 직전 산출물의 단위당 평균누적작업시간(average cumulative labor hour)에 학습률을 곱한 것과 같다" 이다.

#### 예제 2-5 학습률 계산

어떤 산출물이 첫 단위 생산에 40시간이 소요되고 두 번째 단위생산에 36시간이 소요된다고 하자. 이때의 학습률을 계산하라.

[해 답]

두 단위생산에 소요되는 누적작업시간은 40+36=76시간 이고 따라서 단위당평균누적시간은 76÷2=38시간이다. 그러므로 학습률은 95%(38시간/40시간)이다.

[즉, 두 단위의 단위당평균누적작업시간=첫 단위의 평균누적작업시간×학습률이다. 그러므로 40시간×95%=38시간이다. 이러한 학습률은 그 값이 작을수록 학습효과가 크게 나타남을 의미한다.]

**예제 2-6 생산소요 시간의 결정**

첫 단위생산에 40시간이 소요되고 80% 학습곡선을 나타낸다면, 이때 두 번째 단위생산에 소요되는 시간은 얼마인가?

[해 답]

두 단위생산의 평균누적시간=첫 단위의 평균누적시간×학습률
즉, 40시간×80%=32시간, 두 단위생산소요시간=32시간×2단위=64시간
두 번째 단위생산 작업시간=두 단위 생산소요 누적시간－첫 단위 평균누적시간
즉, 64시간－40시간=24시간

위의 [예제 2-6]에서 80%의 학습곡선을 나타내므로 두 단위 생산의 평균누적시간은 32시간이고 총누적시간은 64시간이다. 이때 첫 단위 생산에 40시간이 소요되므로 두 번째 단위생산 소요시간은 24시간이다. 학습률은 작아지면 작아질수록 작업시간도 그만큼 줄어든다. 따라서 학습률이 작아지면 학습효과는 더욱더 커지는 것이다.

우리가 학습하고 있는 누적평균시간모형(cumulative average-time method)에서는 누적생산량이 두 배로 증가될 때마다 단위당 누적평균작업시간이 일정률로 감소된다고 가정한다. 이때 누적생산량이 두 배로 증가될 때라는 전제는 학습효과를 계산, 기술하기 위한 가정이다. 아래 도표 〈80% 누적평균시간 학습곡선 모형〉은 첫 단위생산 소요시간이 100시간이고 학습률이 80%인 누적평균시간 학습곡선모형을 나타내 준다.

〈80% 누적평균시간 학습곡선 모형〉

| 누적생산량 (X) | 단위당 누적평균 작업시간(Y) | 누적총작업시간 (X · Y) | 증분작업시간 (△X · Y) |
|---|---|---|---|
| 1단위 | 100시간 | 100시간 | 첫째단위(1단위) |
| 2단위 | 80시간(100×0.8) | 160시간(80×2) | 둘째단위(1단위) |
| · | · | · | 셋째와 |
| 4 | 64시간(80×0.8) | 256시간(64×4) | 넷째단위(2단위) |
| · | · | · | |
| · | · | · | 다섯째부터 |
| · | · | · | 여덟째단위 |
| 8 | 51.2시간(64×0.8) | 409.6시간(51.2×8) | (4단위) |
| · | · | · | |
| · | · | · | 아홉째단위부터 |
| · | · | · | 열여섯번째단위 |
| 16 | 40.96시간(51.2×0.8) | 655.36(40.96×16) | (8단위) |

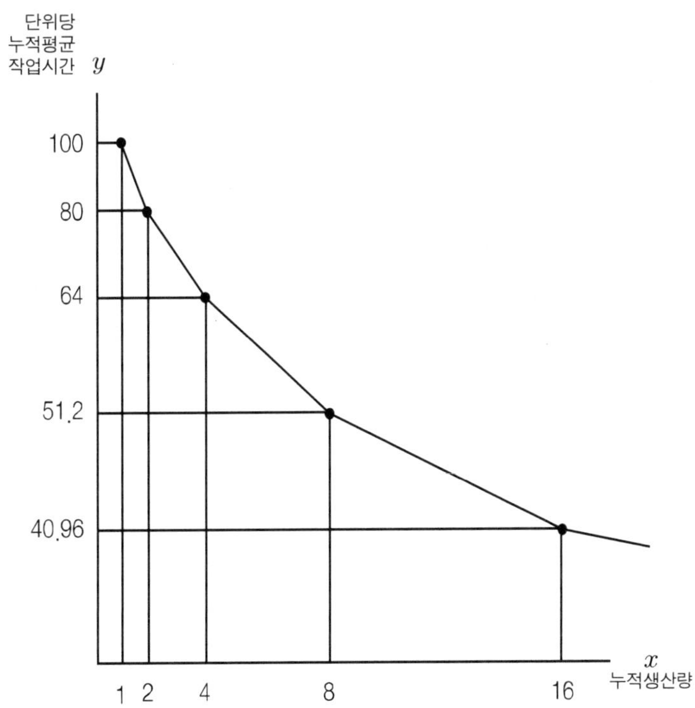

위 도표에서 보는 봐와 같이 누적평균시간모형에서의 학습곡선 학습률 80%라는 의미는 누적생산량이 두 배로 증가될 때마다 단위당 누적평균작업시간이 이전의 단위당 누적평균작업시간의 80%로 단축된다는 것을 의미하는 것이다. 즉, 이것은 단위당 평균작업시간이 20%감소됨을 의미한다. 위 도표 〈80% 누적평균시간 학습곡선 모형〉에서 첫 단위생산 소요시간이 100시간이고 학습률이 80%이므로 두 번째 단위를 생산해서 누적생산량이 두 배가 될 때 단위당 누적평균작업시간은 80시간(100×0.8)이 된다. 이때 누적 총작업시간은 160시간(80시간×2)이 되므로 두 번째 단위생산에 소요되는 시간은 60시간(160시간-100시간)이 된다. 또한 누적생산량이 4단위인 경우 단위당 누적평균 작업시간은 64시간(80시간×0.8)이 되고 이때의 누적 총작업시간은 256시간(64시간×4)이 된다. 누적생산량이 두 단위인 경우 누적총작업시간이 160시간이므로 셋째와 넷째 단위 생산에 소요되는 시간은 96시간(256시간-160시간)이 된다.

이러한 누적평균시간모형의 식은 $Y = aX^b$로 나타낸다. 이때 $Y$는 누적생산량이 $x$단위 일 때 소요되는 단위당 누적평균작업시간을 나타내며 $a$는 첫 번째 단위를 생산하는데 소요되는 작업시간을 나타낸다. 또한 $X$는 누적생산량을 나타내며 $b$는 학습지표로서 $(\frac{\ln 학습률}{\ln 2})$로 계산되는데 이는 학습률의 자연로그값을 ln2로 나누어 계산한 값이다. 이 과정을 80% 학습곡선 모형일 때 학습지표 $b$값을 구하는 과정을 예로 설명 해보면 첫 번째 단위를 생산하는데 소요되는 작업시간을 $a$라고 할 때 두 단위를 생산하는데 소요되는 단위당 누적평균작업시간은 $0.8a$이다. 누적평균시간모형식 $Y = aX^b$에 의거해 80% 학습곡선 모형에서의 모형식 값은 $0.8a = a \times 2^b$이다. 이것은 $0.8 = 2^b$이고 로그를 취하면 $\ln 0.8 = b \ln 2$이며 이에 따라 $b = \frac{\ln 0.8}{\ln 2} = -0.3219$인 것이다. 이러한 과정을 감안할 때 90% 학습곡선 모형일 때 학습지표 $b$값은 $\frac{\ln 0.9}{\ln 2}$인 것을 알 수 있다.

## 3) 학습곡선의 이용

### (1) 학습곡선모형과 원가예측

제품 생산에 있어 직접작업시간이 학습곡선을 따라 움직이는 경우에는 학습곡선모형을 이용하여 원가를 추정, 예측하는 것이 보다 효율적인 방법이다.

**예제 2-8 원가예측**

현대(주)는 신제품을 개발하고, 30단위를 생산하였다. 이에 대한 원가는 다음과 같이 발생하였다.

| | |
|---|---:|
| 직접재료원가 | 120,000원 |
| 직접노무원가(600시간 @500원) | 300,000원 |
| 변동제조간접비(직접노무원가의 20%) | 60,000원 |
| 고정제조간접비 | 70,000원 |
| 총발생원가 | 550,000원 |

현대(주)는 직접작업시간이 90%의 학습곡선을 따라 움직이는 것으로 가정하고 있다. 추가로 90단위를 생산하는 경우 제조원가는 얼마나 발생하는가?

[해 답]

직접작업시간이 90%의 학습곡선을 따라 움직인다고 가정 하에서 추가로 90단위를 생산하는데 소요되는 작업시간을 계산하면 아래와 같다.

| 누적생산량 | 단위당 누적평균작업시간 | 누적총작업시간 | 증분작업시간 |
|---|---|---|---|
| 30단위 | 20시간(600시간/30) | 600시간 | - |
| 60단위 | 18시간(20시간×0.9) | 1,080시간(18시간×60) | 480시간 |
| 120단위 | 16.2시간(18시간×0.9) | 1,944시간(16.2시간×120) | 864시간 |

즉 30단위를 생산한 후 추가로 30단위를 생산하는데 소요되는 증분작업시간은 480시간(1,080시간－600시간)이며 그 후 다시 추가로 60단위를 생산하는데 소요되는 증분작업시간은 864시간(1,944시간－1,080시간)이다. 따라서 추가로 90단위를 생산하는데 소요되는 총작업시간은 1,344시간(480시간＋864시간 또는 1,944시간－

600시간)이 된다. 이 자료를 이용하여 추가로 90단위를 생산하는데 소요되는 제조원가를 추정하면 다음과 같다.

| | |
|---|---|
| 직접재료원가(120,000원×3) | 360,000원 |
| 직접노무원가(1,344시간×500원) | 672,000원 |
| 변동제조간접비(직접노무원가의 20%) | 134,400원 |
| 고정제조간법비 | - |
| **총추정원가** | 1,166,400원 |

### (2) 학습곡선모형의 이용분야

정보이용자가 합리적이고 효율적인 의사결정을 수행하고자 할 때 가장 필요한 정보가 예측정보이다. 학습곡선모형은 학습에 의한 작업시간 개선 추이를 보여주므로 미래 원가추정에 도움을 주는 예측정보의 기능을 수행한다. 따라서 이러한 학습곡선모형의 예측정보는 과업표준설정, 자본예산편성, 작업일정편성, 잔업결정 등에 이용될 수 있는 것이다.

과업 표준을 설정할 때 학습곡선을 고려한다면 실제와 표준간의 불리한 차이나 유리한 차이의 발생을 줄일 수 있다. 자본예산을 편성할 때도 학습곡선모형을 고려하면 노무원가 등의 원가 예산에 효율화를 도모할 수 있을 것이다. 또한 작업일정을 결정할 때도 학습곡선을 고려하면 노동 소요량을 보다 합리적으로 예측할 수 있을 것이며 특히 추가 작업결정 등에서도 숙련공의 적절한 활용을 도모할 수 있어 생산의 합리화를 꽤할 수 있을 것이다.

이와 같이 정보이용자가 의사결정을 수행함에 있어 학습곡선모형을 고려하는 것이 이를 고려하지 않는 경우보다 많은 유리점이 있는 것이다. 그러나 한편, 이러한 학습곡선의 추이를 정확하게 발견하고 예측하는 것은 그렇게 쉽지만은 않다. 그럼에도 불구하고 학습곡선의 이용이 가능하다면 학습곡선을 무시하는 것보다 이를 적극적으로 이용하려는 자세가 정보이용자에게 요구되는 사항인 것이다.

## 5. 종합연습

다음은 현대(주)의 2009년 1년간의 기계사용시간, 제조간접비에 대한 월별자료이다. 이자료에 의하여 1) 기계사용시간을 기준으로 제조간접비를 추정할 경우 고저점법, 준평균법, 회귀분석법에 의한 제조간접비 원가함수를 각각 계산하고 2) 2009년 500시간의 기계를 사용한 것으로 예상된다면, 2009년 제조간접비를 고저점법, 준평균법, 회귀분석법에 의해 추정할 경우 예상 제조간접비는 얼마인지를 각각 계산하시오?

| 월 | 기계사용시간 | 제조간접비 |
|---|---|---|
| 1 | 360 | 9,100원 |
| 2 | 350 | 8,550 |
| 3 | 330 | 7,660 |
| 4 | 390 | 10,600 |
| 5 | 360 | 9,700 |
| 6 | 410 | 10,300 |
| 7 | 330 | 9,000 |
| 8 | 310 | 8,500 |
| 9 | 430 | 11,050 |
| 10 | 370 | 9,620 |
| 11 | 350 | 8,750 |
| 12 | 280 | 8,050 |

[해 답]

1) 고저법

고점 : 9월 430시간, 11,050원

저점 : 12월 280시간, 8,050원

$Y = a + bX$

$$b = \frac{11,050\text{원} - 8,050\text{원}}{430 - 280} = 20\text{원}$$

$a = 11,050 - 20 \times 430 = 2,450$원

원가함수 $Y = 2,450\text{원} + 20\text{원} \times X$

2) 준평균법

| 조업활동이 낮은 달의 내역 | | | 조업활동이 높은 달의 내역 | | |
|---|---|---|---|---|---|
| 월 | 조업시간 | 제조간법비 | 월 | 조업시간 | 제조간접비 |
| 2 | 350시간 | 8,550원 | 1 | 360시간 | 9,100원 |
| 3 | 330 | 7,660 | 4 | 390 | 10,600 |
| 7 | 330 | 9,000 | 5 | 360 | 9,700 |
| 8 | 310 | 8,500 | 6 | 410 | 10,300 |
| 11 | 350 | 8,750 | 9 | 430 | 11,050 |
| 12 | 280 | 8,050 | 10 | 370 | 9,620 |
| 평균값 | 325 | 8,418.3원 | 평균값 | 386.7 | 10,061.7원 |

$$Y = a + bX$$

$$b = \frac{10,061.7\text{원} - 8,418.3\text{원}}{386.7 - 325} = 26.6\text{원}$$

$$a = 10,061.7\text{원} - 26.6\text{원} \times 386.7 = -224.52\text{원}$$

$$\text{원가함수 } Y = -224.52\text{원} + 26.6\text{원} \times X$$

3) 단순회귀분석

| 월 | 기계사용시간(X) | 제조간접비(Y) | XY | $X^2$ |
|---|---|---|---|---|
| 1 | 360 | 9,100 | 3,276,000 | 129,600 |
| 2 | 350 | 8,550 | 2,992,500 | 122,500 |
| 3 | 330 | 7,660 | 2,527,800 | 108,900 |
| 4 | 390 | 10,600 | 4,134,000 | 152,100 |
| 5 | 360 | 9,700 | 3,492,000 | 129,600 |
| 6 | 410 | 10,300 | 4,223,000 | 168,100 |
| 7 | 330 | 9,000 | 2,970,000 | 108,900 |
| 8 | 310 | 8,500 | 2,635,000 | 96,100 |
| 9 | 430 | 11,050 | 4,751,500 | 184,900 |
| 10 | 370 | 9,620 | 3,559,400 | 136,900 |
| 11 | 350 | 8,750 | 3,062,500 | 122,500 |
| 12 | 280 | 8,050 | 2,254,000 | 78,400 |
| 합계 | 4,270 | 110,880 | 39,877,700 | 1,538,500 |

$$X = \frac{4,270}{12} = 355.83\text{시간}$$

$$Y = \frac{110,880}{12} = 9,240\text{원}$$

$$b = \frac{\sum XY - X\sum Y}{\sum X^2 - X\sum X} = \frac{39,877,700 - 355.83 \times 110,880}{1,538,500 - 355.83 \times 4,270} = 22.15\text{원}$$

$$a = Y - b \times X = 9,240 - 22.15\text{원} \times 355.83 = 1,358.37\text{원}$$

$$Y = 1,358.37\text{원} + 22.15\text{원} \times X$$

4) 제조간접비 예상액

① 고저점법에 의한 추정

$$Y = 2,450\text{원} + 20\text{원} \times X$$
$$= 2,450\text{원} + 20\text{원} \times 500$$
$$= 12,450\text{원}$$

② 준평균법에 의한 추정

$$Y = 1,711.14\text{원} + 21.6\text{원} \times X$$
$$= 1,711.14\text{원} + 21.6\text{원} \times 500$$
$$= 12,511\text{원}$$

③ 단순회귀분석에 의한 추정

$$Y = 1,358.37\text{원} + 22.15\text{원} \times X$$
$$= 1,358.37\text{원} + 22.15 \times 500$$
$$= 12,433.37\text{원}$$

# 연 습 문 제

## 연습문제 2-1 원가의 구분

다음 보기에 있는 원가용어를 보고 괄호에 관계되는 용어를 찾아 기입하라.

| 변동원가 | 제조원가 | 고정원가 | 기간비용 | 기초원가 | 가공원가 |
|---|---|---|---|---|---|

1) 냉장고 제조회사의 경우 강철판은 직접재료에 해당한다. 이러한 직접재료원가 추적가능한 원가로서 ( )중에 하나이다. 또한 직접재료원가는 원가행태의 관점에서 볼 때 ( )원가이다.
2) 제품제조에 소요되는 직접재료원가와 직접노무원가를 합하여 ( )라고 한다.
3) 제품제조에 소요되는 직접노무원가와 제조간접비를 합하여 ( )라고 한다.
4) 제품제조 공장 건물의 보험료는 ( )로 분류되어진다. 그러나 본사건물에 대한 보험료는 ( )으로 분류된다. 그리고 원가행태의 관점에서 볼 때 이들 보험료는 ( )로 분류된다.
5) 일반적으로 재고가능원가로 인식되고 있는 ( )는 매출원가의 일부분이 되기 전까지 완성품 계정에 남아 있게 된다.
6) 기업의 최고경영자의 월급은 ( )으로 분류된다. 왜냐하면 최고경영자에게 지급되는 급여는 당해 연도 손익계산서에 비용항목으로 나타나기 때문이다.

## 연습문제 2-2 원가의 구분

다음 항목들을 보고 이들 항목이 변동비에 속하는지 아니면 고정비에 속하는지를 구분하여 ( )안에 기록하라.

1) 식빵 제조에 투입되는 밀가루( )
2) 비품에 대한 감가상각액( )
3) 제품에 대한 광고선전비( )
4) 공장 기계가동에 의한 전기료( )

5) 최고경영자의 급여(   )
6) X-Ray 촬영 시 방사선 필름(   )
7) 판매실적에 따른 판매수수료(   )
8) 건물에 대한 재산세(   )
9) 공장에서의 직접노무원가(   )
10)공장 건물의 임차료(   )

## 연습문제 2-3 소멸원가와 미소멸원가

1) 아래 10개의 항목을 소멸원가와 소멸되지 않은 원가로 분류하시오.
2) 소멸되지 않은 원가로 분류한 항목을 재고가능원가인지 재고불능원가인지를 분류하고, 그 이유를 설명하시오.

|  |  |
|---|---|
| -서비스부문(법무법인) | |
| ① 자동차 구매원가 | 15,000,000원 |
| ② 월별 건물 임차료 | 4,000,000 |
| ③ 직원에 대한 급여 | 1,000,000 |
| -유통업부문(문구 판매업) | |
| ④ 영업부 직원에 대한 성과급 | 400,000원 |
| ⑤ 상품의 구매원가 | 49,000,000 |
| ⑥ 영업장에 대한 전력비 | 150,000 |
| -제조업부문(제철회사) | |
| ⑦ 용광로의 취득원가 | 190,000,000원 |
| ⑧ 공장 노동자의 임금 | 98,000,000 |
| ⑨ 원재료 구입 | 490,000,000 |
| ⑩ 차량 구입원가 | 14,000,000 |

## 연습문제 2-4 제조원가와 기간비용의 구분

다음에 제시된 원가항목을 그 성격에 따라 제조원가와 기간비용으로 분류하시오.

1) 판매직원용 컴퓨터의 감가상각액
2) 공장 기계 임차료

3) 공장 기계 윤활유비용
4) 제품 보관창고 관리 직원의 급여
5) 공장 감독의 임금
6) 공장에서 발생하는 수도광열비
7) 수출용 제품의 포장비
8) 공장 근로자 산업재해보험료
9) 공장 식당 냉장고의 감가상각액
10) 회사 비서실 직원의 급여
11) 최고경영자의 업무용 차량운반구에 대한 감가상각액
12) 마케팅활동에 필요한 교육장소의 임차료

## 연습문제 2-5 제품단위당원가와 제조원가, 변동원가와 고정원가

현대(주)는 냉장고라는 단일 품목을 제조하고 있는데 2x10년의 생산 및 원가의 내용은 다음과 같다(V는 변동원가, F는 고정원가를 나타낸다)

|  |  |
|---|---|
| 완성된 제품 수량 | 100,000단위 |
| 발생원가: | |
| 직접재료원가 | 150,000원(V) |
| 직접노무원가 | 60,000 (V) |
| 동력비 | 6,000 (V) |
| 간접노무원가 | 25,000 (V) |
| 간접노무원가 | 20,000 (F) |
| 기타제조간접비 | 9,000 (V) |
| 기타제조간접비 | 30,000 (F) |
| 판매비 | 40,000 (V) |
| 판매비 | 30,000 (F) |
| 일반관리비 | 50,000 (F) |
| 재공품재고(2x09년 12월31일) | - |
| 직접재료재고수량(2x09년 12월 31일) | 3,000kg |
| 제품재고(2x09년 12월 31일) | 30,000원 |

2x10년의 매출액은 400,000원이다. 2x09년의 기초재고자산은 없었다. 회사의 기말제품재고는 2x10년의 단위당 평균제조원가로 계산되었다. 직접재료의 가격은 연중 변함이 없었다. 제품 한 단위를 제조하기 위해서는 직접재료 3kg이 필요하다.

1) 2x09년 12월 31일의 직접재료재고액을 계산하시오.
2) 2x09년 12월 31일의 제품재고수량을 산출하시오.
3) 2x10년의 판매단가를 산출하시오.

### 연습문제 2-6 원가구분

2008년 현대(주)의 MP3 생산과 관련된 원가자료는 다음과 같다.

|  |  |
|---|---|
| 단위당 직접재료원가 | 30,000원 |
| 단위당 직접노무원가 | 25,000 |
| 단위당 변동제조간접비 | 7,000 |
| 단위당 고정제조간접비 | 10,000 |
| 단위당 고정판매비와 관리비 | 4,000 |
| 단위당 변동판매비와 관리비 | 3,000 |
| 단위당 판매가격 | 99,000 |
| 연간 정상적인 생산량 | 320,000단위 |

한편, 영심전자(주)에서 2009년에 정상적인 판매 이외 10,000단위의 MP3를 단위당 72,000원에 구입하겠다는 특별주문을 받았다. 이 주문을 받아들이면 10,000,000원과 추가적인 고정비가 발생할 것으로 추정된다. 다만 특별주문과 관련된 변동판매비는 발생하지 않을 것이다.

위와 같을 때 현대(주)의 특별주문과 관련된 관련원가와 비관련원가는 각각 얼마인가?

## 연습문제 2-7 기회원가, 매몰원가

현대(주)는 구축물을 1,300,000원에 설비하여 다음과 같은 용도로 사용하고자 한다.

> 1안 : 제품 A를 생산할 경우 순이익은 1,600,000원으로 예상된다.
> 2안 : 기계장치를 영구 임대하여 총 1,100,000원에 임대수익을 얻는 방법이다.
> 3안 : 기계장치를 외부에 1,400,000원에 판매하는 것이다.

이때

1) 순이익이 가장 큰 1안을 선택할 경우 기회비용은 얼마인가?
2) 위의 문제에서 매몰원가는 어느 것인가?

## 연습문제 2-8 원가행태

2009년 3월에 현대(주)는 20,000단위의 A제품을 생산하였는데, 이때 소요된 제조원가는 다음과 같다.

| | | |
|---|---|---|
| 직접재료원가 | | 16,000,000원 |
| 직접노무원가 | | 13,000,000 |
| 제조간접비 | | |
| 공장설비의 감가상각액 | 2,100,000원 | |
| 공장건물에 대한 보험료 | 1,300,000 | |
| 공장건물에 대한 수도광열비 | 3,100,000 | 6,5000,000 |
| 총제조원가 | | 35,500,000원 |

한편, 현대(주)는 3월에 발생한 수도광열비 70%는 고정원가이며, 나머지는 변동원가인 것으로 추정하고 있다.

1) 각 제조원가를 원가행태에 따라 분류하시오.
2) 계정분석법을 이용하여 총제조원가 35,500,000원을 총고정원가와 총변동원가로 분류하시오.
3) 계정분석법에 의하여 현대(주)의 총제조원가에 대한 원가함수를 추정하시오.

## 연습문제 2-9 원가행태

다음 자료는 현대(주)의 제조간접원가 발생액을 조업도 수준에 따라 요약한 것이다.

| | 기계시간 | 총제조간접비 |
|---|---|---|
| 3월 | 6,000 | 60,000원 |
| 4월 | 9,000 | 90,000 |
| 5월 | 5,000 | 55,000 |
| 6월 | 8,000 | 75,000 |

현대(주)는 제조간접원가를 변동원가와 고정원가로 나누기 위하여 원가분석을 한 결과 제조간접원가가 전력요금, 감독자 임금, 수선유지비로 구성되어 있다는 것을 밝혔다. 그러나 이들을 완전히 고정원가와 변동원가로 구분하지는 못했다. 3월의 실제제조간접원가는 다음과 같다.

| | |
|---|---|
| 전력요금(변동원가) | 15,000원 |
| 감독자임금(고정원가) | 25,000 |
| 수선유지비(혼합원가) | 20,000 |
| 합계 | 60,000원 |

1) 6월의 제조간접원가 중에 포함되어 있는 수선유지비를 추정하시오.

2) 고저점법을 이용하여 제조간접비의 원가함수를 추정하시오.

## 연습문제 2-10 원가함수의 추정

현대(주)의 다음 자료를 참조하여 물음에 답하라.

| 월 | 직접노동시간($x$) | 총제조간접비($y$) |
|---|---|---|
| 1월 | 3,600시간 | 280,000원 |
| 2월 | 4,300 | 364,000 |
| 3월 | 3,800 | 322,000 |
| 4월 | 4,700 | 407,100 |
| 5월 | 5,500 | 415,000 |
| 6월 | 5,400 | 413,000 |
| 계 | 27,300시간 | 2,201,000원 |

1) 고저점법에 의할 경우, 총제조간접비의 원가함수를 추정하시오.
2) 준평균법을 이용하여 총제조간접비의 원가함수를 추정하시오.
3) 7월의 실제직접노동시간이 5,800시간이라고 할 때, 7월의 총제조간접비는 얼마라고 추정할 수 있는가?

## 연습문제 2-11 원가함수 추정

다음은 현대(주)의 2009년 1년간의 기계사용시간과 제조간접비에 대한 월별 자료이다.

| 월 | 기계사용시간 | 제조간접비 |
|---|---|---|
| 1 | 360 | 10,000원 |
| 2 | 350 | 9,450 |
| 3 | 330 | 8,560 |
| 4 | 390 | 11,500 |
| 5 | 360 | 10,600 |
| 6 | 410 | 11,200 |
| 7 | 330 | 9,900 |
| 8 | 310 | 9,400 |
| 9 | 430 | 11,950 |
| 10 | 370 | 10,520 |
| 11 | 350 | 9,650 |
| 12 | 280 | 8,950 |

1) 기계사용시간을 기준으로 제조간접비를 추정할 경우 고저점법에 의한 제조간접비 원가함수를 추정하라.
2) 2010년 1월 480시간의 기계를 사용할 것으로 예상된다면 이때 2010년 1월의 예상되는 제조간접비를 계산하라.
3) 기계사용시간을 기준으로 제조간접비를 추정할 경우 준평균법에 의한 제조간접비 원가함수를 추정하라.
4) 기계사용시간을 기준으로 제조간접비를 추정할 경우 단순회귀분석법에 의한 원가함수를 추정하시오. 단순회귀분석법에 의할 경우 2010년 480시간을 기계를 사용할 예정이라면 이때 예상 제조간접비는 얼마로 추정되는가?

## 연습문제 2-12 원가함수 추정

현대(주)의 지난 5개월 간 기계작업시간과 수선유지비에 대한 자료는 다음과 같다.

| 기간 | 기계시간 | 수선유지비 |
|---|---|---|
| 1월 | 1,100시간 | 1,800원 |
| 2 | 900 | 1,200 |
| 3 | 300 | 900 |
| 4 | 500 | 1,000 |
| 5 | 700 | 1,600 |

1) 단순회귀분석에 의하여 월간 수선유지비에 대한 원가함수를 추정하라.

## 연습문제 2-13 학습곡선

현대(주)에서는 신제품을 생산하기로 하고 시험생산 결과 처음 8단위에 대한 제품생산과 관련된 직접노동시간은 다음과 같다.

처음 4단위 생산시 소요된 직접노동시간 : 640시간
두 번째 4단위 생산시 소요된 직접노동시간 : 512시간

1) 8단위의 시험생산 자료에 의하여 신제품 생산에 소요되는 학습률은 얼마인가?
2) 시간당 임률이 6,000원이고, 학습률이 0.9인 경우 시험생산량 8단위를 포함하여 32단위를 생산할 경우 예상되는 직접노무원가를 추정하시오.

### 연습문제 2-14 학습곡선, 누적평균원가모형

현대(주)는 신제품에 대한 생산을 적극적으로 고려하고 있다. 시험생산기간 중에 생산된 100단위의 원가자료는 다음과 같다.

| | |
|---|---|
| 원재료 A | 4,000,000원 |
| 원재료 B | 6,000,000 |
| 노무원가 : 고급노동(5,000원/시간) | 30,000,000 |
| 저급노동(3,000원/시간) | 9,000,000 |
| 변동제조간접비 | 15,000,000 |
| 고정제조간접비 | 76,000,000 |

이때, 직접노무원가와 변동제조간접비가 학습곡선 현상을 따르며 변동제조간접비는 저급노동시간을 기준으로 배부된다. 학습률은 고급노동은 80%, 저급노동은 90%이다. 이에 따라 시험생산량 100단위를 제외하고 추가로 1,500단위의 주문을 받을 경우 가격결정을 위한 원가추정액을 산출하시오.

Chapter 03

# 변동원가계산

1. 변동원가계산의 개념
2. 전부원가계산과 변동원가계산의 비교
3. 스루풋 원가계산의 의의
4. 기준조업도의 의의
5. 종합연습
• 연 습 문 제

Chapter 03

# 변동원가계산

## I. 변동원가계산의 개념

변동원가계산(variable costing)은 변동원가만으로 제조원가를 계산하는 원가계산 방식이다. 따라서 변동원가계산에 의한 제조원가에는 직접재료원가, 직접노무원가, 변동제조간접비 등의 변동원가만이 포함되고 고정원가(고정비)는 포함되지 않는다. 이때 고정원가(고정비)는 기간비용으로 처리되는 것이다. 이에 비하여 전부원가계산 ((full costing)에서는 모든 변동원가 뿐만 아니라 모든 고정원가까지 다 포함한 값으로 제조원가를 계산한다. 따라서 변동원가계산과 전부원가계산의 차이점은 고정원가의 포함 여부이다. 왜 변동원가계산에서는 고정원가를 제조원가 산출에서 제외하는 것일까? 그것은 고정원가가 제조원가에 포함될 경우 이익에 대하여 왜곡된 정보를 제공할 가능성이 있기 때문이다.

즉, 고정원가의 단위당 비용은 조업도와 밀접한 관련을 맺고 있다. 조업도가 높을수록 단위당 고정원가는 낮아지고 조업도가 낮을수록 단위당 고정원가는 높아진다. 예를 들어 고정원가가 100,000원일 때 조업도(생산량)가 1,000개라면 단위당 고정원가는 100원이 되지만 조업도가 100개라면 단위당 고정원가는 1,000원이 되는 것이다. 이러한 단위당 고정원가의 변동은 기말재고와 매출원가에 영향을 미치고 이는 다시 이익에 영향을 미친다. 단위당 고정원가가 낮은 경우에는 매출원가가 낮게 계상되어 그만큼 이익이 높게 계상되고 높은 경우에는 반대로 이익이 낮게 계상된다. 이것은 고정원가를 제조원가에 포함하는 경우, 매출액의 변동과는 상관없이 조업도에 영향을 받은 단위당 고정원가가 매출원가에 영향을 주어 매출이익을 변동하게 한다는 것을 의미한다. 진정한 매출이익의 변동은 매출액과 매출원가 양 측면을 고려하여 계산되어져야만 하는데 이 경우에는 단위당 고정원가에 영향을 받은 매출원가의 영향을 크게 고려하게 되는 것이다. 이에 따라 변동원가계산은 고정원가의 왜곡된 측면을 배제하기 위한 방법으로, 정보이용자들의 합리적이고 효율적인 의사결정을 도울 수 있는, 필수적이고 중요한 원가계산 방법인 것이다. 그러나 한편, 변동원가계산에서는 고정원가를 원가계산에서 제외하여 기간비용으로 처리함으로 제조원가에 대한 정보를 폭넓게 제공하지 못하는 단점도 존재한다.

변동원가계산과 전부원가계산의 차이를 좀 더 구체적으로 고찰하기 위하여 [도표 3-1]을 통하여 전부원가계산의 손익계산서와 변동원가계산의 손익계산서를 비교, 검토하도록 하자. 변동원가계산과 전부원가계산은 제조원가에 포함되는 원가요소 자체가 다르기 때문에 상호간 많이 차이를 보이게 된다.

❖ [도표 3-1] 전부원가계산과 변동원가계산의 손익계산서 비교

| 전부원가계산 손익계산서 | | | 변동원가계산 손익계산서 | | |
|---|---|---|---|---|---|
| 매출 | | XXX | 매출 | | XXX |
| 매출원가 | | | 변동비 | | |
| 기초재고 | XXX | | 변동매출원가 | | |
| 당기제조원가 | XXX | | 변동기초재고 | XXX | |
| 기말재고 | XXX | XXX | 변동제조원가 | XXX | |
| 매출총이익 | | XXX | 변동기말재고 | XXX | XXX |
| 기타수익 | | XXX | 변동판매비 | XXX | |
| 물류원가 | | XXX | 변동관리비 | XXX | XXX |
| 판매관리비 | | XXX | 공헌이익 | | XXX |
| 금융비용 | | XXX | 고정비 | | |
| 기타비용 | | XXX | 고정제조간접비 | XXX | |
| 법인세 | | XXX | 고정판매비 | XXX | |
| 당기순이익 | | XXX | 고정관리비 | XXX | XXX |
| 기타포괄손익 | | XXX | 영업이익 | | XXX |
| 총포괄손익 | | XXX | 기타수익 | | XXX |
| | | | 기타비용 | | XXX |
| | | | 법인세 | | XXX |
| | | | 당기순이익 | | XXX |
| | | | 기타포괄손익 | | XXX |
| | | | 총포괄손익 | | XXX |

전부원가계산과 변동원가계산의 손익계산은 크게 두 가지 측면에서 그 차이점을 발견할 수 있다. [도표 3-1]에서 보이는 바와 같이 첫째, 전부원가계산과 변동원가계산에서의 매출원가 및 제품제조원가 속성은 상호 간에 완전히 다르다. 변동원가계산의 변동매출원가는 변동원가만을 제품제조원가에 포함시켜 반영된 값을 의미한다. 이때 고정제조간접비는 고정판매비 및 관리비와 함께 기간비용으로 처리하는 것이다. 이에 반하여 전부원가계산의 매출원가는 변동원가는 물론 고정원가까지 모두 제품제조원가에 포함 시킨 값이다. 이때 기간 수익, 비용에는 변동, 고정의 모든 수익, 비용 등이 포함된다. 둘째, 전부원가계산과 변동원가계산은 각각 매출액에서 차감되는 매출원가의 속성이 상호간 다르므로 차감 후 산출되는 이익의 속성도 완전히 다르다. 전부원가계산에서는 매출액에서 매출원가를 차감하여 매출총이익을 구해내지만, 변동원가계산에서는 매출액에서 변동비를 차감하여 공헌이익을 구해낸다. 또한 이때 매출액에서 차감하는 변동비에는 변동 매출원가 뿐만 아니라 변동 판매비 및 관리비도 포함된다. 따라서 각각의 특성을 비추어 볼 때 전부원가계산에서의 매출총이익과 변동원가계산에서의 공헌이익은 그 속성이 전혀 다른 것이다. 특히 변동원가계산에 의한 공헌이익은 매출이라는 수익이 이익에 미치는 영향을 보다 구체적으로 나타내주고 있다. 현대의 대부분 조직들은 영리를 목적으로 하는 조직으로서 이윤을 추구한다. 따라서 공헌이익에 관한 정보를 제공해주는 변동원가계산은 정보이용자들의 의사결정에 유용하게 활용되는 회계 방법인 것이다.

## 2. 전부원가계산과 변동원가계산의 비교

### 1) 전부원가계산

전부원가계산의 매출총이익은 조업도에 영향을 받은 단위당 고정원가로 인하여 왜곡 표현될 수도 있다. 아래의 [예제 3-1]을 통해 전부원가의 한계점에 대하여 살펴보기로 한다.

## 예제 3-1 전부원가계산

현대(주)는 제품 甲을 생산하고 있다. 20X0년 4, 5, 6월의 생산활동에서 발생한 원가 내역은 다음과 같다. 단, 이때 재공품은 없으며, 4월의 기초제품재고도 없는 상황이다. 그리고 직접노무원가와 변동제조간접비는 생산량에 비례하여 발생하며 재고자산의 평가는 선입선출법에 의한다.

| | 원가행태 | 4월 | 5월 | 6월 |
|---|---|---|---|---|
| 단위당 직접재료원가 | 변동비 | 3,000원 | 3,000원 | 3,000원 |
| 단위당 직접노무원가 | 변동비 | 2,000원 | 2,000원 | 2,000원 |
| 단위당 변동제조간접비 | 변동비 | 2,000원 | 2,000원 | 2,000원 |
| 고정제조간접비 총액 | 고정비 | 900,000원 | 900,000원 | 900,000원 |
| 생산량 | - | 100개 | 150개 | 50개 |
| 판매량 | - | 100개 | 100개 | 100개 |
| 단위당 판매가격 | - | 50,000원 | 50,000원 | 50,000원 |
| 판매비관리비 총액 | 변동비 70% | 600,000원 | 600,000원 | 600,000원 |

[물음]

1) 월별 갑 제조원가는 얼마인가?

2) 월별 손익계산서(전부원가계산)를 작성하시오.

[해답]

1) 월별 갑 제조원가

| | 4월 | 5월 | 6월 |
|---|---|---|---|
| 직접재료원가 | 300,000 | 450,000 | 150,000 |
| 직접노무원가 | 200,000 | 300,000 | 100,000 |
| 제조간접비 | | | |
| 변동제조간접비 | 200,000 | 300,000 | 100,000 |
| 고정제조간접비 | 900,000 | 900,000 | 900,000 |
| 합계 | 1,600,000 | 1,950,000 | 1,250,000 |
| 생산량 | 100개 | 150개 | 50개 |
| 제조원가(단위당) | 16,000원 | 13,000원 | 25,000원 |

2) 월별 손익계산서(전부원가계산)

| | 4월 | | 5월 | | 6월 | |
|---|---|---|---|---|---|---|
| 매출액 | | 5,000,000 | | 5,000,000 | | 5,000,000 |
| 매출원가 | | | | | | |
| 월초제품재고액 | 0 | | 0 | | 650,000 | |
| 당월제품제조원가 | 1,600,000 | | 1,950,000 | | 1,250,000 | |
| 월말제품재고액 | 0 | 1,600,000 | 650,000 | 1,300,000 | 0 | 1,900,000 |
| 매출총이익 | | 3,400,000 | | 3,700,000 | | 3,100,000 |
| 판매비 및 관리비 | | 600,000 | | 600,000 | | 600,000 |
| 당기순이익 | | 2,800,000 | | 3,100,000 | | 2,500,000 |

위 예제 문제에서 볼 수 있듯이 4월, 5월, 6월, 즉 3개월 동안의 각 단위당 변동원가, 단위당 판매가격, 총고정원가 등은 모두 동일하게 발생하고 있다. 그럼에도 매출총이익과 이익은 월별로 각각 다르다. 각 월별 단위당 판매가격, 단위당 변동원가, 총고정원가가 동일한 데 어떻게 매출총이익이나 이익이 다른 결과가 나오는 것일까? 그 원인은 순전히 각 월별 생산량(조업도)의 차이 때문인 것이다. 예를 들어 각 월별로 매출액이 동일한 상태에서 생산량이 많아지면 단위당 고정원가가 낮아지고 그에 따라 그만큼 단위당 제조원가도 낮아지고 이와 더불어 매출원가 또한 낮아져 매출총이익과 당기순이익이 커지는 것이다. 또한 각 월별로 매출액과 변동원가 및 총고정원가가 동일한 상태에서 생산량만 줄어드는 경우에는 단위당 고정원가가 높아지므로 그만큼 단위당 제조원가도 높아지고 그에 따라 매출원가가가 높아져 매출총이익과 당기순이익의 가액이 작아지는 것이다.

이처럼 전부원가계산은 매출액과 관계없이 제품 생산량의 증감만으로 이익이 증감한다는 문제를 제기해 주고 있다. 위 [예제 3-1] 을 통해서 좀 더 자세히 고찰하여 보면 각 월별 단위당 매출액, 단위당 변동원가, 총고정원가가 동일한 상태인데 생산량이 4월 100개, 5월 150개, 6월 50개로 다르다. 이러한 생산량에 따라 단위당 고정원가가 변동하여 단위당 제조원가가 4월 16,000원, 5 13,000원, 6월 25,000원이 각각 다르게 산출되는 것이다. 즉 생산량이 많은 달은 단위당 제조원가가 낮아지고 적은 달에는 높아지는 것이다. 이것은 고정원가가 생산량에 관계없이 고정되어 있어 관련범위 내에서 생산량이 많아질수록 제품 단위당 배부되는 고정원가가 적어지기 때문인 것이다.

전부원가계산에서는 단지 생산량이 늘어나기만 하여도 이익이 많아져 경영성과가 높은 것으로 평가된다. 그러나 매출액은 늘어나지 않는 상태에서 생산량이 많아진다는 것은 재고자산이 과잉생산되거나 적체되는 것을 의미하는 것이며 이는 보관상의 파손, 마모, 진부화, 시가변동 등에 의한 숨겨진 비용 또한 발생할 가능성이 많음 시사하는 것일 뿐 진실 된 경영성과의 개선을 의미하는 것은 될 수는 없는 것이다.

## 2) 변동원가계산

변동원가계산(variable costing)에서는 변동원가만을 제조원가에 포함시킨다. 즉 고정원가는 제조원가 산정에 포함시키지 않고 기간비용으로 처리하는 것이다. 이것은 제조원가 계산에서 고정원가를 배제함으로써 매출원가, 매출총이익 등에 반영되는 원가 왜곡을 피하고자 함이다. 이러한 변동원가계산의  특성은 합리적, 효율적 의사결정이 필요한 정보이용자들에게 매우 중요한 회계정보인 것이다. 변동원가계산 회계정보는 정보이용자의 다양한 의사결정, 계획수립, 성과평가 등에 가장 많이 이용되는 중요 회계정보이다.

그런데 한편, 이러한 변동원가계산을 직접원가계산(direct costing)이라고도 한다. 이것은 변동원가가 조업도와 직접 연관되어 변동되는 원가이기도 하지만 원가요소별로 직접 추정이 가능한 직접원가이기 때문이다. 아래 [도표 3-2]는 전부원가계산과 변동원가계산의 원가적용 상의 차이를 나타내 주는 표이다.

❖ [도표 3-2] 전부원가계산과 변동원가계산의 원가적용

| 원가유형 | 전부원가계산 | 변동원가계산 |
|---|---|---|
| 직접재료원가 | 제조원가 | 제조원가 |
| 직접노무원가 | 제조원가 | 제조원가 |
| 변동제조간접비 | 제조원가 | 제조원가 |
| 변동판매비 및 관리비 | 기간비용 | 기간비용(매출액에 대응) |
| 고정판매비 및 관리비 | 기간비용 | 기간비용 |
| 고정제조간접비 | 제조원가 | 기간비용 |

변동원가계산하의 원가계산과 손익계산을 위 [예제 3-1]의 내용을 이용하여 아래와 같이 실행하여 보자.

### 예제 3-2 변동원가계산

[예제 3-1]의 내용을 이용하여 변동원가계산을 행하라. (판매비 및 관리비 중 변동비 70%, 고정비 30%).

[물음]

1) 월별 갑의 제조원가는 얼마인가?

2) 월별 변동원가계산 손익계산서를 작성하시오.

[해답]

1) 월별 제조원가

| | 4월 | 5월 | 6월 |
|---|---|---|---|
| 직접재료원가 | 300,000원 | 450,000원 | 150,000원 |
| 직접노무원가 | 200,000원 | 300,000원 | 100,000원 |
| 제조간접비 | | | |
| 변동제조간접비 | 200,000원 | 300,000원 | 100,000원 |
| 합계 | 700,000원 | 1,050,000원 | 350,000원 |
| 생산량 | 100개 | 150개 | 50개 |
| 제조원가(단위당) | 7,000원 | 7,000원 | 7,000원 |

2) 월별 손익계산서(변동원가계산)

| | 4월 | | 5월 | | 6월 | |
|---|---|---|---|---|---|---|
| 매출액 | | 5,000,000 | | 5,000,000 | | 5,000,000 |
| 변동비 | | | | | | |
| 변동매출원가 | | | | | | |
| 월초제품재고액 | 0 | | 0 | | 350,000 | |
| 당월제품제조원가 | 700,000 | | 1,050,000 | | 350,000 | |
| 월말제품재고액 | 0 | 700,000 | 350,000 | 700,000 | 0 | 700,000 |
| 변동판매비 및 관리비 | 420,000 | 420,000 | 420,000 | 420,000 | 420,000 | 420,000 |
| 공헌이익 | | 3,880,000 | | 3,880,000 | | 3,880,000 |
| 고정이익 | | | | | | |
| 고정제조간접비 | 900,000 | | 900,000 | | 900,000 | |
| 고정판매비 및 관리비 | 180,000 | 1,080,000 | 180,000 | 1,080,000 | 180,000 | 1,080,000 |
| 당기순이익 | | 2,800,000 | | 2,800,000 | | 2,800,000 |

위의 예제들을 통하여 전부원가계산과 변동원가계산의 차이를 몇 가지로 정리 할 수 있는데, 첫째, 전부원가계산과 변동원가계산은 각각 원가 및 이익을 계산할 때 이용되는 개념과 방법이 원천적으로 다르다. 전부원가계산의 손익계산은 전통적인 방법에 의하여 매출액에서 매출원가를 차감하는 형식과 구조를 이용한다. 그러나 변동원가계산의 손익계산은 매출액에서 변동원가를 차감하여 공헌이익을 산출하는 방법을 이용한다. 공헌이익은 고정원가라는 비관련원가를 이익 계산에서 차감하지 않는 이익 개념이다. 변동원가계산에서는 고정원가를 모두 기간비용으로 처리하는 것이다. 둘째, 손익의 계산상 변동원가계산에서는 위의 예제에서와 같이 동일한 매출액일 경우에는 어떤 경우에라도 각각 동일한 변동매출총이익이 산출된다. 그러나 전부원가계산에서는 동일한 매출액일 경우에라도 생산량(조업도)이 다른 경우에는 각각 다른 매출총이익이 산출된다. 그러나 기말재고자산이 "0" 로 시작해서 다시 "0" 로 정리된 상태까지의 일정기간 두 방법 이익의 총합계는 언제나 동일하다. 이때 변동원가계산 회계정보는 매출액의 영향에 민감한 원가정보로서 정보이용자들의 의사결정 등 관리목적에 적합한 회계정보라고 할 수 있고, 이에 반하여 전부원가계산 회계정보는 매출액과 함께 제조원가가 고려된 원가정보로서 불특정 다수인에게 공시하기에 적합한 회계 정보라 할 수 있다. 셋째, 전부원가계산은 고정원가를 포함시켜 계산되지만 변동원가계산은 고정원가를 원가계산에 포함시키지 않는다. 이에 따라 전부원가계산에서는 생산량 증감에 따라 단위당 제조원가 달라진다. 그러나 변동원가계산에서의 단위당 제조원가는 생산량에 전혀 무관하여 이러한 경우에 단위당 제조원가는 언제나 동일하다. 즉, 전술한 바와 같이 생산량은 단위당 고정원가에 변화를 주는 요인이고 단위당 고정원가는 제조원가 증감의 주요인 인데 변동원가계산은 고정원가를 포함시키지 않기 때문에 생산량에 따라 단위당 제조원가가 증감 변동하지 않는 것이다. 이러한 점을 고려하여 전부원가계산과 변동원가계산에 의한 이익의 차이 가액을 분석하여 보면 그 차이는 고정원가에 포함된 가액만큼의 차이인 것을 알 수 있다.

### 3) 전부원가계산과 변동원가계산의 차이 비교

단위당 판매가격, 단위당 변동원가, 총고정원가가 동일한 경우에도 전부원가계산 하의 이익과 변동원가계산 하의 이익은 대개 서로 다르게 발생한다. 이를 다음과 같이 몇 가지 정리된 특징으로 파악하여 알아볼 수 있다.

첫째 변동원가계산과 전부원가계산의 손익 차이는 생산량에 영향을 받은 단위당 고정제조간접비 만큼의 차이이다. 이것은 월말제품재고액에 포함되어 있는 고정제조간접비 가액 만큼의 차이로 나타난다. 예를 들어 위 예제에서 2월의 경우 전부원가계산과 변동원가계산 간의 당기순이익의 차이는 300,000원이다. 이 차이는 두 방법 간에 고정제조간접비 중 월말제품재고액으로 처리된 금액의 차이 300,000원과 정확하게 일치하는 것을 알 수 있다. 3월의 경우에도 마찬가지이다. 그런데 1월의 경우는 월말제품재고액으로 처리된 금액이 "0" 으로 두 방법 간에 동일하기 때문에 이익의 차이도 발생하지 않았다. 결국 전부원가계산과 변동원가계산 간의 차이는 고정원가로서 월말제품재고자산에 남아있는 제조간접비 금액만큼 차이가 발생한다.

둘째, 전부원가계산과 변동원가계산의 손익 차이는 제품 생산량과 판매량 간의 차이에 따라 결정된다. 예를 들어 위 예제에서 생산량과 판매량이 차이가 없이 동일한 4월의 경우는 전부원가계산과 변동원가계산의 이익도  동일하게 나타난다. 그런나 생산량과 판매량이 다른 5월이나 6월의 경우에는 전부원가계산과 변동원가계산 하의 이익은 각각 다르게 나타난다. 이때 5월의 경우는 생산량이 판매량보다 많은 경우로서, 생산량 가운데 일부 수량이 기말재고로 남아있음을 의미한다. 따라서 이때 전부원가계산일 경우, 월말재고액에 고정제조간접비가 포함되어 있어, 그 차이만큼 전부원가계산 방법이 변동원가계산 방법보다 당기순이익이 더 많게 된다. 또한 6월은 생산량보다 판매량보다 더 크다. 이 경우는 기초재고 가운데 일부 혹은 전부가 판매되었다는 것을 의미한다. 따라서 전부원가계산이 변동원가계산보다 이익이 더 적게 된다. 이러한 것을 미루어 볼 때 전부원가계산의 문제점은 전술한 바와 같이 생산량이 증가하면 그에 따라 이익도 증가한다는데 있다.

셋째, 전부원가계산과 변동원가계산의 차이는 재고자산에 포함되어 있는 고정제조간접비의 차이 이므로 영구적인 차이가 아니라 미래로 이연된 일시적인 차이이다. 즉, 고정제조간접비를 포함하고 있는 재고자산의 정리가 이루어지면 차이는 없어지는 것이다. 위 예제의 3개월간 이익을 합계해 보면 변동원가계산과 전부원가계산 모두 8,400,000원으로 동일하다. 이는 5월에 차이를 보였던 300,000원의 이익이 6월에는 동일한 금액이 반대의 차이를 보여 그 효과가 상쇄되었기 때문이다. 정확하게 6월에 그 효과가 상쇄된 이유는 5월말에 남았던 50개의 제품재고가 3월에 모두 판매되었기 때문인 것이다.

❖ [도표 3-3] [예제 3-1]과 [예제 3-2]의 결과 요약

| 구 분 | | 1월 | 2월 | 3월 |
|---|---|---|---|---|
| 생 산 량 | | 100개 | 150개 | 50개 |
| 판 매 량 | | 100개 | 100개 | 100개 |
| 생산량과 판매량의 비교 | | 생산량=판매량 | 생산량〉판매량 | 생산량〈판매량 |
| 이익 | 전부원가계산(A) | 2,800,000원 | 3,100,000원 | 2,500,000원 |
| | 변동원가계산(B) | 2,800,000원 | 2,800,000원 | 2,800,000원 |
| | 차이(A−B) | 0원 | 300,000원 | −300,000원 |
| 고정제조간접비 당기비용처리금액 | 전부원가계산(C) | 900,000원[(1)] | 600,000원[(2)] | 1,200,000원[(3)] |
| | 변동원가계산(D) | 900,000원 | 900,000원 | 900,000원 |
| | 차이(C−D) | 0원 | −300,000원 | 300,000원 |

(1) (900,000÷100개) × 100개=900,000원

(2) (900,000÷150개) × 100개=600,000원

(3) (900,000÷150개) × 50개+(900,000 ÷ 50개) × 50개=1,200,000원

❖ [도표 3-4] 변동원가계산과 전부원가계산에서 이익의 관계

| 상 황 | 이익의 차이 |
|---|---|
| 생산량 〉 판매량 | 변동원가계산의 이익 〈 전부원가계산의 이익 |
| 생산량 = 판매량 | 변동원가계산의 이익 = 전부원가계산의 이익 |
| 생산량 〈 판매량 | 변동원가계산의 이익 〉 전부원가계산의 이익 |

### 4) 이익차이의 조정

전부원가계산의 순손익과 변동원가계산의 순손익의 차이는 제조원가로서 재고자산 속에 포함되어 있는 고정제조간접비(고정원가) 가액 만큼의 차이인 것이다. 따라서 이러한 고정제조간접비 차액을 조정해 주면 두 원가계산방법 간의 순손익의 차이를 조정하여 서로 같게 만들 수 있다. 예를 들어 [도표 3-5]와 같이 기초재고자산에 포함된 고정제조간접비는 전부원가 이익에 더해주고 기말재고자산에 포함된 고정제조간접비는 전부원가 이익에서 차감해주면 변동원가계산의 이익이 산출된다. 즉, 재고자산의 순증가(기초〈기말)인 경우는 그만큼 전부원가 이익에서 (−)하고 순감소(기초〉기말)인 경우는 전부원가 이익에 (+)하여 변동원가 이익을 구할 수 있는 것이다. 또한 반대로 변동원가계산의 이익을 전부원가계산의 이익으로 조정하려 할 때는 [도표 3-6]과 같이 전부원가 이익 조정의 역순 과정으로 실행할 수 있다.

❖ [도표 3−5] 전부원가계산의 이익을 변동원가계산의 이익으로 조정

| | |
|---|---|
| 전부원가계산하의 이익 | XXX |
| 기초재고자산에 포함된 고정제조간접비(+) | XXX |
| 기말재고자산에 포함된 고정제조간접비(−) | XXX |
| 변동원가계산하의 이익 | XXX |

❖ [도표 3−6] 변동원가계산의 이익을 전부원가계산의 이익으로 조정

| | |
|---|---|
| 변동원가계산하의 이익 | XXX |
| 기초재고자산에 포함된 고정제조간접비(−) | XXX |
| 기말재고자산에 포함된 고정제조간접비(+) | XXX |
| 전부원가계산하의 이익 | XXX |

**예제 3−3 이익차이 조정**

[예제 3-1]과 [예제 3-2]의 자료를 이용하여 전부원가계산하의 이익을 변동원가계산하의 이익으로 조정하고 변동원가계산하의 이익을 전부원가계산하의 이익으로 조정시오.

[해 답]

1) 전부원가계산하의 이익을 변동원가계산하의 이익으로 조정하면

| | 1월 | 2월 | 3월 |
|---|---|---|---|
| 전부원가계산하의 이익 | 2,800,000원 | 3,100,000원 | 2,500,000원 |
| 기초재고자산에 포함된 고정제조간접비(+) | 0 | 0 | 300,000 |
| 기말재고자산에 포함된 고정제조간접비(−) | 0 | 300,000 | 0 |
| 변동원가계산하의 이익 | 2,800,000 | 2,800,000 | 2,800,000 |

2) 변동원가계산하의 이익을 전부원가계산하의 이익으로 조정하면

| | 1월 | 2월 | 3월 |
|---|---|---|---|
| 변동원가계산하의 이익 | 2,800,000원 | 2,800,000원 | 2,800,000원 |
| 기초재고자산에 포함된 고정제조간접비(−) | 0 | 0 | 300,000 |
| 기말재고자산에 포함된 고정제조간접비(+) | 0 | 300,000 | 0 |
| 전부원가계산하의 이익 | 2,800,000 | 3,100,000 | 2,500,000 |

위의 예제에서, 1월에는 기초재고도 없고, 생산량과 판매량도 100개로 동일하며 기말재고 또한 없다. 따라서 재고자산에 포함된 고정제조간접비는 없는 것이며 이에 따라 전부원가계산과 변동원가계산하의 이익은 2,800,000원으로 동일한 것이다. 2월에는 기초재고는 없으나 생산은 150개이고 판매는 100개이므로 50개의 기말재고가 남는다. 그러므로 기말재고 50개에 포함된 고정제조간접비는 300,000원 [900,000−(900,000/150개)*100개]이고 이에 따라 전부원가계산의 이익 3,100,000원에서 300,000원을 차가한 2,800,000원이 변동원가계산의 이익이 되는 것이다. 3월에는 2월로부터 이월된 기초재고 50개가 있고 50개를 생산하여 총 100개의 재고가 있는데 이를 모두 판매하였다. 그러므로 기말재고는 없었으며 다만 기초재고자산에 포함된 고정제조간접비 300,000원이 있다. 이를 전부원가계산 이익 2,500,000원에 더하면 변동원가계산 이익 2,800,000원이 산출됨을 알 수 있다. 한편, 변동원가계산하의 이익을 전부원가계산하의 이익으로 조정하는 것은 전부원가계산 이익을 변동원가 이익으로 조정하는 것의 역순으로 행하면 조정된다.

## 3. 스루풋 원가계산의 의의

스루풋 원가계산은 직접재료원가만을 제조원가요소로 보고 그 이외의 직접노무원가, 변동제조간접비, 고정제조간접비 등은 모두 당기의 기간비용으로 처리하는 원가계산방법이다. 따라서 스루풋 원가계산에서의 제품 재고자산에는 재료원가만 포함되어 있고 기타 제조간접비, 직접노무원가, 제조간접비 등은 포함되어 있지 않다. 이와 같이 스루풋 원가계산에서는 대부분의 원가요소가 기간비용으로 처리됨으로 이익 산출 값이 재고자산의 영향을 비교적 적게 받게 된다.

이에 따라 스루풋 원가계산에서의 판매량과 생산량 그리고 이익 간의 관계를 살펴보면 판매량보다 생산량이 많으면 직접노무원가나 변동제조간접비 등 원가요소들의 비용처리에 영향을 받아 이익이 내려가고 판매량보다 생산량이 적으면 원가요소가 비용으로 적게 투입되는 영향을 받아 이익이 올라간다.

스루풋 원가계산에서의 손익계산서 작성 과정을 살펴보면, 먼저 순매출액에서 직접재료원가를 차감하여 스루풋 공헌(throughput contribution)을 산출하는데 이때의 직접재료원가는 단위당 직접재료원가에 판매량을 곱하여 산출한 것이다. 따라서 생산량이 판매량보다 많은 경우에는 직접재료원가의 이 부분 만큼은 재고자산으로 계상되는 것이다. 그리고 이러한 스루풋 공헌에 기타 다른 원가를 차감시켜서 이익을 산출한다. 그런데 이때 직접노무원가와 변동제조간접비는 단위당 원가에 생산량을 곱하여 산출한다. 이것은 직접노무원가와 변동제조간접비는 생산량이 판매량보다 큰 경우에도 재고자산에 포함되지 않음을 의미한다. 즉 스루풋 원가계산에선 고정제조간접비와 함께 직접노무원가와 변동제조간접비도 전액 당기비용으로 처리되는 것이다. [예제 3-1]의 자료를 이용하여 스루풋원가계산 손익계산서를 작성하면 아래 [예제 3-4]와 같다.

## 예제 3-4 스루풋 원가계산의 손익계산서

[물음]

앞의 [예제 3-1]의 자료를 이용하여 스루풋 원가계산에서의 손익계산서를 작성하시오.

[해 답]

〈스루풋 원가계산 손익계산서〉

| | 1월 | | 2월 | | 3월 | |
|---|---|---|---|---|---|---|
| 매출 | | 5,000,000 | | 5,000,000 | | 5,000,000 |
| 직접재료원가 | | | | | | |
| 기초재고 | 0 | | 0 | | 150,000 | |
| 당기투입 | 300,000 | | 450,000 | | 150,000 | |
| 기말재고 | 0 | 300,000 | 150,000 | 300,000 | 0 | 300,000 |
| 스루풋 공헌 | | 4,700,000 | | 4,700,000 | | 4,700,000 |
| 기타원가 | | | | | | |
| 직접노무원가 | | 200,000 | | 300,000 | | 100,000 |
| 변동제조간접비 | | 200,000 | | 300,000 | | 100,000 |
| 고정제조간접비 | | 900,000 | | 900,000 | | 900,000 |
| 변동판매/관리비 | | 420,000 | | 420,000 | | 420,000 |
| 고정판매/관리비 | | 180,000 | | 180,000 | | 180,000 |
| 순이익 | | 2,800,000 | | 2,600,000 | | 3,000,000 |

변동원가계산과 스루풋 원가계산 간의 이익차이는 (식 3-1)과 같다.

**변동원가계산 이익 − 스루풋 원가계산 이익** (식 3-1)

**=(판매량−생산량)*(단위당 변동제조원가−단위당 직접재료원가) 또는**

**=(판매량−생산량)*(단위당 간접노무원가+단위당 변동제조간접비)**

❖ [도표 3-7] 변동원가계산과 스루풋 원가계산 간의 순이익 차이

| | 1월 | 2월 | 3월 |
|---|---|---|---|
| 판매량 | 100 | 100 | 100 |
| 생산량 | 100 | 150 | 50 |
| 차이(A) | 0 | −50 | 50 |
| 단위당 변동제조원가 | 7,000 | 7,000 | 7,000 |
| 단위당 직접재료원가 | 3,000 | 3,000 | 3,000 |
| 차이(B) | 4,000 | 4,000 | 4,000 |
| A×B | 0 | -200,000 | 200,000 |

한편, 전부원가계산과 변동원가계산 그리고 스루풋 원가계산하의 이익을 각각 조정해 보면 [도표 3-8]과 같은 결과를 나타낸다. 전부원가계산의 이익에서 변동원가계산의 이익으로 조정하는 과정의 핵심은 재고자산에 포함된 고정제조간접비의 차이이며 변동원가계산에서 스루풋 원가계산의 이익조정 핵심은 기간비용으로 처리한 직접노무원가와 변동제조간접비의 차이이다.

❖ [도표 3-8] 전부원가계산, 변동원가계산, 스루풋 원가계산의 이익차이 내용

| | 1월 | 2월 | 3월 |
|---|---|---|---|
| 전부원가계산 이익 | 2,800,000원 | 3,100,000원 | 2,500,000원 |
| 조정 | 0 | −300,000 | 300,000 |
| 변동원가계산 이익 | 2,800,000 | 2,800,000 | 2,800,000 |
| 조정 | 0 | −200,000 | 200,000 |
| 스루풋 원가계산 이익 | 2,800,000 | 2,600,000 | 3,000,000 |

# 4. 기준조업도의 의의

## 1) 기준조업도의 종류

조업도(capacity)란 목표 달성을 위하여 수행되는 활동 정도를 일정 수치로 나타내는 지표이다. 주로 조업도로 많이 이용되는 것들은 생산량, 사용시간, 판매량 등이다. 한편, 전부원가계산에서는 고정제조간접비를 예정 배부하여 제품제조원가를 산출하는데 이때 예정배부에 사용되는 배부율을 구할 때 조업도를 사용한다. 특히 고정제조간접비의 예정배부는 제조원가 결정에 큰 비중을 차지하는 것으로 이때 이용되는 조업도를 기준조업도라 한다. 이러한 기준조업도로는 이론적 조업도, 실제최대조업도, 정상조업도, 예산조업도 등 네 가지 유형을 들 수 있다.

### (1) 이론적 조업도

이론적 조업도(theoretical capacity)란 산출물의 생산을 100%의 효율적인 상황 하에서 달성할 수 있는 가능한 최고의 조업 활동수준을 의미한다. 즉, 이론적 조업도는 고장, 수선, 가동 중지 등이 전혀 고려하지 않고 산정된 완전 가동 운전시간을 말하는 것이다. 만약 현대(주)라는 회사가 기계 1대를 보유하고 이를 사용하여 제품을 생산, 판매하고 있는데 이 기계는 시간당 최대 1,200단위의 제품을 생산할 수 있다고 한다면 이때 현대(주)의 월간 이론적 조업도는 864,000단위가 되는 것이다.

| 1,200 **단위** × 24시간× 30일 = 864,000 **단위** |
|---|

따라서 이론적 조업도란 기계고장, 작업중단, 작업자의 휴식 등과 같은 조업 중단이 전혀 발생하지 않는 경우에 달성할 수 있는 최대 생산능력을 의미하는 것으로 실무에서 적용되는 경우는 거의 없는 비현실적인 조업도이다.

### (2) 실제최대조업도

실제최대조업도(practical capacity)란 이론적 조업도에서 정기적 기계수선, 휴일 가동중단, 작업자 정규 휴식 등과 같은 불가피한 조업중단에 따른 생산능력 감소를 차감한 조업능력을 말한다. 전술한 바와 같이 현실적으로 아무런 중단 없이 완벽하게 지속적으로 이루어지는 '이론적 조업도'를 기대한다는 것은 불가능한 일이다. 따라서 이러한 현실적 요구에 의하여 실제최대조업도의 개념이 출현한 것이다. 만약 어느 공장이 한 달에 25일 가동되며 이에 따라 실제생산이 시간당 900단위의 제품을 생산할 수 있다고 한다면 월간 실제최대조업도는 540,000단위가 된다.

| 900 **단위** × 24시간 × 25일 = 540,000 **단위** |
|---|

우리가 조업도를 계상할 때 공급 측면만을 고려한다면 바람직하지 않다. 즉, 수요가 없는 생산 공급은 아무 의미가 없는 것이다. 따라서 수요를 고려한 조업도가 요구되는 것이다. 그런데 지금까지 소개한 이론적 조업도와 실제최대조업도는 수요 측면은 전혀 고려하지 않고 공급 측면만 고려한 조업도이다. 공급 측면과 수요 측면을 고려한 조업도는 정상조업도와 예산조업도이다.

### (3) 정상조업도

정상조업도(normal activity)란 조업도에 영향을 미치는 모든 요소를 고려하기 위하여 수년에 걸쳐 고객수요추세, 수요의 계절적 영향, 경기변동의 영향, 실제조업상황 등을 조사한 후 이를 바탕으로 산출한 평균조업도를 의미한다. 정상조업도는 평균연간활동(average annual activity) 혹은 정상연간활동(normal annual capacity) 등으로 불려 지기도 한다.

### (4) 예산조업도

예산조업도(master-budget capacity)란 차기 예산기간의 예측되는 조업활동수준을 의미한다. 위에서 언급한 정상조업도와 예산조업도는 경제적 상황 변동에 따라 큰 차이를 보일 수 있다. 즉, 정상조업도는 수년간의 평균조업도이므로 급변하는 환경 변화를 고려할 수가 없지만 예산조업도는 차년도의 조업활동에 대한 예측에 의해 이루어지는 조업도이므로 최근의 변화를 고려할 수 있다. 따라서 환경변화의 고려 여부가 두 조업도 간에 차이를 발생하게 하는 것이다. 대부분의 기업들은 정상조업도를 고려하면서도 최종적으로 예산조업도를 기준조업도로 선정하고 사용한다. 이러한 예산조업도는 차년도 기대활동(expected activity for the coming year) 혹은 종합예산활동(master-budget utilization)이라고도 불려진다.

## 2) 기준조업도와 고정제조간접비 배부율 산정

예를 들어 현대(주)의 고정제조간접비 예산이 월간 691,200,000원이라고 하자. 이때 이론적 조업도는 864,000단위, 실제최대조업도 540,000단위, 정상조업도 432,000단위, 예산조업도 360,000단위 이라면, 이에 대한 각 기준조업도 유형별 고정제조간접비 예정배부율을 산출해 보면 다음과 같다.

| 기준조업도개념 | 고정제조간접비 월간예산 | 기준조업도 | 고정제조간접비 예정배부율 |
|---|---|---|---|
| 이론적 조업도 | 691,200,000원 | 864,000 단위 | 800원 / 단위 |
| 실제최대조업도 | 691,200,000 | 540,000 | 1,200원 / 단위 |
| 정상조업도 | 691,200,000 | 432,000 | 1,600원 / 단위 |
| 예산조업도 | 691,200,000 | 360,000 | 1,920원 / 단위 |

기준조업도를 크기순으로 배열한다면 이론적 조업도, 실제최대조업도, 정상조업도, 예산조업도 순이다. 따라서 위에서와 같이 이론적 조업도는 고정제조간접비 예정배부율이 단위당 800원으로 가장 낮고, 반대로 기준조업도가 가장 작은 예산조업도는 고정제조간접비 예정배부율이 단위당 1,920원으로 가장 높다. 그러므로 표준원가에 대한 의사결정 시 어느 것을 기준조업도로 정하느냐에 따라 원가 산출액 달라지는 것이다.

## 5. 종합연습

현대(주)는 변동원가계산과 전부원가계산을 모두 사용하고 있다. 변동원가계산은 내부의사결정 목적, 전부원가계산은 외부보고 목적용이다. 당기 중에 실제 발생한 제품 단위당 원가는 아래와 같다. 이를 이용하여 전부원가계산 손익계산서, 변동원가계산 손익계산서를 작성하라.

| | |
|---|---|
| 직접재료원가 | 2,500원 |
| 직접노무원가 | 4,000 |
| 변동제조간접비 | 600 |
| 고정제조간접비 | 650 |
| 변동판매비와 관리비 | 200 |
| 연간 고정판매비와 관리비 | 3,000,000 |

1. 기초제품재고는 950개, 기말제품재고는 700개이다.
2. 제품단위당 판매가격은 15,000원이며, 판매수량은 22,000단위이다.
3. 재고자산평가시 선입선출법을 적용하며 전년도에도 단위당 원가는 동일하다.

[해 답]

1) 전부원가계산

단위당 제조원가 = 단위당 변동제조원가 + 단위당 고정제조간접비
= 7,100원 + 650원 = 7,750원

| 손익계산서(전부원가계산) | | |
|---|---|---|
| Ⅰ. 매출액(22,000개 × 15,000원/개) | | 330,000,000원 |
| Ⅱ. 매출원가 | | |
| 1. 기초제품재고액(950개×7,750원/개) | 7,362,500원 | |
| 2. 당기제품제조원가(21,750개×7,750원/개) | 168,562,500 | |
| 계 | 175,925,000원 | |
| 3. 기말제품재고액(700개×7,750원/개) | 5,425,000 | 170,500,000 |
| Ⅲ. 매출총이익 | | 159,500,000 |
| Ⅳ. 판매비와 일반관리비 | | |
| 변동판매비와 관리비 22,000×200원 | 4,400,000원 | |
| 고정판매비와 관리비 | 3,000,000 | 7,400,000 |
| Ⅴ. 당기순이익 | | 152,100,000원 |

2) 변동원가계산

| 손익계산서(변동원가계산) | | |
|---|---|---|
| Ⅰ. 매출액(22,000개 × 15,000원/개) | | 330,000,000원 |
| Ⅱ. 변동매출원가 | | |
| 1. 기초제품재고액(950개×7,100원/개) | 6,745,000원 | |
| 2. 당기제품제조원가(21,750개×7,100원/개) | 154,425,000 | |
| 계 | 161,170,000원 | |
| 3. 기말제품재고액(700개×7,100원/개) | 4,970,000 | 156,200,000 |
| Ⅲ. 변동판매비와 관리비 | | 4,400,000 |
| Ⅳ. 공헌이익 | | 151,800,000원 |
| Ⅴ. 고정비 | | |
| 제조간접비(21,750개×650원/개) | 14,137,500원 | |
| 고정판매비와 관리비 | 3,000,000 | 17,137,500 |
| Ⅵ. 당기순이익 | | 134,662,500원 |

# 연 습 문 제

## 연습문제 3-1 변동원가계산과 전부원가계산

다음 자료는 20X0년 9월의 현대(주)의 변동원가계산에 의한 손익계산서이다.

| | | | |
|---|---|---|---|
| 매출액(단위당 150원) | | | 750,000 |
| 변동원가 : | | | |
| 변동매출원가 : | | | |
| 기초재고 | 75,009 | | |
| 당기변동제조원가 | 330,000 | | |
| 판매가능원가 | 405,009 | | |
| 기말재고 | 28,512 | 376,497 | |
| 변동판매비와 관리비 | | 90,000 | 466,497 |
| 공헌이익 | | | 283,503 |
| 고정원가 : | | | |
| 고정제조간접비 | 120,000 | | |
| 고정판매비와 관리비 | 40,000 | | 160,000 |
| 당기순이익 | | | 123,503 |

동사는 매월 10,000단위를 생산하고 있으며, 단위당 변동제조원가와 총고정제조비는 몇 년간 일정하다.

[물음]

1. 전부원가계산 하에서 20X0년 9월의 기말재고자산은 얼마인가?
2. 전부원가계산 하에서 20X0년 9월의 손익계산서를 작성하시오.

## 연습문제 3-2 변동원가계산과 전부원가계산의 순이익 조정

다음 자료는 현대(주)의 20X0년 재고자산 및 원가자료이다.

| | 수 량 | 변 동 비 | 고 정 비 |
|---|---|---|---|
| 기초재공품 | 200단위 | 170,000원 | 360,000 |
| 기초제품 | 500 | 500,000 | 650,000 |
| 기말제품 | 400 | 640,000 | 720,000 |
| 기말재공품 | 300 | 255,000 | 540,000 |

[물음]

위의 자료를 이용하여 변동원가계산에 의한 이익과 전부원가계산에 의한 이익의 차이를 계산하라.

## 연습문제 3-3 변동원가계산과 전부원가계산의 순이익 조정

20X0년 9월에 영업을 시작한 현대(주)는 실제원가계산제도(선입선출법)를 채택하고 있으며, 20X0년 9월과 10월의 생산과 판매에 관한 자료는 다음과 같다.

| | 9월 | 10월 |
|---|---|---|
| 생 산 량 | 8,000단위 | 9,000단위 |
| 판 매 량 | 7,000단위 | 10,000단위 |
| 고정제조간접비 | 1,760,000원 | 1,800,000원 |
| 고정판매비와 관리비 | 900,000원 | 900,000원 |

[물음]

20X0년 10월 중 변동원가계산에 의한 이익이 1,200,000원이라고 할 때, 전부원가계산에 의한 이익은 얼마인가?

## 연습문제 3-4 고정제조간접비 예정배부율

아래 내용은 현대(주)의 생산 및 매출에 대한 자료이다.

| | |
|---|---|
| 제조간접비 : | |
| 변동제조간접비 | 600원/단위당 |
| 고정제조간접비 | 연간 6,600,000원 |
| 생산과 매출에 대한 자료 : | |
| 기초제품재고 | 22,000단위 |
| 생산량 | 160,000단위 |
| 판매량 | 170,000단위 |

이때 기준조업도는 120,000단위이며, 과대 또는 과소 예정 배부된 제조간접비는 전액 매출원가로 처리한다.

[물음]

변동원가계산에 의한 순이익이 1,200,000원일 때 전부원가계산에 의한 순이익은 얼마인가? 단, 고정제조간접비 예정배부율은 기초제품과 당기제품에 동일하게 적용된다.

## 연습문제 3-5 제조원가 계산(변동, 전부)

현대(주)는 이번 회계기간에 20,000단위의 제품을 생산하여 19,000단위의 제품을 2,000원에 판매하였다. 이에 대한 원가자료는 다음과 같다.

| | |
|---|---|
| 제품단위당 직접재료원가 | 600원 |
| 직접노무원가 | 300 |
| 변동제조간접비 | 200 |
| 변동판매비와 관리비 | 80 |
| 고정제조간접비 | 1,330,000 |

[물음]

1. 전부원가계산에 의할 경우 제품 단위당 제조원가는 얼마인가?
2. 변동원가계산에 의할 경우 제품 단위당 제조원가는 얼마인가?
3. 전부원가계산에 의할 경우 기말제품재고액은 얼마인가?
4. 변동원가계산에 의한 순이익과 전부원가계산에 의한 순이익의 차이는 얼마인가?

## 연습문제 3-6 변동원가계산

현대(주)는 20X0년 초부터 단위당 판매가격이 100원인 제품을 생산하여 판매하기 시작했다. 이 회사의 20X9년과 20X0년 영업활동에 관한 자료는 다음과 같다.

| | 20×9년 | 20×0년 |
|---|---|---|
| 기초제품 | 0개 | 4,000개 |
| 생산량 | 15,000 | 12,000 |
| 판매량 | 11,000 | 14,000 |
| 기말제품 | 4,000 | 2,000 |
| 발생원가 : | | |
| 변동제조원가 | 555,000원 | 444,000원 |
| 고정제조간접비 | 270,000 | 216,000 |
| 변동판매관리비 | 195,000 | 156,000 |
| 고정판매관리비 | 80,000 | 80,000 |

현대(주)는 선입선출법으로 재고자산을 평가하고 있다.

[물음]

1. 전부원가계산에 의한 20X9년과 20X0년의 손익계산서를 작성하시오.
2. 변동원가계산에 의한 20X9년과 20X0년의 이익은 얼마인가? 두 원가계산방법에 의한 이익의 차이를 조정하는 방법을 사용하여 산출하시오.

## 연습문제 3-7 변동원가계산과 전부원가계산

현대(주)는 20X0년 초에 영업을 개시하여 갑 제품을 생산-판매하고 있다. 20X0년에 4,000개의 갑 제품을 생산하였으며, 제품단위당 판매가격은 150,000원이다.

| | 고정원가 | 제품단위당 변동원가 |
|---|---|---|
| 직접재료원가 | | 32,000원 |
| 직접노무원가 | | 27,000 |
| 제조간접비 | 47,000,000 | 16,000 |
| 판매비와 관리비 | 64,000,000 | 22,000 |

[물음]

이때 전부원가계산에 의한 이익이 변동원가계산에 의한 이익에 비하여 15,000,000원이 많을 경우, 20X0년 판매량은 몇 개인가?

## 연습문제 3-8 변동원가계산하의 이익

현대(주)는 20X0년 1월 1일 영업을 시작하였다. 이때 단일의 제품을 생산하여 개당 2,000원씩에 판매하였다. 현대(주)는 실제원가시스템으로 원가를 계산하고 있다. 20X0년 동안 100,000단위의 제품을 생산하여 80,000단위의 제품을 판매하였다. 20X0년 12월 31일 재공품계정의 잔액은 없다. 20X0년의 제조원가와 기간비용에 관한 자료는 다음과 같다.

| | 고 정 비 | 단위당 변동비 |
|---|---|---|
| 직접재료원가 | - | 250원 |
| 직접노무원가 | - | 160원 |
| 제조간접비 | 14,000,000원 | 80 |
| 판 매 비 | 9,000,000 | 120 |

[물음]

현대(주)의 변동원가계산에 의한 순이익은 얼마인가?

## 연습문제 3-9 변동원가계산과 전부원가계산

선입선출법으로 재고를 기록하는 현대(주)의 원가자료는 다음과 같다.

| | | | |
|---|---|---|---|
| 기초제품 | 3,000개 | 당기발생 고정제조간접비 | 6,000,000원 |
| 당기생산량 | 30,000 | 당기발생 고정판매관리비 | 1,980,000 |
| 판매량 | 21,000 | 계 | 7,980,000원 |
| 전부원가계산하의 기말제품 단위당 원가는 1,000원이다 | | | |

[물음]

1. 변동원가계산하의 기말재고자산금액은 얼마인가?
2. 전부원가와 변동원가에서 기말재고의 차이가 나는 이유는 무엇인가?

## 연습문제 3-10 전부원가계산과 변동원가계산

후입선출법으로 재고를 기록하는 현대(주)의 원가자료는 다음과 같다.

| | | | |
|---|---|---|---|
| 기초제품 | 1,000개 | 당기발생 고정제조간접비 | 96,000원 |
| 당기생산량 | 6,000 | 당기발생 고정판관비 | 20,000 |
| 판매량 | 4,000 | 계 | 90,000원 |

기초제품에는 고정제조간접비 25,000원이 포함되어 있다.

[물음]

전부원가계산과 변동원가계산하의 순이익의 차이는 얼마인가?

## 연습문제 3-11 전부원가계산과 변동원가계산

현대(주)는 갑제품을 생산-판매하고 있으며, 20X0년 12월 31일 첫 해 사업을 종료하였다. 회계담당자는 변동원가계산과 전부원가계산을 이용하여 손익계산서를 작성하고자 한다. 사업개시 첫 해의 자료는 다음과 같다.

| | |
|---|---|
| 직접재료원가 | 75,000,000원 |
| 직접노무원가 | 60,000,000 |
| 변동제조간접비 | 24,000,000 |
| 고정제조간접비 | 36,000,000 |
| 변동판매비와 관리비 | 18,000,000 |
| 고정판매비와 관리비 | 45,000,000 |

20X0년 한 해 동안 30,000대의 갑제품이 생산되어 27,000대가 판매되었으며, 단위당 판매가격은 10,000원이다. 또한 기초와 기말재공품은 없는 것으로 한다.

[물음]

1. 전부원가계산과 변동원가계산하의 기말재고자산을 평가하시오.
2. 전부원가계산과 변동원가계산하의 손익계산서를 작성하시오.
3. 두 방법 사이의 순이익 차이를 조정하시오.

## 연습문제 3-12 기준조업도

현대(주)는 원가계산방법에 대한 재검토 결과 몇 가지 대체안을 고려하고 있다. 동사는 다음과 같은 생산 및 판매에 관한 자료를 이용하여 다양한 원가계산방법에 따른 회계처리 결과를 비교해 보고자 한다. 또한 동사는 모든 제조간접비 차이를 매출원가에서 조정한다.

| | |
|---|---|
| 실제판매량 | 14,000단위 |
| 생산량 | 16,000 |
| 실제최대조업도 | 22,000 |
| 정상조업도 | 20,000 |
| 기초재고 | 1,500 |
| 단위당 판매가격 | 40원 |
| 단위당 변동제조원가 | 10 |
| 단위당 변동판매비와 관리비 | 4 |
| 연간 고정제조간접비 | 60,000 |
| 연간 고정판매비와 관리비 | 30,000 |

[물음]

1. 변동원가계산에 의한 순이익을 계산하시오.
2. 정상조업도를 이용하여 제조간접비 배부율을 산출할 경우, 전부원가계산에 의한 순이익을 계산하시오.
3. 실제최대조업도를 이용하여 제조간접비 배부율을 산출할 경우, 전부원가계산에 의한 순이익을 계산하시오.

## 연습문제 3-13 변동원가계산과 전부원가계산

현대(주)는 제품을 생산-판매하고 있는데, 단위당 판매가격은200원, 20X0년의 기초제품은 12,000단위로서 단위당 원가는 100원인데 이 중 70원은 변동제조원가이고, 30원은 고정제조간접비이다. 회사는 20X0년 중 제품 45,000단위를 생산하였으며, 40,000단위를 판매하였다. 20X0년의 원가자료는 다음과 같다. 단, 기초 및 기말재공품재고는 없다.

| | 변 동 비 | 고 정 비 | 합 계 |
|---|---|---|---|
| 직접재료원가 | 1,350,000원 | - | 1,350,000원 |
| 직접노무원가 | 1,800,000 | - | 1,800,000 |
| 제조간접비 | 90,000 | 90,000 | 180,000 |
| 판매관리비 | 135,000 | 180,000 | 315,000 |

[물음]

선입선출법으로 재고자산을 기록하는 경우로 가정하고 다음에 답하시오.

1. 전부원가계산에 의한 20X0년의 손익계산서를 작성하시오.
2. 변동원가계산에 의한 20X0년의 손익계산서를 작성하시오.
3. 전부원가계산 이익과 변동원가계산 이익간의 차이를 조정하시오.

Chapter 04

# 원가 · 조업도 · 이익 분석


1. 수익성 분석
2. 공헌이익의 계산
3. 손익분기점
4. 목표이익 CVP분석
5. 법인세 CVP분석
6. 안전한계
7. 영업레버리지
8. 다품종 CVP분석
9. CVP분석의 활용
10. CVP분석의 한계
11. 종합연습

• 연 습 문 제

Chapter 04

# 원가 · 조업도 · 이익 분석

## I. 수익성 분석

의사결정자의 사업계획의 결정 및 실행에는 그것에 대한 수익성 분석이 먼저 선행되어 져야 한다. 즉, 사업을 통해서 이익을 얼마나 얻을 수 있을까하는 데 대한 분석이 이루어 져야 하는 것이다. 만약 수익성 분석 결과가 비관적이라면 해당 사업계획은 실행될 수 없는 것이다. 수익성 분석에 일반적으로 많이 사용되는 것이 원가(cost), 조업도(volume), 이익(profit)에 대한 분석 방법인 CVP분석이다. 이것은 매출과 조업도에 비례하여 발생하는 변동원가를 비교하고 이를 통해 이익을 예측하는 방법으로서 투자 대비하여 얼마의 매출이 이루어져야 이익이 발생하는지를 분석하는 방법이라고 할 수 있다. 예를 들어 현대(주)라는 기업이 새로운 사업 분야로 롤러브레이드 제조업을 시작하기로 하고 시장조사를 통해 [예제 4-1]과 같은 자료를 얻었다고 하자. 이때 과연 어떻게 운영되어야 이익이 나는지를 원가와 조업도 그리고 이익에 대한 분석을 통하여 알고자 하는 것이다. 우리는 향후 이 자료를 지속적으로 이용하여 본장의 주제인 CVP분석을 학습할 것이다.

### 예제 4-1 변동비와 고정비 구분

현대(주)는 신규로 롤러브레이드 사업부를 개설하였다. 이에 따라 발생하는 원가 및 매출 내역으로는 새 사무실 월 임차료 5,000,000원, 롤러브레이드 한 켤레 당 판매 가격 100,000원, 당 롤러브레이드 한 켤레 당 제조원가 40,000원, 매월 홍보비 1,000,000원, 롤러브레이드 한 켤레 당 판촉용 배낭 한 개 등 서비스품 비용 30,000원, 롤러브레이드 제조에 사용되는 기계감가상각액 월 3,000,000원 등의 발생이 예상된다.

[물음]

위 내용을 보고 발생한 원가를 변동비와 고정비로 구분하고, 각각 그 금액이 얼마인지를 계산하라.

[해 답]

1) 변동비와 고정비

| | 원가행태 | 단위당 변동비 | 총고정비 |
|---|---|---|---|
| 임 차 료 | 고정비 | - | 5,000,000 |
| 롤러브레이드 | 변동비 | 40,000 | - |
| 홍 보 비 | 고정비 | - | 1,000,000 |
| 서비스품(배낭 등) | 변동비 | 30,000 | - |
| 감가상각액 | 고정비 | - | 3,00,000 |
| 합 계 | | 70,000 | 9,000,000 |

한편, 우리에게는 위와 같이 새로운 의사결정 사항에 따라 다양한 형태의 원가 등이 발생하게 되면 수익성 분석의 필요성이 더욱 요구된다. 즉, 예를 들어 롤러브레이드 몇 켤레를 팔아야 이익을 얻을 수 있는가? 최소한 10,000,000원의 이익을 얻으려면 롤러 몇 켤레를 팔아야 하는가? 현재보다 300켤레를 더 판매할 수 있다면 이때 이익은 얼마나 늘어나는가? 롤러레이드 판매원에게 고정급으로 급여를 지급할 것인가 아니면 성과급으로 지급할 것인가? 원가 이하의 판매 가격으로 특별주문이 들어왔는데 이를 받아들여야 하는가? 판매가격을 낮출 것인가, 또는 홍보비를 늘릴 것인가? 등등에 대한 분석과 조사의 필요성이 요구되는 것이다.

CVP분석은 위와 같은 다양한 의문점에 대하여 해답을 제시해 주는 한 방법이 될 수 있다. 즉, 우리에게 새로운 의사결정에 따라 발생하는 원가와 조업도 그리고 이익에 대하여 분석을 수행하는 기법을 제공해 주는 것이다.

## 2. 공헌이익의 계산

### 1) 공헌이익의 산출

CVP분석을 수행하기 위해서는 **공헌이익**(contribution margin)의 개념을 명확히 파악할 필요가 있다. 공헌이익이란 단위당 판매가액에서 단위당 변동원가를 차감한 값을 말한다. 이때 단위당 판매가액은 단위당 원가+단위당 이익으로 구성되어 있으며 단위당 원가는 단위당 변동원가+단위당 고정원가로 구성되어 있다. 그러므로 단위당 판매가액에서 단위당 변동원가를 차감한 공헌이익은 단위당 이익+단위당 고정원가로 구성되어 있는 것이다. 즉, 공헌이익은 단위당 변동원가를 제외한 단위당 이익과 단위당 고정원가로 구성되어 있는 것이다. 이것은 **공헌이익**이 제품 1단위를 판매할 때 고정원가와 이익을 어느 정도 회수할 수 있는지를 나타내 주는 것을 의미한다. 이때 고정원가와 이익을 회수하는 액수가 어느 한도까지 도달되면 변동이 없이 늘 고정적인 고정원가를 다 회수하게 되고 그 이후에는 이익만 발생하게 되어 조직에 기여 또는 공헌할 수 있게 되기 때문에 이를 공헌이익이라 하는 것이다.

| 공헌이익 = 단위당 판매가액 − 단위당 변동비 |
|---|

### 2) 공헌이익과 총공헌이익

일반적으로 공헌이익이라 하면 위에서 보는 바와 같이 단위당 공헌이익을 말한다. 이러한 공헌이익 즉 단위당 공헌이익은 CVP분석에 많이 이용된다. 그러나 이와 함께 총공헌이익의 개념도 우리가 알아야 한다. 총공헌이익은 총매출액에서 총변동원가를 차감한 가액을 말한다. 이것은 아래와 같이 단위당 공헌이익을 판매량으로 곱하여서도 구할 수 있다.

| 단위당 공헌이익×판매량=총공헌이익 |
|---|

한편, 총공헌이익과 총고정원가를 비교하면 손익 발생 여부를 파악할 수 있다. 총공헌이익, 총고정원가, 손익의 비교는 세 가지 경우로 나타날 수 있는데 그것은 ① 총공헌이익 〉총고정원가인 경우와 ② 총공헌이익〈 총고정원가인 경우 그리고 ③ 총공헌이익=총고정원가인 경우이다. 이때 총공헌이익이 총고정원가보다 큰 경우는 이익이 발생하였음을 의미한다. 측 총공헌이익에서 총고정원가를 차감하고 남는 것이 이익인 것이다. 그리고 총공헌이익이 총고정원가보다 적을 경우는 손실이 발생하였음을 의미한다. 즉 이익보다 원가가 더 많이 발생한 것이다. 또한 총공헌이익과 총고정원가가 같은 경우에는 이익도 손실도 발생하지 않은 경우를 의미한다. 즉, 이익이 '0' 인 것이다. 이것은 이익에 대응하여 원가가 동액으로 발생하였음을 의미한다. 특히 이러한 상태의 분기점을 **손익분기점**(break-even point; BEP)라하며 그 시사하는 바가 매우 크다.

또 한편, 위에서 살펴보는 봐와 같이 단위당 판매가격은 공헌이익과 단위당 변동원가로 구성되어 있음을 알 수 있다. 물론 이것은 총공헌이익과 총변동비로 총매출액이 구성되어 있음을 의미하는 것이기도 하다. 따라서 이에 의해 공헌이익이나 단위당 변동원가가 단위당 판매가격에서 차지하는 비율 즉, **공헌이익률**과 변동비율을 구할 수 있다. 공헌이익률은 판매가격에서 공헌이익이 차지하는 비율을 의미한다. 그리고 이때 공헌이익률을 제외한 나머지를 **변동비율**이 되는 것인데 이것은 판매가액에서 단위당 변동원가가 차지하는 비율을 의미하는 것이다. 이를 식으로 나타내면 다음과 같다. 그런데 이식에서 좌측은 단위당 개념으로 구한 식이며 우측은 총액 개념으로 구한 식이다.

$$\text{공헌이익률} = \frac{\text{공헌이익}}{\text{단위당 판매가격}} \quad \text{혹은} \quad \frac{\text{총공헌이익}}{\text{총매출액}}$$

$$\text{변동비율} = \frac{\text{단위당 변동비}}{\text{단위당 판매가격}} \quad \text{혹은} \quad \frac{\text{총변동비}}{\text{총매출액}}$$

한편, 공헌이익률과 변동비율의 합은 항상 1이므로 공헌이익률과 변동비율은 다음과 같은 방법으로도 구할 수 있다.

| **공헌이익률 = 1−변동비율**<br>**변동비율 = 1−공헌이익률** |
|---|

## 예제 4−2 공헌이익과 공헌이익률

[예제 4-1]의 사례를 이용하여 롤러브레이드 사업부의 공헌이익, 공헌이익률, 변동비율을 구하라.

[해 답]

- 공헌이익 : 100,000원−70,000원=30,000원
- 공헌이익률 : 30,000원÷100,000원=30%
- 변동비율 : 70,000원÷100,000원=70%

## 3. 손익분기점

전술한 바와 같이 손익분기점(BEP)은 총공헌이익과 총고정비가 같아 이익도 아니고 손실도 아닌 분기점이라 하였다. 그렇다면 이때의 손익분기점 판매량이나 매출액은 어떻게 구하겠는가? 이익도 손실도 아닌 분기점의 판매량, 즉 손익분기점 판매량은 공헌이익이 지속적으로 발생하여 총고정원가 가액에 도달한 지점의 판매량을 의미한다. 그러므로 총고정원가를 공헌이익으로 나누면 손익분기점 판매량을 구할 수 있다. 또한 손익분기점 매출액도 같은 맥락에서 파악할 수 있는 것이다. 그러므로 손익분기점 매출액은 손익분기점 판매량에 단위당 판매가를 곱하여 산출할 수 있으며, 아니면 총고정원가를 공헌이익율로 나누어 산출할 수도 있는 것이다.

$$\text{BEP판매량} = \frac{\text{총고정비}}{(\text{단위당 판매가격} - \text{단위당 변동비})} = \frac{\text{총고정비}}{\text{공헌이익}}$$

이익이 '0' 되는 점(BEP판매량이 됨)

$$\text{BEP매출액} = \text{BEP판매량} \times \text{단위당 판매가격}$$

혹은

$$= \frac{\text{총고정비}}{\text{공헌이익률}}$$

### 예제 4-3 BEP 판매량과 매출액

[예제 4-1]의 사례에 의하여 롤러브레이드 사업부의 BEP판매량과 BEP매출액을 구하라.

[해 답]

- BEP 판매량 = 9,000,000원 ÷ 30,000원 = 300켤레
- BEP 매출액 = 300켤레 × 100,000원 = 30,000,000원(혹은 9,000,000원÷30%)

손익분기점 판매량을 초과하여 추가로 매출되는 경우의 이익은 1단위당 공헌이익만큼 발생한다. 예를 들어 롤러브레이드의 BEP판매량인 300켤레인데 만약 이를 초과하여 301켤레를 판매하였다면 이익은 공헌이익 30,000원이 된다. 즉, BEP판매량을 초과한 후 부터는 단위당 공헌이익이 증가하는 것만큼 이익이 발생하는 것이다. 만약 400켤레를 판매하였다면 이때의 이익은 BEP판매량 300켤레를 초과한 즉, 100켤레 × 30,000원으로 3,000,000원이 되는 것이다.

한편, 롤러브레이드 사업의 사례를 그래프로 나타내 보면 다음과 같다. 이 그래프는 조업도의 변화에 따라 이익이 어떤 변화를 보이는지 시각적으로 보여주는 것이다. [도표 4-2]를 CVP도표(cost-volume-profit chart) 하며, [도표 4-3]은 PV도표(profit-volume chart)라 한다.

❖ [도표 4-2] CVP

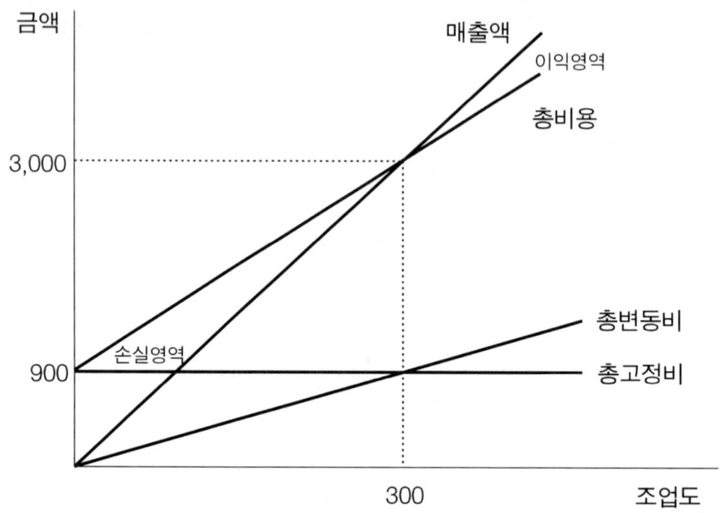


[도표 4-2]의 CVP도표는 총원가, 조업도, 이익의 관계를 나타내고 있다. [도표 4-2]에서는 보는 봐와 같이 매출액선의 기울기가 총비용선의 기울기보다 크다. 이것은 단위당 판매가격이 단위당 변동비보다 더 큼을 의미한다. 그러므로 이때 손익분기점은 매출액선과 총비용선이 만나 교차하는 지점이며 이러한 손익분기점보다 낮은 조업상황에서는 손실이 발생하게 되고, 높은 조업 상황에서는 이익이 발생하게 되는 것이다.

## 나. 목표이익 CVP분석

목표이익 CVP분석이란 목표이익을 달성하고자 할 때 요구되는 매출 수량이나 매출액을 분석하는 활동을 말한다. 예를 들어 어느 회사가 목표이익을 10,000,000원 설정하고 이를 달성하고자 할 때 얼마 또는 몇 단위를 매출하여야하는가 등을 분석하여야 하는데, 이때 이용되는 분석 기법이 목표이익 CVP분석인 것이다. 일반적으로 이때에도 손익분기점 매출량 공식이나 손익분기점 매출액 공식을 이용하여 분석을 수행한다. 손익분기점은 이익도 손실도 아닌 '0' 의 지점이다. 즉 손익분기점은 공헌이익으로 총고정원가 발생액을 모두 회수한 시점의 상태를 의미한다. 그러므로 이때 이익이 0인 매출량이나 매출액을 구할 수 있는 것이고, 총고정비를 공헌이익으로 나누어 손익분기점 매출량을 구하고 총고정비를 공헌이익율로 나누면 손익분기점 매출액을 구하는 것이다.

목표이익을 고려한 CVP분석도 손익분기점 매출량이나 손익분기점 매출액을 구하는 방법을 원용하여 수행할 수 있다. 즉, 이러한 경우에는 공헌이익으로 총고정비만을 회수해야 하는 것이 아니라, 목표이익까지 가산하여 회수해야 하는 것으로 확대하여 적용하면 되는 것이다. 아래의 식들은 목표이익을 고려한 CVP분석에 이용되는 산식들이다.

$$\text{목표이익 BEP판매량} = \frac{\text{총고정비} + \text{목표이익}}{\text{공헌이익}}$$

$$\text{목표이익 BEP매출액} = \text{목표 BEP판매량} \times \text{단위당가격}$$

혹은

$$= \frac{\text{총고정비} + \text{목표이익}}{\text{공헌이익률}}$$

### 예제 4-4 목표이익 CVP분석

[예제 4-1]의 롤러브레이드 사업부문의 사례에 의한다. 롤로브레이드 사업의 목표이익을 최소 월 10,000,000원으로 설정하였다면 롤러브레이드를 몇 켤레 팔아야 하는가?

[해 답]

(9,000,000원 + 10,000,000원) ÷ 30,000원 = 633.333(633켤레)

## 5. 법인세 CVP분석

목표이익 CVP분석은 법인세를 고려하지 않은 법인세 차감전의 목표이익 달성에 필요한 매출액이나 판매량을 구할 수 있는 분석기법이다. 그렇다면 법인세를 고려한 즉 법인세를 차감한 후의 목표이익을 구하는 CVP분석은 어떻게 수행하여야 하는가? 예를 들어 만약 법인세율이 10%이고 법인세 차감 후의 이익으로 9,900,000원을 얻기 원하는 기업이 있다면 먼저 법인세차감후의 이익 9,900,000원을 법인세차감전의 이익으로 환산하여야 한다. 이를 환산하면 11,000,000원[2]이다. 따라서 이때 법인세차감전 목표이익을 11,000,000원으로 하는 CVP분석을 수행하면 법인세차감후 목표이익 9,900,000원의 BEP판매량이나 BEP매출액을 구할 수 있게 된다.

한편, 이때 이용되는 산식은 위에서 이용한 목표이익을 고려한 CVP분석 산식의 기본 틀을 그대로 이용한다. 이에 따라 법인세을 고려한 CVP분석의 관련식은 아래 표와 같이 나타낼 수 있다.

**법인세차감후순이익 = 법인세차감전순이익 × (1 − 법인세율)**

**∴법인세차감전순이익 = 법인세차감후순이익 ÷ (1 − 법인세율)**

2) (    ) × (1-0.1)=9,900,000원에서 (    )를 풀면 11,000,000원이다.

위의 산식은 법인세차감후의 이익을 법인세차감전의 이익으로 환산하는 식이다. 이를 기본으로 하여 BEP매출액이나 BEP판매량을 구하는 식을 아래와 같이 나타낼 수 있다.

$$\text{법인세 고려 BEP매출액} = \text{법인세 고려 BEP판매량} \times \text{단위당 판매가격}$$

혹은

$$= \frac{\text{총고정비} + \text{법인세차감후순이익} \div (1 - \text{법인세율})}{\text{공헌이익률}}$$

$$\text{법인세 고려 BEP판매량} = \frac{\text{총고정비} + \text{법인세차감후순이익} \div (1 - \text{법인세율})}{\text{공헌이익}}$$

### 예제 4-5 법인세 CVP분석

[예제 4-1]의 롤러브레이드 사업부문의 사례에 의하여, 법인세차감후 10,000,000원 이익을 확보하려고 한다면 롤러브레이드를 몇 켤레 팔아야 하는가(세율 20%)?

[해 답]

(9,000,000원 + 10,000,000원 ÷ (1 − 0.2))/30,000원 = 716.7(717켤레)

## 6. 안전한계

안전한계(safty margin)란 현재의 매출액과 손익분기점 매출액 간의 차이를 말한다. 만약 매출액이 손익분기점 미만으로 떨어지게 되면 손실이 발생한다. 따라서 안전한계는 현재의 매출수준이 손익분기점까지 얼마나 여유를 갖고 있는지를 나타내는 것이다. 안전한계 값이 크면 클수록 손실로부터 멀리 떨어져있는 것이므로 손실 발생에 위험에 대해 여유가 있음을 나타내주는 것이고 안전한계 수치가 적으면 적을수록 손실 발생 위험에 대한 여유가 없음을 나타내 주는 것이다. 안전한계와 안전한계율은 아래와 같은 산식에 의하여 구해진다.

$$\text{안전한계} = \text{총매출액} - \text{BEP매출액}$$

$$\text{안전한계율} = \frac{\text{안전한계}}{\text{총매출액}}$$

### 예제 4-6 안전한계율

[예제 4-1]의 롤러브레이드 사례에 의한다. 만약 현재 매출수준이 350켤레라면 이때 안전한계와 안전한계율은 얼마인가?

[해 답]

- 안전한계 : (350켤레×100,000원)－30,000,000원＝5,000,000원
- 안전한계율 : 5,000,000원÷35,000,000원＝14.29%

# 7. 영업레버리지

매출액의 증감 변화는 변동원가와 고정원가의 구성 비율에 영향을 받아 순이익 결정에 영향을 미친다. 예를 들어 변동원가 발생액 비중이 고정원가 발생액 비중보다 큰 기업은 그렇지 않은 기업보다 매출액 증감 시 순이익의 변동 폭이 비교적 크지 않은 반면 고정원가 발생액 비중이 변동원가 발생액 비중보다 큰 기업은 매출액 증감 시 순이익의 변동 폭이 비교적 크게 발생한다. 다음의 [예제 4-7]을 통하여 그 이유를 살펴보자.

### 예제 4-7 영업레버리지

현재 갑사와 을사 두 기업은 아래 표와 같이 총매출과 순이익이 동일하다. 두 기업의 매출액이 각각 30% 증가 혹은 감소하였을 때 순이익이 어떻게 변화하는지를 살펴보면 아래 표와 같다. 이때 매출액의 증감 30%는 관련범위 내에 있다고 가정한다. 이때의 영업레버리도를 구하라.

| | 현재 | | 매출 30% 증가시 | | 매출 30% 감소시 | |
|---|---|---|---|---|---|---|
| | 갑기업 | 을기업 | 갑기업 | 을기업 | 갑기업 | 을기업 |
| 총매출 | 100,000 | 100,000 | 130,000 | 130,000 | 70,000 | 70,000 |
| 총변동비 | 62,000 | 34,000 | 80,600 | 44,200 | 43,400 | 23,800 |
| 총공헌이익 | 38,000 | 66,000 | 49,400 | 85,800 | 26,600 | 46,200 |
| 총고정비 | 18,000 | 46,000 | 18,000 | 46,000 | 18,000 | 46,000 |
| 순이익 | 20,000 | 20,000 | 31,400 | 39,800 | 8,600 | 200 |

위 사례의 두 기업은 처음에 모두 매출액과 순이익이 각각 100,000원과 20,000원으로 동일하였다. 두 기업이 다른 것은 상호 간에 총변동비와 총고정비가 차지하는 비중의 차이가 다른 것뿐이다. 갑 기업은 변동비가 차지하는 비중이 높은 기업이고 을 기업은 고정비가 차지하는 비중이 높은 기업이다. 위 사례에서 만약 매출액이 30% 증가한다면 이에 따라 총변동비도 30% 증가할 것이다. 반대로 매출액이 30% 감소한

다면 총변동비 역시 30% 감소하게 될 것이다. 그러나 총고정비는 매출액의 증감과 전혀 관계없이 관련범위 내에서는 항상 일정하게 고정된 금액으로 발생할 것이다.

이러한 점을 고려하면서 위의 [예제 4-7]을 보면 매출액 증감율에 비례하여 변동비는 증가하나 고정비는 변동이 없다. 따라서 매출액이 증가하는 경우에는 을 기업이 유리하다. 을 기업은 고정비가 차지하는 비중이 많고, 변동비는 상대적으로 적게 발생하는 기업인데, 매출액이 증가하는 경우 매출액 대비  변동비 증가액보다 매출액 증가에 따른 고정비 단위당 가액의 감소폭이 훨씬 커서 순이익이 갑 기업보다 훨씬 많이 늘어나기 때문이다. 반면에 매출액이 감소하는 경우에는 갑 기업이 유리하다. 갑 기업은 상대적으로 고정비가 차지하는 비중이 적고, 변동비는 많이 발생하는 기업으로 볼 수 있는데 매출액이 감소하는 경우 변동비가 적게 발생하고 또한 이때 갑 기업의 매출액 대비 단위당 고정비 증가폭은 비교 업체인 을 기업의 매출액 대비 고정비 단위당 가액 증가폭 보다 훨씬 작다. 이에 따라 갑 기업이 을 기업보다 순이익이 더 많이 발생하게 된다. 즉 변동비와 고정비의 발생 비율에 따라 이익이 크게 영향을 받는 이유는 [예제 4-7]의 경우처럼 판매량이 늘어나게 되면 을 기업의 단위당 고정비가 갑 기업보다 더 큰 폭으로 줄어들며, 판매량이 줄어들게 되면 을 기업의 단위당 고정비는 갑 기업보다 더 큰 폭으로 늘어나기 때문이다.

이러한 매출액 증감에 따른 고정비의 효과를 일명 '지렛대효과', 영업레버리지(operating leverage)라고 하며 이러한 영업레버리지의 측정도를 영업레버리지도(degree of operating leverage; DOL)라고 부른다. **영업레버리지도**는 [예제 4-7]에서 보는 바와 같이 항상 고정비가 적고 변동비가 큰 기업은 **영업레버리지도**가 낮으며, 고정비가 크고 변동비가 적은 기업은 영업레버리지도가 높게 나타난다.

$$\text{영업레버리지도(DOL)} = \frac{\text{총공헌이익}}{\text{순이익}}$$

위 [예제 4-7]의 갑 기업과 을 기업의 영업레버리지도는 갑 기업의 경우 1.9(38,000÷20,000)이고, 을 기업의 경우는 3.3(66,000÷20,000)이다. 이러한 영업레버리지도를 이용하여 순이익의 증감률을 구할 수 있는데 아래와 같다.

순이익 증감률 = 영업레버리지도 × 매출액의 증감률

위의 산식에 따라 매출액이 30% 증가할 때의 갑 기업과 을 기업의 순이익 증감률을 구해보면 갑 기업은 57%(1.9×30%)이며, 을 기업은 99%(=3.3×30%)이다. 이를 확인해 보면 갑 기업의 현재 순이익이 20,000원이므로 20,000+(20,000원×57%)하면 위 [예제 4-7]의 풀이와 일치하는 값 31,400원이 산출된다. 마찬가지로 을 기업도 현재 순이익이 20,000원이므로 20,000+(20,000×99%)하면 역시 [예제 4-7]의 풀이와 일치하는 값 39,800원이 산출된다.

## 8. 다품종 CVP분석

### 1) 꾸러미법

한편, 한 가지 품목만을 대상으로 CVP분석을 하지 않고 여러 품목을 대상으로 한 종합적 CVP분석을 수행하고자 할 때는 꾸러미법이나 가중평균 공헌이익률법을 사용할 수 있다. 먼저 꾸러미법 CVP분석을 아래 [예제 4-8]의 사례를 통하여 학습하기로 한다.

**예제 4-8** CVP분석 3

[예제 4-1]의 롤러브레이드 사업부는 이제 롤러브레이드 외에도 등산화와 조깅화를 같이 판매하고 있는데, 구성 비율은 3 : 2 : 1이다. 총고정비는 월 10,000,000원이 발생한다. 기타 관련된 자료는 다음과 같다. 손익분기점 수량은 얼마인가?

| | 롤러브레이드 | 등산화 | 조깅화 |
|---|---|---|---|
| 판매가격 | 100,000원 | 10,000원 | 5,000원 |
| 변동비 | 70,000원 | 6,000원 | 3,000원 |
| 공헌이익 | 30,000원 | 4,000원 | 2,000원 |

위 예제를 통해서 롤러브레이드 3켤레 팔릴 때 등산화 2켤레, 조깅화 1켤레가 팔리는 것을 알 수 있다. 따라서 이를 그 판매 구성 비율에 따라 한 꾸러미로 만든다면 거기에는 롤러브레이드 3켤레, 등산화 2켤레, 조깅화 1켤레가 들어 있을 것이다. 이러한 경우 아래와 같은 절차에 의해, 꾸러미를 하나의 제품으로 인식하여 꾸러미당 공헌이익을 구하고 이를 다시 풀어내면 각각의 제품 당 손익분기점 수량을 구해낼 수 있다.

| | 구성비율(A) | 공헌이익(B) | A×B |
|---|---|---|---|
| 롤러브레이드 | 3 | 30,000 | 90,000 |
| 등 산 화 | 2 | 4,000 | 8,000 |
| 조 깅 화 | 1 | 2,000 | 2,000 |
| 꾸러미당 공헌이익 | - | - | 100,000 |

$$\text{꾸러미 손익분기점(BEP)} = \frac{\text{총고정비}}{\text{공헌이익}} = \frac{10,000,000}{100,000} = 100\text{꾸러미}$$

위의 계산에 의해 꾸러미 당 손익분기점은 100꾸러미이다. 이때 각 꾸러미 속에서는 롤러브레이드 3켤레, 등산화 2켤레, 조깅화 1켤레가 포함되어 있는 것이다. 이 꾸러미를 풀면 각 제품의 손익분기점을 아래와 같이 구할 수 있다.

| | 구성비율(A) | 손익분기점 꾸러미(B) | A×B |
|---|---|---|---|
| 롤러브레이드 | 3 | 100 | 300켤레 |
| 등 산 화 | 2 | 100 | 200켤레 |
| 조 깅 화 | 1 | 100 | 100켤레 |

## 2) 가중평균 공헌이익법률

여러 품목에 대한 종합적 CVP분석 방법으로는 꾸러미법과 함께 많이 이용되는 가중평균 공헌이익률법이 있다. 이 방법은 [예제 4-9]에서 보는 바와 같이 각 품목의 판매가격과 변동비에 가중치를 곱하여 가중 판매가격, 가중 변동비, 가중 공헌이익, 가중 공헌이익률을 각각 구한다. 그리고 각 합계액을 이용하여 가중평균 공헌이익률을 구한다. [예제 4-9]에서는 가중평균 공헌이익률이 30.77%이다. 이러한 가중평균 공헌이익률을 이용하여 가중평균 BEP매출액을 구하고 이를 다시 각 품목이 차지하고 있는 가중치 비율로 나누어 각 품목의 BEP매출액을 구하는 방법이 가중평균 공헌이익률법인 것이다

### 예제 4-9 CVP분석 4

[예제 4-8]의 자료를 이용하여 손익분기점 매출액을 가중평균공헌이익률법으로 구하라.

[해 답]

| | 롤러브레이드 | 등산화 | 조깅화 | 합계 |
|---|---|---|---|---|
| 판매가격(가중) | 100,000×3=300,000원 | 10,000×2=20,000원 | 5,000×1=5,000원 | 325,000원 |
| 변동비(가중) | 70,000×3=210,000원 | 6,000×2=12,000원 | 3,000×1=3,000원 | 225,000원 |
| 공헌이익(가중) | 90,000원 | 8,000원 | 2,000원 | 100,000원 |
| 공헌이익률(가중) | 30% | 40% | 40% | 30.77% |

∴가중평균 BEP매출액 $\frac{10,000,000원}{0.3077}$ = 32,499,188원

롤러브레이드 BEP 매출액 = 32,499,188원 × 3/ 6 =16,249,594원

등산화 BEP 매출액 = 32,499,188원 × 2/ 6 =10,833,063원

조깅화 BEP 매출액 = 32,499,188 × 1/ 6 =5,416,531원

## 9. CVP분석의 활용

CVP분석의 활용에 있어 일정 회귀식 모형을 이용하는 경우, 그 모형에서 하나 또는 그 이상의 독립변수가 변화할 때 종속변수가 그 변화에 어떻게 반응하는지를 분석하는 것을 민감도 분석(sensitivity analysis)이라 한다. 이때 독립 변수의 변화에 민감하게 종속변수가 반응하면 할수록 독립변수의 민감도가 높은 것으로서 그 값 예측의 중요성이 매우 큰 것이다. 예를 들어 판매가격의 인상에 반응하는 이익 증감, 원가

인하에 반응하는 이익 증감, 판매량에 반응하는 이익의 증감 등과 같이 이익에 반응하는 독립변수로서 가격, 원가, 판매량 등에 관한 민감도 분석은 정보이용자의 의사결정에 매우 중요한 영향을 미치는 요인이라 할 수 있다. 이러한 민감도 분석은 CVP분석 활용에 있어 대표적인 기법이라 할 수 있다. 이제 롤러브레이드 사업부의 사례를 이용하여 민감도 분석의 적용 예를 살펴보기로 한다.

〈롤러브레이드 사업부의 기본 정보〉

점포의 월 임차료는 5,000,000원이며, 롤러브레이드 한 켤레의 가격은 100,000이다. 롤러브레이드 제조원가 1켤레 당 40,000원, 매월 홍보비로 1,000,000원이 소요된다. 그리고 롤러브레이드 한 켤레 당 배낭 1개를 포함해서 30,000원의 서비스품 비용이 발생할 것으로 예상된다. 기계감가상각액 등이 월 3,000,000원 발생한다. 매월 350켤레가 판매될 것으로 예상 된다.

### 예제 4-10 민감도 분석1

광고비를 월 400,000원 증가시키는 경우 월 10켤레의 롤러브레이드를 더 판매할 수 있을 것으로 예측 되고 있다. 이 경우 광고비의 지출은 타당한 것인가?

[해 답]

| | |
|---|---|
| 총공헌이익의 증가(30,000원×10켤레) | 300,000 |
| 광고비의 증가 | 400,000 |
| 이익의 증감 | (100,000) |

위의 해답에서 보이는 봐와 같이 광고비를 추가 지출하게 되면 이익이 100,000원 감소하므로 광고비를 증가시키는 것은 타당하지 않은 대안이다. 한편, 위의 풀이는 광고비 추가지출이라는 관련 항목과 그에 따른 이익항목만을 고려하여 분석한 것이다. 이와 같이 의사결정에 유관한 관련 항목만을 토대로 분석하는 방법을 차액분석법(incremental method)이라고 하는데 실무에서는 이러한 차액분석법이 주로 사용되고 있다.

### 예제 4-11 민감도 분석2

롤러브레이드 제조원가를 40,000원에서 35,000원으로 내리고자 한다. 만약 35,000원으로 내리게 되면 품질에 대한 인식 저하로 판매량이 30켤레 줄어들 것으로 예상된다. 이 의사결정의 타당성 여부를 분석하라.

[해 답]

| | |
|---|---:|
| 예상총공헌이익(35,000원×320켤레) | 11,200,000 |
| 현재총공헌이익(30,000원×350켤레) | 10,500,000 |
| 이익의 증감 | 700,000 |

위의 [예제 4-11]에서 롤러브레이드 제조원가가 40,000원에서 35,000원으로 줄어들기 때문에 공헌이익이 30,000원에서 35,000원으로 증가한다. 그러나 판매량은 현재 350켤레에서 320켤레로 줄어든다. 따라서 현재의 총공헌이익과 비교해 보면 700,000원의 추가 이익이 발생한다. 따라서 단기적인 수익창출 면에서 볼 때는 제조원가를 낮추는 것이 타당하다. 그러나 이러한 의사결정은 조심스럽게 이루어져야 한다. 제조원가가 낮아지므로 발생하는 품질 저하는 장기적으로는 고객을 잃어버리는 결과를 초래할 수도 있는 것이다. 따라서 현재는 이익이 발생할지 모르지만 이러한 문제는 장기적 안목으로 좀 더 신중하게 고려가 필요가 있다.

### 예제 4-12 민감도 분석3

롤러브레이드의 판매가격을 10,000원 인상하고 광고비를 월 500,000원 증가시키려 한다. 이 경우 롤러브레이드의 판매량이 30켤레 늘어날 것으로 예상한다. 이 의사결정은 타당한가?

[해 답]

| | |
|---|---:|
| 예상총공헌이익(40,000원×380켤레) | 15,200,000 |
| 현재총공헌이익(30,000원×350켤레) | 10,500,000 |
| 광고비의 증가 | 500,000 |
| 이익의 증감 | 4,200,000 |

위 예제의 단위당 판매가격은 결국 100,000원에서 110,000원으로 늘어나는 것이고 이에 따라 공헌이익도 30,000원에서 40,000원으로 증가하게 된다. 위 해답에서 제시하는 바와 같이 광고비를 지출하게 되면 판매량도 30켤레가 늘어나 380켤레가 된다. 그러므로 판매가격 인상 총공헌이익에서 현재 총공헌이익과 광고비를 차감하여 이익의 증감 내역을 구할 수 있다. 위 예제에서는 의사결정을 수행하면 4,200,000원의 이익을 추가로 얻을 수 있으므로 이 의사결정은 타당하다고 볼 수 있다.

### 예제 4-13 민감도 분석4

롤러브레이드의 판매 촉진을 위하여 판매원을 고용하려고 한다. 판매원에게는 월 5,000,000원의 월급을 지급해야 한다. 이때 판매량이 100켤레 늘어날 것으로 예상된다. 판매원을 고용하는 것이 타당한가?

[해 답]

| | |
|---|---:|
| 예상총공헌이익(30,000원×450켤레) | 13,500,000 |
| 현재총공헌이익(30,000원×350켤레) | 10,500,000 |
| 판매원 월급 | 5,000,000 |
| 이익의 증감 | (2,000,000) |

위 [예제 4-13]에서 보는 바와 같이 판매원을 고용할 경우 예상 총공헌이익이 13,500,000원이고 현재의 총공헌이익은 10,500,000원이다. 따라서 예상 총공헌이익이 현재 총공헌이익 보다 더 많으나 의사결정을 할 경우 판매원의 월급 5,000,000이 추가로 발생하여 이익은 −2,000,000이 된다. 따라서 판매원을 고용하는 의사결정은 타당하지 않는 것이다.

### 예제 4-14 민감도 분석5

위 [예제 4-13]의 판매원 고정 월급제를 변경하여 롤러브레이드 한 켤레 판매할 때마다 5,000원씩 지급하는 성과급제로 판매원을 고용하고자 한다. 이렇게 성과급을 실시 할 경우 매출량이 100켤레 늘어날 것으로 예상된다. 이러한 의사결정은 타당한 것인가?

[해 답]

| | |
|---|---|
| 예상총공헌이익(25,000원×450켤레) | 11,250,000 |
| 현재총공헌이익(3,000원×350켤레) | 10,500,000 |
| 이익의 증감 | 750,000 |

위의 성과급 5,000원은 판매원의 판매실적에 따라 지급되는 것이다. 성과급은 변동비이고 이러한 변동비가 발생하면 그만큼 공헌이익은 감소한다. 따라서 공헌이익은 30,000원에서 25,000원으로 감소되는 것이다. 위 예제의 분석결과는 성과급을 실시 할 경우 750,000원의 이익이 추가로 발생한다. 따라서 이 경우에는 판매원을 단위당 5,000원 수준에서 고용하는 것이 고정급으로 고용하는 것보다 유리한 방안이 되는 것이다.

## 예제 4-15 민감도 분석6

롤러브레이드 50켤레를 단위당 80,000원에 구입하겠다는 특별주문이 접수되었다. 이 주문을 받아 수락할 경우, 정상적인 영업활동에는 지장을 초래하지 않는다. 이 주문의 수락 여부에 관한 타당성을 진단하라.

[해 답]

| | |
|---|---|
| 단위당 예상공헌이익 | 10,000 |
| 추가비용 | 0 |
| 단위당 이익의 증감 | 10,000 |
| 특별주문수량 | × 50 |
| 총이익의 증가 | 500,000 |

위 [예제 4-15]에서 롤러브레이드를 80,000원에 구매하려고 하면 단위당 변동비가 70,000원이기 때문에 공헌이익은 10,000원뿐으로 기존의 공헌이익 30,000원에 비하여 매우 적다. 그러나 이 주문으로 인하여 발생하는 고정비 등의 추가 비용은 없으므로 80,000원에서 변동비 70,000원을 차감한 공헌이익 10,000원은 그대로 모두 이익이

된다. 그러므로 총 50켤레의 특별주문을 받아들일 경우 총 500,000원의 추가이익이 발생하는 것이다. 이렇게 이익을 고려하면 이 주문을 받아드리는 것이 타당할 수 있다. 그러나 만약에 특별주문 50켤레를 충당하기 위하여 추가로 기계를 도입해야 하는, 즉 고정비가 발생 한다든지 아니면 기존의 거래처에서 이 사실을 알고 판매가격을 인하하려 한다든지 등의 예기치 않은 사항에 대한 고려도 있어야 한다.

### 예제 4-16 민감도 분석7

롤러브레이드 50켤레를 구입하겠다는 특별주문이 접수되었다. 이 주문을 받아들이더라도 추가적인 고정 비용은 발생하지 않는다. 이 주문으로부터 750,000원의 이익을 얻으려면 판매가격을 얼마로 결정되어야 하는가?

[해 답]

| | |
|---|---|
| 단위당 변동비 | 70,000 |
| 단위당 목표이익(750,000원/50켤레) | 15,000 |
| 단위당 판매가격 | 85,000 |

별도의 사항이 주어지지 않는 한 특별주문의 경우에는 고정비가 추가로 발생하지 않는다. 따라서 판매가격에서 변동비를 제외한 공헌이익은 모두 이익이 된다. 이러한 경우 단위당 변동비 70,000원과 단위당 목표이익 15,000원(750,000÷50)을 회수할 수 있기 위해서는 판매가격이 85,000원으로 책정되어야 한다.

## 10. CVP분석의 한계

CVP분석은 몇 가지 전제적 조건이 성립되어야만 그 활동이 수행될 수 있다. 즉, CVP분석은 필요한 가정 하에서만 수행될 수 있는 분석 방법인 것이다. CVP분석 시에 필요한 중요 가정을 몇 가지 살펴보면 첫째, 모든 원가는 변동비와 고정비로 구분되어야 하고 둘째, 변동비는 관련범위 내에서 조업도에 비례하여야 하며 셋째, 고정비는 관련범위 내에서 항상 일정한 것이며 넷째, 제품의 판매가격, 원가요소의 가격, 능률과 생산성은 항상 일정하여야 하고 다섯째, CVP분석은 단기적 분석일 경우 적용되는 것 등이다. 만약 원가를 변동비와 고정비로 구분할 수 없다면 공헌이익을 구할 수 없을 것이며 BEP분석도 할 수 없을 것이다. 또한 조업도만이 변동원가에 영향을 미치는 유일한 요소라는 가정이 성립되지 않는다면 원가와 조업도, 이익의 관련성을 규명하기가 어려워진다.

## II. 종합연습

현대(주)는 아래와 같은 제조원가의 문구류를 단위당 판매가격이 750원에 판매하고 있다.

| | 단위당 변동비 | 연간고정비 |
|---|---|---|
| 직접재료원가 | 180원 | |
| 직접노무원가 | 150원 | |
| 제조간접비 | 70원 | 240,000원 |
| 판매비와 관리비 | 50원 | 60,000원 |
| | 450원 | 3,000,000원 |

위자료에 의하여 아래 물음에 답하라.

[물음]

1. 손익분기점판매량과 매출액은 얼마인가?
2. 목표판매량이 12,000단위라면, 이때의 이익을 구하라.
3. 판매가격이 10% 하락할 경우의 손익분기점 판매량을 구하라.
4. 직접노무원가가 20% 상승할 경우의 손익분기점 판매량을 구하라.
5. 예상판매량이 25,000단위일 때 안전한계율을 구하라.
6. 목표이익 500,000원을 달성하기 위한 매출액은 얼마인가?
7. 법인세율이 40%라면 세후순이익 450,000원을 얻기 위한 판매량은 얼마인가?
8. 연간 감가상각액이 500,000원일 때 현금흐름분기점 판매량을 구하라.
9. 법인세율 40%이고 감가상각액 500,000원이라면, 이때의 현금흐름분기점을 구하라.

[해 답]

1. 손익분기점판매량 $= \frac{\text{고정원가}}{\text{공헌이익}}$ 그러므로 $\frac{3,000,000}{300} = 10,000$단위

   손익분기점매출액 $= \frac{\text{고정원가}}{\text{공헌이익율}}$ 그러므로 $\frac{3,000,000}{0.4} = 7,500,000$원

   또는 10,000단위 × 750원 = 7,500,000원

2. 12,000단위 판매시의 이익

| | | |
|---|---|---|
| 매 출 액 | 12,000×750원 | 9,000,000원 |
| 변 동 비 | 12,000×450원 | 5,400,000 |
| 공헌이익 | | 3,600,000 |
| 고 정 비 | | 3,000,000 |
| 순 이 익 | | 600,000원 |

혹은 간단하게

순이익(손실)=공헌이익−고정비
=300원 × 12,000단위−3,000,000원
==600,000원

3. 판매가격 10% 하락시

$$손익분기점\ 판매량 = \frac{3,000,000원}{225원} ≒ 13,333단위$$

4. 직접노무원가 20% 상승시

$$손익분기점\ 판매량 = \frac{3,000,000원}{270원} ≒ 11,111단위$$

5. 안전한계율

| | 판매량 | 매출액 | 비율 |
|---|---|---|---|
| 예상판매 | 25,000단위 | 18,750,000원 | 100% |
| 손익분기점 | (10,000) | 7,500,000 | (40) |
| 안전한계(M/S) | 15,000단위 | 11,250,000원 | 60% |

즉, $안전한계율 = \frac{안전한계}{총매출액}$ 그러므로 $\frac{11,250,000}{18,750,000} = 60\%$

6. 목표이익 매출액

$$목표이익\ 달성을\ 위한\ 판매량 = \frac{3,000,000 + 500,000}{300} = 11,667단위$$

목표이익 달성을 위한 매출액=11,667단위 × 750원=8,750,250원

7. 세후이익 450,000을 얻기 위해 필요한 세전이익=450,000÷(1－0.4)

=750,000원

손익분기점 판매수량$=\dfrac{3,000,000+750,000}{300}=$12,500단위

8. 현금흐름분기점 판매량$=\dfrac{\text{총고정비}-\text{비현금지출고정비}}{\text{공헌이익}}$

$=\dfrac{3,000,000-500,000}{300}\fallingdotseq$8,333단위

9. 세후 현금흐름분기점$=\dfrac{\text{고정비}\times(1-\text{법인세율})-\text{비현금지출고정비}}{\text{공헌이익}\times(1-\text{법인세율})}$

$=\dfrac{3,000,000\times(1-0.4)-500,000}{300\times(1-0.4)}\fallingdotseq$7,222단위

# 연 습 문 제

## 연습문제 4-1 손익분기점 분석의 기본개념

현대(주)의 20×0년 공헌이익계산서는 다음과 같다.

| | |
|---|---|
| 매 출 액 | 13,000,000원 |
| 변동원가 | 7,000,000 |
| 공헌이익 | 6,000,000원 |
| 고정원가 | 4,000,000 |
| 이익 | 2,000,000원 |

현대(주)는 20×0년 600,000단위를 생산 · 판매하였으며, 기초 및 기말재고는 없는 것으로 가정한다.

[물음]

1. 현대(주))의 손익분기점 판매수량은 얼마인가?
2. 현대(주)의 공헌이익률은 얼마인가?
3. 만약 20×0년 판매수량이 1,000단위 증가하면, 이익은 얼마나 증가하겠는가?
4. 3,000,000원의 목표이익을 얻기 위해서는 몇 단위의 제품을 판매하여야겠는가?
5. 현대(주)의 20×0년 안전한계 매출액은 얼마인가?
6. 현대(주)의 20×0년 영업레버리지도는 얼마인가?

## 연습문제 4-2 손익분기점 분석의 기본개념

현대(주))는 네비게이션을 생산·판매하고 있으며, 20×0년 9월 영업활동에 관한 자료는 다음과 같다.

| | |
|---|---|
| 단위당 판매가격 | 5,000원 |
| 단위당 변동비 | |
| 직접재료원가 | 800 |
| 직접노무원가 | 600 |
| 변동제조간접비 | 800 |
| 변동판매비와 관리비 | 300 |
| 연간고정비 | |
| 고정제조간접비 | 20,000,000 |
| 고정판매비와 관리비 | 15,000,000 |

현대(주)는 20×0년 9월에 16,000단위, 10월에 18,000단위를 판매하였다.

[물음]

1. 단위당 공헌이익은 얼마인가?
2. 공헌이익률은 얼마인가?
3. 손익분기점 매출액은 얼마인가?
4. 20×0년 9월의 안전한계율은 얼마인가?
5. 20×0년 9월과 10월의 영업레버리지도는 얼마인가?

## 연습문제 4-3 민감도분석

현대(주)는 20×9년에 목표이익을 매출액의 30%로 유지하도록 방침을 세우고 있다. 현대(주))의 20×9년 변동비는 매출액의 60%이고, 고정비는 10,000,000원이었다. 20×0년에는 원가상승으로 고정비가 2,000,000원 증가할 것으로 예상되며, 변동비도 매출액의 70%로 증가할 것으로 예상된다. 이 결과 20×0년의 목표이익도 매출액의 15%로 낮출 수밖에 없다.

[물음]

현대(주)가 20×0년도에 목표이익을 달성하기 위해서 20×9년에 비해 매출액은 얼마나 증가해야 하는가?

## 연습문제 4-4 법인세 BEP분석

다음은 현대(주)의 20×0년 10월중 갑제품의 원가와 관련된 자료이다. 단, 생산설비는 충분히 크며 법인세율은 20%이다.

|  |  |
|---|---|
| 단위당 판매가격 | 2,000원 |
| 단위당 직접재료원가 | 200 |
| 단위당 직접노무원가 | 400 |
| 단위당 변동제조간접비 | 300 |
| 단위당 변동판매비 | 500 |
| 월간 고정비 총액 | 6,000,000 |

기초 및 기말재고는 없는 것으로 간주한다.

[물음]

1. 손익분기점 판매량은 얼마인가?
2. 세금공제후 목표이익 610,000원을 달성하려면 판매량은 얼마가 되어야 하는가?

## 연습문제 4-5 CVP 분석

현대(주)는 20×0년 12월 31일 회계처리가 종료된 후 다음과 같은 자료를 수집할 수 있었다. 이에 의하여 아래 물음에 답하라.

|  |  |
|---|---|
| 판매수량 | 80,000단위 |
| 단위당 판매가격비 | 5,000원 |
| 단위당 변동비 | 3,000 |
| 연간 고정비 | 60,000,000 |

[물음]

1. 현대(주) 20×1년에 공헌이익을 40% 증가시키고자 한다. 다른 모든 조건이 20×0년과 동일하다면 매출액이 얼마나 증가해야 하는가?
2. 현대(주)는 20×1년에 안전한계 매출액으로 120,000,000원을 유지하고자 한다. 다른 모든 조건이 20×0년과 동일하다면 20×1년에 몇 단위의 제품을 판매하여야 하는가?

3. 20×1년에 판매수량이 20% 증가하고, 다른 모든 조건이 20×0년과 동일하다면, 20×1년 현대(주)의 이익은 얼마나 증가하겠는가?
4. 20×1년에 연간 고정비가 20% 증가하고, 다른 모든 조건이 20×0년과 동일하다면, 현대(주)의 손익분기점 판매수량은 얼마나 증가(혹은 감소)하겠는가?

## 연습문제 4-6 현금흐름 손익분기점

PDP를 생산하고 있는 현대(주)의 회계자료는 다음과 같다. 이에 의하여 아래 물음에 답하라.

- 20×0년 예상판매량은 단위당 판매가격이 4,000원일 경우 연간 200,000개로 예상된다.
- 예상판매량에 대한 예상제조원가 및 예정판매비와 관리비는 다음과 같다.

| 예상제조원가 : | |
|---|---|
| 직접재료원가 | 120,000,000원 |
| 직접노무원가 | 160,000,000 |
| 변동제조간접비 | 32,000,000 |
| 고정제조간접비 | 120,000,000 |
| | (현금지출이 수반되지 않은 비용이 40,000,000원 포함되어 있음) |
| 예상판매비 : | |
| 변 동 비 | 62,000,000원 |
| 고 정 비 | 82,000,000 |
| | (현금지출이 수반되지 않은 비용이22,000,000원 포함되어 있음) |

[물음]

1. 단위당 공헌이익은 얼마인가?
2. 20×0년 예상이익은 얼마인가?
3. 손익분기점 판매수량은 얼마인가?
4. 안전한계 판매수량은 얼마인가?
5. 현금흐름손익분기점 판매수량은 얼마인가? 손익분기점 매출액은 얼마인가?

## 연습문제 4-7 법인세 CVP분석

현대(주)의 20×0년 영업활동 내역은 아래와 같다. 이에 의해 물음에 답하라.

| | A 제품 | B 제품 |
|---|---|---|
| 단위당 판매가격 | 1,200원 | 600원 |
| 단위당 변동비 | 500 | 200 |
| 매출액 배합비율 | 40% | 60% |

동사의 고정비는 2,900,000원이다.

[물음]

1. 각 제품의 손익분기판매량을 구하시오.
2. 법인세율 20%일 때 세금차감후 순이익 458,000원을 달성할 수 있는 각 제품의 판매량을 구하시오.
3. 법인세율 20%일 때 세금차감후 순이익이 매출액의 8%가 될 수 있는 각 제품의 판매량을 구하시오.

## 연습문제 4-8 CVP분석

현대(주)가 현재 생산, 판매하고 있는 갑 제품에 대한 원가자료는 다음과 같다. 이를 참고하여 아래 물음에 답하라.

|  |  |
|---|---|
| 단위당 변동비 | |
| 직접재료원가 | 300원 |
| 직접노무원가 | 200 |
| 변동제조간접비 | 250 |
| 변동판매비와 관리비 | 50 |
| 연간고정비 | 10,000,000원 |

[물음]

1. 현대(주)는 20×0년 60,000단위를 생산 · 판매하고자 한다. 최소한 손실을 보지 않기 위한 최소판매가격은 얼마인가?
2. 현대(주)가 20×0년 60,000단위를 생산 · 판매하여 최소한 매출액의 20%를 이익으로 벌어들이기 위한 최소판매가격은 얼마인가?

## 연습문제 4-9 CVP분석

여행업을 영위하고 있는 현대(주)는 최근 중국 문화유적 답사 프로그램을 개발하였다. 이 프로그램과 관련된 비용은 다음과 같다. 이에 의하여 아래 물음에 답하라.

| 1인당 변동비 | |
|---|---|
| 항 공 료 | 400,000원 |
| 숙 박 비 | 150,000 |
| 식 사 비 | 100,000 |
| 입 장 료 | 50,000 |
| 합 계 | 600,000원 |
| 연간고정비 | 120,000,000원 |

현대(주)는 1인당 여행경비로 720,000원을 책정하였다. 동사의 법인세율은 40%이다.

[물음]

1. 현대(주)는 20×0년에 손익분기점에 도달하기 위해서는 몇 명의 관광객을 유치하여야 하는가?
2. 현대(주)가 20×0년에 세후 순이익 30,000,000원을 달성하기 위해서는 몇 명의 관광객을 유치하여야 하는가?
3. 20×0년에 고정비가 20% 증가한다면 [물음1]에서 산출한 손익분기점을 유지하기 위해서는 1인당 변동비를 얼마나 감소시켜야 하는가?

## 연습문제 4-10 법인세 CVP분석

현대(주)의 사장은 최근 경쟁이 심화되어 이를 극복하기 위하여 새로운 광고전략을 수립하고자 한다. 광고계획을 수립하기 위하여 20×0년 회계자료를 수집한 결과 다음과 같은 자료를 획득하였다.

원가자료 :

| 단위당 변동비 : | | 고정비 : | |
|---|---|---|---|
| 직접재료원가 | 160원 | 제조간접비 | 900,000원 |
| 직접노무원가 | 70 | 판매비과 관리비 | 1,200,000 |
| 제조간접비 | 50 | | 2,100,000 |
| 변동판매비 | 20 | | |
| | 300원 | | |

단위당 판매가격 : @400원

20×1년 판매수량 : 25,000단위

법인세율 : 40%

[물음]

1. 20×0년의 손익분기점 판매수량은 얼마인가?
2. 20×0년의 법인세차감후 순이익은 얼마인가?
3. 20×0년의 안전한계 및 안전한계율은 각각 얼마인가?
4. 20×0년의 영업레버리지도(DOL)는 얼마인가? 계산한 영업레버리지를 이용하여 20×1년도 매출액이 20% 증가한다면, 이익은 얼마나 증가하겠는가?
5. 20×0년 고정제조간접비에 감가상각액이 20,100원 포함되어 있다면 20×0년의 법인세를 고려하지 않을 경우 현금손익분기점 판매량은 얼마인가?
6. 현대(주)는 20×0년의 매출액 목표를 달성하기 위해서 광고비를 130,000원 증가시키고, 판매가격을 단위당 500원으로 인상하고자 한다. 이 경우 판매량은 20% 증가할 것으로 예상하고 있다. 광고비가 추가로 지출되어도 다른 원가구조에는 변함이 없을 것으로 가정할 때, 광고비를 추가로 130,000원 증가시킬 경우 20×2년의 예상 법인세 차감후 순이익과 손익분기점 매출액은 얼마인가?
7. [물음 6]과 같이 20×2년 광고비를 추가로 130,000원 증가시키고, 판매가격을 단위당 100원씩 인상할 경우 법인세 차감후 순이익 30,000원을 얻기 위해 필요한 판매 수량은 얼마인가?
8. [물음 6]과 같이 20×1년 광고비를 추가로 130,000원 증가시키고, 판매가격을 단위당 100원씩 인상할 경우 20×2년에 법인세 차감후 목표순이익이 60,000원이고, 판매수량이 30,000단위일 때 최대허용광고비는 얼마인가?

## 연습문제 4-11 복수제품의 CVP분석

현대(주))는 다음과 같은 20×0년의 예산손익계산서를 작성하였다.

| | 제품X | 제품Y | 제품Z | 합계 |
|---|---|---|---|---|
| 매 출 액 | 110,000원 | 1,100,000원 | 210,000원 | 1,420,000원 |
| 변 동 비 | 40,000 | 900,000 | 130,000 | 1,070,000 |
| 공헌이익 | 70,000원 | 200,000 | 80,000원 | 350,000원 |
| 고 정 비 | | | | 210,000 |
| 순 이 익 | | | | 140,000원 |

20×0년의 예산은 제품X 20,000단위, 제품Y 100,000단위 그리고 제품Z 80,000단위를 기준으로 작성되었다.

[물음]

1. 주어진 매출배합에서 각 제품별 손익분기점 판매량은 얼마인가?
2. 매출배합이 유지된다면, 실제판매량이 25,000꾸러미일 경우 총공헌이익 및 순이익은 얼마인가?

## 연습문제 4-12 복수제품의 CVP분석

현대(주)는 갑, 을, 병 세 가지 제품을 만들고 있는 회사이다. 이들 제품에 관한 자료는 다음과 같다.

| | 제품 갑 | 제품 을 | 제품 병 |
|---|---|---|---|
| 단위당 판매가격 | 130원 | 110원 | 160원 |
| 단위당 변동원가 | 82 | 80 | 130 |

또한 월 고정원가는 40,000원이다. 세 가지 제품의 매출구성비(매출액기준)가 갑 제품 50%, 을 제품 20%, 병 제품 30%이다.

[물음]

1. 현대(주)의 각 제품 손익분기점 판매량액 각각 얼마인가?
2. 13,000원의 세전순이익을 달성하기 위한 각 제품별 매출액은 얼마인가?

## 연습문제 4-13 복수제품의 CVP분석

현대(주)는 네비게이션을 생산 · 판매하고 있다. 20×0년에 네비게이션은 단위당 12,000원에 판매되었으며, 단위당 변동비는 6,000원이었으며, 연간 고정비는 6,000,000원이었다. 현대(주)는 20×0년에 네비게이션 1,600단위를 판매하였다. 그런데 20×1년 현대(주)의 한 고객이 컴퓨터용 모니터를 생산하여 7,000원에 공급해 줄 것을 요구하고 있다. 만약 컴퓨터용 모니터를 생산할 경우 단위당 변동비는 5,000원이 발생할 것으로 예상되며, 유휴생산설비가 충분하기 때문에 추가적인 고정비는 발생하지 않을 것으로 기대된다. 즉 현대(주)가 이 제안을 받아들일 경우 20×1년에는 네비게이션 1,600단위는 20×0년과 동일하게 판매되고, 컴퓨터용 모니터는 1,000대를 판매할 수 있을 것으로 예상된다.

[물음]

1. 제안을 받아드리기 전 20×0년의 손익분기점 판매량 및 매출액은 각각 얼마?
2. 매출배합이 예상대로 이루어질 경우 20×1년의 손익분기점 매출액은 얼마인가?

## 연습문제 4-14 CVP분석과 제품믹스

현대(주)는 세 가지 제품을 생산하고자 한다. 이들 제품에 대한 자료는 다음과 같다.

| | 제품 갑 | 제품 을 | 제품 병 |
|---|---|---|---|
| 판매가격 | 300원 | 500원 | 600원 |
| 직접재료원가 | 120 | 150 | 300 |
| 직접노무원가 | 50 | 80 | 90 |
| 변동제조간접비 | 30 | 60 | 70 |
| 고정제조간접비 | 20 | 40 | 50 |
| 변동판매비 | 18 | 20 | 20 |
| 순이익 | 62원 | 150원 | 70원 |
| 단위당 기계시간 | 1.1시간 | 2시간 | 0.8시간 |

[물음]

기계시간의 사용이 제한되어 있고, 각 제품의 연간 판매량에는 제한이 없을 경우, 현대(주)는 어떤 제품을 생산하는 것이 유리한가? 계산근거를 밝히시오.

Chapter 05

# 관련원가 분석

1. 관련원가
2. 특수의사결정
3. 종합연습
- 연 습 문 제

Chapter 05

# 관련원가 분석

정보이용자들은 합리적이고 효율적인 의사결정을 위하여 유용성이 높은 회계정보를 필요로 한다. 이때 유용성이 높은 회계정보란 의사결정에 결정적인 영향력을 발휘할 수 있는 회계정보를 의미하는 것이며 이러한 회계정보의 영향력 정도를 관련성(relevance)이라고 한다. 따라서 관련성이 높은 회계정보가 의사결정에 있어서 유용성이 높은 회계정보인 것이다. 한편, 이러한 관련성을 나타내는 회계정보 중에 핵심을 이루는 정보는 관련원가에 관한 정보이다. 관련원가는 의사결정에 따라 변동하는 원가로서 의사결정과 밀접한 관련성을 갖고 있는, 유용성이 높은 원가이다. 본장에서는 관련원가에 대한 제 내용을 학습한다.

## I. 관련원가

대다수의 기업 경영자들은 의사결정에 관한 문제로 고민하고 갈등하는 경우가 많다. 예를 들어 판매가격의 결정, 생산 방법의 결정, 근무 시간, 근무 방법의 결정, 보수의 책정, 유통경로의 결정, 특수주문에 대한 결정, 설비투자의 결정 등 많은 의사결정 문제에 직면하게 되는 것이다. 의사결정이 어려운 것은 만일 잘못된 의사결정을 행하게 되면 경영상 치명적인 타격을 가져다주기 때문이다. 그러므로 의사결정문제는 간단한 문제가 아닌 어렵고 힘든 업무 중에 하나인 것이다. 그런데 이러한 경영자의 의사결정에 있어 가장 결정적인 영향을 미치는 요소가 원가이다. 즉, 어떤 의사결정을 행하던지 원가는 얼마이고 이익은 얼마인지 등을 고려하지 않을 수가 없는 것이다. 즉, 어느 종류의 의사결정에도 원가는 고려되어 져야 하는 것이다. 바로 이때의 원가를 관련원가라고 한다.

즉, 관련원가(relevant costs)란 의사결정자의 대안의 선택과 관련되는 원가로서 특정 의사결정에 반드시 고려되어져야 하는 원가이고 각 대안의 선택에 따라 차이가 발생하는 원가이며 과거나 현재의 원가가 아닌 미래의 원가이고 따라서 회피 가능한 원가이기도 한 제 원가 요소들을 말한다. 이와 같은 관련원가의 속성을 축약하면 아래와 같이 두 가지로 크게 요약 정리할 수 있다.

1. 관련원가는 의사결정 대안에 따라 미래에 발생할 수 있는 원가이다.
2. 관련원가는 의사결정 대안에 따라 대소 간의 차이가 발생하는 원가이다.

따라서 관련원가가 되려면 의사결정 대안에 따라 미래에 발생될 것으로 기대되는 원가이면서 의사결정에 대안에 따라 차이가 발생할 것으로 기대되는 원가이어야 한다. 그러므로 이미 발생한 원가로서 미래의 어떠한 의사결정에도 영향을 미치는 못하는 일명 매몰원가(sunk cost)는 비관련원가(irrelevant costs)인 것이다. 이러한 측면에서 볼 때 역사적 원가(historical cost)도 매몰원가에 속한다고 할 수 있다. 그러나 역사적 원가도 미래 발생한 원가와 관련하여 의사결정에 고려될 경우에는 관련원가가 될 경우도 있을 수 있다. 또한 이러한 관련원가는 전술한 바와 같이 의사결정 대안 간에 차이가 나타나는 원가이어야 한다. 의사결정 대안 간에 원가 차이가 없다면 이것은 관련원가가 될 수 없는 것이다. 즉, 그것은 의사결정에 전혀 영향을 미칠 수 없는 매몰원가, 비관련원가인 것이다.

한편, 경영자의 의사결정과 관련하여 사용되는 원가에 관한 용어로 관련원가, 기회원가, 증분원가, 매몰원가, 비관련원가 등을 들 수 있다. 이중 기회원가(opportunity cost)란 여러 개의 대안 중 하나를 선택한 함으로 인해 포기한 대안 중 효익이 제일 큰 대안을 가액으로 나타낸 것을 말한다. 그리고 차액원가(differential costs)란 대안 간의 존재하는 원가의 차이를 말하는 것이며 증분원가(incremental costs)는 조업도가 증가함에 따라 증가한 원가를 말한다.

## 예제 5-1 관련원가와 비관련원가

현대(주)는 신기계 도입을 고려하고 있다. 이러한 필요에 의해 마련된 신기계와 기존 구기계에 대한 회계정보는 다음과 같다.

| | |
|---|---|
| 구기계 구입가는 20,000원, | 구기계의 잔여 내용연수는 4년, |
| 구기계 현재 장부가액은 16,000원, 잔존가액은 없음, | |
| 구기계의 연간 변동유지비는 40,000원, | 구기계 연간 판매수익은 100,000원, |
| 구기계의 현재 처분가격은 6,000원. | |
| 신기계의 구입가격은 24,000원, | 신기계의 예상내용연수는 4년, |
| 신기계 연간 변동유지비는 31,000원, | 신기계 연간 예상 판매수익은 100,000원. |

[물음]

1. 신기계장치에 관한 의사결정에 관련이 없는 비관련원가는 무엇인가?
2. 구기계를 계속 사용하는 경우와 신기계를 새로 구입하는 경우의 4년간의 총이익을 구하라. 그리고 구기계를 계속 사용하는 것과 신기계를 새로 구입하는 것 중 어느 경우가 유리한지 견해를 표명하라.

[해 답]

1. 현재 구기계의 장부가액 16,000원은 신기계 구입 의사결정에 고려되어서는 안되는 비관련원가, 즉 매몰원가이다. 그리고 두 대안 간에 차이가 없는 판매수익 100,000원과 연간변동비 31,000원까지는 비관련원가이다.
   -매몰원가: 구기계의 장부가액(16,000원)
   -대안간의 차이가 없는 미래원가: 연간 매출액(100,000원),
   연간 변동비(31,000원까지)
2. 구기계유지와 신기계구입시의 4년간의 총비용 및 총수익

4년간의 총비용 및 총수익

| | 구기계 유지 | 차액원가 | 신기계구입 |
|---|---|---|---|
| 매 출 액 | 400,000원(100,000×4년) | 0원 | 400,000원(100,000×4년) |
| 변동비용 | (160,000원) | 36,000원 | (124,000원) |
| 신기계 감가상각액 | 0원 | (24,000원) | (24,000원) |
| 구기계 감가상각액 | (16,000원) | 0원 | (16,000원)* |
| 구기계의 처분가액 | 0원 | 6,000원 | 6,000원 |
| 4년간 총이익 | 224,000원 | 18,000원 | 242,000원 |

따라서 신기계의 구입이 18,000원만큼 유리하다.

*외부보고 목적을 위해서 순액 10,000원의 손실로 표시할 수 있음. 세금효과 무시

## 2. 특수의사결정

의사결정(Decision making)이란 문제해결에 필요한 여러 개의 대안을 수립하고 그 중에 가장 바람직한 대안을 하나 또는 그 이상 선택하는 과정을 말한다. 이러한 의사결정은 그 실행 기간을 기준으로 장기적 의사결정, 단기적 의사결정으로 분류하기도 하고 주기적 반복성 여부에 따라 정형적 의사결정, 비정형적 의사결정으로 분류하기도 한다. 또한 의사결정은 그 외에 제반 여러 가지 필요에 따라 다양하게 분류된다. 한편, 장기적 의사결정, 단기적 의사결정의 구분 기준은 1년이다. 즉 그 소요되는 기간이 1년을 초과하는 것에 관한 의사결정은 장기이고 그 소요기간이 1년 이내인 것은 단기이다. 정형적 의사결정과 비정형적 의사결정의 구분 기준은 주기적이고 반복적으로 발생하는 문제에 관한 의사결정이냐 우발적이고 비반복적인 문제에 관한 의사결정이냐에 대한 판단이다. 주기적, 반복적으로 발생하여 예측이 가능한 것에 대한 의사결정은 정형적 의사결정이고 우발적, 비반복적으로 예측이 불가능한 것에 대한 의사결정은 비정형적 의사결정이다.

한편, 우리가 본 단원에서 학습하고자 하는 특수의사결정은 비정형적이면서도 단기적인 각종 문제의 해결에 대한 의사결정을 의미한다. 이러한 특수의사결정 형태는 특히 기업 경영자들의 의사결정에서 많이 나타난다. 경영자들은 합리적이고 효율적인 특수의사결정을 위하여 다양한 각종 제반 요인들을 고려한다. 이때 경영자들은 자신의 판단과 경험에 의존하기도 하지만 대부분의 경우, 다양한 자료와 정교한 분석모형을 이용하여 체계적인 평가를 행하고 이에 따른 의사결정을 행하게 되는데 대부분 이때 우선적으로 활용 되어지는 자료가 관련원가에 대한 분석 자료이다.

본장에서는 의사결정과 관련을 맺고 있는 관련원가의 속성을 고려하여, 특수의사결정에 있어 주요 핵심 내용인 1)제품가격 결정에 관한 의사결정 2)자가생산, 외부구매에 관한 의사결정 3)부문 폐쇄에 관한 의사결정 4)정보 분석과 관련원가계산에 관한 의사결정 5)특별주문 수락여부에 관한 의사결정 등 5개 항목에 대하여 학습하고자 한다.

## 1) 제품가격 결정에 관한 의사결정

기업이 제품을 생산하고 그에 대한 판매가격을 결정함에 있어서 고려되어야 하는 것은 제조원가와 목표이익이다. 즉, 기업이 목표이익을 달성하고 유지, 성장, 발전하기 위해서는 제조원가에 목표이익을 고려한 판매가격을 설정하고 이에 의거한 매출이 이루어져야 하는 것이다. 따라서 제품의 가격을 결정하는 방법은 여러 가지 방법을 들 수 있겠으나 실무에서는 제조원가를 기준으로 한 가격 결정 방법을 많이 이용하고 있다. 이러한 제조원가기준에 의한 가격 결정 방법을 원가가산 가격 결정 방법이라고도 하는데 여기에는 전부원가에 의한 방법과 변동원가에 의한 방법 등 두 가지가 있다.

### (1) 원가가산 가격결정 방법

원가가산가격결정(cost-plus pricing)이란 총원가를 생산량으로 나누어 단위당 제조원가를 산출하고 여기에 단위당 목표이익을 가산하여 판매가격을 결정하는 방법이다. 이때 총원가를 계산하는 방법으로 전부원가계산과 변동원가계산이 있다. 그리고 단위당 목표이익을 계산하는 방법은 기업별로 각각 다를 수 있으나 대개의 기업들은 생산, 판매하고 있는 여러 개의 제품별로 목표이익을 결정하지 않고 전체 제품을 합산하여 목표이익을 산출하는 방법을 이용한다. 즉 이것은 회사전체에서 발생한 총제조원가에 목표투자수익률을 곱하여 목표이익을 산정하는 방법이다. 이렇게 산출된 목표이익은 제품별 이익마진을 구하는데 이용되는데 이때 기본적으로 전부원가 또는 변동원가를 기준으로 하는 방법을 이용하여 이익마진을 산출하게 되는 것이다.

#### ① 전부원가에 의한 이익 · 마진 결정 방법

전부원가의 범위 산출 개념은 ①모든 변동제조원가와 모든 고정제조원가만을 포함하여 전부원가로 보는 개념과 ②모든 변동제조원가와 모든 고정제조원가 그리고 모든 판매관리비까지 포함한 포괄적 원가를 전부원가로 보는 개념 등 2가지가 있다. 이중 전부원가 이익, 마진 결정에는 전자의 경우인 변동제조원가와 고정제조원가만을 포함한 제조원가가 전부원가로 인식되는 개념이 이용된다. 즉, 이 개념에 의하여 전부원가(제조원가)를 인식하고 이 기준에 의하여 이익마진을 설정하며 판매가격을 결정하는 것이다. 이에 대한 식은 아래 (식 5-1)과 같다.

$$\begin{aligned} \text{수익} &= \text{제조원가} + (\text{제조원가} \times \text{이익마진}) \\ &= \text{제조원가} + \text{판매관리비} + \text{목표이익} \\ \text{제조원가} \times \text{이익마진} &= \text{판매관리비} + \text{목표이익} \end{aligned} \quad \text{(식 5-1)}$$

$$\therefore \text{이익마진} = \frac{\text{판매관리비} + \text{목표이익}}{\text{제조원가}} \quad \text{(식 5-2)}$$

위에서 보는 바와 같이 결국 여기에서의 이익마진은 판매관리비와 목표이익을 합친 금액이 제조원가에서 차지하는 비율을 의미하는 것이다. 이것을 고려해 볼 때, 전부원가에 의한 이익마진은 판매관리비와 목표이익을 벌어들일 수 있는 수준에서 결정됨을 알 수 있다.

② 변동원가에 의한 이익마진 결정 방법

변동원가에 의한 이익마진 결정 방법은 변동제조원가와 변동판매관리비를 합한 변동원가, 그리고 고정제조원가와 고정판매관리비를 합한 고정원가를 기준 자료로 활용하여 이익마진을 결정하는 방법이다. 아래 (식 5-3)과 같이 이때의 이익마진은 고정원가와 목표이익을 더한 값을 변동원가로 나누어 구한다. 즉 이익마진은 고정원가와 목표이익의 합계액이 변동원가에 차지하는 비율로 구해지는 것이다. 그리고 이때 변동원가에는 변동 제조원가 및 변동 판매관리비가 포함되고 고정원가에는 고정 제조원가 및 고정 판매관리비가 포함된다는 사실에 주의를 기울여야 한다.

$$\begin{aligned} \text{수익} &= \text{변동원가} + (\text{변동원가} \times \text{이익마진}) \\ &= \text{변동원가} + \text{고정원가} + \text{목표이익} \\ \text{변동원가} \times \text{이익마진} &= \text{고정원가} + \text{목표이익} \\ \therefore \text{이익마진} &= \frac{\text{고정원가} + \text{목표이익}}{\text{변동원가}} \end{aligned} \quad \text{(식 5-3)}$$

위의 (식 5-3)에서 보는 바와 같이 이때 이익마진은 고정원가와 목표이익을 합친 금액을 변동원가로 나누어 산정되므로 이때의 이익마진은 고정원가와 목표이익을 벌어들일 수 있는 수준에서 결정되는 것을 알 수 있다.

### 예제 5-2 이익마진의 결정

현대(주)의 1년간 총 발생 원가는 다음과 같다.

|  |  |
|---|---|
| 변동제조원가 | 15,000 원 |
| 고정제조원가 | 7,000 |
| 변동판매관리비 | 5,000 |
| 고정판매관리비 | 3,000 |
| 총 원 가 | 30,000 원 |

- 현대(주)는 연간 목표이익으로 1,200원을 계획하고 있다.

[물음]

1) 위 자료에 근거하여 각각 전부원가와 변동원가를 기준으로 가격인상을 하여 가격결정을 내릴 경우의 이익마진을 계산하라.
2) 현대(주)가 생산하고 있는 제품의 단위당 관련원가가 아래와 같을 때 목표이익을 달성할 수 있는 단위당 판매가격은 얼마인지를 계산하시오.

|  |  |
|---|---|
| 직접재료원가 | 8원 |
| 직접노무원가 | 4 |
| 변동제조간접비 | 2 |
| 고정제조간접비 | 5 |
| 변동판매관리비 | 2 |
| 고정판매관리비 | 4 |

[해 답]

1) 전부원가기준이익마진 $= \dfrac{\text{판매관리비} + \text{목표이익}}{\text{제조원가}}$

$= \dfrac{5,000\text{원} + 3,000\text{원} + 1,200\text{원}}{15,000\text{원} + 7,000\text{원}}$

$= \dfrac{9,200\text{원}}{22,000\text{원}} \fallingdotseq 42\%$

변동원가기준이익마진 $= \dfrac{\text{고정원가} + \text{목표이익}}{\text{변동원가}}$

$= \dfrac{7,000\text{원} + 3,000\text{원} + 1,200\text{원}}{15,000\text{원} + 5,000\text{원}}$

$= \dfrac{11,200\text{원}}{20,000\text{원}} = 56\%$

2) 단위당 판매가격

전부원가기준 $= (1 + \text{이익마진}) \times \text{단위당제조원가}$

$= (1 + 0.42) \times (8\text{원} + 4\text{원} + 2\text{원} + 5\text{원})$

$= 26.98\text{원}$

변동원가기준 $= (1 + \text{이익마진}) \times \text{단위당변동원가}$

$= (1 + 0.56) \times (8\text{원} + 4\text{원} + 2\text{원} + 2\text{원})$

$= 24.96\text{원}$

위 예를 통해 기업의 전체 목표이익을 확보할 수 있는 판매가격의 결정 방법 중 전부원가에 의한 방법과 변동원가에 의한 방법 두 가지에 대하여 알아보았다. 위의 두 가지 방법 중 보다 객관성을 유지할 수 있는 방법은 변동원가에 의한 방법이다. 그 이유는 전부원가의 구성요소인 고정제조간접비에 있다. 고정제조간접비는 공통비로서 인위적으로 설정된 배부기준에 의하여 배부된 것이다. 따라서 이때 배부기준을 변경시키면 고정제조간접비의 가액도 변경되어 다른 값으로 산출될 것이다. 물론 이에 따라 판매가격도 달라질 것이다. 반면에 변동원가를 기준으로 판매가격을 결정하면 변동원가에는 인위적으로 배부된 고정비용가 포함되어 있지 않기 때문에 보다 객관성을 유지할 수 있는 판매가격을 산출할 수 있다.

## 2) 자가생산과 외부구매

기업이 생산제조활동을 함에 있어 많은 경우 특정 부분품을 자가생산해야 할 지 아니면 외부공급자로부터 구매할 것인지에 대하여 의사결정을 내려야하는 경우에 직면하게 된다. 이때 의사결정자가 고려하는 것은 우선 원가이다. 두 대안 중 어느 대안의 원가가 저렴하냐를 생각하게 된다. 즉 자가생산이 저렴한지 아니면 외부구매가 저렴한지를 고려하게 되는 것이다. 이러한 원가문제는 특수의사결정에 있어 가장 중요한 부분으로서 대부분의 의사결정은 원가정보에 의하여 좌우되는 것이다. 한편, 이러한 원가문제를 제외한 그 밖의 의사결정 시의 고려되는 부분으로는 노하우 축적 문제, 품질의 유지 및 향상 문제 등을 꼽을 수 있을 것이다. 아래 (예제 5-3)을 통하여 원가를 고려한 경우 자가생산과 외부주문구매에 관한 특수의사결정 방법에 대하여 알아보도록 하자.

**예제 5-3 자가생산 또는 외부구매**

현대(주)는 냉장고 전문제조업체이다. 냉장고의 주요 부속품 중의 하나는 전동모터이다. 현대(주)의 경영진은 전동모터를 외부에서 구입할지 아니면 제조할지를 결정해야 한다. 이 회사는 1년간 5,000대의 전동모터가 필요할 것으로 예측하고 있다. 현대(주)는 신뢰할 수 있는 공급업체로부터 전동모터를 대당 4,300원에 구입할 수 있다. 그러나 이때 현대(주)는 전동모터의 생산수요를 충족시킬 수 있는 여유조업능력을 자체적으로 갖추고 있다. 전동모터를 생산하는데 추정 원가자료는 다음과 같다.

| | 단위당원가 | 총원가(5,000대) |
|---|---|---|
| 직접재료원가 | 1,500원 | 7,500,000원 |
| 직접노무원가 | 1,300 | 6,500,000 |
| 변동제조간접비 | 700 | 3,500,000 |
| 직접고정제조간접비* | 500 | 2,500,000 |
| 배부고정제조간접비 | 900 | 4,500,000 |
| 총　계 | 4,900원 | 24,500,000원 |

*전동모터를 생산할 경우 발생하는 설비 리스료 및 감가상각액

[물음]

현대(주)는 전동모터를 자가생산(make)해야 하는 가 아니면 외부구매(buy) 하여야 하는가?

[해 답]

자료를 통해서 볼 때 전동모터의 대당 외부 구입가격은 4,300원이고 대당 자가제조원가는 4,900원이다. 따라서 전동모터는 외부에서 조달해야 할 것처럼 판단되어 진다. 그러나 위의 열거된 모든 추정 제조원가가 자가생산 또는 외부구매 의사결정에 관련되는 관련원가는 아니다. 이때 모든 변동원가와 직접고정비는 관련원가이다. 변동원가는 전동모터를 외부에서 구입한다면 발생되지 않을 것이기 때문에 관련원가이다. 또한 직접고정비도 현대(주)가 전동모터를 제조한다면 구입할 필요가 있을 설비에 대한 리스료 및 감가상각액이기 때문에 이 의사결정과 관련이 있는 관련원가이다. 그러나 배부고정제조간접비는 현대(주)가 전동모터를 생산하든지의 여부에 관계없이 늘 발생할 것이기 때문에 관련원가가 아니다. 이러한 원가는 의사결정에 전혀 영향이 없는 매몰원가(sunk costs)인 것이다. 이 경우에 배부고정제조간접비는 주로 기존 생산설비로부터 발생하는 원가이다. 앞서 기술한 바와 같이 현대(주)는 현재 전동모터 생산에 관해 여유조업능력을 갖추고 있다. 만약 현대(주)가 전동모터를 외부에서 구입한다 하더라도 전동모터에 할당되었을 고정제조간접비는 이 회사가 생산한 다른 제품에 흡수되어져 계속 발생할 것이다. 그러므로 자가생산하는 경우 단위당 총관련원가는 단위당총원가 4,900원에서 단위당 배부고정제조간접비 900원을 차감한 4,000원이다.

| 관련원가항목 | 단위당 원가 |
|---|---|
| 직접재료원가 | 1,500원 |
| 직접노무원가 | 1,300 |
| 변동제조간접비 | 700 |
| 직접고정제조간접비 | 500 |
| 총관련원가 | 4,000원 |

단위당 총관련원가 4,000원은 단위당 외부구매가격 4,300원보다 작으므로 이 회사는 전동모터를 내부에서 제조해야 한다. 이렇게 함으로써 이 회사는 모두 1,500,000원(300원×5,000대)을 절약할 수 있을 것이다.

### (1) 설비의 대안적 이용 방안의 유무

위의 예에서 기존의 설비로부터 발생하는 배부고정제조간접비는 자가제조의 경우나 외부구입의 경우나 늘 발생하는 원가이므로 비관련원가인 것으로 규명하였다. 그러나 이 경우 만약 전동모터를 외부 구매할 경우 당해 유휴 설비를 타 기업에 임대하여 수익을 얻게 된다면 이 수익은 기회비용으로써 관련원가가 된다. 예를 들어 위 예제에서 전동모터를 외부구매하고 그 대신 유휴설비를 임대하여 3,000,000원 수익을 얻을 수 있다면 과연 자가제조가 유리한 것인지 외부구매가 유리한 것인지를 다시 생각해 볼 필요가 있게 된다. 이때의 3,000,000원은 자가제조를 할 경우 얻을 수 없으나 외부구매를 할 경우 얻을 수 있는 기회원가이므로 관련원가이다. 즉 자가제조라는 의사결정을 하면 외부구매라는 대안을 포기하게 되고 이로 인해 희생되는 기회원가인 것이다. 기회원가(opportunity cost)는 관련원가로서 대안에 선택에 따라 차이를 발생시키는 원가이며 한 대안을 거절하고 다른 대안을 수용함으로써 포기해야 하는 효익을 의미한다. 위 예제의 경우 기회원가를 고려했을 경우 관련원가는 아래와 같이 4,600원이 된다.

| 관련원가항목 | 단위당 원가 |
|---|---|
| 직접재료원가 | 1,500원 |
| 직접노무원가 | 1,300 |
| 변동제조간접비 | 700 |
| 직접고정제조간접비 | 500 |
| 생산설비에 대한 기회원가(3,000,000원/5,000단위) | 600 |
| 총관련원가 | 4,600원 |

단위당 관련원가 4,600원은 단위당 외부구매가격 4,300원보다 크므로 설비의 대안적 이용방안이 있는 경우, 이 회사는 전동모터를 외부에서 구입하는 것이 바람직 하다. 이렇게 함으로써 이 회사는 모두 1,500,000원(300원×5,000대)의 추가 수익을 올릴 수 있을 것이다.

### (2) 비계량적 요인

한편, 실제 의사결정에서는 위와 같은 계량적 수치에만 완전히 의존할 수는 없다. 의사결정에 고려해야 할 중요 정보 중에는 비계량적 변수도 많이 있기 때문이다. 예를 들어 경영전략, 품질관리, 노하우 등의 비계량적 요인도 의사결정에 고려해야 하는 경우가 상존하고 있는 것이다. 만약 어느 기업이 제품제조에 필요한 부분품의 외부구매가 계량적으로 유리한 대안으로 분석되었다 하더라도 경영전략 상 지역사회와의 협력을 위하고 일자리 창출 등을 통한 '기업 이미지' 쇄신을 위하여 자가제조가 유리한 경우도 발생할 수 있고, 또는 품질관리나 노하우 관리상 자가 제조를 행하는 경우 등도 있는 것이다. 그러므로 특수의사결정에 있어 원가우위 위주인 계량적 수치에 의한 의사결정만을 추구하다보면 근시안적인 의사결정을 행할 가능성도 존재하는 것이므로 이에 대한 주의가 요구되는 것이다. 한편, 비계량적 요인을 고려하는 예를 좀 더 들어 본다면 과잉 설비투자를 방지하기 위하여 외부생산을 하는 경우라든지 반대로 시장독점, 학습효과 등을 이유로 자체생산을 하는 경우 등을 꼽을 수 있다.

## 3) 부문 폐쇄에 관한 의사결정

기업이 여러 개의 사업부문을 경영하고 있을 때 그 중 성과가 부진한 부문의 사업을 계속 운영해야 하는 것인지 아니면 폐쇄하여야 하는 것인지에 대한 의사결정을 수행하여야 할 경우가 발생한다. 이때 가장 중요하게 고려되는 사항이 해당 부문의 폐쇄의 경우 발생하는 손실과 반대로 폐쇄의 경우 절감되는 원가의 비교 검토이다. 만약 손실보다 원가절감이 더 크다면 부문 폐쇄가 검토되어야 할 것이고 손실이 더 크다면 폐쇄에 대한 보류가 검토되어야 할 것이다. 한편, 부문 폐쇄에 대한 손실 또는 원가절감을 검토할 때는 관련원가만이 회계정보로서 기능을 수행할 수 있다. 이때 변동원가는 관련원가이지만 고정원가는 의사결정과 상관없이 발생함으로 관련원가가 아닐 수 있다. 그리나 고정원가도 새로운 의사결정과 관련하여 발생하는 경우에는 관련원가이므로 의사결정이 고려되어야 한다. 아래 [예제 5-4]를 통하여 부문 폐쇄 의사결정에 대하여 구체적으로 살펴본다.

## 예제 5-4 부문 폐쇄 의사결정

현대(주)는 자동차, 가전제품, 그리고 식품 등 세 사업부문을 가지고 있다. 경영층은 계속 손실을 발생하고 있는 가전제품부문을 폐쇄할 것을 검토하고 있다. 현재 부문별 손익계산서는 다음과 같다.

| | 자동차 | 가전제품 | 식품 | 전체 |
|---|---|---|---|---|
| 매출 | 30,000원 | 25,000원 | 20,000원 | 75,000원 |
| 변동원가 | 24,000 | 22,000 | 16,000 | 62,000 |
| 공헌이익 | 6,000원 | 3,000원 | 4,000원 | 13,000원 |
| 고정원가: | | | | |
| 회피가능원가 | 3,000 | 2,500 | 1,500 | 7,000 |
| 회피불가능원가 | 1,500 | 1,000 | 1,500 | 4,000 |
| 이익 | 1,500원 | (500)원 | 1,000원 | 2,000원 |

[물음]

현대(주)는 손실이 발생하는 가전부문을 폐쇄해야 하는지? 아니면 폐쇄하지 말아야 하는지에 대한 의견을 개진하시오.

[해 답]

현재 자료를 보면 가전부문은 500원의 손실을 발생시키고 있다. 따라서 이 손실을 회피하려면 가전부문을 폐쇄하여야 할 것처럼 보인다. 그러나 가전부문을 폐쇄하면 매출이 25,000원 감소하고 이에 대한 원가절감은 24,500원(22,000 + 2,500)만 감소한다. 즉, 폐쇄에 따라 희생된 수익인 매출 25,000원보다 폐쇄에 따른 원가절감 24,500원이 더 적은 것이다. 이것은 폐쇄하면 추가적으로 500원 더 손실이 발생함을 나타내 주고 있는 것이다. 이러한 이유는 회피불가능 고정원가 1,000원에 기인한다. 회피불가능 고정원가는 가전부문을 폐쇄하던 안하던 항상 발생하는 것이므로 가전부문 폐쇄에 따른 유휴시설의 활용 등과 같은 다른 대안이 제시되기 전까지는 폐쇄하면 더욱 손실이 발생하게 된다. 따라서 현재로서는 가전부문을 폐쇄해서는 안된다.

이는 가전부문폐쇄 전 손익사항과 가전부문폐쇄 후 손익사항을 아래와 같이 비교해 보아도 알 수 있다. 가전부문폐쇄 전 이익은 2,000원인데 반하여 가전부문폐쇄 후 이익은 1,500원으로 이익이 500원 만큼 더 감소하게 됨을 알 수 있는 것이다.

| | 가전부문폐쇄 전 손익계산서 | 가전부문폐쇄 후 손익계산서 |
|---|---|---|
| 매출 | 75,000원 | 50,000원 |
| 변동원가 | 62,000 | 40,000 |
| 공헌이익 | 13,000원 | 10,000원 |
| 고정원가 : | | |
| 회피가능원가 | 7,000 | 4,500 |
| 회피불가능원가 | 4,000 | 4,000 |
| 총고정원가 | 11,000 | 8,500 |
| 이익 | 2,000원 | 1,500원 |

위와 같은 자료를 검토해 볼 때 가전부문의 폐쇄는 신중하게 결정되어야 한다. 즉 폐쇄의 경우 이익의 적자가 500원 더 발생하게 되므로 이에 대한 고려가 있어야 할 것이다. 그러나 만약 이때 가전부문을 폐쇄함으로써 생겨나는 유휴공간을 다른 목적으로 사용하여 500원 이상 더 벌어들일 수 있다면 이 경우에는 가전부문을 폐쇄하여 수익 증가를 도모해야 할 것이다.

## 4) 의사결정에 고려되는 제 요인

우리가 현재 학습하고 있는 특수의사결정은 우발적이면서도 단기적 사항에 관한 의사결정이다. 실무에서의 특수의사결정은 단순하지 않아 보다 많은 변수들을 고려하여 행해진다. 즉 우리가 학습하고 있는 것처럼 관련원가만을 변수로 고려하는 것이 아니라 그 이외의 변수에 대해서도 검토가 이루어지는 것이다. 관련원가 이외에 의사결정을 위한 정보 분석에 많이 고려되는 것으로는 가치사슬, 제품수명주기, 판매전략 등을 들 수 있다.

특히 판매 전략에 있어서 판매가격책정은 매우 중요한 변수이다. 대부분의 경우 판매를 촉진하려면 판매가격에 경쟁기업보다 저렴하여야 한다. 그러나 기업의 수익성을 고려할 때 무작정 낮은 가격을 유지할 수는 없다. 수익성을 고려할 때 판매가격은 최소한 제품의 전부원가를 상회하여야 하는 것이다. 그러나 판매가격 요인에 의해 시장점유율 등에 타격이 올 수 있다면 전체적 수익성을 도모하기 위하여 부분적 손실을 감내할 수 있는 것이다. 즉, 가격인하를 단행할 수도 있는 것이다. 이와 같이 특수의사결정에서는 관련원가 이외의 제 요인들을 고려해야 할 경우가 많으므로 이에 대한 철저한 정보 분석의 필요성이 대두되는 것이다. 고려되어야 할 변수들에 대해 좀 더 예를 들어 본다면 고객의 소비성향이라든지 기업의 원가절감 능력 등도 들 수 있을 것이다.

## 5) 특별주문 의사결정

특별주문이란 일회성 주문, 비반복적 주문을 말한다. 특별주문에서는 정규 주문과 달리 관련원가와 함께 여유 조업능력의 유무가 중요 고려 사항이 된다. 특별주문에 관한 수락 여부는 대개 특별주문으로 인하여 증가하는 수익과 비용을 비교하여 수익이 크면 수락하고 비용이 크면 거부한다.

또한 특별주문 시에는 유휴설비가 존재하여 추가로 투자할 필요가 없을 경우, 또는 기존의 판매량이 손익분기점 넘어선 경우 등의 경우를 주목할 필요가 있다. 이때에는 특별주문으로 인한 단위당 순이익이 공헌이익 만큼씩 발생하게 되는 것이다.

### 예제 5-5 특별주문 의사결정

현대(주)는 스노우보드를 제작 판매하고 있다. 현재 한 스키장에서 강습에 필요한 스노우보드를 한단위당 4,500원씩에 일회성으로 100단위를 구매하겠다고 제안을 받고 있다. 원래 이 스노우보드의 한단위당 정상가격은 6,000원이다. 현대(주)의 마케팅 관리자는 회계담당자에게 제안된 스노우보드 특별주문에 대한 원가자료를 요청하였는데 제공된 추정원가는 다음과 같다.

| | 총원가 | 단위당원가 |
|---|---|---|
| 직접재료원가 | 250,000원 | 2,500원 |
| 직접노무원가 | 90,000 | 900 |
| 제조간접비* | 100,000 | 1000 |
| 판매관리비* | 70,000 | 700 |
| 총계 | 510,000원 | 5,100원 |

* 제조간접비의 70%는 배부된 고정제조간접비이고 판매관리비의 40%는 고정비임.

[물음]

현대(주)는 이 경우 특별주문을 받아들여야 하는 지 여부에 대하여 답하라.

[해 답]

1) 관련원가 식별

특별주문 수락 여부에 관한 의사결정에서는 비관련원가는 고려하지 말아야 한다. 제조간접비 100,000원 중 70%인 70,000원과 판매관리비 70,000원의 40%인 28,000원은 배부된 고정제조간접비로서 의사결정과 상관없이 발생하는 비관련원가이다. 즉 이러한 고정원가는 특별주문 수락여부에 관계없이 발생되는 원가이므로 의사결정에 아무런 영향을 줄 수 없는 원가인 것이다. 특별주문 의사결정은 관련원가만을 고려하여 수행되어야 한다. 특별주문을 수락할 때의 수익 증가액과 원가발생액을 산출하여 비교하면 아래와 같다.

| | | |
|---|---|---|
| 수익 증가액(100짝 @4,500원) | | 450,000원 |
| 원가 발생액: | | |
| 직접재료원가 | 250,000원 | |
| 직접노무원가 | 90,000 | |
| 변동제조간접비(100,000원의 30%) | 30,000 | |
| 변동판매관리비(70,000원의 60%) | 42,000 | 412,000 |
| 회사이익의 증가 | | 38,000원 |

위와 같이 특별주문에 의한 수익과 원가에 대한 분석을 하면 38,000원의 이익이 증가됨을 알 수 있다. 따라서 이 주문은 수락하는 것이 타당하다.

위의 예에서 현대(주)는 특별주문량을 소화해낼 충분한 여유조업능력이 있는 것으로 되어있다. 그러나 만약 여유조업능력이 없는 경우에는 특별주문수요를 충족시키기 위해서 추가적 설비 투자가 필요하며 이에 따라 추가적으로 고정원가가 발생할 것이다. 이때의 추가 고정원가는 관련원가로서 의사결정에 고려되어야 한다. 그리고 이때 정상가격 이하로 제품 매매가 이루어 진 것이 알려지게 되면 정규고객들도 똑같이 저렴한 가격으로 판매할 것을 요구할 가능성도 커진다.

### (1) 유휴설비의 대체적 용도가 존재하는 경우

위 [예제 5-5]에서와 같이 특별주문을 생산할 수 있는 유휴설비가 존재하며 이러한 유휴설비의 대체적 용도도 없고 오직 특별주문 생산에만 사용될 수 있는 경우에는 의사결정에 따라 차이를 보이는 변동원가만이 관련원가가 되어 의사결정에 고려사항이 된다. 그러나 만약 유휴설비의 대체적 용도가 존재하는 경우, 즉 예를 들어 현재의 유휴설비를 임대해 주거나 다른 제품의 생산에 이용할 수 있는 경우일 때에는 특별주문을 수락하려면 유휴설비의 임대나 다른 제품의 생산을 포기하여야만 한다. 이렇게 특별주문을 수락하기 위해 설비의 임대를 포기해야 하는 경우에는 변동원가와 함께 설비의 임대를 포기함에 따라 상실되는 임대수익 즉, 기회원가 까지 포함한 금액이 관련원가가 된다. 또한 특별주문으로 인하여 다른 제품의 생산을 포기하는 경우에도 변동원가와 다른 제품의 생산포기로 인하여 상실된 기회원가까지 가산한 금액이 관련원가가 되는 것이다.

### (2) 유휴설비의 여유분이 없거나 부족한 경우

한편, 유휴설비의 여유분이 없거나 부족한 경우에 특별주문을 수락하려면  새롭게 설비임차, 설비구입, 기존 제품 판매량 감축 등의 의사결정 필요하다. 설비를 임차하는 경우에는 변동원가와 설비의 임차료를 합한 금액이 관련원가이다.  즉, 변동원가 뿐만 아니라 고정원가인 설비의 임차료도 관련원가가 되는 것이다. 또한 특별주문 수락을 위해서 설비를 구입하는 경우에는 변동원가와 설비의 구입원가를 합한 금액이 관련원가가 될 것이다. 그리고 특별주문 수락으로 인하여 매출이 감소되는 경우에는 변동원가와 매출액 감소로 인한 이익의 감소가 기회비용으로서 관련원가에 가산 되어야 한다.

## 3. 종합연습

현대(주)는 손목시계를 제작 · 판매하고 있다. 동사의 월간 손목시계 생산능력은 10,000단위이다. 현재 매월 7,500단위의 손목시계를 외부시장에 단위당 160원에 판매하고 있다.

손목시계 제작과 관련된 원가정보는 다음과 같다.

|  |  |
|---|---|
| 생산량에 따라 변하는 변동원가 | |
| 직접재료원가 | 300,000원 |
| 직접노무원가 | 375,000 |
| 배치의 수에 따라 변하는 변동원가 | |
| (작업준비, 재료처리, 품질관리 등) | |
| 150배치×600원 | 90,000 |
| 고정제조간접비 | 375,000 |
| 고정판매비와관리비 | 180,000 |
| 총 원 가 | 1,320,000원 |

현대(주)는 수정(주)로부터 손목시계를 단위당 110원에 2,500개를 구입하겠다는 제안을 받았다. 동사는 기존에 50개를 하나의 배치단위로 하여 생산해 왔다. 그러나 특별주문의 경우 100개를 하나의 배치로 생산할 수 있다.

[물음]

1. 현대(주)는 이 특별주문을 수락하여야 하는가? 특별주문을 수락하면 이익은 얼마나 증가 혹은 감소하는가?
2. 공장의 생산능력은 매월 10,000단위가 아니라 9,000단위이며, 특별주문을 수락하면 기존의 외부판매량을 감소시켜야 한다. 이러한 경우, 특별주문을 수락하여야 하는가?
3. 월간 생산량은 10,000이지만, 특별주문을 수락할 경우 기존 고객들도 단위당 10원의 가격할인을 요구할 것으로 추정되고 있다. 이러한 경우, 특별주문을 수락하여야 하는가?

[해 답]

**자료 분석 :**

단위당 변동원가 :

직접재료원가 $\frac{300,000원}{7,500단위}$ = 40원

직접노무원가 $\frac{375,000원}{7,500단위}$ = 50원

배치단위 변동원가 $\frac{600원}{50단위}$ = 12원

기존시장에 판매할 경우 총공헌이익 = 7,500 × (160원 − 40원 − 50원 − 12원)
= 435,000원

1. 특별주문의 수락여부

| | | | |
|---|---|---|---|
| 특별주문 수락시 증분수익 | | 2,500×110원 | 275,000원 |
| 특별주문 수락시 증분비용 | | | |
| 직접재료원가 | 2,500×40원 | 100,000원 | |
| 직접노무원가 | 2,500×50 | 125,000 | |
| 배치원가 | 25×600 (or $2500\times\frac{600}{100}$) | 15,000 | 240,000 |
| 특별주문 수락시 증분이익 | | | 35,000원 |

∴ 특별주문을 수락할 경우 이익이 35,000원 증가한다. 따라서 특별주문을 수락하여야 한다.

2. 유휴설비가 부족한 경우 특별주문의 수락여부

| | | | |
|---|---|---|---|
| 특별주문 수락시 증분수익 | | 2,500×110원 | 275,000원 |
| 특별주문 수락시 증분비용 | | | |
| 직접재료원가 | 2,500×40원 | 100,000원 | |
| 직접노무원가 | 2,500×50 | 125,000 | |
| 배치원가 | 25×600 | 15,000 | |
| 기회비용* | 1,000×58 | 58,000 | 298,000 |
| 특별주문 수락시 증분이익 | | | (23,000)원 |

*특별주문을 받아들이면 기존 판매량을 1,000단위 감소시켜야 한다. 이 경우 기존판매에서 단위당 58원의 공헌이익이 발생하므로 이에 대한 기회비용은 관련원가로 고려되어야 한다.

∴ 특별주문을 수락할 경우 이익이 23,000원 감소한다. 따라서 특별주문을 수락해서는 안 된다.

3. 기존의 판매가격 하락시 특별주문의 수락여부

| | | | |
|---|---|---|---|
| 특별주문 수락시 증분수익 | | 2,500×110원 | 275,000원 |
| 특별주문 수락시 증분비용 | | | |
| 직접재료원가 | 2,500×40원 | 100,000원 | |
| 직접노무원가 | 2,500×50 | 125,000 | |
| 배치원가 | 25×600 | 15,000 | |
| 기회비용* | 7,500×10 | 75,000 | 315,000 |
| 특별주문 수락시 증분이익 | | | (40,000)원 |

* 특별주문을 받아들이면 기존 고객들에게 단위당 10원의 가격할인을 해주어야 한다. 이에 대한 기회비용은 관련원가로 고려되어야 한다.

∴ 특별주문을 수락할 경우 이익이 40,000원 감소한다. 따라서 특별주문을 수락해서는 안 된다.

# 연 습 문 제

## 연습문제 5-1 관련원가

현대(주)는 2년 전에 단위당 30,000원에 구입한 장난감 1,000개를 보유하고 있다. 이 장난감들은 단위당 6,000원을 투입하여 수선하면 단위당 22,000원에 판매할 수 있다. 그런데 이 장난감을 현 상태로 판매하면 단위당 12,000원에 판매하여야 한다.

[물음]

1. 위의 경우 매몰원가로 분류되는 것은 얼마인가?
2. 현대(주)는 이 장난감을 현 상태로 판매하여야 하는가? 혹은 수선하여 판매하여야 하는가?

## 연습문제 5-2 자가제조와 외부구입 비교

현대(주)는 MP3의 주요 부품을 매년 5,000단위씩 생산하고 있다. 이 부품의 단위당 생산원가는 다음과 같다.

| | |
|---|---|
| 변동제조원가 | 40원 |
| 고정제조간접비 | 14 |
| 단위당 총원가 | 54원 |

수정(주)에서 이 부품을 단위당 50원에 공급하겠다는 제안을 하였다. 만약 현대(주)에서 이 제안을 받아들인다면 고정제조간접비의 50%를 절감할 수 있을 것으로 예상된다.

[물음]

현대(주)에서 이 제안을 받아들이면 이익에 어떤 영향을 미치겠는가?

## 연습문제 5-3 부문 폐쇄 의사결정

다음은 현대(주)의 제품별 손익계산서이다.

| | 제품 A | 제품 B | 제품 C | 합 계 |
|---|---|---|---|---|
| 매 출 액 | 130,000원 | 230,000원 | 330,000원 | 690,000원 |
| 변동원가 | 80,000 | 160,000 | 170,000 | 410,000 |
| 공헌이익 | 50,000원 | 70,000원 | 160,000원 | 280,000원 |
| 고정원가 | 30,000 | 80,000 | 90,000 | 200,000 |
| 순이익(손실) | 20,000원 | (10,000)원 | 70,000원 | 80,000원 |

현대(주)의 경영자는 제품 B에서 10,000원의 손실이 발생하므로, 이 제품라인을 폐지할 것을 검토하고 있다. 제품 B 라인을 폐지할 경우 변동원가는 발생하지 않지만 고정원가는 계속 발생할 것으로 예상된다.

[물음]

제품 B 라인을 폐지하여야 하는가?

## 연습문제 5-4 관련원가

현대(주)는 제품제조에 필요한 부품을 20,000단위 제조하고 있다. 이 부품의 단위당 원가는 다음과 같다.

| | |
|---|---|
| 직접재료원가 | 8원 |
| 직접노무원가 | 32 |
| 변동제조간접비 | 14 |
| 고정제조간접비 | 18 |
| 합 계 | 72원 |

수정(주)는 현대(주)에 이 부품을 단위당 68원에 20,000단위를 판매하겠다는 제의를 했다. 현대(주)는 27,000원의 절약을 가져올 수 있다면 이 부품을 구입하기로 했다.

현대(주)가 수정(주)의 제의를 수락하면 단위당 10원의 고정제조간접비가 절약될 것이다. 더욱이 현대(주)가 이 제의를 받아들임으로써 생기는 여유설비는 다른 부품의 제조에 사용되어 관련원가의 절약이 기대된다.

[물음]

전체적으로 27,000원을 절약하기 위해서는 다른 부품의 제조에 여유설비를 사용함에 따라 절약되어야 할 관련원가는 얼마인가?

### 연습문제 5-5 특별주문수락 의사결정

현대(주)는 카메라를 제조하는 회사이다. 다음은 특별주문을 받기 전의 추정손익계산서(조업도 300,000단위)이다.

| | | 단위당 가격 |
|---|---|---|
| 매 출 | 3,000,000원 | 10.00원 |
| 매출원가 | 2,400,000 | 8.00 |
| 매출총이익 | 600,000원 | 2.00원 |
| 판매비와 관리비 | 300,000 | 1.00 |
| 이익 | 300,000원 | 1.00원 |

위의 추정손익계산서의 매출원가 중에서 800,000원, 판매비와 관리비 중 100,000원은 고정원가이다. 현대(주)는 한 고객으로부터 50,000대의 카메라를 개당 7원에 매입하겠다고 특별주문을 받았다. 한편, 50,000대의 카메라를 추가로 제조할 수 있는 충분한 유휴설비를 보유하고 있다.

[물음]

만약 위의 특별주문을 수락할 경우의 이익을 구하시오.

### 연습문제 5-6 특별주문 수락 의사결정

현대(주)는 완제품 생산에 필요한 부품을 자가제조하고 있다. 연간부품 1,000개를 제조하는데 소요되는 원가는 다음과 같다.

| | 총액 | 단위당 원가 |
|---|---|---|
| 직접재료원가 | 90,000원 | 90원 |
| 직접노무원가 | 60,000 | 60 |
| 변동제조간접원가 | 60,000 | 60 |
| 설비감가상각액 | 30,000 | 30 |
| 고정제조간접원가배부액 | 80,000 | 80 |
| 총 계 | 320,000원 | 320원 |

수정(주)에서 1,000개의 부품을 개당 250원에 공급하겠다고 제의를 하였다. 현대(주)가 수정(주)에서 부품을 공급받더라도 설비감가상각액과 고정제조간접원가는 계속 발생한다. 현대(주)가 부품을 외부에서 구입하는 경우에 연간 50,000원에 설비를 임대해 줄 수 있다고 한다.

[물음]

현대(주)가 수정(주)의 제의를 받아들이는 것이 이익에 미치는 영향은 얼마인가?

### 연습문제 5-7 특별주문 수락 의사결정

오디오를 제조 판매하는 현대(주)는 현재 시설의 50%만을 가동하고 있다. 그러던 중 수정(주)로부터 단위당 1,000원씩 1,000개의 제품을 구입하겠다는 제안을 받았다. 1,000개의 제품생산과 관련된 자료는 다음과 같다.

| | |
|---|---|
| 직접재료원가 | 530,000원 |
| 직접노무원가 | 170,000 |
| 제조간접비 (60% 변동비) | 340,000 |
| 판매비 (30% 변동비) | 260,000 |
| 관리비 (10% 변동비) | 220,000 |
| | 1,520,000원 |

위 주문을 수락한다 해도 시설용량이나 고정비에는 영향을 미치지 않으며 또한 상기 변동판매비의 60%를 감소시킬 수 있다.

[물음]

위 제안을 수락했을 경우 영업손익에 미치는 영향은?

## 연습문제 5-8 부문 폐쇄 의사결정

현대(주)는 현재 갑, 을, 병 세 가지 제품을 생산 판매한다. 이 제품의 금년 예상매출 관련 자료는 다음과 같다.

| | 갑 | 을 | 병 | 합계 |
|---|---|---|---|---|
| 매출액 | 5,000원 | 3,000원 | 4,000원 | 12,000원 |
| 매출원가 | | | | |
| 직접재료원가 | 1,800 | 900 | 900 | 3,600 |
| 직접노무원가 | 1,400 | 800 | 700 | 2,900 |
| 제조간접비 | 2,000 | 900 | 2,000 | 4,900 |
| 매출총이익 | (200)원 | 400원 | 400원 | 600원 |

제조간접비는 세 제품에 매출액 기준으로 배부된 고정제조간접비 3,600원을 포함한다. 이 공통원가 3,600원은 한 가지 제품만 생산한다 하더라도 필요한 고정원가이다. 나머지는 모두 변동제조간접비이다. 현대(주)는 갑제품의 매출총이익이 적자이므로 갑제품의 생산을 중단하려고 한다. 갑제품 생산을 중단할 때, 갑제품 관련 시설과 공간의 대체적 이용가치는 없다.

[물음]

갑제품 생산을 중단하면 기업전체 매출총이익은 어떻게 바뀌는가?

## 연습문제 5-9 특수의사결정

현대(주)는 2년 전에 구입하여 현재 사용 중에 있는 구기계를 신기계로 대체하는 방안을 검토하고자 한다. 두 기계에 대한 자료는 다음과 같다.

| | 구기계 | 신기계 |
|---|---|---|
| 취득원가 | 52,000원 | 47,000원 |
| 장부가액 | 32,000 | - |
| 잔존내용연수 | 3년 | 3년 |
| 현재의 처분가치 | 11,000원 | - |
| 3년 후의 처분가치 | 0 | 0 |
| 연간현금지출비용 | 42,000 | 25,000 |

[물음]

1. 현 시점에서 구기계를 처분하는 경우에 발생하는 기계처분손익을 구하시오.
2. 신기계로 대체할 것인지를 결정하고 그 이유를 설명하시오.

## 연습문제 5-10 특수의사결정

현대(주)는 원재료 A를 사용하여 세 가지 제품 갑, 을, 병을 생산하여 판매하고 있다. 회사는 올해 원재료 A 10,000개를 투입하였는데, 원재료 A 1개를 사용하여 갑 제품 0.5개, 을 제품 0.5개, 병 제품 1개를 만들고 있다. 세 가지 제품의 단위당 판매가격은 갑이 150원이고, 을은 100원이다. 그리고 병은 80원인데 현재 세 제품 모두 빅히트하여 전량 판매되고 있다. 세 가지 제품의 생산과 관련된 원가 정보는 다음과 같다.

| | |
|---|---|
| 연간고정제조원가 | 130,000원 |
| 원재료 A 1개당 변동가공원가 | 10 |
| 갑 1단위당 변동제조원가 | 25 |
| 을 1단위당 변동제조원가 | 20 |
| 병 1단위당 변동제조원가 | 15 |
| 각 제품 1단위당 변동판매비 | 15 |
| 연간고정판매비 | 170,000 |

현대(주)는 공급업체와의 원만한 관계를 중시하고 있다.

[물음]

현대(주)는 올해 128,000원의 이익을 목표로 하고 있다. 현대(주)가 공급업체에게 원재료 A 1개당 지불할 수 있는 최대가격을 계산하라.

## 연습문제 5-11 자가제조와 외부구매

현대(주)는 스포츠카 날쎈2를 새로 생산, 판매하고 있는데 올해 10,000대를 생산, 판매할 계획이며 이는 충분히 달성 가능한 것으로 여겨지고 있다. 생산과 관련하여 3,000,000원의 고정원가가 날쎈2에 배분된다. 10,000대 생산시의 날쎈2의 단위당 원가정보는 다음과 같다. 그리고 이때 변동제조간접원가는 직접노무원가에 정비례하여 발생한다.

| | |
|---|---|
| 직접재료원가 | 500원 |
| 직접노무원가 | 400 |
| 변동제조간접원가 | 200 |
| 고정제조간접원가 | 300 |
| 총제조원가 | 1,400원 |

한편, 현대(주)는 날쎈2 조립에 필요한 볼트와 너트를 현재 자가제조하고 있는데, 외부 구입할 수도 있다. 공급업체로부터 날쎈2 1대에 필요한 볼트와 너트를 1세트로 해서 세트당 100원에 구입할 수 있다. 만일 외부 구입하는 경우에는 직접재료원가는 10% 감소하고 직접노무원가도 10% 감소한다.

[물음]

1. 현대(주)가 볼트와 너트를 자가제조하여야 하는지 아니면 외부구입하여야 하는지를 결정하라.
2. 현대(주)가 수락할 수 있는 볼트와 너트 세트당 최대구입가격은 얼마인가?

## 연습문제 5-12 특별주문 의사결정

현대(주)는 현재 60,000개의 제품을 생산하여 단위당 9원에 판매하고 있다. 이는 최대생산능력의 50%수준이다. 회사는 최근 구매업체로부터 단위당 7원에 40,000개를 구입하겠다는 주문을 받았다. 생산량 60,000개와 100,000개에 대하여 회사가 추정한 제조원가예산은 다음과 같다.

| | 60,000개 | 100,000개 |
|---|---|---|
| 직접재료원가 | 120,000원 | 200,000원 |
| 직접노무원가 | 90,000 | 150,000 |
| 제조간접비 | 300,000 | 400,000 |

위의 특별주문에 대하여 생산이사는 100,000단위 생산 시 단위당 제조원가가 7.5원인 제품을 7원에 판매하는 것은 0.5원씩 손해를 보게 되므로 거절해야 한다고 주장하였다.

[물음]

위의 특별주문 수락에 관한 의사결정을 하시오.

### 연습문제 5-13 관련원가

현대(주)는 구기계를 처분하고 신기계 구입을 고려하고 있다. 각 기계와 관련된 자료는 다음과 같다.

| 구기계 | |
|---|---|
| 취득원가 | 12,000 |
| 장부가액 | 10,000 |
| 잔존내용연수 | 4년 |
| 잔존가치 | 0 |
| 현재 처분가치 | 5,000 |
| 연간 변동유지비 | 22,000 |
| 연간 판매수익 | 55,000 |

| 신기계 | |
|---|---|
| 구입가격 | 14,000 |
| 예상 내용연수 | 4년 |
| 잔존가치 | 0 |
| 연간 변동유지비 | 17,000 |
| 연간 판매수익 | 55,000 |

[물음]
신기계를 구입할지에 대한 의사결정을 하시오.

### 연습문제 5-14 판매가격 결정

현대(주)는 한 종류의 공업용 필름을 생산 · 판매하는 업체이다. 매년 생산 · 판매되는 수량은 10,000단위이다. 10,000단위를 생산 · 판매하는 원가는 다음과 같다. 현대(주)의 설비투자액은 11,000,000원이며 투자수익률은 15%이다.

| | | | |
|---|---|---|---|
| 변동제조원가 | 500,000원 | 고정제조원가 | 300,000원 |
| 변동판매비와 관리비 | 250,000원 | 고정판매비와관리비 | 200,000원 |

[물음]
현대(주)의 전부원가 접근방법을 이용한 단위당 판매가격은 얼마인가?

Chapter 06

# 종합예산

1. 예산의 뜻
2. 종합예산
3. 예산편성의 분류
4. 종합연습
• 연 습 문 제

Chapter 06

# 종 합 예 산

의사결정 수행 과정은 먼저 목표를 세우고 전략을 도출한 후 구체적 실행 계획을 수립하고 이에 대한 예산을 수립하는 내용으로 구성되어 있다. 이때 특히 계획 실천에 가장 필수불가결하게 요구되는 것은 예산이다. 예산이 책정되어 있지 않은 계획은 어떠한 경우에도 실천에 옮길 수 없는 것이다. 이때 예산은 계획 실천에 필요한 자원의 소요를 예측하고 이를 계량화하여 화폐가치로 표현한, 즉 계획 수행에 소요될 자금의 책정액을 의미한다. 근래에 이르러 계획의 중요성이 대두되면서 예산의 중요성 또한 강조되고 있으며 이러한 영향으로 관리회계에서도 예산시스템의 중요성이 부각되고 있다. 실제적으로 현대 기업들이 가장 많이 이용하는 관리회계시스템이 바로 예산시스템이기도 하다. 이러한 예산시스템은 미래에 대한 불확실한 상황을 예측하고 대비하게 하는 계획기능과 업적을 평가하는 기준으로 업적과의 비교평가를 통하여 피드백을 제공하는 통제기능, 부문 간 또는 부문과 기업전체 간의 목표를 조화시키는 조정기능 등 세 가지 기능을 가지고 있다. 이것은 계획에 의해 예산을 수립할 때 과거의 업적과 부서 간의 조정을 고려하여야 하는 필요성에 의하여 예산이 반드시 갖추어야 할 기능이기도 한 것이다.

한편, 예산은 언제나 그 소요되는 수량과 단위당 가액을 기반으로 하여 계산, 책정된다. 따라서 예산 수립에 있어서 소요 수량과 단위당 가액의 파악은 필수적인 요소인 것이다. 아래(식 6-1)은 이러한 예산의 특성을 잘 나타내주는 산식이다. 만약 예산 수립 시 수량이나 단가 중 어느 하나라도 알지 못하는 경우에는 예산을 책정할 수 없는 것이다.

$$\text{예산} = \text{수량} \times \text{단가} \qquad \text{(식 6-1)}$$

계획과 예산이 수립되지 않은 상태의 경영은 많은 시행착오와 비효율성을 높이는 첩경이 될 것이다. 따라서 기업 경영에 있어 계획과 예산 수립은 매우 중요한 필수적 사항이다. 그리고 이러한 예산중에서도 특히 현대 산업사회에서 요구되는 예산은 각 부문의 계획과 예산을 고려하여 조직 전반에 흐름을 파악하고 운영할 수 있는 종합예산이다.

# I. 예산의 뜻

## 1) 예산의 의미

예산이란 전술한 바와 같이 계획 실천에 필요한 자원의 소요를 예측하고 이를 계량화하여 화폐가치로 표현한 소요자금 책정액을 말한다. 예산을 좀 더 간략하게 정의한다면 수치로 표현된 미래계획이라 말할 수도 있을 것이다. 즉, 예산은 조직의 다양한 활동 계획을 공식적으로 계량화하여 화폐가치로 나타낸 것을 의미하는 것이다. 예산은 부문별로도 수립되고 종합적으로도 수립된다. 예를 들어 판매예산, 생산예산, 재무예산 등과 같이 각각 부문별로 수립하기도 하지만 이를 종합하여 종합적인 전체계획을 수립하기도 하는 것이다. 이렇게 전체계획에 의해 수립된 예산을 종합예산(master budget)이라 한다.

한편, 예산의 가장 중요한 기능은 계획과 실행을 비교, 검토, 확인하는 **피드백(feedback)**기능이다. 이것은 수립된 계획이 잘 수행되고 있는지, 조직의 목표와 정책에 부합되는 방향으로 계획이 실행되고 있는지 등을 피드백하고 이에 대한 조정과 통제를 수행하는 필수적 기능인 것이다.

## 2) 예산의 특성

예산의 특성은 예산주체(entity), 예산기간, 계량화 등 3개 분야로 나누어 살펴보는 것이 바람직 할 수 있다.

### (1) 예산주체

예산주체는 예산을 수립하고 집행하는 대상을 일컫는 것으로서 예를 들어 조직전체, 기획부서, 마케팅부서, 회계부서 등 각 조직 단위체들이 예산의 주체가 될 수 있다. 예산에는 항상 예산주체가 있게 마련이다. 그런데 이러한 예산의 주체가 잘 정의되어져야 올바른 예산편성(budgeting)이 이루어지게 된다. 이때 예산편성이란 계획단계에서 특정주체, 특정기간에 대한 예산을 설정, 수립하는 것을 의미한다. 한편, 예산편성이 이루지는 과정을 예를 들어 설명하면, 기획부서에서 예산에 대한 기본 방침, 지침 등을 세운 후 이를 각 부서에 통보하고 이에 준거하여 각 부서에서 예산을 수립하여 다시 기획부서에 제출하면, 기획부서는 이를 종합, 조정하여 조직 전체의 종합예산을 편성하는 과정을 거친다.

### (2) 예산기간

모든 예산에는 그 목적과 상황에 맞는 기간이 설정되어 있다. 보통 예산은 한 달, 분기, 일 년, 5년, 10년 등 다양한 기간을 갖고 있다. 예산기간이 1년 이내인 것을 단기예산이라 하고 1년 초과 5년 이내인 것을 중기예산, 5년을 초과하는 예산을 장기예산이라 한다. 그러나 한편, 1년 이내의 예산을 단기예산, 1년을 초과하는 예산을 장기예산이라고 양분하여 구분하기도 한다. 예산은 기간이 짧아질수록 구체성 및 정확성을 띨 수 있다. 그것은 짧은 기간일수록 예측가능성이 커지기 때문이다. 따라서 의사결정자들이 생산일정을 수립하고, 재고를 관리하며, 자금을 마련하는 등의 활동을 수행할 때에는 보다 가까운 기간에 대한 상세하고 시의적절한 예산편성을 요구하게 되는 것이다. 이러한 필요성에 기인하여 대부분의 기업들은 월별 또는 분기별로 예산을 편성하여 경영자의 정보욕구를 충족시키고자 노력하게 된다.

### (3) 계량화

모든 예산의 가장 두드러진 특징은 계량화이다. 계량화란 예산의 모든 측정치를 화폐단위를 이용한 가액으로 나타내게 하는 것을 의미한다. 예산편성 정보는 계량화되고 단순화될 때 그 유용성이 높아지는 것이다. 이는 정보이용자들의 일차적 관심은 예산이 담고 있는 활동의 계량적 의미에 있기 때문이다.

## 3) 예산의 기능

예산편성을 위해서는 반드시 계획이 입안되어 있어야 한다. 이것은 예산이 계획 수립을 독려하는 기능이 있음을 의미하는 것이다. 또한 예산편성을 위한 각 부서의 계획이 입안되는 과정 속에 많은 의사소통과 조정이 이루어지게 된다. 이것은 예산이 조직의 의사소통과 조정을 원활하게 해주는 기능이 있음을 나타내는 것이다. 예산편성은 효율성을 높이기 위해 각 부서의 업적, 실적을 고려하여 이루어진다. 이것은 예산이 업적평가와 통제 기능이 있음을 시사해 주는 것이다. 예산편성을 통해 과거의 잘못된 원가관리에 대한 피드백 등이 이루어지고 이에 따라 합리적인 원가절감 방안이 예산에 반영될 수 있다. 이것은 예산이 원가의식을 고취하는 기능이 있음을 나타내는 것이다. 예산 편성에 따라 조직구성원들의 사기가 올라갈 수도 내려갈 수도 있다. 이것은 예산이 조직구성원들의 동기부여에 관여하는 기능이 있음을 시사해 주는 것이다. 이러한 예산이 시사해주는 기능들을 정리해 보면 1) 계획 수립 및 계획 계량화 기능 2) 조정기능 3) 통제 기능 4) 원가의식 고취 기능 5) 동기부여 기능 등 5개 항목 정도로 간추려 질 수 있을 것이다.

### (1) 계획 수립 및 계획 계량화

예산은 계획의 계량화를 통해 희소한 자원을 효율적으로 배분해주는 기능을 수행한다. 즉, 계획의 계량화는 의사결정자들로 하여금 계획에 소요되는 비용과 그 효익을 비교, 검토하게 하여 자원이 가장 적절하게 배분되었는지를 평가할 수 있도록 하는 것이다. 또한 계획의 계량화는 조직의 목표를 명확하게 해주고 이를 위한 조직구성원 간의 노력을 조정하게 하는 조정의 기능을 수행하기도 한다.

### (2) 조정

예산은 조직에서 자주 발생하는 부서 간의 이기적 행동, 몰이해 등과 같은 갈등에 관한 문제들을 해결해 주는 기능도 수행한다. 즉, 예산을 편성하는 과정을 통해서 조직의 모든 관련 당사자들은 상호 간에 생각을 헤아리게 되고 아울러 이해를 촉진하게 되므로 협동이 잘 이루어질 수 있는 것이다. 즉 예산을 편성하기 위해서는 조직 내의 여러 부문들 간의 계획을 조정할 필요성이 대두됨으로 부문 책임자들 간의 의사소통이 활발히 이루어 질 수밖에 없는 것이다. 한편, 어떤 경우의 예산편성에서는 조직의 규모가 크고 복잡하여 각 부서 간의 조정과 협조, 의사소통이 힘들고 어려운 경우도 발생할 수 있다. 이렇게 예산편성 과정에서 예기치 않은 제반 문제가 발생할 때에는 부서 간, 구성원 간 공동 노력으로 문제해결 방안을 찾아내어야 할 것이다. 이것은 예산편성이 부서 간, 구성원 간의 협조, 의사소통 등을 촉진시키는 기능을 수행해야 함을 시사해 주는 것이다.

### (3) 통제기능

예산은 계획의 계량적 수치로서 계획과 성과와의 차이를 비교, 검토, 분석, 평가하게 하여 계획의 미비점을 수정, 보완, 개선하게 하는 통제기능을 수행한다. 즉, 예산은 통제의 주요 측정치로서의 기능을 갖고 있는 것이다. 합리적 통제를 위해서는 계획과 실적을 비교, 검토할 필요성이 제기되는데 이것이 바로 성과평가이다. 성과평가에 의하여 계획의 수정, 보완, 개선 등을 의미하는 통제가 이루어지게 되는 것이다. 실무에서 경영자들은 실제업적과 예산의 기대업적을 비교, 검토, 평가하고 이를 다시 예산에 반영하는 순환적 과정을 거치는 업무를 수행한다.

### (4) 원가의식의 고취

예산편성에 있어 우선적으로 고려되어야 하는 사항은 원가-효익의 관계이다. 이것은 의사결정의 효율성과 합리성 추구를 위한 기본전제이기도 한 것이다. 우선적으로 원가보다 효익이 작은 경우의 사안은 예산편성에서 제외되어야 하고 원가보다 효익이 큰 경우의 사안은 예산편성에 선택되어야 할 것이다. 근래 각 부문의 경영자들은 전체적 안목이 아닌 단편적 안목으로 업무수행에 임하는 경우가 많다. 즉, 목표달성에 있어 원가를 고려하지 않고 실적만을 높이고자 하는 경우가 많이 나타나고 있는 것이다. 예를 들어 마케팅 경영자는 오직 매출증가 자체에만 주의를 기울이고 생산파트 경영자는 생산량이나 품질에만 주의를 기울이고 엔지니어들은 제품설계의 개선에만 주의를 기울이는 것 등을 꼽을 수 있다. 이러한 각각의 경우에도 반드시 원가에 대한 고려가 있어야 하는 것이다. 예산편성은 원가와 효익 분석의 바탕 위에 이루어져야 함으로 예산은 원가의식을 고취시키는 기능을 수행하는 것이다.

### (5) 동기부여

예산은 목표에 상응하는 예산편성이 이루어져야 하기 때문에 이를 위해서는 조직전체의 공동목표가 반드시 설정되어 있어야 한다. 이러한 목표는 각 부문별 목표와 그 궤를 같이하여야 하고 또한 부문별 목표는 조직구성원 각각의 목표와 합치하여야 효율성이 높아진다. 조직구성원들은 목표의식을 뚜렷이 할 때 자발적으로 그것을 달성하려는 의욕이 강해진다. 즉, 이때 목표달성에 대한 동기가 부여 되는 것이다. 이러한 측면에서 예산은 조직구성원들의 동기를 부여하는 기능을 수행하고 있다고 할 수 있다. 한편, 예산편성은 전술하였듯이 성과를 평가하는 기능을 수행한다. 성과평가 역시 조직구성원들의 동기부여에 많은 영향을 미친다. 예산을 통한 성과평가가 고무적이면 동기가 부여될 것이고 그렇지 않으면 반대 현상이 일어날 것이다. 성과평가에 의해서 예산이 편성되고 이렇게 분배된 자원을 조직구성원들이 집행하게 되며 이것 또한 조직구성원의 동기부여에 영향을 미치는 요인일 것이다.

## 2. 종합예산

### 1) 종합예산의 뜻과 상호관계성

종합예산(master budget)은 특정 조직의 정해진 일정기간 동안의 각 분야별 예산을 종합, 연결, 정리한 예산편성으로 통합예산이라고도 한다. 한편, 이때 정해진 일정기간이란 통상 1년을 의미한다. 종합예산에서는 조직의 모든 세부단위의 예산을 요약, 정리하여 판매예산, 생산예산, 매출원가예산, 비용예산, 현금흐름예산, 추정재무제표 예산 등 기능별, 분야별로 예산을 수립, 작성하여 이를 연결 종합한다. 종합예산은 운영예산과 재무예산으로 구분할 수 있는데, 운영예산은 판매예산, 생산예산, 매출원가예산 등 판매, 생산, 원재료와 인력의 조달 및 사용 계획에 대한 예산이며 재무예산은 추정대차대조표, 추정손익계산서, 자본지출예산, 현금흐름예산 등 자금의 조달과 투자에 대한 예산이다. 종합예산은 결국 개별예산을 통합, 조정하여 편성되므로 개별예산과 상호의존적 관계에 있을 수밖에 없다. 종합예산은 판매예산(sales budget)을 기점으로 시작하여 추정재무제표(budgeted financial statements) 작성까지 수행되어 마무리된다. 결국 종합예산은 미래 정해진 기간인 통상 1년 동안 특정 조직의 모든 개별예산의 재무적 추정치를 연결, 조정, 요약한 예산편성인 것이다.

### 2) 종합예산 편성절차

종합예산의 편성은 일반적으로 기업의 기획부서나 예산편성부서에서 주관하여 편성한다. 종합예산편성 절차의 예를 살펴보면 먼저 기획부나 예산편성 부서와 같은 주관부서에서 예산의 지침이나 방침에 의해 목표이익 등을 설정하고 이를 수행할 책임단위부서별로 과업을 할당, 배분한다. 이때 책임단위 부서들은 할당, 배분된 과업을 토대로 업무 수행에 필요한 예산을 수립하고 이를 주관부서로 다시 보내어 최종 전체 예산안을 수립할 수 있도록 한다. 이에 따라 예산편성 주관부서는 각 책임단위부서별 자료들을 취합, 조정하여 최종적으로 종합예산을 편성하는 것이다.

이러한 종합예산 편성순서를 제조업의 경우를 예로 들어 살펴보면, 1)판매예산 2)생산예산 3)직접재료원가예산 4)직접노무원가예산 5)제조간접비예산 6)완제품기말재고예산 7)판매비와 일반관리비예산 8)현금예산 9)추정손익계산서 및 추정대차대조표 작성 등의 순서를 거치는 것을 알 수 있다.

## (1) 판매예산

종합예산편성은 판매예산을 수립하여야만 시작할 수 있다. 판매예산에 의해 산출되는 기대매출수익은 생산, 재료, 노무원가, 제조간접비, 기말재고, 판매관리비 예산 등에 모두 영향을 미치는 주요 요인이다. 따라서 판매예산은 종합예산의 출발점이며 기초가 되는 예산인 것이다. 판매예산(sales budget)은 판매량의 예측과 판매단가의 추정에 의거한 계산에 의하여 산출되어진다. 그런데 판매량의 예측이나 판매단가의 추정은 그렇게 쉽지만은 않은 문제이다. 이러한 예측이나 추정에는 경제적 상황, 경쟁기업의 판매전략, 고객의 소비성향, 생산여건 등이 고려되어야 하는 복잡한 문제인 것이다. 따라서 기업에 따라서 신뢰할 수 있는 판매예산을 수립하기 위해 판매예측 전문가를 이용하여 판매예산을 수립하기도 한다. 한편, 이와 같은 판매예산을 산출하는 방법은 아래와 같이 제품별 기대판매량에 단위당 판매가격을 곱하여 산출한다.

**판매예산＝기대판매량×단위당 판매가격** (식 6-1)

만약 현대(주)라는 기업이 2009년 판매량을 10,000단위로 예측하고 판매단가는 30원으로 추정하고 있을 경우, 이에 대한 판매예산 내역을 구체적으로 나타내면 아래 [도표 6-1]과 나타낼 수 있다. 아래 [도표 6-1]의 구체적 내용은 과거 매출실적과 시장조사를 통하여 분기별로 구해진 것으로 가정한다. 그리고 이때, 매출액 중 80%는 판매된 분기에 회수되고, 나머지는 다음 분기에 회수되며, 기초외상매출금은 50,000원이라고 또한 가정하여 판매예산을 작성한 것이다. 한편, [도표 6-1]에서는 분기별로 판매추정치를 나타내었지만 기업의 특수사정에 따라 주별 또는 월별로 판매예산을 편성할 수도 있을 것이다.

❖ [도표 6-1] 판매예산 및 현금회수계획표

| [현금예산] | 1분기 | 2분기 | 3분기 | 4분기 | 합계 |
|---|---|---|---|---|---|
| 추정판매량 | 1,000 | 3,000 | 4,000 | 2,000 | 10,000 |
| 추정판매단가 | × 30 | × 30 | × 30 | × 30 | × 30 |
| 매출액예산 | 30,000 | 90,000 | 120,000 | 60,000 | 300,000원 |

| [현금회수계획표] | 1분기 | 2분기 | 3분기 | 4분기 | 합계 |
|---|---|---|---|---|---|
| 기초외상매출금 | 50,000 | | | | 50,000 |
| 1분기 매출 현금회수액 | 24,000 | 6,000 | | | 30,000 |
| 2분기 매출 현금회수액 | | 72,000 | 18,000 | | 90,000 |
| 3분기 매출 현금회수액 | | | 96,000 | 24,000 | 120,000 |
| 4분기 매출 현금회수액 | | | | 48,000 | 48,000 |
| 추정 현금회수액 | 74,000 | 78,000 | 114,000 | 72,000 | 338,000원 |

### (2) 생산예산

생산예산(production budget)은 판매예산에 의해 산출된 추정판매량과 기말재고추정량을 근거로 하여 수립된다. 아래 (식 6-2)와 같이 판매량예산에 적정 완제품기말재고예산을 더하고 여기에서 현재 남아있는 완제품 기초재고량을 빼면 생산량예산이 구해진다. 이때 적정기말재고 추정량은 기말재고의 적정 유지 수량을 의미하는 것으로서 기말재고의 최소 필요량을 나타내는 것이다. 기업은 생산예산에 의존하여 해당 제품을 생산한다. 따라서 생산예산이 잘못되면 생산 수급에 큰 차질을 야기하게 된다. 한편, 기업이 올바른 생산예산의 수립을 하기 위해서는 기말재고자산예산도 적절하게 수립해야 한다. 과도한 재고 또는 과소한 재고는 잘못된 생산예산수립을 야기하게 하기 때문이다. 생산예산은 그 다음 단계의 직접재료원가예산, 직접노무원가예산, 제조간접비 예산을 수립하는 기초자료가 되는 것이므로 올바른 생산예산편성은 매우 중요한 것이다.

**생산량예산 = 판매예산 + 완제품기말재고예산 − 완제품기초재고** (식 6-2)

위의 (식 6-2)에 의해서 완제품을 얼마나 생산해야 하는지에 대한 해답을 얻을 수 있다. (식 6-2)를 통해서 알 수 있는 것은 생산해야 할 수량은 판매될 수량에서 기말에 재고로 보유해야하는 수량을 더한 만큼 이라는 것이다. 물론 이때 기초재고가 존재한다면 그 만큼은 이미 제품이 확보되어 있으므로 생산할 필요가 없고 따라서 차감해 주어야 한다. [도표 6-2]의 추정판매량 자료를 이용하여 생산예산의 예를 들어 보도록 한다. 이때 기말재고는 다음 분기 판매량에 20%를 보유하여야 한다고 가정하고 4/4분기 기말재고는 300단위라고 가정하면 [도표 6-2]과 같이 생산예산이 편성된다.

❖ [도표 6-2] 생산예산

| | 1분기 | 2분기 | 3분기 | 4분기 | 합계 |
|---|---|---|---|---|---|
| 추정판매량 | 1,000 | 3,000 | 4,000 | 2,000 | 10,000 |
| 완제품기말재고량(가산) | 600 | 800 | 400 | 300 | 300 |
| 총필요량 | 1,600 | 3,800 | 4,400 | 2,300 | 10,300 |
| 완제품기초재고량(감산) | 200 | 600 | 800 | 400 | 200 |
| 목표생산량 | 1,400 | 3,200 | 3,600 | 1,900 | 10,100 |

### (3) 직접재료원가 예산

생산예산을 편성한 후 직접재료, 직접노무, 제조간접비에 대한 예산을 편성하여야 한다. 이중 직접재료원가예산(direct materials budget) 편성은 아래 (식 6-3)과 같이 목표생산량을 달성하는데 소요되는 총직접재료소요량을 구하고 여기에 추정 직접재료 기말재고수량은 더한 후 직접재료 기초재고수량은 빼서 구입하여야 할 직접재료 구입량을 산정한 후 이를 직접재료 단위당 가격으로 곱하여 산출한다.

**총직접재료소요량 = 목표생산량 × 제품단위당 직접재료 소요량** (식 6-3)
**직접재료 구입량 = 총직접재료소요량 + 직접재료기말재고량 − 직접재료기초재고량**
**직접재료원가예산 = 직접재료 구입량 × 직접재료 단위당 가격**

예를 들어 [도표 6-2]의 생산예산을 근거로 하여 직접재료원가예산을 수립할 경우, 제품 단위당 소요되는 직접재료수량은 5.0kg이며, 직접재료의 단위당 구입 가격은 0.6원이고, 직접재료 기말재고량은 다음 분기 생산소요량의 10%를 보유한다고 가정하되 단, 4분기 기말재고량은 750단위이라면 이에 대한 직접재료예산은 [도표 6-3]과 같이 산출된다. 그리고 이때 외상매입액 중 50%는 재료를 구입한 당 분기에 지급하고, 잔액은 다음 분기에 지급하며 이때의 기초외상매입금은 2,500원 이라 하면, 직접재료원가에 대한 현금지출계획표도 아래 [도표 6-3]과 같이 계산될 것이다.

❖ [도표 6-3] 직접재료원가예산과 현금지출계획표

| [직접재료원가예산] | 1분기 | 2분기 | 3분기 | 4분기 | 합계 |
|---|---|---|---|---|---|
| 목표생산량 | 1,400 | 3,200 | 3,600 | 1,900 | 10,100원 |
| 제품 1단위당 소요량(kg) | 5.0 | 5.0 | 5.0 | 5.0 | 5.0 |
| 생산소요량 | 7,000 | 16,000 | 18,000 | 9,500 | 50,500 |
| 직접재료 기말재고량(가산) | 1,600 | 1,800 | 950 | 750 | 750 |
| 총소요량 | 8,600 | 17,800 | 18,950 | 10,250 | 51,250 |
| 직접재료 기초재고량(감산) | 700 | 1,600 | 1,800 | 950 | 700 |
| 직접재료 구입량 | 7,900 | 16,200 | 17,150 | 9,300 | 50,550 |
| 구입단가 | 0.6 | 0.6 | 0.6 | 0.6 | 0.6 |
| 직접재료원가예산 | 4,740 | 9,720 | 10,290 | 5,580 | 30,330원 |
| **[현금지출계획표]** | **1분기** | **2분기** | **3분기** | **4분기** | **합계** |
| 기초외상매입금 | 2,500 | | | | 2,500원 |
| 1분기 매입 현금지출액 | 2,370 | 2,370 | | | 4,740 |
| 2분기 매입 현금지출액 | | 4,860 | 4,860 | | 9,720 |
| 3분기 매입 현금지출액 | | | 5,145 | 5,145 | 10,290 |
| 3분기 매입 현금지출액 | | | | 2,790 | 2,790 |
| 추정 현금지출액 | 4,870 | 7,230 | 10,005 | 7,935 | 30,040원 |

## (4) 직접노무원가예산

**직접노무원가예산**(direct labor budget)은 총소요 직접작업시간에 시간당 임률을 곱하여 구한다. 구체적으로 직접노무원가예산을 수립하는 과정은 아래 [도표 6-5]와 같이 먼저 생산예산량에 단위당 소요 직접작업시간을 곱하여 총소요 직접작업시간을 구하고 여기에 시간당 임률을 곱하여 산출한다. 한편, 이러한 직접노무원가예산은 인간의 노동을 대상으로 수립하는 예산이므로 획일적 예측에 의해 구해지거나 단편적인 노동 현상에 의해 규정할 수는 없어 단위당 직접노동 소요작업시간의 예측 등이 용이하지만은 않다. 따라서 실무에서는 노동소요시간에 대한 계획은 매우 신중하고 세밀한 관찰에 의해 추정된다. [도표 6-4]에서는 이미 [도표 6-2]에서 수립한 생산예산을 기초로 직접노무원가예산을 편성하는 과정을 보여주고 있다. 이때 제품 단위당 소요작업시간은 0.9시간으로 시간당 임률은 8원으로 가정한다. [도표 6-4]를 통하여 직접노무원가예산을 살펴보도록 하자.

❖ [도표 6-4] 직접노무원가예산

| | 1분기 | 2분기 | 3분기 | 4분기 | 합계 |
|---|---|---|---|---|---|
| 목표생산량 | 1,400 | 3,200 | 3,600 | 1,900 | 10,100 |
| 단위당 소요작업시간 | 0.9 | 0.9 | 0.9 | 0.9 | 0.9 |
| 추정총소요작업시간 | 1,260 | 2,880 | 3,240 | 1,710 | 9,090 |
| 시간당임률 | 8 | 8 | 8 | 8 | 8 |
| 직접노무원가예산* | 10,080 | 23,040 | 25,920 | 13,680 | 72,720원 |

*직접노무원가예산=총소요 직접작업시간×시간당 임률

### (5) 제조간접비예산

**제조간접비예산**(overhead cost budget)은 직접재료원가와 직접노무원가를 제외한 모든 기타 제조원가에 대한 예산이다. 이러한 제조간접비 예산은 변동제조간접비 예산과 고정제조간접비 예산으로 구분하여 계산하고 이를 합하여 총제조간접비 예산을 수립한다. 제조간법비예산의 구체적 수립 과정은 [도표 6-5]과 같이 추정 총소요직접작업시간을 작업시간당 변동제조간접비로 곱하여 변동제조간접비 예산을 구하고 여기에 고정제조간접비를 더하여 제조간접비예산을 산출하는 형식을 취한다. 그리고 제조간접비 현금지출액은 총제조간접비 예산에서 현금지출을 수반하지 않는 제조간접비를 차감하여 구해진다. 현금지출을 수반하지 않은 제조간접비로는 대표적으로 감가상각액을 예로 들 수 있다. 제조간접비예산에서의 추정소요직접작업시간은 [도표 6-4]의 자료를 이용하여 구한다. 그리고 이때 추정직접작업시간당 변동제조간접비율은 3원으로, 고정제조간접비예산은 매분기 6,000원으로, 이중 감가상각액은 매분기 1,500원 발생하는 것으로 가정한다. 이때 제조간접비예산은 [도표 6-5]과 같이 편성된다.

❖ [도표 6-5] 제조간접비예산

| | 1분기 | 2분기 | 3분기 | 4분기 | 합계 |
|---|---|---|---|---|---|
| 추정직접작업시간 | 1,260 | 2,880 | 3,240 | 1,710 | 9,090 |
| 변동제조간접비비율 | 3 | 3 | 3 | 3 | 3원 |
| 변동제조간접비예산 | 3,780 | 8,640 | 9,720 | 5,130 | 27,270원 |
| 고정제조간접비예산 | 6,000 | 6,000 | 6,000 | 6,000 | 24,000 |
| 총제조간접비예산 | 9,780 | 14,640 | 15,720 | 11,130 | 51,270 |
| 감가상각액(차감) | (1,500) | (1,500) | (1,500) | (1,500) | (6,000) |
| 제조간접비 현금지출액 | 8,280 | 13,140 | 14,220 | 9,630 | 45,270원 |

### (6) 완제품기말재고예산

완제품기말재고예산은 추정손익계산서의 매출원가 또는 추정대차대조표의 기말재고액 계산 등에 필요한 자료이며 기말재고 가액이 이익 산출에 긴밀하게 영향을 미치므로 그 예산편성이 매우 중요한 사안이라 할 수 있다. 이러한 완제품기말재고예산은 추정 기말재고량에 완제품 단위당 추정 제조원가를 곱하여 계산한다. 지금까지 이용된 현대(주)의 예로 완제품기말제고예산을 편성하면 [도표 6-6]과 같다.

❖ [도표 6-6] 완제품기말재고예산

| 항 목 | 수 량 | 원 가 | 합 계 |
|---|---|---|---|
| 단위당 제조원가 | | | |
| 직접재료원가 | 5.0kg | kg당 0.6원 | 3원 |
| 직접노무원가 | 0.9시간 | 시간당 8원 | 7.2원 |
| 제조간접비* | 0.9시간 | 시간당 5.53원 | 4.98원 |
| 소계 | | | 15.18원 |
| | | | |
| 완제품기말재고예산 | | | |
| 완제품기말재고량 | | | 300 |
| 완제품단위당 제조원가 | | | 15.18원 |
| 완제품기말재고예산 | | | 4,554원 |

*제조간접비는 총제조간접비예산÷총직접노동시간(=45,270÷9,090시간)≒4.98로 구해짐.

### (7) 판매비와 일반관리비예산

판매비와 일반관리비예산에서는 변동판매관리비와 고정판매관리비로 구분하여 계산하고 이를 합산하여 판매비와 일반관리비예산을 편성한다. 이때 변동판매비는 판매량에 비례하여 발생하는 변동비용이며 고정 판매비는 판매량에 상관없이 고정적으로 발생하는 고정비용이다. 이러한 판매비예산은 실제에 있어서 판매예산을 수립할 때 편성되는 것이 일반적이다. 한편, 지금까지 예로 이용한 현대(주) 예산편성에서 단위당 변동판매비와 관리비는 2원이라 하고 또한 고정판매비와 관리비는 [도표 6-7]과 같이 분기별로 발생한다고 하면 이에 대한 판매비와 관리비 예산은 역시 [도표 6-7]과 같이 편성된다.

❖ [도표 6-7] 판매비와 관리비예산

| | 1분기 | 2분기 | 3분기 | 4분기 | 합계 |
|---|---|---|---|---|---|
| 추정판매량 | 1,000 | 3,000 | 4,000 | 2,000 | 10,000 |
| 단위당 변동판매비와 관리비 | 2원 | 2원 | 2원 | 2원 | 2원 |
| 변동판매비와 관리비 | 2,000 | 6,000 | 8,000 | 4,000 | 20,000원 |
| | | | | | |
| 고정판매비와 관리비 | | | | | |
| 광고비 | 4,000 | 4,000 | 4,000 | 4,000 | 16,000 |
| 경영자급여 | 3,000 | 3,000 | 3,000 | 3,000 | 12,000 |
| 보험료 | - | 500 | 3,500 | - | 4,000 |
| 세금과공과 | - | - | - | 2,000 | 2,000 |
| 판매와 관리비예산 | 9,000 | 13,500 | 18,500 | 13,000 | 54,000원 |

### (8) 현금예산

현금예산은 판매예산부터 판매관리비예산까지의 예산편성 모든 자료와 추정손익계산서 및 기초대차대조표, 추정대차대조표 등을 총망라한 모든 자료를 이용하여 편성하는 것이 원칙이다. 예를 들어 현대(주)의 연간 총배당금은 4,800원이며 현금보유하한선은 4,000원이고, 과부족 현금에 대한 차입과 상환은 원 단위로 이루어지며, 차입금에 대한 이자는 연 10%로 가정할 때 이를 근거로 현대(주)의 현금예산을 작성하면 [도표 6-8]과 같다. 이때 고려해야 할 자료에 대하여 언급을 한다면, 아래 [도표

6-8]의 1분기 기초현금은 [도표 6-10]의 기초대차대조표 자료에서 얻은 자료이고 각 분기의 법인세는 [도표 6-9]의 추정손익계산서의 법인세를 4분기로 나누어 얻은 자료이다. 그리고 설비구입액은 [도표 6-10] 기초대차대표의 건물 및 설비 계정의 잔액과 [도표 6-11]의 추정대차대조표의 건물 및 설비 잔액의 차액이다. 기타 현금회수액, 원재료원가, 직접노무원가, 제조간접비, 판매비와 관리비 등은 각각의 예산편성표의 자료를 이용한 것이다.

한편, 이러한 현금예산의 산정은 예상되는 현금유입과 현금유출의 비교를 통하여 얻어진다. 현금유입은 기초현금잔액에 예산 기간 동안의 현금수입액을 가산하여 산정하고 현금유출은 예산 기간 동안의 발생할 모든 현금지출액을 의미하며 잉여 또는 부족현금은 현금유입액과 현금유출액의 차액으로 계산된다. 이때 현금유입액이 현금유출액보다 많으면 잉여현금이 발생하고 반대로 현금유입액이 현금유출액보다 부족현금이 발생한다. 현금조달 및 상환은 예산기간 동안 발생할 수 있는 현금의 차입이나 현금의 상환 등을 나타내준다.

따라서 3분기말에 기초차입금 9,230원과 2기 차입금 10,110원을 상환하므로 이에 대한 이자를 계산하면 아래와 같다.

$$9{,}230\text{원} \times 10\% \times 9/12 + 10{,}110 \times 10\% \times 6/12 \fallingdotseq 1{,}198\text{원}$$

❖ [도표 6-8] 현금예산

| | 1분기 | 2분기 | 3분기 | 4분기 | 합계 |
|---|---|---|---|---|---|
| 현금유입 | | | | | |
| 기초현금잔액 | 4,200 | 4,000 | 4,000 | 17,617 | 29,817원 |
| 현금회수 | 74,000 | 78,000 | 114,000 | 72,000 | 338,000 |
| 총현금유입 | 78,200 | 82,000 | 118,000 | 89,617 | 367,817 |
| 현금유출 | | | | | |
| 원재료원가 | 4,870 | 7,230 | 10,005 | 7,935 | 30,040 |
| 직접노무원가 | 10,080 | 23,040 | 25,920 | 13,680 | 72,720 |
| 제조간접비 | 8,280 | 13,140 | 14,220 | 9,630 | 45,270 |
| 판매비와 관리비 | 9,000 | 13,500 | 18,500 | 13,000 | 54,000 |
| 법인세 | 10,000 | 10,000 | 10,000 | 10,000 | 40,000 |
| 설비구입 | 40,000 | 20,000 | - | - | 60,000 |
| 배당금 | 1,200 | 1,200 | 1,200 | 1,200 | 4,800 |
| 총현금유출 | 83,430 | 88,110 | 79,845 | 55,445 | 306,830 |
| 잉여(부족)현금 | (5,230) | (6,110) | 38,155 | 34,172 | 60,987 |
| 현금조달 및 상환활동 | | | | | |
| 차입(기초) | 9,230 | 10,110 | - | - | 19,340 |
| 상환(기말) | - | - | (19,340) | - | (19,340) |
| 이자(연 10%)* | | | (1,198) | - | (1,198) |
| 총현금조달 및 상환 | 9,230 | 10,110 | (20,538) | - | (1,198) |
| 기말현금잔액 | 4,000 | 4,000 | 17,617 | 34,172 | 59,789원 |

* 이자는 원금상환 시 상환원금에 대하여 사용기간을 고려하여 계산한다.

## (9) 추정손익계산서 및 추정대차대조표

추정손익계산서(budgeted income statement)는 판매예산, 생산예산, 완제품기말재고예산, 판매비와 관리비예산, 현금예산 등을 참조하여 이익을 추정하는 보고서인데 이는 기업의 목표이익 설정에 중요한 정보가 된다. 지금까지 현대(주)의 예산편성을 참조하여 추정손익계산서를 작성하면 [도표 6-9]와 같다. 한편, 본 추정손익계산서의 법인세비용 40,000원은 추정치이다.

❖ [도표 6-9] 기능별 추정손익계산서

| 계정과목 | 출 처 | 금 액 |
|---|---|---|
| 매출 | 판매예산에서 | 300,000원 |
| 매출원가 | 생산예산과 완제품기말재고예산에서 | 151,800 |
| 매출총이익 | | 148,200 |
| 마케팅 및 관리비 | 판매비와 관리비예산에서 | 54,000 |
| 금융비용 | 현금예산에서 | 1,198 |
| 법인세차감전순이익 | | 93,002 |
| 법인세 비용 | | 40,000 |
| 당기순이익 | | 53,002원 |

한편, 추정대차대조표는 기초 대차대조표에 예산기간 동안의 제 변화를 조정하여 작성한다. 예를 들어 현대(주)의 기초의 대차대조표 [도표 6-10]과 기타 예산편성자료를 참조, 이용하여 기말의 추정대차대조표를 작성하면 [도표 6-11]와 같다.

이상에서 우리는 제조기업의 종합예산에 대해서 간략하게 살펴보았다. 비제조기업의 종합예산도 같은 맥락에서 접근할 수 있다. 단지 비제조기업의 종합예산에서는 생산예산 수립의 필요성은 없다. 그러므로 매출원가예산은 상품재고 및 상품구매예산으로부터 직접 도출하여 계산한다. 이러한 점을 고려해 볼 때 비제조기업의 종합예산은 제조기업의 종합예산보다 비교적 간단하다고 말할 수 있다.

❖ [도표 6-10] 현대(주)의 기초대차대조표

| 과목 | | | |
|---|---|---|---|
| 자산 | | | |
| 유동자산 | | | |
| 현금 | | 4,200 | |
| 외상매출금 | | 90,000 | |
| 원재료재고 | | 420 | |
| 완제품재고 | | 2,600 | |
| 유동자산합계 | | | 97,220원 |
| 비유동자산 | | | |
| 토지 | | 60,000 | |
| 건물 및 설비 | 120,000 | | |
| 감가상각누계액 | 12,000 | 108,000 | |
| 비유동자산합계 | | | 168,000 |
| 자산총계 | | | 265,220원 |
| 부채와 자본 | | | |
| 부채 | | | |
| 외상매입금 | | | 100,000원 |
| 자본 | | | |
| 납입자본금 | | 175,000 | |
| 이익잉여금 | | 449,900 | 165,220 |
| 부채와 자본합계 | | | 265,220원 |

❖ [도표 6-11] 현대(주)의 추정대차대조표

| 계정과목 | 출 처 | 금 액 | | |
|---|---|---|---|---|
| 자산 | | | | |
| 유동자산 | | | | |
| 현금 | 현금예산 | | 34,172 | |
| 외상매출금 | 판매예산현금회수계획표 | | 12,000 | |
| 원재료재고 | 직접재료원가예산 | | 750 | |
| 완제품재고 | 완제품기말재고예산 | | 4,554 | |
| 유동자산합계 | | | | 51,476원 |
| 비유동자산 | | | | |
| 토지 | 기초대차대조표 | | 60,000 | |
| 건물 및 설비 | 기초대자대조표와 현금예산 | 180,000 | | |
| 감가상각누계액 | 기초대차대조표와 제조간접비예산 | 18,000 | 162,000 | |
| 비유동자산합계 | | | | 222,000 |
| 자산총계 | | | | 273,476원 |
| 부채와 자본 | | | | |
| 부채 | | | | |
| 외상매입금 | 직접재료원가예산 | | | 2,790원 |
| 자본 | | | | |
| 납입자본금 | 기초대차대조표 | | 175,000 | |
| 이익잉여금* | 아래 참고 | | 95,686 | 270,686 |
| 부채와 자본합계 | | | | 273,476원 |

* 이익잉여금 = 273,476원－(2,790＋175,000) = 95,686원

## 3. 예산편성의 분류

예산편성은 업무수행에 있어서 그 차지하는 비중이 매우 크다. 그것은 예산편성이 조직구성원들의 생각, 행동, 의사결정에 지대한 영향을 미치는 요인이라는 것을 의미한다. 예산편성이 아무리 객관적으로 훌륭하다 하더라고 조직구성원들에게 어떻게 이해되고 있느냐에 따라 순기능적 측면 또는 역기능적 측면으로 각각 다르게 나타날 수 있다. 따라서 예산편성이 조직구성원들에게 미치는 효과를 면밀히 분석하고 합리

적, 효율적인 예산이 이루어지도록 노력하여야 한다. 이를 위하여 예산편성은 기술적 측면(technical aspects)과 행태적 측면(behavioral aspects)을 고려한 보다 다각적인 검토, 분석이 바람직한 것이다.

## 1) 예산참여도에 따른 분류

예산편성은 조직구성원들의 참여 정도에 따라 전제적 예산편성, 참여적 예산편성, 자문적 예산편성 등으로 구분할 수 있다.

### (1) 전제적 예산편성

전제적 예산편성(authoritative budgeting)이란 하향식 예산편성 방법으로서 상사가 일방적, 독단적으로 예산을 편성하는 형태의 예산을 말한다. 이때 편성된 예산은 일방적으로 하부 관리자에서 통보된다. 이러한 예산편성은 일목요연하고 직선적이므로 업무추진을 빠르게 이루어지게 하는 장점이 있다. 특히 전제적인 리더십을 가진 상사는 이러한 하향식 예산편성을 선호한다. 그러나 전제적 예산편성은 조직구성원의 참여가 결여되므로 조직 목표 달성에 대한 높은 열망을 가진 부하들의 동기부여를 방해하고 그들을 좌절시켜 무기력하게 할 수 있는 약점이 있다. 예를 들어 상사가 높은 목표를 설정하고 그에 비해 예산은 적게 설정한다든지 반대로 낮은 목표를 설정하고 너무 많은 예산을 설정한다든 하는 경우 각각 부작용이 발생할 가능성이 많아진다. 전자의 경우는 동기부여가 되지 않을 것이고 후자의 경우는 안일과 무절제적인 행태가 나타날 수 있는 것이다. 그러므로 전제적 의사결정은 일사분란한 추진력은 있으나 상황에 따라 비합리적, 비효율적인 방법일 가능성 큰 예산편성 방법이라 할 수 있다.

### (2) 참여적 예산편성

참여적 예산편성(participative budgeting)이란 모든 조직구성원들이 예산편성에 참여하여 각자의 의견을 개진하고 반영하도록 하는 예산편성을 말한다. 참여적 예산편성은 조직구성원들에게 개인적으로 예산정보를 활용할 수 있게 해주고, 또한 그들에게 조직몰입의 동기를 부여해 줄 수 있는 등 많은 효익을 지니고 있는 방법이다. 그러나 조직구성원들의 이기적 사고나 편향된 사고가 반영될 경우 치명적으로 합리성이 저하될 수 있는 단점을 지니고 있다. 그리고 협의에 의한 예산편성이 될 가능성이 높아 조직구성원 간의 타협에 의해 그 효율성이 저하될 수도 있다.

#### (3) 자문적 예산편성

자문적 예산편성(consultative budgeting)이란 의사결정자가 조직구성원들의 생각이나 의견의 개진을 요청하고 이를 듣지만 최종 예산편성의 결정 권한은 상위의 의사결정자에게 있어 상하 간 조정에 의한 의사결정이 이루지지 않는 예산편성을 말한다. 대부분의 조직에서는 조직구성원의 완전 참여가 불가능하기 때문에 자문적 예산편성 방식을 취하게 된다. 자문적 예산편성에서는 의사참여(pseudo-participation)가 발생할 가능성이 높다. 의사참여란 상위의 의사결정자가 하부 조직구성원의 의견을 고려할 의사가 전혀 없으면서 이를 고려하는 척하는 하여 그들이 자신의 의견이 반영된 것으로 믿는 현상을 말한다. 조직구성원들이 의사결정에 자신의 의견이 반영되지 않음을 발견하게 될 경우 해당 조직 안에 불신이 만연되고 조직구성원들이 무기력증에 빠질 가능성이 있을 것이다.

조직은 예산편성을 자원배분, 업적평가, 보상결정, 동기부여 등에 이용하는 경우가 많다. 이때 의사결정에 관여하는 경영자들은 위와 같은 예산편성의 기능을 이용하여 자신의 이기심을 충족시키려할 수 있다. 예를 들어 목표달성에 관련하여 필요이상의 과잉예산을 편성한다든지, 목표에 대한 기대수준을 낮추거나 높이기 위해 정보를 왜곡시킨다든지 등의 이른바 예산게임(budget game)을 하는 경향이 있는 것이다. 이러한 조직 목표에 대한 역기능적 행위는 예산편성에서 늘 존재할 수 있는 사안이므로 이에 대한 주의가 필요한 한 것이다.

### 2) 예산편성 방법에 따른 분류

예산편성은 그 편성하는 방법에 따라 활동기준 예산편성, 스트레치 예산편성, 증분예산편성, 영기준 예산편성, 고정예산, 변동예산 등으로 구분할 수 있다.

### (1) 활동기준 예산편성

활동기준 예산편성(activity-based budgeting)이란 활동기준원가계산의 개념을 적용한 예산 개념이다. 즉, 원가의 인과관계를 면밀히 파악하여 그 원가동인을 규명하고 이에 따라 발생할 원가를 예측하며 이를 기반으로 하여 예산을 편성하는 방법이다. 이러한 예산편성은 시설투자가 많은 비중을 차지하는 설치산업 등에서 공동으로 발생하는 간접비의 중요성을 인식하고 이러한 간접비의 인과관계를 규명하여 관련 원가동인을 파악하고 그 원가동인을 통제함으로써 합리적 원가관리를 하고자 하는데서 출발한 방법이다. 따라서 활동기준 예산편성에서는 그 예산편성의 인과관계가 보다 명확하게 드러나는 특성을 나타낸다.

### (2) 스트레치예산

스트레치(stretch)예산이란 조직구성원이 최대의 노력을 하였을 때 달성할 수 있는, 즉 도달할 수 있는 최고 한계점에 목표치를 설정하고 이에 따라 예산을 편성하는 것을 말한다. 이것은 최고의 높은 성과를 얻고자 할 때 사용하는 예산편성 방법이다. 그러나 이러한 방법은 조직구성원들에게 많은 부담을 주는 예산편성 방법이다. 따라서 단기적 성과를 기대하는 경우에는 적용할 수 있으나 장기적 안목에서 지속적으로 적용할 수 있는 예산편성 방법은 될 수 없다.

### (3) 증분예산

증분예산편성법이란 전년도 예산을 기준으로 일률적으로 일정비율 증분하여 예산을 편성하는 방법을 말한다. 예를 들어 전년도 예산에 비하여 일률적으로 5%의 예산 증액 등과 같은 것이다. 이 방법은 다양한 상황 변화에 항목별로 적용하여야 할 경우에도 이에 대한 고려가 이루어지지 못하므로 항목별로 변화에 적절이 대응할 수 없다는 단점이 있다.

### (4) 영기준예산

영기준(zero-base)예산이란 전년도의 예산 등을 고려하지 않고 예산을 처음 편성하는 것과 같은 상황에서 수립하는 예산을 말한다. 즉 아무런 근거나 자료도 없는 상태에서 예산을 편성하는 방법을 의미하는 것이다. 영기준예산은 예산을 편성할 때 과거의 자료를 이용할 수 없으므로 예산 지출 등을 정당화하는 작업 등을 새롭게 행하여야 하는 어려움이 있다. 이러한 방법은 비영리기관, 연구소, 교육훈련기관, 광고업 등의 분야에서 적용되고 있다.

### (5) 고정예산

고정예산이란 조직이 설정한 단일조업도를 기준으로 편성하는 예산을 말한다. 따라서 고정예산에서는 조업도나 기타 상황 변동을 인식할 수 없다. 그러므로 변화가 많은 불확실한 상황에서는 고정예산은 예산으로서 기능을 수행할 수가 없는 예산이다.

### (6) 변동예산

변동예산이란 일정한 관련범위내의 조업도 변동을 허용하여 예산을 편성하는 예산을 말한다. 따라서 조업도나 기타 상황 변동을 관련범위 내에서 인식할 수 있는 예산편성 방법이다. 그러므로 고정예산보다 원가통제 면에서 유연성이 있는 예산제도라고 할 수 있다.

## 4. 종합연습

다음은 현대(주)의 2/4분기 중 현금예산과 관련된 자료이다.

| | 5월 | 6월 |
|---|---|---|
| 매출액 | 95,000원 | 150,000원 |
| 매출원가 | 58,000 | 94,000 |
| 판매비와 관리비 | 35,600 | 47,800 |
| 순이익 | 1,400원 | 8,200원 |

추가자료 :

1) 판매시 총매출액의 20%는 현금으로 판매하고, 나머지 80%는 외상으로 판매된다. 외상매출액의 20%는 매출한 달에 회수되고, 70%는 판매한 다음달에, 나머지 10%는 2개월 후에 회수된다.
2) 3월과 4월의 매출액은 각각 70,000원과 82,000원이었다.
3) 재고자산 구입 대금의 50%는 구입한 당월에 지급하고, 나머지 50%는 다음 달에 지급한다. 재고자산은 다음 달 매출원가의 20%가 유지되어야 하며, 4월말의 재고자산에 대한 외상매입금 잔액은 24,000원이고, 이때 재고자산의 재고액은 9,800원이다.
4) 판매비와 관리비에는 감가상각액 5,600원이 포함되어 있고, 5월중에 9,500원의 장비를 구입할 예정이다.

[물음]

1. 5월의 현금회수액을 산출하시오.
2. 5월의 재고자산 매입액을 산출하시오.
3. 5월의 현금지출액을 산출하시오.

[해 답]

1.

| | 3월매출액 | 4월매출액 | 5월매출액 |
|---|---|---|---|
| 매출 | 70,000원 | 82,000원 | 80,000원 |
| 5월회수분 | 5,600원<br>(70,000×0.8×0.1) | 45,920원<br>(82,000×0.8×0.7) | 28,800원<br>(80,000×0.2+80,000×0.8×0.2) |

∴ 5월 현금회수액=80,320원

2. 재고자산 매입액

제 품

| | | | |
|---|---|---|---|
| 기초 | 9,800 | 매출원가 | 58,000 |
| 매입 | 67,000 | 기 말 | 18,800(94,000×0.2) |

∴ 5월 제품매입액＝67,000원

3. 현금지출액

| | |
|---|---|
| 5월 매입액 | 33,500원(67,000원×0.5) |
| 외상매입금잔액 | 24,000 |
| 판매비와 관리비 | 30,000 |
| 장비구입 | 9,500 |
| | 97,000원 |

# 연 습 문 제

## 연습문제 6-1 생산예산 및 원재료 구입예산

현대(주)는 라면을 생산 · 판매하고 있는데, 라면 1개를 생산하는 데에는 1kg의 원재료가 소요된다. 3월 1일 현재의 재고자산은 라면 4,000개, 원재료가 1,500kg이다. 현대(주)는 3월 한 달 동안 라면 판매량이 12,000개에 이를 것으로 예상하고 있다. 현대(주)는 4월을 대비하여 3월말까지 라면 5,000개와 2,500kg의 원재료를 확보해 두기로 결정하였다.

[물음]

현대(주)의 3월의 생산예산과 원재료구입예산을 작성하라.

## 연습문제 6-2 생산예산

현대(주)는 5월 한 달 동안에 A제품 1,200,000단위를 판매할 수 있을 것으로 예상하고 있다. 현대(주)의 5월 1일 현재의 재고자료는 다음과 같다.

| | |
|---|---|
| 기초재고 : | 120,000단위 |
| 적정기말재고 : | 220,000단위 |

[물음]

현대(주)의 5월의 생산예산을 수립하시오.

## 연습문제 6-3 제조원가예산

신규로 창업한 현대(주)는 20×9년 첫 한 해 동안 갑제품 150,000단위를 판매할 계획이다. 갑제품 1단위당 예신원가는 다음과 같다.

| | |
|---|---|
| 직접재료원가 | 120원 |
| 직접노무원가 | 70 |
| 제조간접비 | 60 |

이때 기초재공품 및 기초제품재고는 없다. 단, 적정기말제품재고량은 8,000단위로 예산을 세웠다.

[물음]
현대(주)의 20×9년의 제조원가예산을 작성하시오.

## 연습문제 6-4 재료구입예산

현대(주)는 제품 갑 1개를 10kg의 원재료를 사용하여 제조·판매하고 있다. 현대(주)는 3/4분기에 100,000단위의 제품을 판매하기로 예산을 세웠다. 이 회사의 2/4분기말 재고자료는 다음과 같다.

| | |
|---|---|
| 원재료 재고 | 150,000kg |
| 제품재고 | 70,000단위 |
| 적정원재료재고 | 190,000kg |
| 적정제품재고 | 50,000단위 |

[물음]
3/4분기의 재료구입예산을 수립하시오.

## 연습문제 6-5 원재료구입예산

현대(주)는 제품 한 단위당 직접재료 4kg을 가공하여 제품 갑을 생산·판매하고 있다. 직접재료는 제조공정 초에 전량 투입된다. 20×8년말 현재의 직접재료재고량은 14,400kg, 재공품재고는 2,400단위(80% 가공)이며, 제품재고는 12,000단위이다. 20×9년도 예상판매수량은 150,000단위이다. 회사는 20×9년도 말의 완성품 적정재고수준을 예산판매수량의 30%로 보고 있다. 파손 및 감손은 없다.

[물음]

현대(주)가 20×9년도에 구입해야 할 직접재료는 몇 kg인지 구하시오.

### 연습문제 6-6 생산예산

현대(주)는 4월 한 달 동안에 갑 제품, 1,300,000단위를 판매할 수 있을 것으로 예상하고 있다. 현대(주)의 4월의 재고 자료는 다음과 같다.

| | |
|---|---|
| 기초재고 : | 150,000단위 |
| 적정기말재고 : | 240,000단위 |

[물음]

현대(주)의 4월의 생산량예산을 수립하시오.

### 연습문제 6-7 생산예산

현대(주)는 주요 원재료 A를 가지고 제품 갑을 생산, 판매하고 있다. 제품 갑 한 단위를 생산하려면 원재료 A 2kg이 소요된다. 이 회사의 20×9년도 분기별 예상판매량과 20×8년 12월 31일 현재 재고량은 다음과 같다.

| 20×9년 예상판매량 | | 20×8년 12월 31일 재고량 | |
|---|---|---|---|
| 1분기 | 8,200단위 | 원재료 A | 5,500kg |
| 2분기 | 9,200단위 | 재공품 | 없음 |
| 3분기 | 8,200단위 | 완제품 갑 | 2,600단위 |
| 4분기 | 6,200단위 | | |

[물음]

이 회사는 각 분기말 완제품재고량을 다음 분기 예상판매량의 20%를 유지하도록 하고 있다. 또한 각 분기말 원재료재고량은 일정하게 5,500kg씩 유지하며 재공품재고는 없도록 하는 것을 원칙으로 하고 있다. 이 회사가 20×9년도 두 번째 분기에 구입하여야 할 원재료 A의 물량은 얼마인가?

## 연습문제 6-8 원재료구입예산

현대(주)는 점토 3kg을 가공하여 옹기 1개를 만든다. 점토는 제조공정초에 전량 투입된다. 20×8년말 현재의 점토 재고량은 40,000kg, 재공품은 30,000kg(50% 가공)이며, 완성품은 30,000개이다. 현대(주)의 20×9년도 예상매출 옹기 수량은 260,000개이다. 그리고 현대(주)의 20×9년 말 완성품 적정재고수준은 예상매출 수량의 20%로 잡고 있다. 그리고 이때 점토의 90%만이 재료로 제조공정에 투입되고, 10%는 다른 활동에 사용되나 필수 구입 사항이다. 그리고 20×9년 기말재공품은 없다. 또한 파손 및 감손도 없는 것으로 가정한다.

[물음]

현대(주)가 20×9년도에 구입해야 될 점토는 몇 kg인가?

## 연습문제 6-9 현금예산

현대(주)는 컴퓨터를 생산하여 외상으로 판매하고 있다. 그런데 외상대금을 판매한 달에 상환하는 거래처에 대해서는 10%의 매출할인을 해주고 있다. 그동안의 거래를 참조하여 볼 때 제품을 판매한 달에 외상매출금이 회수되는 경우가 50%, 그 다음 달에 회수되는 경우가 30%, 2개월 후에 회수되는 경우가 15%, 회수가 불가능한 경우가 5%이다. 20×9년 8월초의 매출채권잔액 2,600,000원 중 7월 매출분은 1,200,000원, 6월 매출분은 900,000원이다. 그리고 500,000원은 5월 이전 매출분이다. 8월의 예상매출액은 4,000,000원이다.

[물음]

6월과 7월의 추정매출액과 8월의 매출대금 예상회수액을 구하시오.

## 연습문제 6-10 현금예산

현대(주)의 20×9년 9월 1일 현금잔액은 600,000원이다. 이 회사의 9월부터 12월까지의 예상매출액은 다음과 같다.

| | | | |
|---|---|---|---|
| 9월 : | 6,600,000원 | 10월 : | 5,500,000원 |
| 11월 : | 6,800,000 | 12월 : | 6,400,000 |

9월 1일 현재 외상매출금 잔액은 6,000,000원인데 이 중 2,250,000원은 7월 매출액 중 미회수분이고, 3,735,000원은 8월 매출액 중 미회수분이다. 현대(주)의 경우 외상매출금은 대체로 매출당월에 55%, 다음달에 25%, 그리고 매출 2개월 후에 15%를 현금으로 회수하고, 5%는 회수불능이다.

8월중 원재료 매입액은 4,200,000원이고, 9월에 5,300,000원, 10월에 5,700,000원, 11월에 4,900,000원, 그리고 12월에는 4,500,000원의 원재료를 매입할 예정이다. 원재료의 매입은 모두 외상매입으로 매입한 다음달 10일에 대금을 지불한다. 임금 등 기타 현금지출액은 매달 1,400,000원이다.

[물음]

1. 10월의 현금회수기대액은 얼마인가?
2. 10월 1일의 현금잔액은 얼마인가?
3. 11월 1일의 현금잔액은 얼마인가?

## 연습문제 6-11 종합예산

현대(주)는 일반형과 고급형 두 종류의 손목시계를 생산 · 판매하고 있다. 20×8년 7월에 이 회사의 예산담당자는 20×9년의 판매예측과 예산에 필요한 자료를 추정하기 위해 다음과 같은 자료를 수집하였다.

1. 20×9년도 판매예측

| 제 품 | 수 량 | 단 가 |
|---|---|---|
| 일반형 | 200,000개 | 1,000원 |
| 고급형 | 40,000개 | 5,000원 |

2. 20×9년 재고량

| 제 품 | 20×9. 1. 1 예상재고 | 20×9. 12. 31 예상재고 |
|---|---|---|
| 일반형 | 30,000개 | 40,000개 |
| 고급형 | 7,000개 | 10,000개 |

3. 각유형의 손목시계 1단위를 생산하기 위해 필요한 원재료의 양

| | | 단위당 사용량 | |
|---|---|---|---|
| 원재료 | 단위 | 일반형 | 고급형 |
| A | kg | 4 | 8 |
| B | kg | 2 | 4 |
| C | 개 | 0 | 2 |

4. 원재료에 관한 20×9년 추정자료

| 원재료 | 예산구입가격 | 20×9. 1. 1예상재고 | 20×9. 12. 31 예상재고 |
|---|---|---|---|
| A | 200원 | 90,000kg | 100,000kg |
| B | 100 | 60,000kg | 80,000kg |
| C | 50 | 8,000개 | 10,000개 |

5. 20×9년 필요한 직접노동시간과 임률에 관한 자료

| 제 품 | 단위당 시간 | 시간당 임률 |
|---|---|---|
| 일반형 | 3시간 | 300원 |
| 고급형 | 5시간 | 900원 |

6. 제조간접비는 직접노동시간당 800원의 비율로 배부된다.

[물음]

1. 판매예산(예산매출액)을 수립하라.
2. 제조예산(생산량)을 수립하라.
3. 원재료 구매예산을 수립하라.
4. 제품별 단위당 원가를 산출하시오.
5. 20×9년 12월 31일 보유할 예산 제품재고액은 얼마인가?

## 연습문제 6-12 종합예산

현대(주)는 갑, 을의 두 제품을 생산, 판매하고 있다. 4월, 5월, 6월의 예산 판매가격과 판매수량은 다음과 같다.

| 제 품 | 예산 판매가격 | 예산 판매 수량 | | |
|---|---|---|---|---|
| | | 4월 | 5월 | 6월 |
| 갑 | 60원 | 60,000단위 | 80,000단위 | 90,000단위 |
| 을 | 110 | 30,000단위 | 40,000단위 | 35,000단위 |

월말제품재고는 각 제품별로 다음 달 예상판매량의 30%를 보유할 예정이며, 매출액의 60%는 현금매출이고, 40%는 외상매출이다. 회사는 과거의 경험으로 볼 때, 외상매출의 30%는 판매당월에 회수되고 65%는 다음 달에 회수되고 5%는 회수불능이 된다.

제품 갑과 을에 대해  각각 1단위씩 생산하기 위해서는 다음의 원재료가 필요하다.

| 원재료 | 갑 | 을 |
|---|---|---|
| A | 3 | 4 |
| B | 2 | 3 |

5월의 원재료에 대한 예산구입가격과 재고의 예상변화량은 다음과 같다.

| 원재료 | 구입가격 | 기초재고량 | 기말목표재고량 |
|---|---|---|---|
| A | 5원 | 35,000 | 33,000 |
| B | 4 | 30,000 | 28,000 |

5월에 제품 갑, 을 각각 1단위 생산하기 위하여 필요한 예상 직접노동시간과 임률은 다음과 같다.

| 제품 | 단위당 노동시간 | 시간당 임률 |
|---|---|---|
| 갑 | 3 | 2원 |
| 을 | 4 | 3 |

제조간접비는 직접노동시간당 3원의 비율로 배부된다.

[물음]

1. 5월의 예상생산량은 얼마인가?
2. 5월 현금의 총예상 유입액은 얼마인가?
3. 5월 원재료의 구입예산수량과 예산금액은 얼마인가?
4. 5월 제품의 기말재고예산금액은 얼마인가?

## 연습문제 6-13 종합예산

현대(주)는 20×9년 2/4분기 종합예산을 편성하고자 하며 다음과 같은 자료가 제시되어 있다.

(1) 20×9년 3월 31일 대차대조표

| | | | |
|---|---|---|---|
| 현금 | 230,000원 | 매입채무 | 250,000원 |
| 매출채권 | 420,000 | 미지급임차료 | 200,000 |
| 재고자산 | 800,000 | 미지급배당금 | 100,000 |
| 선급보험료 | 40,000 | 부채총계 | 550,000원 |
| 비품 | 140,000 | 자본금 | 800,000 |
| | | 이익잉여금 | 250,000 |
| | | 자본총계 | 1,050,000원 |
| 자산총계 | 1,630,000원 | 부채와 자본총계 | 1,630,000원 |

(2) 20×9년 판매자료

| | | | | | |
|---|---|---|---|---|---|
| 1월 | 850,000원 | (실제) | 5월 | 850,000원 | (예산) |
| 2월 | 550,000 | (실제) | 6월 | 1,050,000 | (예산) |
| 3월 | 750,000 | (실제) | 7월 | 550,000 | (예산) |
| 4월 | 950,000 | (실제) | 8월 | 650,000 | (예산) |

(3) 20×9년 추가자료

1) 월 영업비 자료

① 고정비 : 급여 20,000원 임차료 20,000원

보험료 10,000원 감가상각액 10,000원

② 대손상각비를 제외한 모든 변동비 : 매출액의 2%

2) 당 상사는 중간배당제도를 채택하고 있으며, 배당금 60,000원을 5월 1일에 지급하도록 3월 31일 이사회에서 결의하였다.

3) 당 상사는 매출채권 회수방식은 판매한 달에 50%를, 판매한 달의 다음달에 40%를, 판매한 달의 2달 후에 8%를 회수하며, 나머지 2%는 회수불능채권이라고 한다.

4) 당 상사는 매월 말에 차월 판매량의 70%를 적정재고로 보유하고 있으며, 매출총이익률은 25%이다.

5) 매입채무 지급방식은 매입한 달에 60%, 매입한 달의 다음달에 40%를 지급하고 있다.

6) 보험료는 6월 30일과 12월 31일에 각각 차후 6개월분의 보험료를 선급하고 있으며, 임차료는 다음 분기 초에 3개월을 지급하고 있다. 그리고 급여와 변동영업비는 발생한 달에 전액지급하고 있다.

7) 당 상사의 매월 말 최소 현금잔고는 50,000원을 유지하려고 한다. 그리고 차입을 가능한 한 줄이려고 하며, 차입 시 이자율은 연 10%이며 차입은 월말에 이루어지고 원금상환과 이자지급은 3개월 후에 이루어진다.

[물음]

1. 20×9년 2/4분기 월별 상품구매예산을 편성하시오.
2. 20×9년 2/4분기 월별 현금예산을 편성하시오.
3. 20×9년 2/4분기 예산 손익계산서와 2/4분기 말 현재 추정 대차대조표를 작성하시오.

## 연습문제 6-14 종합예산

현대(주)은 A 제품과 B 제품을 생산, 판매한다. 20×9년 3월의 예산편성을 위한 자료가 아래와 같이 제시되어 있다. 그리고 이때 각 제품의 판매단가는 A제품 200원, B제품 400원이다.

(1) 20×9년의 판매자료

| | A 제품 | B 제품 | | A 제품 | B 제품 |
|---|---|---|---|---|---|
| 1월(실제) | 3,000 | 2,100 | 4월(예산) | 3,200 | 2,200 |
| 2월(실제) | 3,700 | 3,200 | 5월(예산) | 2,800 | 2,600 |
| 3월(예산) | 4,200 | 2,700 | | | |

(2) 20×9년의 원가자료

1) 제품 단위당 원재료소요량 및 구입가격

| | A 제품 | B 제품 |
|---|---|---|
| A 재료(7원) | 2개 | 1개 |
| B 재료(12원) | 1개 | 3개 |

2) 제품 단위당 직접노무원가

| | 시간당 임률 | 단위당 작업시간 |
|---|---|---|
| A 제품 | 5원 | 2시간 |
| B 제품 | 6원 | 3시간 |

3) 제품 단위당 제조간접비

| | 변동제조간접비 | 고정제조간접비 (감가상각액포함) |
|---|---|---|
| A 제품 | 7원 | 12원 |
| B 제품 | 10원 | 17원 |

4) 당 회사는 제품재고를 다음달 판매량의 50%로 원재료 재고는 다음달 생산소요량의 30%를 유지하고자 한다. 2월 1일의 재고는 이 방침과 일치하며, 각 제품의 단위당 원가는 갑 제품이 55원, 을 제품이 88원이며, 각 원재료의 단위당 원가는 예산 자료와 일치한다.

5) 매출 대금은 판매한 달에 50%를 회수하고, 판매한 달의 다음달에 나머지를 회수하며, 원재료 매입대금 등 제조원가는 발생한 달에 전액 지급한다. 단, 월간 고정제조간접비에는 월간 감가상각액 40,000원이 포함되어 있다.

6) 판매비와 관리비는 발생한 달에 즉시 지급하고 있으며, 발생내역은 다음과 같다.

| | A 제품 | B 제품 |
|---|---|---|
| 단위당 변동비 | 4원 | 5원 |
| 총 고정비 | 월 70,000원 | |

[물음]

1. 3월과 4월의 생산수량 예산을 편성하시오.
2. 3월의 구매예산을 편성하시오.
3. 3월의 현금예산을 편성하시오.
4. 3월의 예산손익계산서를 작성하시오. (여기까지 2010.12. 27)

# 제2부

# 경영혁신과 회계

제7장 책임회계와 성과평가
제8장 표준원가계산
제9장 이익중심점의 성과평가
제10장 투자중심점의 성과평가
제11장 전략적 원가관리
제12장 활동기준원가계산

Chapter 07

# 책임회계와 성과평가

1. 책임회계의 뜻
2. 책임중심점
3. 공헌이익접근 성과평가
4. BSC 성과평가
- 연 습 문 제

Chapter 07

# 책임회계와 성과평가

## I. 책임회계의 뜻

### 1) 분권화와 집권화

경영의 순환과정을 큰 틀에서 볼 때 계획-실행-통제의 과정으로 정리할 수 있다. 즉, 경영은 계획을 수립하고 이를 실행에 옮기며, 통제를 통해서 계획이 제대로 이행되고 있는지를 점검, 평가, 수정, 보완하는 순환구조를 갖고 있는 것이다. 그런데 우리가 학습하고 있는 관리회계는 관리, 경영의 문제를 다루기 때문에 위와 같은 경영의 순환시스템과 필연적으로 관련성을 맺고 있는 것이다. 확연하게 선을 그어 언급하기에는 다소 무리가 있을 수 있으나 관리회계에서 다루고 있는 의사결정, 예산수립 등에 관한 문제는 경영계획, 실행 등과 밀접한 관련성이 있으며 성과평가에 관한 문제는 경영통제와 밀접한 관련성을 갖고 있다고 할 수 있는 것이다.

특히 성과평가는 계획과 실적을 비교하여 평가하고 이에 대한 결과를 반영하는 것을 의미하는 것이므로 통제의 수단이 될 수 있다. 조직구성원들은 성과에 대한 평가를 받을 때 자신에게 맡겨진 책임 내에서 평가받기를 원한다. 이것은 매우 중요시 하여야 할 사안으로서 각 조직구성원의 책임과 통제 범위를 규명할 필요성이 있음을 시사해 주는 것이다. 그리고 이것은 또한 성과평가는 평가대상의 책임범위, 통제범위 내에서만 이루어져야 함을 나타내 주는 것이기도 한 것이다. 그런데 이러한 책임범위, 통제범위에 대한 개념적 정리를 위해서는 먼저 분권화, 집권화 등의 개념에 대해서 알아볼 필요가 있다.

분권화(decentralization)란 조직의 의사결정 권한이 최고경영층에 집중되어 있지 않고 부서별 또는 직무별로 위임되어 있는 형태를 말한다. 분권화가 이루어질수록 보다 많은 다수의 의사결정 참여로 보다 민주적 결정이 이루어질 수 있는 것이며 최고경영자의 업무부담도 줄어들어, 최고경영자는 보다 높은 차원의 의사결정에 전념할 수 있게 될 수도 있을 것이다. 한편, 분권화의 반대되는 개념은 집권화(centralization)이다. 집권화란 조직의 의사결정의 권한이 최고경영층에 집중되어 있는 경우를 말한다. 집권화된 조직은 의사결정이 빠르고 일사분란한 실행이 가능할 수도 있다. 그러나 최고경영자 등 소수의 판단으로 이루어지는 의사결정이므로 독단적이고 주관적인 것이 되어 조직구성원들의 동기부여에 도움이 되지 않는 경우가 발생할 수 있게 된다.

의사결정의 분권화와 집권화는 각각 장단점을 지니고 있다. 현대산업사회에서는 주로 분권화에 의거한 의사결정체제가 많이 이루어지고 있는 상황이다. 그런데 이러한 분권화된 조직에서 발생하는 가장 큰 문제는 조직전체의 목표와 부문목표 간에 불일치가 발생할 수 있다는 것이다. 이것은 부서 간의 이해관계, 부문의 경영자의 특성, 견해 등에 의해 발생하는데 이를 조정하여 부분최적화를 도모해야할 필요성이 발생함을 의미하는 것이다. 이러한 문제들이 좀 더 합리적이고 효율적으로 해결되어 기업전체의 목표일치성(goal congruence)을 이루기 위해서는 바람직한 성과평가시스템 구축이 요구되는 것이다. 합리적 성과평가는 각 부분 의사결정의 당위성을 평가하는 기능을 수행하기도 하는 것이다.

### (1) 책임회계제도

책임회계제도(responsibility accounting system)란 분권화된 조직의 성과를 합리적으로 평가하고 통제하기 위한 제도로서 분권화된 부분의 각 과업책임을 중심으로 조직 활동을 분할하여 과업별 책임중심점을 설정하고 그 책임중심점별로 과업 달성정도를 평가하는 시스템을 말한다. 책임회계제도에서는 명확히 규정된 권한과 책임을 범위로 하여 회계자료를 집계, 분석하고 보고, 평가가 이루어진다. 책임회계에서 특히 중요하게 부각되는 회계자료는 원가자료이다. 원가발생을 책임중심점별로 집계하여 효율적 원가통제 달성 여부를 점검하는 것이 매우 중요한 것이다. 이때 원가는 통제가능원가(controllable costs)와 통제불능원가(uncontrollable costs)로 분류하게 되는데 통제가능원가란 책임중심점에서 그 발생을 통제할 수 있는 원가를 말하는 것이며 통제불능원가란 책임중심점에서 통제할 수 없는 원가를 말한다. 책임회계제도 하의 성과평가는 책임중심점에 속하여 있는 사람의 업적, 자원에 대한 책무달성과 그와 관련된 원가통제의 여부가 주요 기준이 되며 이때 통제불능원가 부분에 대한 성과평가는 당연히 제외되어야 한다.

한편, 책임회계제도에서 가장 먼저 이루어져야 하는 것이 직무분석과 직무명세서의 작성이다. 이를 통하여 조직구성원 간의 책임의 범위와 관계가 정립되기 때문이다. 또한 이러한 직무분석과 직무명세서의 작성에 따라 조직구조관계(organization structure relation)가 결정되어 조직도(organization chart) 또한 만들 수 있게 되는 것이다. 여기에서 조직구조의 관계란 조직 안의 각 부문 및 구성원들 간의 직무, 권한, 책임에 관련된 공식적 상호 유기적 관계를 말한 것이다. 효과적인 성과보고서가 완성되려면 조직구조관계가 잘 정립되어야 한다. 이러한 조직구조관계의 정립에 의하여 조직 책임중심점 간의 유기적 관계를 보다 효율적으로 파악할 수 있게 된다.

## 2. 책임중심점

책임중심점(responsibility center)이란 성과평가의 대상이 되는 부분별 하부조직을 말한다. 이때 성과평가의 대상이 되는 하부조직이란 책임의 범위가 정하여져 독립적으로 성과평가를 할 수 있는 부분, 즉 독립적으로 책임을 수행하고 있는 하부조직을 의미한다. 이러한 책임중심점은 독립적으로 업무를 수행하여 성과평가의 대상이 되는 부서의 업무성격에 따라 그 종류가 분류된다. 이를 분류해 본다면, 생산부서는 원가중심점, 판매부서는 수익중심점, 독립채산사업부는 이익중심점, 전체기업은 투자중심점 등으로 구분될 수 있는 것이다. 이때 원가중심점에 해당하는 부서는 원가에 대한 통제가 성과평가 요목 중 가장 중요한 부분을 차지하게 될 것이며 수익중심점에 해당하는 부서는 원가와 수익에 대한 요목이 모두 중요한 평가항목이 될 것이다. 이렇게 원가중심점, 수익중심점, 이익중심점, 투자중심점 등에 해당하는 각각의 책임중심점은 그 성과평가에 있어 중요하게 부가되는 평가요목이 각각 상이하게 되는 것이다. 그러므로 각 책임중심점에 대한 성과평가는 각 책임중심점의 고유한 책임의 특성을 고려하여 합리적으로 성과를 측정할 수 있도록 설계되어져야 하는 것이다. 이러한 평가는 기업전체의 공동목표를 달성하는데 공헌할 수 있는, 즉 성과에 대한 평가를 제대로 할 수 있는 방법일 것이다.

### 1) 원가중심점

**원가중심점**(cost center)이란 업무 수행 상 원가만을 발생시키는 부분 단위조직으로서 원가발생에 대한 책임중심점이 되는 부문을 말한다. 따라서 원가중심점은 수익발생이나 이익발생에 대한 책임을 지지 않고 해당 단위조직에서 발생하는 원가에 대해서만 책임을 지게 된다. 이러한 원가중심점 부서는 원가를 발생시키는 하부 조직의 부서에 많기 때문에 가장 흔한 형태의 책임중심점이다. 원가중심점 부서의 예로는 제조공장, 생산부서, 일개의 생산라인, 고객 서비스 부서 등을 들 수 있다. 이러한 원가중심점은 비용중심점이라고도 불리 운다.

### 2) 수익중심점

수익중심점(revenue center)이란 판매나 수익창출 활동에 대한 책임만을 지고 있는 중심점이다. 따라서 수익중심점은 원가발생이나 이익에 대한 책임은 지지 않는다. 수익중심점에서는 일정기간 동안을 기준으로 예산판매량을 정하고 이를 기초로 예산을 편성한 후 그 기간이 만료되면 예산판매량과 실제판매량을 비교하여 그 성과를 평가한다. 즉, 대부분 수익중심점 성과평가에서는 예산에 의한 평가가 이루어지고 있다. 이러한 수익중심점의 예로는 각 기업의 판매부서들을 들 수 있다. 판매부서는 매출에 대해서만 책임을 지고 이에 대한 과업을 완수하려한다. 따라서 판매부서들은 대표적인 수익중심점이라 할 수 있는 것이다.

### 3) 이익중심점

이익중심점(profit center)이란 원가통제와 수익창출에 대한 책임을 모두 지고 있는 성과평가 대상이 되는 단위조직을 말한다. 따라서 이익중심점의 관리자에게는 원가와 수익 양자 모두에 대한 통제의 책임을 수반된다. 이러한 것으로는 분권화된 독립채산제의 사업부조직, 지역별 영업본부 등을 이익중심점 단위조직의 대표적 예로들 수 있을 것이다. 이러한 이익중심점의 부서들은 일반적으로 변동원가계산에 의한 손익계산서를 이용하여 성과평가를 한다. 이것은 관련원가만을 고려한 성과평가를 수행하고자 함이다.

### 4) 투자중심점

투자중심점(investment center)이란 투자의사결정에 대해 책임만을 지는 성과평가의 방법을 말한다. 이때 투자의사결정에 대한 책임이란 고정자산, 재고자산, 외상매출금, 마케팅전략 등의 의사결정에 의해 자금이 투자되거나 부담을 지게 되는 것에 대한 책임을 말한다. 따라서 투자중심점의 성과평가 요목은 원가, 수익, 이익 모두 다 해당된다. 만일 어떤 기업이 이익창출을 위해 많은 규모의 투자를 행하였다면 이에 대한 성과평가는 이익중심점이 아닌 투자중심점으로 행하는 것이 바람직하다. 즉, 이익뿐만 아니라 투자자금을 고려한 성과평가가 이루어져야 한다. 예를 들어 투자된 자본을 대비하여 벌어들인 이익을 평가하는 하는 것이 이익만을 가지고 평가하는 것보다 훨씬 합리적인 것이다. 투자중심점은 다른 유형의 책임중심점보다 그 권한과 책임이 크기 때문에 대개 해당 단위조직의 규모도 크다. 기업을 예로 든다면 기업 그 자체 즉, 기업 전체조직이 투자중심점의 예가 될 것이다.

## 3. 공헌이익접근 성과평가

고정원가는 조직의 총체적 관련성에 의해 발생하는 공통원가로서 각 사업부분을 운영하든 안 하든 언제나 발생하는 간접원가이다. 그러므로 고정원가는 대개의 경우 의사결정에 필요한 관련원가가 되지 못한다. 반면 변동원가는 의사결정에 밀접하게 관련들 맺고 있는 관련원가이다. 이러한 고정원가와 변동원가의 의사결정 관련성은 성과평가 시 전부원가손익계산보다 변동원가손익계산을 더 선호하게 하고 있다. 이로 인하여 원가도 원가행태에 따라 변동원가와 고정원가로 분류하고 또한 통제가능성에 따라 통제가능원가와 통제불능원가로 분류하며, 아울러 각 원가투입처의 추적가능성에 따라 공통원가와 분리원가로 분류하는, 즉 위와 같이 세 가지 측면을 고려하여 원가를 분류하는 경향을 띠고 있는 것이다. 그리고 또한 이렇게 분류된 원가는 독립적으로 의사결정 권한을 갖고 경영활동을 수행하고 있는 각 사업부분의 성과를 평가하는데 있어 매우 중요하고 필수적인 정보로 활용되는 것이다. 한편, 위와 같이 분류된 원가를 이용하여 성과평가를 할 경우 작성되는 손익계산서를 공헌이익접근법에 따른 손익계산서라 하는데 이러한 손익계산서의 형태는 아래 [도표 7-3]과 같다.

❖ [도표 7-3] 성과평가를 위한 공헌이익 손익계산서

|  |  |
|---|---|
| 매 출 | ×× |
| 변 동 원 가 | ×× |
| 공 헌 이 익 | ×× |
| 통제가능고정원가 | ×× |
| 사업부 경영자 공헌이익 | ×× |
| 통제불능고정원가이나 추적가능고정원가 | ×× |
| 사업부 공헌이익 또는 추적가능 공헌이익 | ×× |
| 배분된 공통원가 | ×× |
| 법인세차감전 순이익 | ×× |
| 법인세 비용 | ×× |
| 순 이 익 | ×× |

## 1) 공헌이익

[도표 7-3]에서의 공헌이익은 이미 본서 앞부분에서 전술한 공헌이익의 개념을 나타내는 것이다. 매출액에서 변동원가를 차감하여 산출한 값으로 고정원가는 영향을 미치지 못한다. 공헌이익은 사업 부서별, 제품별로 비교, 검토되어야 한다. 이러한 비교, 검토를 통하여 어느 부서, 어느 제품의 판매를 촉진하여야 할 것인가를 결정할 수 있는 것이다. 따라서 공헌이익은 최적의 제품배합(product mix)이나 핵심역량 개발, 사업부분별 이익추정 등에 유용한 정보를 제공해 준다.

## 2) 사업부경영자 공헌이익

사업부경영자 공헌이익은 공헌이익에서 사업부경영자가 통제할 수 있는 고정원가를 차감한 금액으로 산출된다. 이것은 사업부경영자가 그의 통제 하에 있는 자원을 얼마나 효과적으로 사용할 수 있는가를 나타내는 이익개념이다. 이러한 사업부경영자 공헌이익은 실무에서 통제가능원가와 통제불능원가를 구분하거나 결정하는데 어려움이 있어 그 측정이 어렵다는 단점이 있다. 고정원가의 통제가능성 여부에 관한 문제는 예를 들어 설비투자 증설 또는 축소 등과 같이 경영자의 중요 의사결정과 관련되는 문제이므로 조직관행, 경영정책, 의사결정 행태 등에 따라 달라질 것이다. 따라서 이를 고려하여 추정될 수도 있을 것이다.

결국 통제가능원가냐 통제불능원가냐 하는 문제는 사업부경영자의 권한으로 직접 통제할 수 있는지 아닌지를 기준으로 분류하는 것이다. 어떤 고정원가에 대하여 통제할 수 있는 권한을 갖고 있다면 이것은 통제가능원가로서 사업부경영자 공헌이익 산출에 고려되어야 할 것이며 통제할 수 있는 권한이 없다면 이는 통제불능원가로 분류되어 사업부경영자 공헌이익 산출에 고려될 수 없는 것이다.

## 3) 사업부 공헌이익

사업부의 공헌이익이란 사업부경영자 공헌이익에서 통제 불가능한 고정원가이지만 사업부 단위별로는 추적이 가능한 고정원가를 차감한 가액을 말한다. 이때 사업부 단위별로 추적이 가능한 원가의 예를 들어 본다면 해당 사업부별로 발생하는 감가상각액, 임차료, 보험료 등 의 고정원가를 꼽을 수 있다. 이러한 추적가능 고정원가는 사업부경영자의 성과평가에는 고려할 필요가 없으나 사업부 자체의 성과평가에는 고려해야 할 원가이다. 즉, 사업부공헌이익의 산출에 필요한 원가인 것이다. 사업부경영자공헌이익에서 추정가능고정원가를 차감하여 얻어진 사업부공헌이익은 장기적으로 볼 때 해당 사업부의 현금창출능력을 파악하는데 도움을 주는 측정치가 된다. 또한 이러한 사업부 공헌이익은 기업 전체의 이익에서 해당 사업부의 이익이 어느 정도를 차지하는지를 알게 하여 주어 해당 사업부의 이익에 대한 공헌도를 파악할 수 있게 해주는 기능을 수행하기도 한다. 이것은 사업부 경영자의 통제가능성과는 관계없이 해당 사업부에서 발생하는 원가와 이익을 모두 고려하여 산출한 이익 개념임을 의미하는 것이다. 한편, 사업부 공헌이익을 산출하는데 있어 발생하는 추적 가능한 고정원가는 실무에서 각 사업부에서 발생하는 고정원가인지 아닌지 여부를 판단, 추적하는 것이 쉽지만은 않다. 또한 발생한 고정원가를 잘못된 기준에 의하여 배분하면 각 사업부의 성과를 왜곡시키는 결과도 초래할 가능성도 많다. 그러나 이러한 위험성에도 불구하고 사업부 공헌이익에 관한 정보는 사업부 자체의 성과평과에 매우 중요한 정보로 이용되고 있다.

## 4. BSC 성과평가

### 1) BSC의 등장배경과 본질

조직의 제 성과평가에 이용되는 평가지표는 경영의 필수적, 핵심적 요소이다. 성과평가지표는 목표수립, 교육, 훈련, 보상, 승진, 이동, 동기부여 등과 같은 조직 경영의 중요 요인들과 깊은 연관성을 갖고, 이들과 상호 간 긴밀하게 영향을 주고받는다. 성과평가의 측정치로 이용되는 지표는 크게 세 가지 측면에서 거론될 수 있다. 그것은 ①재무적 성과측정치를 이용한 지표 ②비재무적 성과측정치를 이용한 지표 ③재무적 성과측정치와 비재무적 성과측정치를 혼용한 지표 등이다. 이때 재무적 성과측정치란 성과평가를 계량적 수치 또는 화폐단위 금액으로 나타낼 수 있는 측정치를 말한다. 재무적 성과측정치를 이용한 성과평가가 주류를 이루던 시대는 소품종 대량생산을 중요시 여기던 20세기 초, 중, 후반 초엽까지의 시대였다. 이때는 양질의 제품을 저렴하게 생산하여 고객에게 판매하므로 대량 매출의 목표를 달성하려는 시대이다. 이러한 소품종 대량생산 시대에는 제품이 얼마나 효율적으로 생산, 제조, 판매 되었는가를 계량적으로 측정할 수 있는 원가지표나 생산성지표, 매출액 지표 등이 중요하게 부각되던 때이다. 따라서 재무적 성과측정이 요구되었던 것이다. 이러한 재무적 성과평가 측정치로 많이 이용되던 지표로는 매출액, 매출원가, 매출총이익, 판매관리비 절감액, 당기순이익 등의 기본적인 재무제표 자료와 그 자료를 응용한 투자수익률, 매출수익률, 잔여이익 및 경제적 부가가치 등을 들 수 있다.

그런데 이러한 재무적 성과측정치들에 의한 성과측정은 전반적으로 조직을 관리하고 개선하는데 요구되는 적절한 성과평가정보를 제공해 주지 못하는 것으로 평가되고 있다. 즉, 실무에서는 보다 적절하고 경쟁우위를 가져다 줄 수 있는 중요한 핵심역량을 발견, 측정할 수 있는 성과측정치가 요구되는데 재무적 성과측정치는 이에 대한 만족한 해답을 제공해 주지 못한다는 것이다. 또한 재무적 성과측정치는 대부분 단기적인 성과를 나타내 주는 수치가 많으므로 장기적인 개선에 대한 문제의식을 간과하는 단점도 있다는 것이다. 그리고 재무적 성과측정치는 프로세스 중심의 현대기업에 내재되어 있는 복잡성과 가치를 제대로 파악하지 못하여 원가를 왜곡하는 경우도 발생시킬 수 있는 가능성도 포함하고 있다는 것이다. 따라서 이러한 재무적 성과측정치의 한계점을 보완하기 위하여 많은 논의가 지속되던 중 성과평가에 있어서 계량적 수치로 평가되기 어려운 동기부여, 조직풍토, 브랜드가치, 커뮤니케이션, 인력수준, 숙련도, 교육수준 등에 대한 평가의 필요성이 대두되기 시작하였다. 즉 비재무적 성과측정치를 중심으로 한 성과평가에 대해 관심이 유발되었던 것이다. 비재무적 성과평가 측정치를 사용하는 방안에 대한 연구는 현재 발전적으로 접근되어 성과평가에 있어서 재무적 성과측정치만 사용하는 방법이나 비재무적 성과측정치만을 사용하는 방법보다는 이 두 종류의 성과측정치를 모두 이용하되 합리적이고 효율적으로 배합하여 이용하여야 한다는 균형 있는 성과평가방법, 전략적 성과평가시스템에 대한 방안의 도출까지 이르렀다.

위의 전략적 성과평가시스템에 관한 제 방안 중 가장 부각되고 있는 것이 Kaplan과 Norton이 개발한 균형성과표(balanced score card; BSC)에 의한 성과평가이다. 당연히 균형성과표에서는 재무적인 성과측정치와 비재무적인 성과측정치가 동시에 고려된다. 이는 전통적인 재무제표에서 파악할 수 없는 비재무적 성과에 대한 가치를 파악하게 하고, 비재무적 성과가 기존의 재무적 성과와 결합되어 합리적으로 측정되어질 수 있을 때 기업의 성과는 올바르게 평가된다는 것을 강조하는 성과평가방법이다.

## 2) BSC의 본질적 관점

결국 BSC란 재무적 측정치 중심의 전통적 성과평가시스템의 개선을 도모하기 위하여 성과평가에 있어 재무적 측정치와 함께 비재무적 측정치도 고려하여 성과평가를 균형 있게 수행하는 전략적 성과평가시스템을 말한다. BSC에서는 재무적, 비재무적 성과측정의 요소를 본질적으로 4가지 관점에서 분류하고 이를 이용하여 성과평가를 수행하는 것이 일반적이다. 이러한 4가지 관점의 내용은 ① 재무적 측정치 ② 고객만족 ③ 내부프로세스 ④ 조직의 학습 및 성장 능력 등이다. 이러한 측정치들은 과거 전통적 성과평가가 재무적 측정치만을 이용한 것에 비하여 보다 다각적, 합리적으로 성과평가를 수행할 수 있음을 예측하게 해 준다. 즉, 복수의 성과측정치들은 다소 복잡성을 야기할 수는 있으나 이러한 시스템이 잘 구축되면 효율적 전략 수행의 한 방편이 될 것으로 사료되는 것이다.

### (1) 재무적 측정치

재무적 성과지표들은 계량적 지표들이므로 성과평가를 단순화하여 용이한 성과평가를 수행할 수 있게 한다. 그러나 재무적 성과지표들은 과거의 자료로 구성되어 있어 현재의 성과를 반영하기는 힘든 지표이며 고객만족, 품질, 동기부여 등의 개선에 관해서는 직접적으로 아무런 정보도 제공하지 못하는 지표이다. 재무적 성과측정치들은 단지 지나간 조직 운영활동에 대한 결과를 계량적으로 나타내 주는 지표인 것이다. 그럼에도 불구하고 재무적 성과측정치가 중요한 것은 영리를 목적으로 하는 기업이 재무적 측정치를 통하여 경영목표 달성 여부를 확인하게 되기 때문이다. 이러한 점을 감안할 때 재무적 성과측정치를 무시한 성과평가는 있을 수가 없는 것이다. 그러므로 재무적 성과측정치의 주요 지표인 매출액 증가, 원가절감, 비용절감, 매출액이익률, 경제적 부가가치 등은 다른 비재무적 성과평가 지표인 고객만족, 내부프로세스, 학습 및 성장 등과 함께 서로 연계되어 상호보완적이고 균형적인 관계를 유지하는 것이 효율적 성과평가를 수행할 수 있는 첩경이 되는 것이다. 이것은 궁극적으로 4가지 관점의 모든 성과지표들이 서로 연계되어 상호보완적이 되어야 함을 의미하는 것이다.

### (2) 고객만족

현대 기업 경영에 있어서 고객만족은 필수적으로 고려되어야할 중요 요소이다. 고객에게 외면당하는 기업은 산업현장에서 생존할 수가 없을 것이다. 그러므로 고객만족의 중요성을 미루어 볼 때 성과평가에 있어서도 고객만족에 관한 사항은 반드시 들어 있어야 하는 것이다. 따라서 BSC 성과지표에도 고객만족에 대한 지표가 구체적으로 나타나 있어야 한다. 성과평가 시 고려되는 고객의 범위는 현재 해당 기업과 직접적으로 관계를 맺고 있는 고객뿐만 아니라 잠재적 고객, 사회단체 등 기업을 둘러싼 모든 마케팅 환경 구성체들을 포함한다. 이러한 BSC의 고객만족은 BSC의 내부 프로세스와도 밀접한 관련을 갖고 맺고 있을 것이다. 이에 대해 구체적으로 살펴보면 내부 프로세스 관점에서의 성과평가지표들은 선행지표로서 기능을 수행하고 고객만족의 지표들은 후행지표로서의 기능을 수행하고 있음을 알 수 있다. 이것은 고객만족이 내부 프로세스의 개선에서부터 출발하는 것임을 나타내는 것이다. 즉, 고객만족에 대한 결과는 내부 프로세스로부터 영향을 받을 수 있는 것이다. 그러나 근본적으로 고객만족 성과평가는 고객만족 자체 관점에 의한 평가가 중요한 요인이 된다. 따라서 보다 좋은 성과평가를 위해서는 고객의 다양한 욕구에 부응하는 마케팅 활동, 구매력 있는 고객의 확보, 유지 등에 노력을 기울여야 한다. 한편, 고객만족의 성과지표로는 시장점유율, 고객확보율, 고객수익성, 고객유치율, 고객만족도 등을 들 수 있다.

### (3) 내부 프로세스

기업들은 경쟁력을 높여 경쟁에서 우위를 점하기 위하여 다양한 경영전략을 구사하고 있다. 예를 들어 원가통제, 구조조정, 재무구조의 건전화, 리엔지니어링 등을 꼽을 수 있다. 그러나 본질적으로 기업의 경쟁력 강화에 영향을 미치는 요소는 내부 프로세스의 효율화, 건실화 일 것이다. 내부 프로세스란 기업이 과업 완수를 위하여 내부를 중심으로 활동하는 일체의 과정을 말한다. 즉, 원재료, 정보, 사람 등과 같은 투입요소를 제품, 서비스, 맨 파워 등과 같은 산출물로 전환시키는 과정이나 제 활동들을 의미하는 것이다. 기업의 주요 활동인 신제품의 생산, 신제품의 개발, 주문처리, 자원배분, 신시장의 개척 등은 내부 프로세스의 강약에 따라 그 내역이 판이하게 달라질 것이다. 이러한 내부 프로세스의 성과지표들을 예로 들어 보면 프로세스 과정에서 소요는 시간, 리드 타임, 프로세스 자체의 품질, 프로세스 자체에서 발생하는 원가 등을 꼽을 수 있다.

### (4) 학습 및 성장

기업은 급변하는 환경 속에서 생존, 성장, 발전하려면 당해 기업의 강점을 발견하고 이를 핵심역량으로 강화하는 활동을 지속적으로 수행하여야 한다. 이러한 기업의 강점, 즉 핵심역량 발현은 조직구성원들로부터 시작된다. 따라서 조직구성원들의 역량을 높이는 것이 핵심역량 강화에 중요한 요건이 된다. 조직구성원의 역량 제고는 기업의 학습능력과 성장 동력으로부터 나온다. 즉 기업의 학습능력과 성장 동력은 조직구성원의 능력을 개발, 신장시켜 기업의 가치창출에 기여하는 주요인인 것이다. 이러한 학습 및 성장의 성과평가 지표로는 교육훈련투자 현황, 학습효과실적 등을 예로 들 수 있다.

## 3) BSC의 기본 개념

BSC는 재무적 측정치뿐만 아니라 비재무적 측정치까지 제공하는 성과평가시스템으로 과거 성과에 대한 재무적 측정치와 함께 미래 목표를 달성하는데 필요한 재무적, 비재무적 측정치들을 제시해 준다. BSC는 이를 위하여 위에서 설명한 바와 같이 4가지 관점에서 성과를 측정하고 이를 바탕으로 사람과 시스템에 대한 성과평가와 그에 대한 개선 및 투자 방안을 모색하게 하고 또한 이와 함께 내부역량의 성과평가, 개선 및 투자 방안 등에 대해서도 새롭게 인식할 수 있는 계기를 마련해 준다.

또한 BSC는 다양한 관점에서의 기업 전략적 목표 달성에 요구되는 핵심성공요인, 측정지표, 목표와 지표 간의 관계 등에 관한 정보를 제공해 주는 기능을 갖고 있다. 특히, BSC는 전략적 목표 달성에 기여하는 선행지표로서의 성과동인과 후행지표로서 전략실행의 산출물인 결과물에 대한 인과관계를 비교, 검토할 수 있도록 피드백 정보를 제공해 주는 기능도 수행해 줄 수 있다. 성과동인이 없는 결과물측정치는 그 인과관계를 설명해줄 수 없는 것이어서 전략 수행이 어떻게 수행되고 있는가에 대한 원인과 결과를 규명할 수 있는 정보가 될 수 없는 것인데, 이러한 측면을 고려해 볼 때 BSC는 성과동인과 결과산출물에 대한 인과관계를 잘 설명해주는 성과평가시스템이다.

# 연 습 문 제

## 연습문제 7-1 성과평가 공헌이익 손익계산서 분석

현대(주)는 본체, 모니터 두 개의 사업부를 가지고 있는 컴퓨터부품회사인데, 회사의 경영자는 모니터 사업부의 경영이 악화되었다는 보고를 받고, 원인분석에 착수하였다. 모니터 사업부는 1, 2, 3부문으로 구성되어 있다. 모니터 사업부의 손익계산서는 다음과 같다.

모니터 사업부의 손익계산서

| | 1 부문 | 2 부문 | 3 부문 | 계 |
|---|---|---|---|---|
| 매 출 | 62,000원 | 42,000원 | 82,000원 | 186,000원 |
| 변 동 비 | 22,000 | 22,000 | 42,000 | 86,000 |
| 공 헌 이 익 I | 40,000 | 20,000 | 40,000 | 100,000 |
| 통제가능고정비 | 12,000 | 25,000 | 10,000 | 47,000 |
| 공 헌 이 익 II | 28,000 | (5,000) | 30,000 | 53,000 |
| 추적가능고정비 | 34,000 | - | 10,000 | 44,000 |
| 공 헌 이 익 III | (6,000) | (5,000) | 20,000 | 9,000 |
| 기타공통비배부액* | | | | 12,900 |
| 영 업 이 익 | | | | (3,900) |

* 회사공통비 30,000원을 매출액에 비례하여 각 사업업에 배분한 것임

[물음]

1. 모니터 사업부 경영자의 성과를 평가하는 기준이 되는 금액은 얼마인가?
2. 모니터 사업부를 폐쇄하는 것이 회사 전체에 미치는 효과는 어떠한가?
3. 단기적으로 모니터 사업부가 1,2,3 부문 중 어떤 부문을 폐쇄하는 것이 유리한가?

### 연습문제 7-2 성과평가 공헌이익손익계산서 작성

현대(주)의 경영자인 신형철씨는 영업실적이 좋지 않은 A 부문의 개별 손익계산서를 분석하고 있는 중이다.

1) A 부문의 개별 손익계산서

| | |
|---|---|
| 매 출 | 2,200,000원 |
| 매 출 원 가 | 1,600,000 |
| 매 출 총 이 익 | 600,000 |
| 판 매 관 리 비 | 900,000 |
| 영 업 손 실 | 300,000 |

2) 매출원가 중에서 변동원가는 75%이고, 변동판매비는 매출액의 15%이다.

3) 고정판매관리비 중 300,000원은 건물 임차료이고, 130,000원은 공통비 배분액이며 나머지는 광고비 지출액이다.

4) 고정제조간접비는 공장 감가상각액으로서 A부문의 매출액에 비례하여 배분된 것이다.

5) A 부문은 매년 영업의 실적에 따라 경영자인 신형철씨가 계약을 체결하며, 광고비는 A 부문관리자가 150,000원의 범위 안에서 재량권을 가지고 지불여부를 결정할 수가 있다.

[물음]

1. 위의 손익계산서에서 신형철씨의 통제가능원가는 얼마인가? 그리고 성과평가를 위한 공헌이익손익계산서를 작성하라.
2. A 부문을 폐쇄하게 되면, 현대(주)에 어떤 영향을 미치게 되는가?

### 연습문제 7-3 성과평가 공헌이익 손익계산서 작성

현대(주)는 컴퓨터와 카메라를 생산하여 판매하는 회사로서, 제품별로 독립된 사업부를 운영하고 있고, 각 사업부는 제품의 판매와 관련된 책임을 지고 있다. 그런데 작년에 새로이 개발한 신형 컴퓨터는 소비자들에게 좋은 반응을 얻고 있어 컴퓨터 사업부는 상당한 이익을 달성하였다. 그러나 카메라사업부는 경쟁업체의 등장으로 인하여 판매가 저조하여 영업성과가 부진한 상태에 있다. 현대(주)의 실제성과에 의해 작성한 20×9년도 공헌손익계산서는 다음과 같다.

공헌이익손익계산서 (단위 : 천원)

| | 컴퓨터 사업부 | 카메라 사업부 | 회사 전체 |
|---|---|---|---|
| I. 매 출 액 | 18,000원 | 14,000원 | 32,000원 |
| II. 변 동 비 | | | |
| 1. 변동제조원가 | 5,200 | 5,700 | 10,900 |
| 2. 변동판관비 | 2,280 | 2,320 | 4,600 |
| III. 공 헌 이 익 | 10,520원 | 5,980원 | 16,500원 |
| IV. 통제가능고정비 | 7,000 | 5,800 | 12,800 |
| V. 사업부 경영자 공헌이익 | 3,520원 | 180원 | 3,700 |
| VI. 통제불능고정비 | | | 1,840 |
| VII. 순 이 익 | | | 1,860원 |

[추가정보]

1) 현대(주)의 경영진은 카메라사업부에 문제가 있다고 생각하고, 카메라사업부에서 취급하고 있는 A형, B형, C형 카메라를 분석한 결과 다음과 같은 정보를 얻게 되었다.

(단위 : 천원)

| | A 형 | B 형 | C 형 | 합 계 |
|---|---|---|---|---|
| 매 출 액 | 6,000원 | 4,000원 | 5,000원 | 15,000원 |
| 변동제조원가율 | 30% | 34% | 50% | |
| 변동판관비율 | 10% | 16% | 10% | |
| 공헌이익률 | 60% | 50% | 40% | |
| 통제가능고정비 | 1,800원 | 1,300원 | 2,500원 | 5,600원 |
| 이익 | 1,800원 | 700원 | (500원) | 2,000원 |

2) 회사에서는 카메라사업부의 개별 제품에 대해서 분석한 결과 C형 제품에서 손실이 발생하고 있다는 사실을 발견하였다. 따라서 그 원인을 파악하기 위하여 C형 제품과 관련된 정보를 판매지역별로 분석하여 다음과 같은 자료를 얻게 되었다.

(단위 : 천원)

| | 전 라 지 역 | 서 울 지 역 | 합 계 |
|---|---|---|---|
| 매 출 액 | 1,800원 | 2,400원 | 4,200원 |
| 변동제조원가율 | 50% | 50% | |
| 변동판관비율 | 20% | 10% | |
| 공헌이익률 | ? | ? | |
| 통제가능고정비 | 700원 | 560원 | 1,260원 |

[물음]

1. 카메라사업부를 중심으로 각 제품의 성과를 나타내는 제품별 손익계산서를 작성하라.
2. C형 제품을 중심으로 각 지역의 성과를 나타내는 지역별 손익계산서를 작성하라.
3. 상기에서 작성한 손익계산서를 이용하여 카메라사업부의 영업성과가 부진한 이유와 카메라 사업부 경영자가 어느 지역을 집중적으로 관리해야 하는지를 설명하라.

### 연습문제 7-4 책임중심점 판단

책임회계에서 부문을 적절한 책임중심점으로 설정하는 것은 매우 중요하다. 다음 각 부문은 원가중심점, 수익중심점, 이익중심점, 투자중심점 중 어느 책임중심점으로 설정하려고 한다.

(1) 공장의 제품생산라인
(2) 백화점 내의 직영 카페
(3) 무역회사의 전산실
(4) 공장의 감독부서
(5) 컴퓨터판매회사의 고객서비스실
(6) 새로 인수한 의류판매회사

[물음]

각 부문의 책임중심점을 결정하고, 그 이유를 간단히 설명하시오.

### 연습문제 7-5 판매가격 계산

현대(주)는 갑 부문과 을 부문으로 구성되어 있다. 갑 부문이 부품을 생산, 판매하기 위한 변동제조비와 변동판매비는 각각 단위당 1,500원과 400원이다. 갑 부문이 을 부문에 부품을 판매할 경우 변동판매비를 단위당 50원씩 절감할 수 있으며, 외부구입시 단위당 2,100원이 소요된다. 내부대체거래가 이루어지지 않을 경우 유휴생산시설의 유무에 관계없이 기업전체의 입장에서 동일한 손실이 발생한다.

[물음]

갑 부문의 부품단위당 외부판매가격은 얼마가 되어야 하는가?

## 연습문제 7-6 BSC(균형성과표)

현대(주)는 새롭게 설비투자한 설비로 다양한 모티터를 생산하고 있다. 설비투자로 인하여 현대(주)의 원가구조는 고정비의 비중이 매우 높은 편이다. 모니터시장은 경쟁이 매우 치열하며 회사의 제품과 유사한 사양과 가격대의 많은 제품들이 시장에 나와 있다. 회사는 "낮은 원가의 고품질(low costs, high quality)" 제품으로 고객을 만족시키는 것이 목표이익을 달성하는 핵심요소라고 생각하고 있다. 회사는 20×9년 완제품 생산율을 향상시키고 불량품을 감소시켜 "고품질과 낮은 원가"를 달성할 계획이다.

회사는 제조과정상 고정비 비중이 높아서 원가절감을 기대하기가 매우 어려운 것으로 보고 있다. 이러한 고정비를 줄이려면 종업원을 감축하고 설비를 처분하거나, 현재 설비로 현재 제품 또는 개량된 제품의 생산량을 늘려야 할 것으로 보인다. 막 완성된 회사의 20×9년 균형성과표(balanced scorecard)는 다음과 같다.

균형성과표(BSC), 20X0년 12월

| 목 표 | 성과지표 | 목 표 | 실 제 |
|---|---|---|---|
| 재무관점 : | | | |
| 이익 증가 | 생산성향상에 따른 이익 증가 | 1,200,000원 | 600,000원 |
| | 성장에 따른 이익 증가 | 1,700,000원 | 800,000원 |
| 고객관점 : | | | |
| 시장점유율 증가 | 모니터 시장점유율 | 7% | 6.6% |
| 내부업무과정 관점 : | | | |
| 제조품질 향상 | 완제품 생산율 | 84% | 87% |
| 고객배송시간 단축 | 주문당 배송시간 | 27일 | 24일 |
| 학습과 성장관점 : | | | |
| 공정기술 개발 | 공정과 품질관리교육 훈련율 | 92% | 94% |
| 정보시스템 능력향상 | 제조공정 실시간 조정가능화율 | 87% | 89% |

[물음]

1. 회사의 20×9년 전략수행은 성공적이었는가?

2. 회사의 균형성과표는 회사가 20×9년에 시장점유율 목표를 달성하지 못한 이유를 이해하는데 유용한가? 유용하다면 그 이유를 설명하라. 만약 유용하지 않다면 귀하가 고객관점에서 추가하고 싶은 성과지표를 열거하고 그 이유를 함께 설명하라.
3. 귀하는 학습과 성장관점에서 종업원 만족에 관한 성과지표를 추가하겠는가? 또 내부업무과정 관점에서 신제품개발에 관한 성과지표를 추가하겠는가? 달리 말하면 귀하는 종업원 만족과 신제품 개발이 회사의 전략목표 달성에 중요하다고 보는가? 그 이유를 간단하게 설명하라.
4. 귀하는 회사가 품질을 향상시키고 유휴설비를 제거하기 위해 설비규모를 축소(downsizing)하는데, 만약 있다면, 어떤 문제가 있다고 보는가?

## 연습문제 7-7 BSC(균형성과표)

현대정유(주)는 휘발유를 정제하여 전국 각지의 직영 주유소를 통해 판매하고 있다. 시장조사결과에 의하면 전체 휘발유시장 고객의 60%는 "서비스 선호형" 고객으로서 소득이 중상층에 속하며 주유소가 깨끗하고 종업원이 친절하며, 급유 서비스가 빠르게 수행되고 신용카드 결제가 가능한 주유소라면 휘발유값이 다소 비싸도 기꺼이 이용하는 고객이다. 나머지 40%는 "저가 선호형" 고객으로서 이들은 가능하면 값이 저렴한 연료를 사기를 원한다. 현대정유(주)의 마케팅 전략은 "서비스 선호형" 고객을 대상으로 집중적인 마케팅을 실시하는 것이다. 회사의 20×9년 간략 균형성과표는 다음과 같다.

| 관 점 | 목 표 | 성과지표 | 목표성과 | 실제성과 |
|---|---|---|---|---|
| 재무 | 이익증가 | 가격상승으로 인한 이익 증가 | 91,000,000원 | 96,000,000원 |
| | | 성장에 의한 이익 증가 | 66,000,000원 | 68,000,000원 |
| 고객 | 시장점유율 증가 | 전체 휘발유 시장 점유율 | 12% | 11.8% |
| 내부프로세스 | 휘발유 품질개선 | 품질지수 | 95점 | 96점 |
| | 정유성과 개선 | 정유신뢰지수 | 92% | 92% |
| | 판매가능 휘발유 확보 | 제품확보지수 | 99% | 100% |
| 학습과 성장 | 정유능력 증가 | 정유공정 선진화율 | 89% | 91% |

[물음]

1. 회사는 20×9년 전략 수행에 성공적이었는가? 그 근거를 함께 설명하라.
2. 고객만족 관점과 종업원 학습과 성장 관점의 종업원 훈련에 대해 지금의 성과지표 외에 다른 성과지표를 더 추가하는 것이 바람직한가? 또 그것은 회사가 전략을 수행하는데 반드시 필요한가? 그 이유를 간단하게 설명하라.
3. 회사가 목표시장점유율을 달성하지 못했음에도 어떻게 재무성과를 초과달성할 수 있었는지 설명하라. "전체 휘발유시장 점유율"은 시장점유율의 적절한 성과 지표인가? 간단하게 설명하라.
4. 내부 프로세스 관점의 성과지표와 고객관점의 성과지표 사이에 인과관계가 있는가? 좀 더 정확하게 말하면, 내부업무과정 관점 또는 고객관점에 다른 성과지표를 추가하겠는가? 그 이유를 간단하게 설명하라.
5. 회사가 재무관점의 성과지표에 생산성향상으로 인한 이익 증가를 포함하지 않기로 결정한 데 귀하는 동의하는가? 간단하게 설명하라.

## 연습문제 7-8 재무적 성과측정

현대(주)는 고성능 TV 파프를 제조 · 판매한다. 모든 생산은 lot단위로 이루어지며 500단위가 1 lot가 된다. 파프의 예상판매량은 연간 30,000단위이다. 파프를 생산하는데 소요되는 제조시간은 lot당 200시간이며 대기(queue)시간은 lot당 150시간이다.

회사는 최근 소비자 요구의 변화를 반영하여 기능이 향상된 TV 캔파오의 개발을 고려하고 있다. 회사가 파프와 캔파오를 함께 생산할 경우 대기(queue)시간은 두 제품 모두 lot당 300시간씩 발생한다. 캔파오의 예상판매량은 16,000단위며 제조시간은 lot당 300시간이다. 캔파오의 판매는 파프의 판매에는 전혀 영향을 미치지 않는다.

회사의 고정제조간접비 예산액은 250,000원이며, 변동제조간접비는 두 제품 모두 lot당 5,000원식 발생하며, 제조주기(manufacturing cycle)당 파프 50원, 캔파오 30원이 발생될 것으로 예상된다.

"제조주기=대기시간+제조시간"이며 예를 들어 lot당 대기시간이 250시간, 제조시간이 250시간 소요되고 총생산량이 2 lot이면 누적제조주기는 1,000시간이 된다. 또한 lot당 제조주기가 증가하게 되면 단위당 판매가격은 다음과 같이 하락한다.

| 제품명 | 제품 단위당 판매가격 | | 제품단위당 기초원가 |
|---|---|---|---|
| | lot당 제조주기가 400시간 이하일때 | lot당 제조주기가 400시간 초과일 때 | |
| 파프 | 95원 | 85원 | 30원 |
| 캔파오 | 80 | 75 | 32 |

[물음]

1. 파프만 생산할 때에 비해서 두 제품을 동시에 생산하는 경우 회사의 매출액은 얼마나 증가 또는 감소하는가?
2. 파프만 생산할 때에 비해서 두 제품을 동시에 생산하는 경우 원가는 얼마나 증가 또는 감소하는가?
3. 위의 결과에 의할 경우 회사는 캔파오를 추가로 생산하여야 하는가?

## 연습문제 7-9 BSC(균형성과표)

현대(주)는 공장 감독의 상여금을 수년간 아래와 같은 방법으로 지급해 왔다.

[상여금 = 60,000원 + 0.6% × 직접노무원가 절감액 + 0.3% × 제조간접비 절감액]

그러나 당해 연도부터는 균형성과표(balanced scorecard)를 도입하여 고객만족도, 품질향상, 종업원성취도 등과 같은 다양한 목표를 설정하고 그 성과를 상여금에 반영하려고 한다. 회사는 이를 위해 상여금 지급방법을 다음과 같이 변경하였다.

1) 고객만족도 - 정시 납품률을 상여금 지급액에 반영.
2) 품질향상 - 불량률을 상여금 지급액에 반영.
3) 종업원성취도 - 종업원의 업무만족도를 상여금 지급액에 반영.

[물음]

1. 공장 감독의 성과평가에 위의 사항들을 반영할 경우 회사 전체적으로 미치는 영향은 무엇인가?
2. 균형성과표와 관련하여 회사가 고려할 관점(perspective)을 열거 설명하라.
3. 균형성과표를 사용하는 경우의 장점은 무엇인가?

Chapter 08

# 표준원가계산

1. 표준원가
2. 표준원가계산
3. 차이분석
4. 제조간접비 차이분석 방법
5. 차이안분
6. 배합차이와 수율차이
7. 종합연습

• 연 습 문 제

Chapter 08

# 표준원가계산

본장에서는 원가중심점 성과평가의 중요 방안 중에 하나인 표준원가계산에 대하여 학습한다. 원가중심점 성과평가의 속하는 것 중 중요하게 대두되는 부문이 제조부문의 성과평가이다. 제조부분의 성과평가는 변동예산을 근거로 한 표준원가계산에 의하여 수행된다. 이는 표준과 실적을 비교하여 그 차이를 분석, 평가하고 이에 따라 수정, 보완, 조정 등의 통제활동을 수행하는 원가중심점 성과평가시스템이다.

## I. 표준원가

표준(standards)이란 평가의 기준이 되는 것으로서 정상적인 상태에서 이룰 수 있는 보편타당한 기준치를 의미한다. 표준은 모든 활동에서 이용되는 중요한 기준이므로 문제해결의 근본적 출발점이 되는 것이기도 한다. 예를 들어 어느 회사에서 경영성과가 정상적인지 아닌지를 파악하려 한다면 동종산업의 표준경영성과와 비교하여 이를 파악하고 이에 대한 대안을 수립해야 하는 것이다. 기업에서도 경영성과에 대한 평가를 하려면 표준성과치를 파악하여 이것과 비교하여야 보다 객관적으로 경영성과에 대한 결과를 알 수 있게 될 것이다. 이러한 표준에 대한 이용은 특히 기업에서 원가중심점 성과평가를 행할 때 많이 쓰인다. 즉 표준치와 실제치를 비교하여 그 차이를 계산, 평가하고 향후 경영계획에서 그 차이를 줄일 수 있는 조치를 취하게 되는 것이다. 그리고 이러한 표준치와 실적치 간의 비교를 통해서 양자 간에 발생하는 차이에 대한 책임소재 또한 규명하게 되는 것이다. 한편, 표준원가계산제도는 표준을 설정하고 실적치와 비교, 분석 등을 통하여 차이를 계산하고 이에 대한 책임소재를 밝히는 일련의 과정으로 구성되어 있는 원가계산 시스템이며 이때 사용되는 표준치가 표준원가이다. 따라서 표준원가는 예산편성이나 가격결정 등에 사용될 수 있는 표준치이기도 한 것이다.

한편, 표준원가계산제도는 계획 수립시 표준의 제공을 통한 사전적 평가의 기능을 수행할 뿐만 아니라 실적치와 비교하여 평가, 수정, 보완 등의 사후적 통제 및 예방활동의 기능도 수행한다. 기업은 이러한 표준원가제도를 잘 활용할 때 원가절감, 기업경영의 체계화 등을 꾀할 수 있는 것이다.

## 2. 표준원가계산

### 1) 표준원가계산의 의의

원가계산은 실제원가계산(actual costing), 정상원가계산(normal costing), 표준원가계산(standard costing) 등 세 가지로 분류할 수 있다. 실제원가계산이란 원가를 계산함에 있어 실제로 발생한 직접재료원가, 직접노무원가, 제조간접비의 가액으로 계산하는 경우의 원가계산을 말하며 정상원가계산이란 직접원가인 직접재료원가와 직접노무원가는 실제원가로 계산하지만 제조간접비는 예정배부율을 이용한 배부원가로 계산하는 원가계산을 말한다. 그리고 표준원가계산이란 직접재료원가, 직접노무원가, 제조간접비 등의 원가요소를 모두 예상 표준가액으로 계상하고 이를 이용하여 원가를 산출하는 원가계산을 말한다. 한편, 본장에서는 원가계산 자체에 대한 문제가 아닌 원가 통제에 대한 문제를 다루어야 하므로 원가중심점 성과평가에 중요한 부분을 차지하는 표준원가의 관리, 통제 기능에 초점을 맞추어 논의한다.

표준원가는 예산편성의 가액으로 이용될 수 있다. 이에 따라 표준원가는 성과평가, 계획 설정, 예외관리, 제조원가계산 등의 하나의 기준이 되는 것이다. 예를 들어 표준원가는 예산으로서 기업의 공식적인 계획으로 나타나고 이것은 또한 각 부분의 기준치 또는 표준치로 서 운영, 통제의 기능을 수행한다. 이것은 표준원가가 실제결과와 예산자료를 대비시킬 때 기준이 됨을 나타내는 것이다. 이러한 표준원가는 각 부분의 목표 달성 여부를 평가하고 이에 의하여 보다 시기적절하고 상세한 성과측정 및 원가

통제를 행하는 기능을 수행하는 것이다. 표준원가의 유용성을 좀 더 구체적으로 다시 정리하여 살펴보면, 첫째, 표준원가는 월별, 주별, 일별, 작업별로 집계된 실제원가와 비교할 수 있는 기준이 되며, 이를 통하여 그 차이를 발견, 분석하게 하는 등 차이의 원인을 밝히게 하여 발생한 문제에 대한 적절한 조치를 취할 수 있게 해준다. 둘째, 표준원가는 생산량이나 원가요소의 가격변동 등에 비교적 영향을 덜 받고 따라서 일정기간 내에서 가격의 일관성을 유지한다. 그러나 실제원가는 생산량, 원가요소의 가격변동 등에 직접적으로 영향을 받으므로 그 가격은 해당 요인의 변동에 영향을 받아 매 기간 변동한다. 그런데 실무에서는 가격의 안정을 가정하고 마케팅 활동을 수행하는 것이 합리적이고 경쟁에서 우위를 점할 수 있는 한 방안이다. 또한 실제원가를 기준으로 가격을 결정하려면 그 결과가 산출되는 회계기간 말까지 기다려야 한다. 이러한 제 요인을 고려할 때 표준원가에 의존한 가격의 결정이 합리적이라 할 수 있다. 이러한 이유로 실무에서는 표준원가에 의해 산출된 가격을 이용한다. 따라서 표준원가는 가격결정의 기준을 제공한다고 할 수 있다.

셋째, 표준원가는 성과평가의 기준치로 사용될 수 있다. 예를 들어 구매담당자는 합리적, 효율적 구매활동을 위해서 원자재 실제구입가격이 표준에 얼마나 가까운지를 비교, 검토하여야 할 필요가 있다. 이것은 구매담당자 성과평가의 기준치로서 표준원가가 기능을 수행 한다는 것을 나타내 주는 것이다. 또한 예를 들어 작업자는 표준작업시간과 실제작업시간을 비교하여 얼마나 표준에 가깝게 작업을 행하였는지를 확인하여야 할 필요가 있다. 이것은 작업담당자의 성과평가 기준치로 표준원가가 역할을 수행하고 있을 나타내 주는 것이다.

넷째, 표준원가는 목표관리(management by objectives)와 예외관리(management by exception)를 수행하게 해준다. 목표관리란 표준을 고려하여 사업별로 목표를 설정하고 이러한 목표달성을 위하여 업무를 수행하는 활동을 말한다. 이때 목표달성을 위한 활동이 성과 표준치 내에서 수행되고 있다면 정규적 감독이외의 특별한 관리활동은 필요가 없을 것이다. 그러나 목표달성을 위한 활동이 성과 표준치를 크게 벗어난 경우가 발생하면 이에 대한 적절한 조처가 필요하게 되어 이러한 문제 해결을 위한 관리활동이 필요하게 될 것이다. 이와 같이 성과 표준치를 벗어나는 예외적인 문제가 발생하였을 때 이에 대한 적절한 관리를 행하여야 할 필요가 발생하는데 이를 예외관리라 한다. 목표관리나 예외관리는 표준원가라는 기준에 의하여 수행되는 것이다. 다섯째, 표준원가는 제품제조원가계산에 이용할 수 있다. 즉, 제품수량에 단위당 표준원가를 곱하여 표준원가를 산출하면 이를 이용하여 매출원가나 기말재고자산의 금액을 계산하는 것은 수월하다. 따라서 제조원가계산이 간단, 용이해 지므로 기장업무를 감소시킬 수 있다. 그러나 결산 시 실제치와 표준치와의 차이는 반드시 조정이 필요하다.

## 2) 표준원가의 종류

표준은 이상적 표준, 정상적 표준 그리고 현실적 표준으로 분류할 수 있다. 이상적 표준은 이론적 표준 또는 공학적 표준이라고도 하는 표준이다. 이것은 작업 중단이나 기계고장 및 작업자의 휴식 등이 발생하지 않는 조건, 즉 고도로 숙련된 작업자들이 100% 능력을 다 발휘하고 작업환경도 최상의 조건을 유지하는 것을 가정할 때의 표준을 말한다. 이러한 이상적 표준은 그 달성가능성이 거의 없는 현실성이 없는 표준이라고 볼 수 있다. 한편, 정상적 표준은 경영활동상 발생할 수 있는 이상 현상이나 우발적 상황에서의 조업중단 등을 제거한, 정상적인 환경에서만 이루어질 수 있는 조업수준에 대하여 설정된 표준이다. 즉 정상적인 조업수준이나 능률수준을 기준으로 하여 설정된 표준을 말하는 것이다. 이러한 정상적인 표준은 보통 장기간에 걸친 과거 실적치를 평균하고 이와 함께 미래의 예상 조업도를 감안하여 결정한다. 따라서 경제적 환경이 안정적이고 정상적일 때 가장 적합하고 합리적인 성과평가의 측정치가 될 수 있는 표준이다. 현실적 표준은 정상적인 작업조건하에서 근로자가 합리적인 노력에 의해 평균적으로 달성할 수 있는 표준을 말한다. 이때는 정상적인 감손, 정상적인 기계고장, 공손, 정상적인 작업자의 여유시간 등은 조업시간에서 감안하여 이를 허용한다. 따라서 현실적 표준은 이상적인 표준이나 정상적인 표준보다는 어느 정도 여유가 있는 표준이다. 현실적 표준은 작업자들이 정상적으로 노력하면 달성할 수 있는 표준이라 할 수 있다. 따라서 표준원가로서 실무에서 실제로 이용가능한 표준이라 할 수 있다. 이러한 현실적 표준과 실제원가의 차이는 현실에서 벗어난 비효율을 나타내는 진실 된 수치라 할 수 있으며 이에 따라 경영자들은 이와 같은 차이에는 주의를 기울여야 할 것이다.

### 3) 표준원가의 설정

표준원가는 수량표준을 가격표준으로 곱하여 산출할 수 있다. 예를 들어 재료원가의 표준원가를 설정하는 경우 제품 단위당 수량표준이 재료 2kg이 소요되고 이것의 가격표준은 단위당 50원이라 한다면 단위당 재료원가의 표준원가는 100원이 될 것이다. 또 제품 1단위를 생산하는데 수량표준, 즉, 소요 시간은 3시간이며 가격표준, 즉, 시간당 노무원가는 500원이 소요된다면 노무원가의 표준원가는 1,500원이 될 것이다. 이와 같이 표준원가는 제조원가의 3요소인 직접재료원가, 직접노무원가, 제조간접비 등의 수량표준에서 가격표준을 곱한 값의 합으로 설정된다. 그러므로 이를 정리하면 아래 (8-1)과 같이 나타낼 수 있을 것이다.

| **표준원가 = 수량표준 × 가격표준** (식 8-1) |
|---|

즉, 제품단위당 표준원가의 계산은 위의 (식 8-1)에 근거하여 각 원가요소별로 각각의 원가를 계산하고 이를 합산하여 표준원가를 산출하는 방법을 취 한다. 이에 대하여 구체적으로 살펴보면, 첫째, 직접재료원가 표준원가는 투입되는 재료의 수량표준에 가격표준을 곱하여 산출된다. 이때 수량표준은 재료명세서(bill of materials ; BOM)에 산출되고 가격표준은 재료의 구매금액에 부대비용이나 수량할인 등을 고려하여 산출한다. 그리고 재료명세서(BOM)는 완제품 한 단위 생산에 소요되는 각각의 원재료 종류와 소요 수량을 공손이나 폐 처리를 감안하여 기재한 명세서이다. 이러한 제반 사항을 고려하여 직접재료원가의 표준원가는 아래와 같이 제품 1단위 생산에 필요한 직접재료의 표준수량에 직접재료 1단위당 가격표준을 곱하여 계산한다.

| **단위당 표준직접재료원가** | = | **단위당 표준원재료수량** | × | **원재료 단위당 표준가격** |
|---|---|---|---|---|
| **(표준원가)** | | **(수량표준)** | | **(가격표준)** |

둘째, 직접노무원가 표준원가는 단위당 표준작업시간에 시간당 표준임률을 곱하여 산출한다. 이때 표준작업시간은 제품 1단위를 완성하는데 투입되는 직접작업시간을 의미하는 것인데 이것은 종업원의 휴식시간, 작업준비시간 등도 감안하여 결정한다. 그리고 시간당 표준임률은 종업원들의 임금에 세금, 복리후생비 등을 역시 감안하여 결정한다. 따라서 직접노무원가 표준원가는 아래와 같은 산식에 의하여 계산되어 진다.

| **단위당 표준직접노무원가** | = | **단위당 표준직접노동시간** | × | **시간당 표준임률** |
|---|---|---|---|---|
| **(표준원가)** | | **(수량표준)** | | **(가격표준)** |

셋째, 제조간접비는 그것을 구성하는 각 종의 경비 등 그 구성하는 항목이 매우 많아 그 항목별로 표준원가를 설정하는 것이 복잡성을 더하는 것뿐일 것이다. 따라서 제조간접비 표준원가는 원가행태에 따라 크게 변동제조간접비와 고정제조간접비로 나누고 일반적으로 이 두 가지 제조간접비에 대한 표준원가를 설정한다. 이때 각각 단위당 표준조업도에 단위당 표준배부율을 곱하여 단위당 표준변동, 또는 표준고정제조간접비를 산출한다. 그런데 변동제조간접비는 수량표준으로 조업도를 사용한다. 조업도로는 직접노동시간, 기계작업시간, 생산량 등이 이용될 수 있는데 이중 직접노동시간을 조업도로 가장 많이 사용하고 있다. 한편, 이와 함께 변동제조간접비의 가격표준으로는 표준배부율을 사용한다. 단위당 변동제조간접비 표준배부율은 시간당 변동제조간접비 배부액을 의미하는데 이에 대한 산출은 표준임율의 산출과정과 유사하다. 단위당 표준변동제조간비의 산출식은 아래와 같다.

| **단위당 표준변동제조간접비** | = | **단위당 표준조업도** | × | **조업도 단위당 표준배부율** |
|---|---|---|---|---|
| **(표준원가)** | | **(수량표준)** | | **(가격표준)** |

한편, 고정제조간접비는 관련범위 내에서 조업도의 변동에 관계없이 고정적인 원가이다. 따라서 단위당 표준고정제조간접비 배부율을 계산하기 위해서는 총고정제조간접비를 수량표준인 단위당 표준조업도로 나누어야 한다. 이때 단위당 표준조업도로

사용되는 조업도는 기준조업도로서 실제조업도가 아닌 예정조업도이고 단위당 표준배부율도 예정배부율이다. 그러므로 실무에서 기준조업도인 표준조업도와 실제조업도가 일치하지 않는 경우에는 제조간접비 배부차이의 처리문제가 발생하게 되는 것이다. 단위당 표준고정제조간접비의 산출식은 아래와 같다.

| 단위당 표준고정제조간접비 | = | 단위당 표준조업도 | × | 조업도 단위당 표준배부율 |
|---|---|---|---|---|
| (표준원가) | | (수량표준) | | (가격표준) |

### 예제 8－1 표준원가

현대(주)는 홍삼 드링크제 생산에 대한 표준원가를 설정하려 한다. 제품 1단위를 생산하는데 300g의 원재료와 4시간의 직접노동시간이 필요하다. 원재료 100g당 표준가격은 30원, 직접노동시간당 표준임률은 400원으로 결정하였고 변동제조간접비도 직접노동시간당 400원으로 추정하였다. 그리고 고정제조간접비의 배부는 직접노동시간당 600원으로 결정하였다.

[물음]

제품단위당 표준원가를 설정하시오.

[해 답]

| | 수량표준 | 가격표준 | 표준원가 |
|---|---|---|---|
| 직접재료원가 | 300g | 30원/100g | 9,000원 |
| 직접노무원가 | 4시간 | 400/시간 | 1,600 |
| 변동제조간접비 | 4시간 | 400/시간 | 1,600 |
| 고정제조간접비 | 4시간 | 600/시간 | 2,400 |
| 제품단위당 표준원가 | | | 14,600원 |

# 3. 차이분석

## 1) 차이분석의 기본모형

표준원가와 실제원가와의 차이 분석은 직접재료원가, 직접노무원가, 변동제조간접비, 고정제조간접비 등으로 나누어 각각 살펴볼 수 있다. 우리는 원가의 차이 분석을 통하여 책임중심점별로 성과평가를 행할 수 있고 각 상황에 따라 원인규명, 수정, 보완, 조정 등 또한 수행할 수 있게 된다. 예를 들어 직접재료원가의 가격차이가 발생한다면 그 원인은 재료의 실제 구매가격과 표준가격의 차이이므로 이때 책임중심점은 구매부서일 것이다. 또 직접재료 소비액에 대한 생산차이가 발생하였다면 실제투입량과 표준허용량의 차이이므로 그 책임중심점은 생산담당부서일 것이다. 즉, 이러한 차이분석에 의하여 성과평가, 원인규명, 수정, 보완 등이 이루어질 수 있는 것이다.

아래 [도표 8-1]은 차이분석의 기본모형 틀이다. 이러한 [도표 8-1]과 같은 기본모형 틀을 이용하여 직접재료원가, 직접노무원가, 변동제조간접비 등에 대한 차이분석을 시행할 수 있다. 그러나 고정제조간접비의 이러한 기본모형 틀로는 차이분석을 행하기가 어렵다. 왜냐하면 고정제조간접비는 관련범위 내에서 변동하지 않는 특성, 즉 다른 원가와는 조금 다른 특성을 갖고 있기 때문이다. 따라서 고정제조간접비는 [도표 8-1]과는 조금 다른 차이분석의 모형 틀이 필요하다. 이에 대해서는 본장의 학습순서에 따라 별도로 살펴보기로 한다.

원가의 차이분석은 실제원가와 표준원가 사이의 총차이에 의해 이루어지는데 이러한 원가차이는 각 원가의 특성에 따라 각각 크게 두 개로 분류할 수 있다. 즉, [도표 8-1]과 같이 구체적으로 직접재료원가 총차이는 가격차이와 수량차이, 직접노무원가 총차이는 임률차이와 능률차이, 변동제조간접비 총차이는 소비차이와 능률차이로 분류할 수 있고, [도표 8-5]에서 설명되는 고정제조간접총차이는 예산차이와 조업도차이로 분류하게 된다. 그리고 이때 실제원가는 실제투입량(Actual Quantity)에 실제가격(Actual Price)를 곱하여 산출하고 실제투입량 대비 표준원가는 실제투입량에 표준가격(Standard Price)을 곱하여 산출하며 실제생산량에 허용된 표준원가는 표준허용량(Standard Quantity)에 표준가격을 곱하여 산출한다.

❖ [도표 8-1] 차이분석의 기본모형

| 실제원가 | 실제투입량 대비 표준원가 | 실제생산량에 허용된 표준원가 |
|---|---|---|
| 실제투입량×실제가격<br>(AQ×AP) | 실제투입량×표준가격<br>(AQ×SP) | 표준허용량[(1)]×표준가격<br>(SQ×SP) |

| (AQ×AP) – (AQ×SP) | (AQ×SP) – (SQ×SP) |
|---|---|
| 가격차이(직접재료원가) | 수량차이(직접재료원가) |
| 임률차이(직접노무원가) | 능률차이(직접노무원가) |
| 소비차이(변동제조간접비) | 능률차이(변동제조간접비) |

총차이(원가차이)

(1) 표준허용수량(시간)=실제생산량×단위당 표준수량(시간)
이는 실제 산출된 생산량에 허용된 수량임.

## 2) 직접재료원가의 차이분석

직접재료원가 차이의 발생은 가격차이와 수량차이로 구분할 수 있다. 이러한 직접재료원가 차이는 실제 발생한 직접재료원가와 실제생산량에 허용된 표준 직접재료원가의 차이에서 발생한다. [예제 8-2]를 통해 직접재료원가의 차이분석에 대해 구체적으로 살펴보자.

### 예제 8-2 직접재료원가의 차이분석

현대(주)는 지난달 1,000kg의 재료를 200,000원에 구입하였다. 그 가운데 960kg을 제품생산에 사용하였다. 직접재료의 표준수량은 2.0kg이며, 표준가격은 210원이다. 지난달의 예산 생산 수량은 500개이며, 실제 생산량은 460개이다. 단, 직접재료의 기초재고는 없다.

[물음]

직접재료원가의 차이분석을 하시오.

[해 답]

| 실제투입량×실제가격 (AQ×AP) | 실제투입량×표준가격 (AQ×SP) | 표준허용량×표준가격 (SQ×SP) |
|---|---|---|
| 960kg×200원(1) | 960kg×210원 | 920kg(2)×210원 |
| =192,000 | =201,600 | =193,200 |

가격차이 9,600원(F)　　수량차이 8,400원(U)

총차이 1,200원(F)

(1) 200,000원÷1,000kg=200원
(2) 460단위×단위당 2.0kg=920kg

[예제 8-2]를 보면 직접재료원가의 총차이는 1,200원이다. 이것은 가격차이 9,600과 수량차이 8,400으로부터 산출된 값이다. 이때 가격차이와 수량차이의 합은 18,000원이다. 그러나 총차이는 1,200원이 산출되었다. 이는 가격차이와 수량차이가 F와 U로 표시된 유리한 차이(favorable variance ; F)와 불리한 차이(unfavorable variance ; U)로 나타났기 때문이다. 즉, 실제투입량이나 실제가격이 표준소용량이나 표준가격을 초과하면 예산을 넘어선 것으로 불리한 차이가 발생하고, 반대의 경우 유리한 차이가 발생하게 되는 것이다. 그러므로 [예제 8-2]에서는 유리한 차이인 가격차이 9,600원과 불리한 차이인 수량차이 8,400원을 서로 상쇄시켜야 하며 따라서 총차이는 1,200원으로 계산되는 것이다. 대개의 경우 가격차이와 수량차이 간에는 정(+)의 상관관계보다는 부(-)의 상관관계를 보이는 경우가 많다. 예를 들어 품질이 낮은 값싼 원재료를 사용하게 되면 당연히 가격차이는 유리하게 나타날 것이다. 그러나 생산에 있어 원재료의 소비량이 품질로 인하여 표준 이상 소비될 가능성이 많아져 수량차이는 불리한 차이로 발생할 가능성이 큰 것이다.

직접재료원가에서 가격차이가 발생하는 원인은 여러 가지 측면에서 생각해 볼 수 있다. 즉, 원재료시장에서의 공급과 수요의 변동에 의해 가격변동이 일어나 차이가 발생할 수 있거나, 구매담당자의 업무활동의 적극성, 능력 등에 따라 가격차이가 발생할 수도 있으며, 표준으로 설정될 당시의 재료 품질수준과 실제 구입한 재료의 품질수준의 차이에 의해 가격차이가 발생할 수도 있다. 그리고 공급자와의 관계성에 의하여 가격차이가 발생할 수도 있는 것이다. 한편, 수량차이가 발생하는 원인으로는 생산활동 과정에서 원재료를 비효율적으로 사용하거나 표준설정시의 원재료 품질과 사용 당시의 원재료 품질의 차이가 있거나, 생산과 관련된 학습효과, 기술혁신 등이 발생하여 생산프로세스의 차이가 발생하거나 하는 등을 들 수 있을 것이다. 그러나 이러한 차이들은 정상적인 상황에서도 관련범위 내에서 발생하게 된다. 이러한 차이는 정상감모, 정상잉여 등으로 그 차이 분석이 크게 중요하지 않은 차이인 것이다. 또한 무조건 불리한 차이의 발생을 억제한다면 낮은 품질의 원재료를 사용한다든지 소극적인 생산활동을 수행한다든지 하는 부작용이 발생할 수도 있으며 반대의 경우에는 너무 방만한 관리가 이루어질 수도 있을 것이다. 따라서 표준원가제도를 이용하여 종업원들을 과도하게 통제할 때는 많은 부작용이 발생할 수 있는 것이다.

한편, 직접재료원가 가격차이는 다시 순수가격차이와 가격 · 수량혼합차이로 구분할 수 있다. 이러한 내용에 대한 산출식은 아래와 같다.

**직적재료원가 가격차이**

$$= AQ \times (AP - SP)$$
$$= \{SQ + (AQ - SQ)\} \times (AP - SP)$$
$$= \underbrace{SQ \times (AP - SP)}_{\text{순수가격차이}} + \underbrace{(AQ - SQ) \times (AP - SP)}_{\text{가격 · 수량혼합차이}}$$

그런데 이러한 직접재료원가 차이분석에는 그 차이를 분석하는 기준 시점을 구매시점으로 할 것이냐 아니면 투입시점으로 할 것이냐 하는 문제가 존재한다. 즉, 재료를 구매하는 시점과 이를 생산에 투입하는 시점 사이에는 재료의 수량차이, 원가계산의 시기적인 차이 등이 존재하며 이로 인해 문제가 발생할 수 있다. 따라서 재료원가 차이분석을 언제 시행할 것이냐 하는 것에 대한 규명이 필요한 것이다. 이러한 문제는 관리적인 측면에서 볼 때 구매시점에 차이분석을 실시하는 것이 바람직하다. 원재료를 생산에 투입하지 않고 창고에 보관하고 있을 때 이에 대한 투입기준에 의하여 차이분석을 실시하게 되면 투입시기까지 차이분석은 시행되지 않는다. 예를 들어 수개월이 지난 후에 차이분석을 행하게 될 것이며 이러한 정보는 의사결정에 도움이 되기가 어려운 것이다. 즉, 의사결정에 필요한 정보는 가능한 빨리 획득하여 활용되어야 그 내용을 충분히 이용할 수 있을 것이다. 그러므로 직접재료원가의 가격차이와 수량차이 분석은 각각 구매시점과 소비시점으로 구분하여 실시하는 것이 합리적인 방안일 것이다. 또한 이렇게 구매시점과 소비시점에 차이분석을 실시함으로써 표준원가로 원재료를 원재료재고계정에 계상할 수도 있게 된다. 이것은 재료원가의 기장업무와 계산과정을 간단하게 해주어 효율성을 제고시킬 수 있게 해주는 것이다.

한편, 재료원가 차이분석을 구매시점을 기준으로 하여 행하는 경우 [도표 8-4]와 같이 직접재료의 가격차이는 구입수량을 기준으로 하여 산출하고 수량차이는 투입기준 때와 마찬가지로 생산 투입수량을 기준으로 산출한다.

❖ [도표 8-4] 직접재료원가의 시점별 차이분석

| 실제구입량×실제가격 (AQ×AP) | 실제구입량×표준가격 (AQ×SP) |
|---|---|
| 1,000kg×200원 = 200,000원 | 1,000kg×210원 = 210,000원 |

가격차이 10,000원(F)

| 실제투입량×표준가격 (AQ×SP) | 표준허용수량×표준가격 (SQ×SP) |
|---|---|
| 960kg×210원 = 201,600원 | 920kg×210원 = 193,200원 |

수량차이 8,400원(U)

### 3) 직접노무원가의 차이분석

직접노무원가의 차이분석도 실제 발생한 직접노무원가와 실제생산량에 허용된 표준직접노무원가의 차이 분석으로 수행된다. 그리고 분석에 의해 발생된 직접노무원가 총차이는 임률차이와 능률차이로 분류되어 표시된다. [예제 8-3]을 통해 구체적으로 직접노무원가의 차이를 분석한다.

### 예제 8-3 직접노무원가 차이분석

현대(주)는 지난 달 1,000시간의 직접작업시간을 기록하였고, 실제 발생원가는 4,200,000원(시간당 4,200원)이었다. 실제 생산량은 460개이다. 표준직접작업은 2.5시간이며, 표준임률은 4,100원이다.

[물음]

직접노무원가에 대한 차이분석을 하시오.

[해 답]

| 실제투입시간×실제임률 (AQ×AP) | 실제투입시간×표준임률 (AQ×SP) | 표준허용시간×표준임률 (SQ×SP) |
|---|---|---|
| 1,000시간×4,200원 =4,200,000원 | 1,000시간×4,100원 =4,100,000원 | 1,150시간[(1)]×4,100원 =4,715,000원 |

임률차이 100,000원(U) / 능률차이 615,000(F)

총차이 515,000원(F)

(1) 460단위×2.5시간=1,150시간

차이분석에서 직접노무원가의 임률차이가 발생한 원인은 여러 가지 경우로 추정해 볼 수 있다. 그 예로서 고임률을 적용받는 숙련작업자가 낮은 임율의 작업을 한 경우 표준보다 높은 임률을 적용하여야 할 것이었다든지, 작업의 숙련도 차이, 임금책정의 오류 등을 들 수 있다. 직접노무원가 차이분석에서 발생하는 임률차이는 일반적으로 인사부서의 책임 사항이며, 능률차이는 생산부서의 책임 사항이다. 물론 임률차이와 능률차이 간에도 상충관계는 존재한다. 예를 들어 비숙련공을 고용하면 임금이 낮아 직접노무원가의 가격차이는 유리하게 나타날 것이다. 그러나 노동시간의 낭비 등이 발생하여 능률차이는 불리하게 나타날 수 있는 것이다.

## 4) 변동제조간접비 차이분석

변동제조간접비의 차이분석 역시 직접재료원가나 직접노무원가의 차이분석과 같은 맥락에서 살펴 볼 수 있다. 즉, 실제 발생한 변동제조간접비와 실제생산량에 허용된 표준변동제조간접비의 비교에 의해서 구해진 차이에 의해 이루어지는 것이다. 이때 발생된 변동제조간접비의 총차이는 소비차이와 능률차이로 분류하여 이용된다. 아래 [예제 8-4]를 통해 변동제조간접비의 차이분석에 대하여 살펴본다.

### 예제 8-4 변동제조간접비 차이분석

현대(주)는 지난 달 변동제조간접비의 실제발생액이 2,200,000원이었다. 실제 생산량은 460개이다. 실제투입시간은 1,000시간이다. 표준직접작업시간은 2.5시간이며, 표준배부율은 2,100원이다.

[물음]

변동제조간접비에 대한 차이분석을 하시오.

[해 답]

| 실제투입시간×실제배부율 (AQ×AP) | 실제투입시간×표준배부율 (AQ×SP) | 표준허용시간×표준배부율 (SQ×SP) |
|---|---|---|
| 1,000시간×2,200원[1] | 1,000시간×2,100원 | 1,150시간[2]×2,100원 |
| =2,200,000원 | =2,100,000원 | =2,415,000원 |

소비차이 100,000원(U) 능률차이 315,000(F)

총차이 215,000원(F)

(1) 2,200,000원÷1,000시간 =2,200원
(2) 460단위×2.5시간 =1,150시간

차이분석에서 변동제조간접비의 소비차이와 능률차이가 발생하는 원인은 여러 가지 요인으로 분석해 볼 수 있다. 그 예로서 변동제조간접비의 실제배부율과 표준배부율이 서로 다를 경우, 변동제조간접비의 표준배부율이 오류를 많이 포함하고 있는 경

우, 즉 변동제조간접비에 서로 다른 원가행태를 보이는 많은 항목들을 포함하고 있을 때, 그리고 변동제조간접비에 속한 원가항목들을 너무 능률적으로 사용했거나 또는 너무 비능률적으로 사용한 경우 등을 들 수 있다.

## 5) 고정제조간접비 차이분석

고정제조간접비는 관련범위 내에서 변동없이 늘 일정하게 발생하는 원가이다. 따라서 지금까지의 직접재료원가, 직접노무원가, 변동제조간접비와는 전혀 다른 원가행태를 나타내는 것이다. 이러한 고정제조간접비는 조업도 등 어떠한 활동과도 관계없이 그 발생금액은 변화가 없는 것이다. 그러므로 고정제조간접비에서는 능률차이가 인식될 수 없다. 그러나 고정제조간접비의 실제발생액과 예산총액 간에 예산차이가 발생할 수 있으며, 예산조업도와 표준조업도 간에는 조업도 차이가 발생할 수 있다. 이러한 고정제조간접비 차이분석은 [도표 8-5]와 같은 기본모형도로 나타낼 수 있다.

❖ [도표 8-5] 고정제조간접비의 차이분석 기본모형

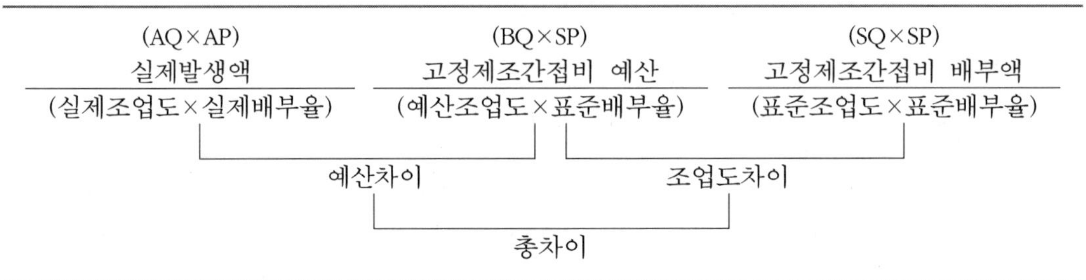


[도표 8-5]에는 예산조업도와 표준조업도라는 용어가 나타나는데 고정제조간접비의 기본모형을 이해하기 위해서는 이 두 조업도의 의미를 이해하여야 한다. 예산조업도(Budget Quantity)는 고정제조간접비 예정배부율을 구하기 위해 미리 설정해 놓은 기준조업도를 말한다. 이것은 지난 실적을 고려하여 임의 정한 추정치인 것이다. 이러한 예산(기준)조업도는 주로 직접노동시간예산이나 직접노무원가예산, 기계작업시간예산 혹은 생산량예산 등을 기준으로 설정된다. 예를 들어 만약 고정제조간접비 예산액이 200,000원이고, 직접노동시간 예산은 1,000시간이라면 고정제조간접비의 표준(예정)배부율은 직접노동시간당 200원이며, 이때 직접노동시간 예산 1,000시간이 예

산조업도가 되는 것이다. 예산조업도는 해당 일정 기간동안 생산된 제품에 안정되게 배부되어야 함으로 이것은 한번 정해지면 일정 기간 동안 변동하지 않아야만 한다. 한편, 표준조업도는 실제 산출된 수량에 허용된 조업도를 말하는데 이를 표준허용조업도라고도 한다. 아래 (식 8-2)는 고정제조간접비 표준배부율을 산출하는 식을 나타내 주는 것이다. 고정제조간접비 차이분석에 대해서 아래 [예제 8-5]를 통해 좀 더 자세히 학습한다.

$$\text{고정제조간접비 표준(예정)배부율} = \frac{\text{고정제조간접비예산}}{\text{예산조업도}} \qquad \text{(식 8-2)}$$

## 예제 8-5 고정제조간접비 차이분석1

현대(주)의 전월 고정제조간접비 예산은 42,000원이며, 예산조업도는 1,500시간이다. 제품 1단위당 표준직접노동시간은 2.5시간이며, 고정제조간접비 실제발생액은 40,000원이다. 생산된 제품의 수량은 550단위이다.

[물음]

1) 고정제조간접비의 표준배부율은 얼마인가?
2) 예산(기준)조업도는 얼마인가?
3) 표준조업도는 얼마인가?

[해 답]

1) 고정제조간접비 표준배부율 = 고정제조간접비 예산÷예산조업도(기준조업도)
   = 42,000원÷1,500시간
   = 28원/시간
2) 예산조업도는 고정제조간접비 예정배부율은 산정할 때 예산조업도이므로 1,500시간임.
3) 표준조업도=실제생산량×표준직접노동시간
   =550단위×2.5시간
   =1,375시간

예산조업도는 예정배부율을 구할 때 임의로 정하는 값, 즉 기준조업도을 말한다. 그리고 표준배부율은 고정제조간접비 예산액을 예산조업도로 나눈 값이다. 또한 표준조업도는 실제생산된 수량에 표준직접노동시간 등을 곱한 값을 의미한다.

### 예제 8-6 고정제조간접비 차이분석2

[예제 8-5]의 자료를 이용한다. 즉, 현대(주)의 전월 고정제조간접비 예산은 42,000원이며, 예산조업도는 1,500시간이다. 그리고 제품 1단위당 표준직접노동시간은 2.5시간이며, 고정제조간접비 실제발생액은 40,000원이다. 한편, 생산된 제품의 수량은 550단위이다.

[물음]

고정제조간접비의 차이분석을 하시오.

[해 답]

| 실제발생액 | 고정제조간접비 예산 | 고정제조간접비 배부액 |
|---|---|---|
| (실제조업도×실제배부율) | (기준조업도×표준배부율) | (표준조업도×표준배부율) |
| =40,000원 | (1,500시간×28원)=42,000원 | (1,375시간×28원)=38,500원 |

예산차이 2,000원(F)

조업도차이 3,500원(U)

총차이 1,500원(U)

## 4. 제조간접비의 차이분석 방법

### 1) 변동예산

변동예산이란 일정한 관련범위 내에서 발생하는 조업도의 변동을 고려하여 작성된 예산편성을 말한다. 변동예산은 원가통제나 차이분석 등에서 고정예산보다 훨씬 유용하게 사용될 수 있는 예산시스템이다. 변동예산의 유용성을 알아보기 위하여 [도표 8-6]과 같은 고정예산 손익계산서를 살펴보기로 하자. 고정예산은 조업도 16,000단위 생산량에서 편성된 것이며, 단위당 판매가격은 40원이라고 할 경우 [도표 8-6]에서 보는 바와 같이 변동비는 모두 유리한 차이를 보이고 있고, 고정비는 모두 불리한 차이를 보이고 있다. 그런데 여기에서 우리가 주목해야 할 것은 이때 변동비의 유리한 차이는 효율적인 원가통제에 의해 얻어진 것이 아니라는 것을 알 수 있어야 한다는 것이다. 왜냐하면 변동비 예산원가는 16,000단위의 조업도하를 예상하여 수립된 것인데 반하여 실제원가는 조업도 11,000단위에서 작성된 것이기 때문에 변동비의 유리한 차이가 발생할 가능성이 컸다는 것이다. 만약 실제조업도도 16,000단위였다면 변동비는 불리한 차이를 보일 가능성이 매우 큰 것이다. 실제로 이러한 고정예산 손이계산서를 변동예산 손익계산서로 바꾸어 보면 그것을 확인할 수 있다. 고정예산 손익계산서를 변동예산 손익계산서로 바꾸기 위해서는 [도표 8-7]과 같이 추가 자료가 주워져야 한다. 이러한 자료들에 의하여 고정예산 손익계산서를 변동예산 손익계산서로 변환 작성하면 [도표 8-8]과 같다.

[도표 8-6]의 고정예산 손익계산서에서는 변동비가 모두 유리한 차이를 보였었지만, [도표 8-8]에서 보는 바와 같이 변동예산손익계산서에서는 변동비가 모두 불리한 차이로 나타나 있다. 이것은 고정예산손익계산서의 예산조업도 16,000단위를 변동예산 손익계산서에서는 실제조업도 11,000단위로 수정하여 계산하였기 때문이다. 변동예산은 일정한 관련범위 내에서 다양한 조업도수준을 고려하여 예산편성을 할 수 있어 원가의 관리, 통제에 매우 유용한 방안인 것이다.

❖ [도표 8-6] 고정예산손익계산서

| | | 예 산 | 실 제 | 차 이 |
|---|---|---|---|---|
| 생산량(단위) | | 16,000 | 11,000 | 5,000(U) |
| 매출액 | | 640,000원 | 440,000원 | 200,000원(U) |
| 변동비 | | | | |
| | 직접재료원가 | 128,000원 | 110,000원 | 18,000원(F) |
| | 직접노무원가 | 96,000 | 93,500 | 2,500(F) |
| | 변동제조간접비 | 32,000 | 30,800 | 1,200(F) |
| | 판매비 및 관리비 | 16,000 | 11,000 | 5,000(F) |
| 총변동비 | | 272,000원 | 245,300원 | 26,700원(F) |
| 공헌이익 | | 368,000원 | 194,700원 | 173,300원(U) |
| 고정비 | | | | |
| | 고정제조간접비 | 130,000원 | 132,000원 | 2,000원(U) |
| | 판매비 및 관리비 | 50,000 | 50,000 | - |
| 총고정비 | | 180,000원 | 182,000원 | 2,000(U) |
| 순이익 | | 188,000원 | 12,000원 | 176,000원(U) |

❖ [도표 8-7] 변동예산 편성을 위한 추가자료

| 원가항목 | 직접재료원가 | 직접노무원가 | 변동제조간접비 | 판매비 및 관리비 |
|---|---|---|---|---|
| 단위당 변동비 | 8원 | 6원 | 2원 | 1원 |

❖ [도표 8-8] 변동예산손익계산서

| | | 예 산 | 실 제 | 차 이 |
|---|---|---|---|---|
| 생산량(단위) | | 11,000 | 11,000 | - |
| 매출액 | | 440,000원 | 440,000원 | - |
| 변동비 | | | | |
| | 직접재료원가 | 88,000[(1)] | 110,000원 | 20,000원(U) |
| | 직접노무원가 | 66,000[(2)] | 93,500 | 25,000(U) |
| | 변동제조간접비 | 22,000[(3)] | 30,800 | 8,000(U) |
| | 판매비 및 관리비 | 11,000[(4)] | 11,000 | - |
| 총변동비 | | 187,000원 | 245,300원 | 58,300원(U) |
| 공헌이익 | | 253,000원 | 194,700원 | 58,300원(U) |
| 고정비 | | | | |
| | 고정제조간접비 | 130,000원 | 132,000원 | 2,000원(U) |
| | 판매비 및 관리비 | 50,000 | 50,000 | - |
| 총고정비 | | 180,000원 | 182,000원 | 2,000(U) |
| 순이익 | | 73,000원 | 12,700원 | 60,300원(U) |

(1) 11,000단위×8원=88,000원
(2) 11,000단위×6원=66,000원
(3) 11,000단위×2원=22,000원
(4) 11,000단위×1원=11,000원

## 2) 제조간접비 차이분석의 구분

위에서는 변동제조간접비와 고정제조간접비를 따로 따로 차이분석하는 방법을 설명하였다. 그러나 본 절에서는 변동 및 고정 제조간접비를 합하여 제조간접비 차이분석을 하는 방법에 대하여 알아보도록 한다. 제조간접비 차이분석은 2분법, 3분법, 4분법으로 구분할 수 있다. 제조간접비의 2분법 차이분석은 예산차이와 조업도차이의 두 가지 차이로 구분하여 분석하는 방법이다. 그리고 3분법은 예산차이, 능률차이 그리고 조업도차이의 세 가지로 구분하여 분석하는 방법이다. 또한 4분법은 변동제조간접비의 소비차이와 능률차이, 고정제조간접비 예산차이와 조업도차이 등을 이용하여 제조간접비 차이를 4개로 구분하여 차이분석을 행하는 방법이다. 아래 [도표 8-9]는 3분법과 2분법 차이분석의 기본모형이다.

❖ [도표 8-9] 3분법과 2분법의 차이분석 기본모형

| 실제발생 | 변동예산(투입기준) | 변동예산(산출기준) | 표준배부액 |
|---|---|---|---|
| 실제변동제조간접비 | AQ×SP | SQ×SP | SQ×SP |
| + | + | + | + |
| 실제고정제조간접비 | BQ×SP | BQ×SP | SQ×SP |
| × × × | × × × | × × × | × × × |

3분법 예산차이 능률차이 조업도차이

2분법 (변동)예산차이 조업도차이

총차이 제조간접비차이

3분법 예산차이＝실제제조간접비 발생액－제조간접비 변동예산(실제투입시간기준)
능률차이＝제조간접비 변동예산(실제투입시간기준)－제조간접비 변동예산
조업도차이＝제조간접비 변동예산－제조간접비 표준배부액

2분법 예산차이＝실제제조간접비 발생액－제조간접비 변동예산
조업도차이＝=제조간접비 변동예산－제조간접비 표준배부액

## 예제 8－7 고정제조간접비 차이분석 3

현대(주)의 단위당 표준원가는 다음과 같다.

| | 수량표준 | 가격표준 | 표준원가 |
|---|---|---|---|
| 직접재료원가 | 20kg | 5원 | 100원 |
| 직접노무원가 | 1시간 | 27 | 27 |
| 변동제조간접비 | 1시간 | 18 | 18 |
| 고정제조간접비 | 2시간 | 11 | 22 |
| 단위당 표준원가 | | | 167원 |

연간고정제조간접비예산은 3,000,000원이며, 연기준조업도는 200,000시간이다. 연간 생산량예산은 100,000단위이며, 월기준조업도는 15,000단위이다. 월고정제조간접비예산은 300,000원이다. 전월 실제생산량은 14,000단위였으며, 원재료 336,000kg을 kg당 6원에 구입하여 이중 300,000kg을 생산에 투입하였다. 직접노무원가는 250,000원이 발생하였는데, 직접노동시간은 10,000시간, 시간당 임률은 25원에 해당하는 것이다. 변동제조간접비와 고정제조간접비 발생액은 각각 200,000원과 320,000원이었다.

[물음]

1) 전월의 직접재료원가의 차이분석을 하시오(구입시점을 기준으로 분리할 것).

2) 전월의 직접노무원가의 차이분석을 하시오.

3) 4분법으로 전월의 제조간접비 차이를 분석하시오.

4) 3분법과 2분법으로 전월의 제조간접비 차이를 분석하시오.

5) 제조간접비 차이를 4분법, 3분법, 2분법으로 분석한 결과를 비교하시오.

[해 답]

1) 직접재료원가 차이분석

| 실제구입량×실제가격 (AQ×AP) | 실제구입량×표준가격 (AQ×SP) |
|---|---|
| 336,000kg×6원 =2,016,000원 | 336,000kg×5원 =1,680,000원 |

가격차이 336,000원(U)

| 실제투입량×표준가격 (AQ×SP) | 표준허용수량×표준가격 (SQ×SP) |
|---|---|
| 300,000kg×5원 =1,500,000원 | 280,000kg(1)×5원 =1,400,000원 |

수량차이 100,000원(U)

(1) 14,000단위×20kg=280,000kg

2) 직접노무원가 차이분석

| 실제투입시간×실제임률 (AQ×AP) | 실제투입시간×표준임률 (AQ×SP) | 표준허용시간×표준임률 (SQ×SP) |
|---|---|---|
| 10,000시간×25원 =250,000원 | 10,000시간×27원 =270,000원 | 14,000시간(1)×27원 =378,000원 |

임률차이 20,000원(F)

능률차이 108,000원(F)

총차이 128,000원(F)

(1) 14,000단위×1시간=14,000시간

3) 4분법 제조간접비 차이분석

① 변동제조간접비 차이분석

| 실제투입시간×실제배부율 (AQ×AP) | 실제투입시간×표준배부율 (AQ×SP) | 표준허용시간×표준배부율 (SQ×SP) |
|---|---|---|
| | 10,000시간×18원 | 14,000시간[(1)]×18원 |
| =200,000원 | =180,000원 | =252,000원 |

소비차이 20,000원(U)　　　능률차이 72,000원(F)

총차이 52,000원(F)

(1) 14,000단위×1시간=14,000시간

② 고정제조간접비 차이분석

| 실제발생액 | 고정제조간접비 예산 | 고정제조간접비 배부액 |
|---|---|---|
| (실제조업도×실제배부율) | (기준조업도×표준배부율) | (표준조업도×표준배부율) |
| | (30,000시간[(1)]×10원)[(2)] | (24,000시간[(3)]×10원) |
| =320,000원 | =300,000원 | =240,000원 |

예산차이 20,000원(U)　　　조업도차이 60,000원(U)

총차이 80,000원(U)

(1) 연간기준조업도는 시간기준(200,000시간)으로, 월기준조업도는 제품단위(15,000단위)로 설정되어 있음. 따라서 월기준조업도를 시간단위로 환산하면
15,000단위×2시간=30,000시간
(2) 300,000원÷30,000시간=10원
(3) 14,000단위×2시간=24,000시간

4) 3분법 제조간접비 차이분석

| 실제발생 | 변동예산(투입기준) | 변동예산(산출기준) | 표준배부액 |
|---|---|---|---|
| 실제변동제조간접비 | AQ×SP | SQ×SP | SQ×SP |
| =200,000원 | 10,000시간×18원 =180,000원 | 14,000[1]×18원 =252,000원 | 14,000×18원 =252,000원 |
| + | + | + | + |
| 실제고정제조간접비 | 고정제조간접비예산 | 고정제조간접비예산 | SQ×SP |
| 320,000원 | 300,000원 | 300,000원 | 240,000원[2] |
| 520,000원 | 480,000원 | 552,000원 | 492,000원 |

| 구분 | | | |
|---|---|---|---|
| 3분법 | 예산차이 40,000원(U) | 능률차이 72,000원(F) | 조업도차이 60,000원(U) |
| 2분법 | 예산차이 32,000원(F) | | 조업도차이 60,000원(U) |
| 총차이 | 제조간접비차이 28,000원(U) | | |

(1) 14,000단위×1시간=14,000시간
(2) (14,000단위×2시간)×10원=240,000원

5) 4분법, 3분법, 2분법 차이분석 결과비교

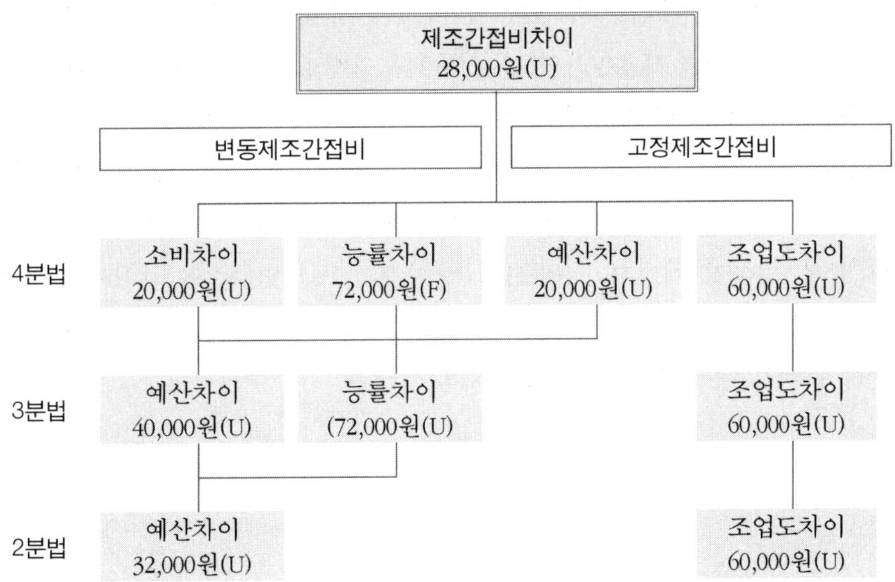

# 5. 차이안분

## 1) 차이안분 방법

표준원가는 의사결정에 매우 중요한 정보를 제공한다. 따라서 표준원가계산제도는 실무에서도 많이 이용되고 있다. 그러나 기업의 외부보고용 재무제표는 실제원가로 작성되어 실제의 정보로 나타내야 한다. 따라서 표준원가를 사용하는 기업은 재무제표 작성일인 기말에 표준원가와 실제원가의 차이를 조정하여 각 계정을 실제원가 또는 그 근사치로 조정하는 회계절차를 거쳐야 한다. 이때 이러한 조정의 회계절차를 안분(proration) 또는 차이안분(disposition of difference)이라 한다. 차이안분은 표준원가와 실제원가 간에 발생한 제조원가의 부족배부액 또는 초과배부액을 매출원가나 기말재고자산 계정에 할당, 조정하는 것을 의미한다. 이때 할당, 조정의 기준으로 해당 매출원가와 기말재고자산의 조정 전 잔액을 이용한다. 그런데 이러한 차이안분은 제조원가부족(또는 초과)배부액이 중요할 때 행하여지고 그렇지 않으면 상례대로 그 배부차이를 매출원가계정으로 처리한다.

이러한 차이안분의 계산은 두 단계의 과정을 거쳐서 실행하는 것이 통례이다. 제 1단계에서는 먼저 직접재료원가의 가격차이를 원재료, 재료원가수량차이, 재공품, 완제품, 매출원가계정에 일정 배부율에 따라 할당한다. 제 1단계의 과정이 끝나고 나면 제 2단계로 재료원가수량차이, 직접노무원가임률차이 등 직접재료원가가격차이 이외의 차이를 재공품, 완제품, 매출원가 등의 계정에 일정 배부율에 따라 할당한다. 2 단계에서 할당 되어질 재료원가수량차이는 원래의 재료원가수량차이에서 1단계 안분 할당액을 합친 금액이다. 한편, 할당의 기준이 되는 일정 배부율에 관해서는 아래 예제 8-8의 풀이를 통하여 설명하도록 한다.

### 예제 8-8 원가차이의 안분

현대(주)는 한 제품을 생산판매하고 있는데 20x6년 원가차이를 분석한 결과는 다음과 같다.

| | | | |
|---|---|---|---|
| 직접재료원가 가격차이 | 26,000원(U) | 직접재료원가 수량차이 | 32,000(U) |
| 직접노무원가 임률차이 | 52,000원(U) | 직접노무원가 능률차이 | 32,000(F) |
| 제조간접비 예산차이 | 17,000원(U) | 제조간접비 조업도차이 | 47,000(U) |

20x6년 12월 31일 현재 재고자산 내역은 다음과 같다.

| | 원재료 | 재공품 | 제품 | 매출원가 |
|---|---|---|---|---|
| 직접비 | 80,000원 | 90,000원 | 138,000원 | 320,000원 |
| 가공비 | - | 130,000 | 190,000 | 460,000 |

[물음]

제조원가의 차이를 안분하시오.

[해 답]

위 문제에 해를 아래와 같이 학습을 진행하면서 풀이하도록 한다.

## 2) 재료원가 가격차이의 안분

재료원가 가격차이는 일반적으로 원재료가 투입되는 시점이 아닌 구입한 시점에서 인식한다. 그 이후 재료와 관련된 원재료 재고차이, 재료원가 수량차이, 재공품, 완제품, 매출원가 관한 가액들은 모두 실제가액이 아닌 표준가액이 포함된 금액으로 계상된다. 따라서 기말에 이들 계정은 모두 차이 안분을 통하여 할당, 정리, 조정되어야할 필요성이 요구된다. 위 [예제 8-8]에서 재료원가 가격차이 26,000원은 불리한 차이이다. 이러한 불리한 차이는 각 계정에 안분되어 차변에 기록되어야 한다. 예를 들어 재료원가 수량차이는 32,000원(U)인데 이에 안분 할당액 1,261원이 가산되어 총 33,261원(U)이 각 관련계정에 할당 안분되는 것이다.

❖ <직접재료원가 가격차이의 배부>

| | 가격차이 | 배부율 | 배부액 |
|---|---|---|---|
| 수량차이 | 32,000 | 4.85% | 1,261 |
| 원재료 | 80,000 | 12.12% | 3,151 |
| 재공품 | 90,000 | 13.64% | 3,546 |
| 제품 | 138,000 | 20.91% | 5,437 |
| 매출원가 | 320,000 | 48.48% | 12,605 |
| 합계 | 660,000 | 100% | 26,000 |

## 3) 기타 계정의 차이안분

[예제 8-8]에서 기타 계정의 차이란 재료원가 가격차이를 제외한 모든 차이로서 재료원가 수량차이, 직접노무원가 임률차이, 직접노무원가 능률차이, 제조간접비 예산차이, 제조간접비 능률차이, 제조간접 조업도 차이 등을 말한다. 이 이러한 차이들은 재공품, 완제품, 매출원가 계정에 할당, 안분 되어야 한다.

1. 기타차이의 배부

| | 수량차이 | 배부율 | 기타차이 | 배부율 |
|---|---|---|---|---|
| 재공품 | 90,000 | 16.43% | 130,000 | 16.67% |
| 제품 | 138,000 | 25.18% | 190,000 | 24.36% |
| 매출원가 | 320,000 | 58.39% | 460,000 | 58.97% |
| 합계 | 548,000 | 100% | 780,000 | 100% |

2. 차이의 배부

| | 금액 | 재공품 | 제품 | 매출원가 |
|---|---|---|---|---|
| 수량차이 | (33,261) | 5,465 | 8,375 | 19,421 |
| 임률차이 | (52,000) | 8,543 | 13,094 | 30,363 |
| 능률차이 | 32,000 | (5,258) | (8,058) | (18,684) |
| 예산차이 | (17,000) | 2,793 | 4,281 | 9,926 |
| 조업도차이 | (47,000) | 7,722 | 11,835 | 27,443 |
| 합계 | (117,261) | 19,265 | 29,527 | 68,469 |

이상에서 설명한 창이안분을 종합하면 [도표 8-10]과 같다.

❖ [도표 8-10] 차이안분표

| 차이유형 | 차이금액(U) | 원 재 료 | 수량차이 | 재 공 품 | 완 제 품 | 매출원가 |
|---|---|---|---|---|---|---|
| 1 단계 : | | | | | | |
| 재료원가가격차이 | (26,000)원 | 3,151원 | 1,261원 | 3,546원 | 5,437원 | 12,605원 |
| 2 단계 : | | | | | | |
| 재료원가수량차이 | (32,000) | | (1,261) | 5,465 | 8,375 | 19,421 |
| 노무원가임률차이 | (52,000) | | | 8,543 | 13,094 | 30,363 |
| 노무원가능율차이 | 32,000 | | | (5,258) | (8,058) | (18,684) |
| 제조간접비예산차이 | (17,000) | | | 2,793 | 4,281 | 9,926 |
| 제조간접비조업도차이 | (47,000) | | | 7,722 | 11,835 | 27,443 |
| 총 계 | 134,000원 | 3,151원 | 0원 | 22,811원 | 34,964원 | 81,074원 |

이 때의 분개는 다음과 같다.

| 차) | | 대) | |
|---|---|---|---|
| 원재료 | 3,151 | 재료원가가격차이 | 26,000 |
| 제공품 | 22,811 | 재료원가수량차이 | 32,000 |
| 제품 | 34,964 | 노무원가임률차이 | 52,000 |
| 매출원가 | 81,074 | 제조간접비예산차이 | 17,000 |
| 노무원가능률차이 | 32,000 | 제조간접비조업도차이 | 47,000 |

차이안분은 항상 먼저 재료원가차이와 가공비차이를 구분하여 분리하여야 한다. 이때 재료원가 차이와 가공비 차이는 는 각 해당 계정의 원가 가액에 비례하여 안분하면 된다.

## 6. 배합차이와 수율차이

### 1) 의의

일반적으로 특정 제품을 생산할 때 한 가지 재료나 노동력만 투입하여 생산하는 경우보다는 여러 가지 종류의 재료나 노동력을 투입하여 생산을 하게 되는 경우가 많다. 예를 들어 과자를 생산한다고 하면 밀가루, 설탕, 우유 등 여러 가지의 재료가 투입되는 것이고, 노동력의 투입도 실제로는 숙련도에 따라 다양한 종류의 노동력이 투입되는 것이다. 그런데 지금까지 본장의 차이분석은 생산 투입요소가 하나의 종류인 경우를 가상하고 이에 대해서만 살펴보았던 것이다. 이에 따라 본 절에서는 좀 더 다양한 차이분석에 대한 학습의 일환으로 하나의 단일 제품을 생산할 때 두 가지 이상의 생산요소가 투입될 경우 그 차이분석을 어떻게 행하는지에 대하여 살펴보고자 한다. 그런데 이를 위하여서는 먼저 배합비율과 수율의 개념에 대하여 알아보아야 한다. 배합비율이란 단일 제품을 생산할 때 여러 종류의 생산요소가 투입된다면 각 생산요소가 제품 생산에 투입된 전체 생산요소의 몇 %를 차지하는지의 비율을 말한다. 또한 수율이란 생산요소의 투입량 대비 제품의 산출량의 비율을 말한다. 예를 들어 90g짜리 볼펜 하나를 생산하는데 폴리에스텔 80g과 잉크 20g이 투입된다면 폴리에스텔의 배합비율과 완성품에 대한 수율은 다음과 같이 산출될 것이다.

$$\text{배합비율} = \frac{\text{특정 생산요소의 투입량}}{\text{전체 생산요소의 투입량}} \times 100\%$$

$$= \frac{80g}{80g + 20g} \times 100\% = 80\%(\text{폴리에스텔})$$

$$\text{수율} = \frac{\text{제품 산출량}}{\text{전체 생산요소의 투입량}} \times 100\% = \frac{90g}{20g + 80g} \times 100\% = 90\%$$

## 2) 재료원가의 배합차이와 수율차이

제품 생산에 있어 여러 종류의 재료를 배합하여 제품을 생산하였을 때 그것이 효율적 생산이었는지의 여부를 분석할 필요성 발생하게 된다. 이를 위해서는 재료원가 배합차이(mix variance)와 수율차이(yield variance)를 분석이 요구된다. 이러한 차이 분석은 재료의 수량차이를 기초로 하여 분석된다. 앞에서 살펴본 재료원가 수량차이는 재료원가의 배합차이와 수율차이로 구분할 수 있는 것이다. 이에 대하여 [예제 8-9]를 통해 구체적으로 살펴본다.

### 예제 8-9 재료원가 배합차이 및 수율차이

| | 표준투입물량 | | | 실제투입물량 | | |
|---|---|---|---|---|---|---|
| 원재료 | 물량 | kg당 가격 | 재료원가 | 물량 | kg당 가격 | 재료원가 |
| 우레탄 | 1.5kg | 3,500원 | 5,250원 | 480kg | 3,600원 | 1,728,000원 |
| 잉크 | 0.7kg | 2,500 | 1,750 | 270kg | 2,600 | 702,000 |
| 합계 | 2.2kg | | 7,000원 | 750kg | | 2,430,000원 |

원재료의 표준배합비율은 재료 우레탄이 60%, 잉크 40%이다. 전월에 380kg의 완제품을 생산하였다. 단, 재료의 재고는 없다.

[물음]

1) 직접재료원가의 가격차이와 수량차이를 산출하시오(시점분리하지 않음).
2) 직접재료원가의 배합차이와 수율차이를 산출하시오.

[해 답]

1) 직접재료원가의 가격차이와 수량차이

| 재료 | 실제투입량×실제가격 | 실제투입량×표준가격 | 표준허용수량×표준가격 |
|---|---|---|---|
| 우레탄 | 480kg × 3,600원<br>=1,728,000원 | 480kg × 3,500원<br>=1,680,000원 | 570kg[a] × 3,500원<br>=1,512,000원 |
| 잉크 | 270kg × 2,600원<br>=702,000원 | 270kg × 2,500원<br>=675,000원 | 266kg[b] × 2,500원<br>=665,000원 |
| 합계 | 2,430,000원 | 2,355,000원 | 2,177,000원 |

가격차이 75,000원(U)　　수량차이 178,000원(U)

총차이 253,000원(U)

a) 380kg×1.5kg=570kg
b) 380kg×0.7kg=266kg

2) 직접재료원가의 배합차이와 수율차이

| | 실제투입량×표준가격 | | 표준허용수량×표준가격 |
|---|---|---|---|
| | 실제투입량 | 실제투입량 | 표준투입량 |
| 재료 | 실제배합, 표준가격 | 표준배합, 표준가격 | 표준허용배합, 표준가격 |
| 우레탄 | 480kg×3,500원<br>=1,680,000원 | 450kg[a]×3,500원<br>=1,575,000원 | 432kg×3,500원<br>=1,512,000원 |
| 잉크 | 270kg×2,500원<br>=675,000원 | 300kg[b]×2,500원<br>=750,000원 | 266kg×2,500원<br>=665,000원 |
| 합계 | 2,355,000원 | 2,325,000원 | 2,177,000원 |

배합차이 30,000원(U)　　수율차이 148,000원(U)

수량차이 178,000원(U)

a) 750kg×60%=450kg
b) 750kg×40%=300kg

재료원가의 배합차이가 불리하게 나타나는 이유는 재료의 낭비, 재료의 질 저하 등에 의하여 재료의 투입비율이 실제배합에 있어 표준배합보다 높기 때문에 발생한다. 또한 여기에서 직접재료원가의 수량차이를 배합차이와 수율차이로 구분하여 차이분석을 할 수 있는 이유는 단일 재료가 아닌 복수의 원재료를 사용하고 있기 때문이다.

### 3) 직접노무원가의 배합차이와 수율차이

직접노무원가의 배합차이와 수율차이를 계산하는 방법 역시 근본적으로는 직접재료원가의 배합차이와 수율차이를 계산하는 방법과 그 원리가 같다. 직접노무원가의 배합차이와 수율차이 분석은 여러 가지 유형의 노동력의 배합이 얼마나 효율성을 가져다주는지를 분석하는데 유용하게 사용될 수 있다. 직접노무원가의 배합차이와 수율차이 분석에 대하여 [예제 8-10]을 통해 구체적으로 살펴보자.

**예제 8-10 직접노무원가 배합차이 및 수율차이**

현대(주)는 숙련, 비숙련 두 종류의 노동력을 투입하여 제품을 생산하고 있다. 제품 1kg을 생산하는데 필요한 표준투입시간과 실제투입시간은 다음과 같다.

| | 표준투입시간 | | | 실제투입시간 | | |
|---|---|---|---|---|---|---|
| 노동력 | 표준시간 | 임률 | 노무원가 | 실제시간 | 임률 | 노무원가 |
| 숙련 | 5시간 | 2,000원 | 10,000원 | 1,650시간 | 2,100원 | 3,465,000원 |
| 비숙련 | 9시간 | 900 | 8,100 | 2,450시간 | 1,100 | 2,695,000 |
| 합계 | 14시간 | | 18,100원 | 4,100시간 | | 6,160,000원 |

직접노무원가 표준배합비율은 숙련 40%, 비숙련 60%이다. 전월에 제품 380kg을 생산하였다.

[물음]

1) 직접노무원가의 임률차이와 수량차이를 산출하시오.
2) 직접노무원가의 배합차이와 수율차이를 산출하시오.

[해 답]

1) 직접노무원가의 임률차이와 능률차이

| 노동력 | 실제투입시간×실제임률 | 실제투입시간×표준임률 | 표준허용시간×표준임률 |
|---|---|---|---|
| 숙련 | 1,650×2,100=3,465,000 | 1,650×2,000=3,300,000 | 1,900[1]×2,000=3,800,000 |
| 비숙련 | 2,450×1,100=2,695,000 | 2,450×900=2,205,000 | 3,420[2]×900=3,078,000 |
| 합계 | 6,160,000원 | 5,505,000원 | 6,878,000원 |

임률차이 655,000원(U)

능률차이 1,373,000원(F)

총차이 718,000원(F)

(1) 380kg×5시간=1,900시간

(2) 380kg×9시간=3,420시간

2) 직접노무원가의 배합차이와 수율차이

| 노동력 | 실제투입시간×실제임률<br>실제투입시간<br>실제배합, 표준임률 | 실제투입시간<br>표준배합, 표준임률 | 표준허용시간×표준임률<br>표준투입시간<br>표준배합, 표준임률 |
|---|---|---|---|
| 숙련 | 1,650×2,000=3,300,000 | 1,640[1]×2,000=3,280,000 | 1,900×2,000=3,800,000 |
| 비숙련 | 2,450×900=2,205,000 | 2,460[2]×900=2,214,000 | 3,420×900=3,078,000 |
| 합계 | 5,505,000원 | 5,494,000원 | 6,878,000원 |

배합차이 11,000원(U)

수율차이 324,000원(F)

능률차이 1,373,000원(F)

(1) 4,100시간×0.4=1,640시간

(2) 4,100시간×0.6=2,460시간

위 예에서 노무원가의 배합차이는 불리하게 나타났다. 그 이유는 표준배합보다 실제배합의 노동대가가 상대적으로 비싸기 때문이다. 즉, 비싼 노동력의 투입비율이 높고 싼 노동력의 투입비율은 상대적으로 낮기 때문이다. 자료를 보면 비싼 숙련노동력의 표준배합비율은 40%인데 비해, 숙련노동력의 실제배합비율은 40.24%로 조금 더 높았기 때문이다. 그런데 한편, 노무원가의 수율 차이는 유리한 차이를 보이고 있다.

그 이유는 비싼 숙련노동력을 많이 투입함으로써 생산성이 그 만큼 높아졌기 때문이다. 즉, 실제투입 노동시간은 4,100시간으로 표준노동투입시간 5,320시간보다 적게 투입된 것이다. 이것은 노동의 질을 중시한 경영관리로 유리한 능률차이를 얻게 되어 결과적으로 노무관리가 잘 이루어지고 있음을 시사해 주는 것이다.

## 7. 종합연습

현대(주)는 표준원가제도를 토입하고 있다. 다음 자료를 이용하여 물음에 답하시오.

① 직접재료의 수량표준은 4.5kg이며, 가격표준은 300원이다. 지난달에 550개의 제품을 생산하였으며, 직접재료 2,300kg을 사용하였다. 직접재료 구입량은 2600kg이며, 모두 750,000원에 구입하였다. 가격차이를 구입시점에서 분리한다.

② 직접노무원가의 시간표준은 2.5시간이며, 표준임률은 100원이다. 지난달에 실제 발생한 직접노동시간은 1600시간이며, 실제 발생한 직접노무원가는 170,000원이다. 실제생산량은 720단위이다.

③ 연간 고정제조간접비 예산은 546,000원이며, 연간 예상되는 직접노동시간은 26,000시간이다. 연간 예산생산량은 10,000단위이다. 월간 고정제조간접비 예산은 46,000원이며, 변동제조간접비 가격표준은 시간당 90원이다. 지난달의 제조간접비 실제발생액이 200,000원이다.

[물음]

1. 직접재료원가의 차이분석을 하시오.
2. 직접노무원가의 차이를 분석하시오.
3. 3분법으로 제조간접비 차이분석을 하시오.

[해 답]

1. 직접재료원가 차이분석

| 실제 | 실제구입량×표준가격 |
|---|---|
| 750,000원 | 2600×300원 = 780,000원 |

가격차이
30,000원(F)

| 실제투입량×표준가격 | 표준허용수량×표준가격 |
|---|---|
| 2300×300원<br>=690,000원 | 550×4.5×300원<br>=742,500원 |

수량차이
52,500원(F)

2. 직접노무원가 차이분석

| 실제 | 실제투입시간×표준임률 | 표준 |
|---|---|---|
| 170,000원 | 1,600×100=160,000원 | 720×2.5×100=180,000원 |

임률차이 10,000원(U)

능률차이 20,000원(F)

총차이
10,000원(F)

3. 제조간접비 차이분석(3분법)

| | 실제발생 | 변동예산(투입기준) | 변동예산(산출기준) | 표준배부액 |
|---|---|---|---|---|
| | 실제제조간접비 | 1600×90=144,000 | 720×2.5×90=162,000 | 720×2.5×90=162,000 |
| | | 46,000 | 46,000 | 720×2.5×21=37,800 |
| 합계 | 200,000원 | 190,000원 | 208,000원 | 199,800원 |

3분법: 예산차이 10,000원(U) / 능률차이 18,000원(F) / 조업도차이 8,200원(U)

2분법: 예산차이 8,000원(F) / 조업도창이 8,200원(U)

총차이: 제조간접비차이 200원(U)

# 연 습 문 제

## 연습문제 8-1 재료원가 차이분석

현대(주)는 표준원가계산제도를 도입하고 있다. 2009년도 6월중에 제품 1,200단위를 생산하였다. 이 회사에서 설정한 제품 1단위당 표준원가는 다음과 같다.

| | 표준수량(단위) | 표준가격(kg) | 표준원가 |
|---|---|---|---|
| 직접재료원가 | 1.2kg | 2,100원 | 2,300원 |

추가정보 :

(a) 원재료의 실제구입량은 1,000kg이며, 구입된 모든 원재료는 생산에 투입되었다.

(b) 직접재료의 구입시에 발생한 실제원가는 2,000,000원이다.

[물음]

1. 직접재료원가에 대한 가격차이와 수량차이를 계산하라.
2. 실제 재료구입량이 1,300kg이라고 가정하고, 위 1)에 대해 답하시오.

## 연습문제 8-2 노무원가 차이분석

현대(주)는 표준원가계산제도를 채택하고 있으며 3월의 직접노무원가 원가재료는 다음과 같다.

| | |
|---|---|
| 실제생산량 | 1200단위 |
| 실제노무원가발생액 | 1,920,000원 |
| 단위당 표준직접노동시간 | 10시간 |
| 직접노무원가능률차이 | 464,000원F |
| 직접노무원가임률차이 | 220,000원F |

[물음]

직접노동시간당 직접노무원가 표준임률은 얼마인가?

### 연습문제 8-3 재료원가 차이분석

다음은 TV 부품생산에 대해 설정된 직접재료 표준에 관한 자료이다.

| | 표준수량 | 표준가격 |
|---|---|---|
| 직접재료원가 | 9kg | 17,000원/kg |

지난달에 750단위의 부품을 생산하였으며, 원재료 구입량은 7400kg, 구입가는 115,200,000원을 지급하였고, 이때 사용량은 7200kg이었다.

[물음]

직접재료원가 가격차이와 수량차이를 계산하라.(단, 가격차이는 구입시점에서 분리한다.)

### 연습문제 8-4 변동제조간접비 차이분석

현대(주)는 표준원가 계산제도를 사용하고 있다. 6월의 변동제조간접비에 관한 자료는 다음과 같다.

| | |
|---|---|
| 실제변동제조간접비 | 25,000원 |
| 단위당 변동제조간접비율 | 4원/hr(직접노동시간) |
| 제품단위당 직접노동시간 | 5시간/EA |
| 소비차이 | 5,000원F |
| 능률차이 | 7,000원F |

[물음]

실제생산량과 실제직접노동시간은 얼마인가?

## 연습문제 8-5 제조간접비 차이분석

현대(주)의 원가자료에서 발췌한 제조간접비에 대한 원가정보는 다음과 같다.

| | | |
|---|---|---|
| 실제발생 변동제조간접비 | : | 100,000원 |
| 실베발생 고정제조간접비 | : | 50,000원 |
| 예산 고정제조간법비 | : | 70,000원 |
| 작업시간당 변동제조간접비 배부율 | : | 25원 |
| 작업시간당 고정제조간접비 배부율 | : | 20원 |
| 표준작업시간 | : | 3,800시간 |

[물음]

1) 3분법에 의한 차이분석 중 예산차이가 7,500원(F)일 때 실제작업시간은 얼마인가?
2) 3분법에 의한 차이분석 중 능률차이는 얼마인가?
3) 조업도 차이는 얼마인가?

## 연습문제 8-6 고정제조간접비 차이분석

현대(주)는 내부관리목적으로 표준원가계산시스템을 채택하고 있다. 다음은 당기의 예산자료이다. 조업도는 직접노동시간을 단위로 측정하며, 기준조업도는 60,000직접노동시간이다.

| | |
|---|---|
| 변동제조간접비 | 270,000,000원 |
| 고정제조간접비 | 420,000,000 |
| 계 | 680,000,000원 |

당기의 실제 투입된 직접노동시간은 42,000시간이다. 변동제조간접비 능률차이는 12,000,000원(불리)으로 계산되었다.

[물음]

고정제조간접접비 조업도차이는 얼마인가?

## 연습문제 8-7 전체 차이분석

현대(주)의 제품 1단위당 표준은 다음과 같다.

| | 표준수량 | 표준가격(임률) | 표준원가 |
|---|---|---|---|
| 직접재료원가 | 3단위 | 15원 | 45원 |
| 직접노무원가 | 4시간 | 6 | 24 |
| 변동제조간접비 | 4시간 | 5 | 20 |
| 합계 | | | 89원 |

지난달의 생산과 관련하여 발생한 사항은 다음과 같다.

① 직접재료 10,000단위를 100,000원에 구입하였다.
② 회사에서는 40명의 직접노동자가 있는데, 지난달에는 한 사람당 평균 380시간을 작업하였으며, 이들의 평균임률은 시간당 5원이었다.
③ 변동제조간접비 실제발생액은 36,500원이었다.
④ 지난달의 제품생산량은 4,300단위였다.
⑤ 변동제조간접비는 직접노동시간에 비례하여 배부한다.
⑥ 직접재료 기초재고량은 없고, 기말재고량은 350단위이다.

[물음]

1. 직접재료원가 가격차이와 수량차이를 계산하라(단, 가격차이는 재료구입시에 분리한다.)
2. 직접노무원가 임률차이와 능률차이를 계산하라.
3. 변동제조간접비 소비차이와 능률차이를 계산하라.

## 연습문제 8-8 제조간접비 차이분석

현대(주)는 제조업체이다. 지난 한 달간 현대(주)에서 발생한 제조간접비와 관련된 자료는 다음과 같다.

| | |
|---|---|
| 변동제조간접비 실제발생액 | 68,400원 |
| 고정제조간접비 실제발생액 | 64,600원 |
| 제품생산량 | 6,000단위 |
| 직접노동시간 | 19,000시간 |

이 회사에서 설정한 변동예산은 다음과 같다.

| | |
|---|---|
| 직접노동시간 | 20,000시간 |
| 변동제조간접비 | 70,000원 |
| 고정제조간접비 | 50,000원 |

제품 1단위 생산에 소요되는 표준직접노동시간은 3.4시간이다. 당기의 제조간접비 배부액은 142,800원이다. 회사는 제조간접비를 노동시간에 의해서 배부한다.

[물음]

1. 제조간접비를 고정제조간접비와 변동제조간접비로 분류하고 각각에 대하여 예정배부율을 계산하라.
2. 원가차이를 분석하라.

## 연습문제 8-9 재료원가 차이분석

현대(주)는 특수 건설장비를 생산한다. 각 제품에는 직접재료원가가 많이 소요되는데, 대부분 이러한 직접재료원가는 특수합금의 구매로 구성되어 있다. 회사는 재료의 안정적인 공급을 위해 수정금속(주)와 장기공급계약을 체결했다. 이 계약에 의하면 회사는 월 2500kg의 특수합금을 고정가격 kg당 120원에 계약기간 중 매월 구입한다. 월 2500kg을 초과하는 특수합금은 수정금속(주) 또는 다른 공급업체와 다시 협상하여야 한다. 특수합금의 kg당 표준가격은 20×9년 중 계속하여 120원이었다. 20×9년 1월부터 5월까지 생산량, 실제 직접재료원가 및 직접재료 kg 당 실제 가격은 다음과 같다.

| | 장비생산량 | 총실제직접재료원가 | 특수합금kg당 평균 실제 구입가격 |
|---|---|---|---|
| 1월 | 9단위 | 204,000원 | 120원 |
| 2월 | 10 | 239,000 | 120 |
| 3월 | 15 | 366,000 | 124 |
| 4월 | 13 | 326,440 | 126 |
| 5월 | 9 | 212,000 | 120 |

평균 실제 구입가격은 그 달에 구입한 모든 수량에 적용된다. 매월 구입한 재료는 그 달에 모두 사용되고, 각 제품생산량은 그 달에 착수하여 그 달에 착수하여 그 달에 완성한다고 가정하고 다음 물음에 답하라.

[물음]

1. 제품 단위당 특수합금의 표준투입량은 240kg이라고 가정한다. 20×9년 1월부터 5월까지 매월의 직접재료원가의 가격차이와 능률차이를 계산하라.
2. 고정구입가격을 포함한 장기 공급계약은 재료구입 가격차이의 해석에 어떠한 영향을 미치는가?

## 연습문제 8-10 차이분석 종합

단일 제품을 생산하고 있는 현대(주)가 생산하는 제품의 단위당 표준원가는 다음과 같다.

| | 표준수량 | 표준가격 | 표준원가 |
|---|---|---|---|
| 직접재료원가 | 2.5kg | 29원/kg | 64원 |
| 직접노무원가 | 3시간 | 2.5원/시간 | 7.6 |
| 변동제조간접비 | 3시간 | 2.4원/시간 | 6.8 |
| 고전제조간접비 | 3시간 | 5.4원/시간 | 15.8 |
| 제품단위당 표준원가 | | | 94.2원 |

고정제조간접비예산은 연간 96,000원이고, 고정제조간접비 예정배부율은 산정하는 데 사용된 기준조업도는 16,000시간이다. 회사는 20×9년 중 제품 5,600개를 생산하였으며, 실제 발생된 제조원가는 다음과 같다.

| | |
|---|---|
| 직접재료원가 | 12,400kg × 28원＝347,200원 |
| 직접노무원가 | 16,300시간 × 3원＝48,900 |
| 변동제조간접비 | 29,000 |
| 고정제조간접비 | 84,000 |
| 합계 | 509,100원 |

당기의 원재료 구입량은 16,500kg이며, kg당 구입가격은 28원이었다.

[물음]

1. 직접재료원가의 구입가격차이와 능률차이를 구하시오.
2. 직접노무원가의 가격차이와 능률차이를 구하시오.
3. 변동제조간접비의 소비차이와 능률차이를 구하시오.
4. 고정제조간접비의 예산차이와 조업도차이를 구하시오.

## 연습문제 8-11 조업도의 종류

현대(주)는 20×9년 6월에 60,000개의 제품을 생산하였다. 현대(주)는 조업도로서 기계시간을 사용하고 있는데, 실제 생산량 60,000개에 허용된 표준기계시간은 60,000시간이었다. 현대(주)가 기준조업도로서 실제적 최대조업도를 사용하였다면, 생산조업도차이는 불리한 차이가 120,000원이 산출되며, 기준조업도로서 정상조업도를 사용하였다면 생산조업도차이는 발생하지 않으며, 기준조업도로서 종합예산조업도를 사용하였다면 생산조업도차이는 유리한 차이 160,000원이 산출된다. 20×1년 1월의 고정제조간접비 예산은 70,0000원이었다.

[물음]

1. 최대조업도를 계산하라.
2. 정상조업도를 계산하라.
3. 종합예산조업도를 계산하라.
4. 생산조업도 차이가 이익조정항목으로 취급될 때 이익이 가장 많이 산출되게 하려면 기준조업도로서 어느 조업도를 사용해야 하는가?

## 연습문제 8-12 제조간접비 차이분석

현대(주)는 제조간접비의 차이분석을 실시하고 있다. 다음은 현대(주)의 제조간접비에 대한 자료이다.

| | 변동제조간접비 | 고정제조간접비 |
|---|---|---|
| 실제발생원가 | 3,800,000원 | 1,900,000원 |
| 표준배부액 | 4,200,000 | 2,200,000 |
| 변동예산(표준조업도) | 4,200,000 | 2,100,000 |
| 변동예산(실제조업도) | 3,900,000 | 2,100,000 |

[물음]

1. 변동제조간접비 소비차이와 능률차이를 구하시오.
2. 고정제조간접비 예산차이와 생산조업도차이를 구하시오.
3. 변동제조간접비 변동예산차이를 구하시오.
4. 고정제조간접비 변동예산차이를 구하시오.
5. 변동제조간접비 부족(초과)배부 제조간접비를 구하시오.
6. 고정제조간접비 부족(초과)배부 제조간접비를 구하시오.

## 연습문제 8-13 표준원가 종합

현대(주)는 제품 갑을 생산하는 데 세 등급의 근로자를 고용하고 있다. 제품 단위당 등급별 표준노동시간 및 표준임률은 다음과 같다.

| | 표준수량 | 표준임률 |
|---|---|---|
| A급 근로자 | 2시간 | 120원 |
| B급 근로자 | 3시간 | 90원 |
| C급 근로자 | 5시간 | 60원 |

현대(주)는 20×9년 6,000단위의 제품 갑을 생산하였으며, 이와 관련된 직접노무원가 자료는 다음과 같다.

| | 표준수량 | 표준임률 |
|---|---|---|
| A급 근로자 | 12,000시간 | 130원 |
| B급 근로자 | 19,000시간 | 85원 |
| C급 근로자 | 21000시간 | 70원 |

[물음]

1. 직접노무원가 임률차이와 능률차이를 산출하시오.
2. 직접노무원가 배합차이와 수율차이를 산출하시오.

Chapter 09

# 이익중심점의 성과평가

1. 이익중심점의 의의
2. 이익중심점의 성과보고서 작성
3. 매출차이분석
4. 종합연습
• 연 습 문 제

Chapter 09

# 이익중심점의 성과평가

## I. 이익중심점의 의의

책임회계제도하의 성과평가보고는 책임중심점(responsibility center)별로 이루어진다. 따라서 이때의 성과평가보고서에는 해당 되는 하부조직인 책임중심점이 통제할 수 있는 요인만 포함된다. 그러므로 책임중심점이 통제할 수 있는 요인이 원가, 수익, 이익, 투자 중에서 본질적으로 무엇이냐에 따라 그것은 원가중심점, 수익중심점, 이익중심점, 투자중심점 등으로 구분되는 것이다. 이 중 이익중심점이란 수익창출과 비용처리에 관한 책무를 지고 있어 이익 산출 요인을 통제할 수 있는 책임중심점을 말한다.

이익중심점(profit center)은 수익중심점과 유사한 의미를 지니고 있다. 그러나 근본적으로 이익은 수익에서 비용을 차감한 가액이므로 엄연히 차이가 존재한다. 예를 들어 매출을 책임지고 있는 영업부서가 있다고 할 때 수익중심점(revenue center)으로만 지정된 경우에는 예산상의 수익(목표)과 실제 창출한 수익의 비교를 통한 차이분석이 이루어지며 이때 그 차이인 매출수익차이(sales revenue variance)가 보고된다. 물론 이때는 비용은 고려되지 않고 오직 창출된 수익만을 기준으로 성과평가가 이루어지는 것이다. 따라서 실제 수익이 예산상의 수익보다 크면 그것은 유리한 차이인 것이고 그 반대인 경우에는 불리한 차이인 것이다. 그러나 영업부서가 이익중심점으로 지정된 경우에는 수익만 책임지는 수익중심점이 아니고 판매비와 같은 비용지출에 대하여도 동시에 책임지는 이익중심점이 되는 것이다. 영업부서 등과 같은 수익창출부서들을 이익중심점으로 성과 평가하는 이유는 수익창출부서인 영업부서를 수익중심점으로만 지정할 때 비용 발생은 고려하지 않고 수익을 올리는 데만 관심을 기울여 전체이익이나 경쟁력에 손상을 줄 수 있기 때문이다. 결국 이익중심점 성과평가는 수익과 비용을 고려한 성과평가를 실시하는데 직합한 평가 방법이 될 수 있다. 그러나 이와 같이 영업부분을 이익중심점으로 성과평가를 행하는 경우, 영업부문이 책임지는 원가부분은 판매관리비에 한정하는 것이지 제조원가 등과 같은 영업활동과 무관한 원가를 영업부문과 관련지어서는 안 될 것이다.

## 2. 이익중심점의 성과보고서 작성

이익중심점의 성과보고서는 실제성과, 변동예산. 고정예산을 비교, 분석함으로써 작성된다. 이때 주의하여야 할 점은 전술한 바와 같이 이익중심점 성과평가는 매출액과 판매비와 관리비에 의해서만 이루어져야 한다. 즉, 제조원가는 성과평가에서 고려되어서는 안 된다는 것이다. 이익중심점의 성과보고서에 대하여 아래 [예제 9-1]을 통하여 살펴본다.

### 예제 9-1 이익중심점

현대(주)의 예산상 자료 및 실제 성과자료는 다음과 같다.

| 예산판매량 | 1,800단위 | 실제판매량 | 2,100단위 |
|---|---|---|---|
| 예산판매가격 | 2,100원 | 실제판매가격 | 2,300원 |

| | 단위당 표준원가 | | 단위당 실제원가 |
|---|---|---|---|
| 직접재료원가 | 510원 | | 610원 |
| 직접노무원가 | 510 | | 460 |
| 변동제조간접비 | 410 | | 350 |
| 변동판매비와 관리비 | 110 | | 120 |
| 연간고정제조간접비(예산) | | 342,000원 | |
| 연간고정제조간접비(실제) | | 332,000 | |
| 연간고정판매비와 관리비(예산) | | 122,000 | |
| 연간고정판매비와 관리비(실제) | | 152,000 | |

[물음]

이익중심점 성과보고서를 작성하시오.

[해　　답]

이익중심점의 성과보고서

| | 실제성과 | 변동예산차이 | 변동예산 | 매출조업도차이 | 고정예산 |
|---|---|---|---|---|---|
| 생산량 및 판매량 | 2,100단위 | | 2,100단위 | | 1,800단위 |
| 매 출 액 | 4,830,000원 | 420,000원 U | 4,410,000원 | | 3,780,000원 |
| 변 동 비 : | | | | | |
| 직접재료원가 | 1,281,000 | | 1,071,000 | | 918,000 |
| 직접노무원가 | 966,000 | | 1,071,000 | | 918,000 |
| 변동제조간접비 | 735,000 | | 861,000 | | 738,000 |
| 변동판매비와 관리비 | 252,000 | 21,000원 U | 231,000 | | 198,000 |
| | 3,234,000원 | | 3,234,000원 | | 2,772,000원 |
| 공헌이익 | 1,596,000원 | | 1,176,000원 | 150,000원 F | 1,008,000원 |
| 고 정 비 : | | | | | |
| 고정제조간접비 | 332,000 | | 342,000 | | 342,000 |
| 고정판매비와 관리비 | 152,000 | 30,000원 U | 122,000 | | 122,000 |
| | 484,000 | | 464,000원 | | 464,000원 |
| 이익 | 1,112,000원 | 400,000원 F | 712,000원 | 150,000원 F | 168,000원 |

위의 결과에서 보는 바와 같이 이익중심의 성과보고서는 실제성과와 변동예산 간의 매출, 변동판매관리비, 고정판매관리비에 대한 차이를 나타내어 준다. 이것은 수익과 비용에 대한 차이분석에 필요한 내역을 제공해 주는 것을 의미한다. 한편, 변동예산과 고정예산 간에는 조업도(수량)차이를 나타내어 주며 이에 따라 공헌이익의 차이에 대한 내역을 제공한다. 그리고 이익을 통하여 산출된 이익차이 550,000원(400,000+150,000)은 이익중심점에 관련되지 않은 제조원가에 대한 차이까지 포함되어 있는 것이므로 이것으로는 이익중심점의 이익차이에 대한 정확한 정보를 알 수가 없다. 그러므로 이익차이에 대한 구체적 정보를 산출하기 위해서는 매출차이분석을 실시하여 보충 검토를 하여야 할 필요가 있다.

## 3. 매출차이분석

위에서 전술한 바와 같이 이익차이에 대한 구체적 정보 산출을 위해서는 추가적으로 매출차이분석을 실시하여야 한다. 이것은 고정예산 상의 이익과 실제성과 상의 이익 차이의 발생 원인을 분석함으로써 수행된다. 이러한 매출차이의 발생 원인은 크게 4가지로 구분하여 살펴볼 수 있다. 이것은 첫째, 예산상의 판매수량과 실제 판매수량의 차이 둘째, 예산상의 판매가격과 실제 판매가격의 차이 셋째, 예산과 실제 간의 제조원가의 차이 넷째, 예산과 실제 간의 판매비와 관리비의 차이 등이다. 그런데 이러한 차이발생 원인 중에서 원래 이익중심점에서 통제하여야 할 부분은 첫째, 둘째, 넷째에서 발생하는 차이이다. 세 번째 차이인 제조원가 차이는 생산부문에서 통제하여야 할 부분이다. 따라서 이것은 매출차이분석에서 제외된다. 그런데 이와 함께 예산과 실제 간의 판매비와 관리비 차이도 비교적 단순하게 발생하는 차이로서 매출차이분석에서는 큰 의미를 두지 않아 역시 분석에서 제외된다. 결국 매출차이분석은 예산과 실제 간의 판매수량의 차이와 예산과 실제 간의 판매가격의 차이 분석을 중심으로 이루어진다. 또한 매출차이분석은 단일제품의 경우와 복수제품의 경우로 나누어서 이루어진다. 특히 이때 복수제품의 차이분석에서는 단일제품과 달리 매출배합의 차이에서 발생하는 효과에 대한 추가적 분석이 필요하다.

### 1) 단일 제품의 경우

단일제품의 경우에 있어서 매출차이의 분석이란 매출총차이(total sales variance)의 분석을 말한다. 이러한 매출총차이는 매출가격의 차이(sales price variance)와 매출조업도(sales volume variance)의 차이로 구분되어 분류되어 진다. 이에 따라 단일제품의 차이분석은 매출총차이, 매출가격차이, 매출조업도차이의 분석을 통하여 이루어진다. 이중 매출총차이는 실제공헌이익에서 고정예산공헌이익을 차감하여 구해진다. 이때 실제공헌이익은 단위당 실제판매가격에서 단위당 표준변동비를 차감한 가액에 실제판매량을 곱하여 구하며 고정예산상의 공헌이익은 단위당 예산판매가격에서 단위당 표준변동비를 차감한 가액에 예산판매수량을 곱하여 산출한다. 이를 식으로 정리하면 아래 (식 9-1)과 같다.

(식 9-1)

**매출총차이** =실제판매량×(실제판매가격−표준변동비)
−예산판매량×(예산판매가격−표준변동비)
=AQ(AP−Sc)−BQ(BP−Sc)

단, AQ : 실제판매량　　BQ : 예산판매량
AP : 실제판매가격　　BP : 예산판매가격
Sc : 표준변동비

위의 식을 이용하여 [예제 9-1] 경우의 매출총차이를 구하면 다음과 같다.

**매출총차이** =AQ(AP−Sc)−BQ(BP−Sc)
=2,100단위(2,300원−1540원)−1,800단위(2,100원−1,540원)
=588,000원(F)

한편, 매출가격차이는 단위당 실제판매가격과 단위당 표준변동비의 차이에 실제 판매된 수량을 곱한 값에서 단위당 예산판매가격과 단위당 표준변동비의 차이에 실제 판매수량을 곱한 값을 차감하여 계산한다. 그러므로 결국 단위당 실제판매가격서 단위당 예산판매가격을 차감한 가액에 실제판매량을 곱하여 산출하는 값이다. 이러한 매출가격차이는 예상 매출액과 실제 매출액 간에 얼마나 차이가 발생하였는지에 대한 정보를 제공해 준다.

(식 9-2)

**매출가격차이** =(실제판매가격−표준변동비)×실제판매수량
−(예산판매가격−표준변동비)×실제판매수량
=AQ(AP−Sc)−AQ(BP−Sc)
==AQ×(AP−BP)

예를 들어, [예제 9-1]의 현대(주)의 사례에서 매출가격차이는 다음과 같이 산출할 수 있다.

**매출가격차이**=AQ×(AP-BP)
=2,100단위×(2,300원−2,100원)
=420,000원(F)

또 한편, 매출조업도차이는 단위당 예산판매가격에서 단위당 표준변동비를 차감하여 단위당 예산 공헌이익을 산출하고 여기에 실제 판매수량에서 예산 판매수량을 차감한 수량을 곱하여 산출한다. 매출조업도차이는 예산판매량을 실제 판매수량과 비교할 때 어떠한 차이가 나는 것인지에 대한 정보를 제공한다.

**매출조업도차이** = **단위당 예산공헌이익 × (실제판매수량 − 예상판매수량)** (식 9-3)
$= AQ(BP - Sc) - BQ(BP - Sc)$
$= (BP\text{-}Sc) \times (AQ - BQ)$

[예제 9-1]의 자료를 토대로 매출조업도차이를 계산하면 아래와 같다.

**매출조업도차이** $= (BP\text{-}Sc) \times (AQ - BQ)$
= (2,100**원** − 1,540**원**) × (2,100**단위** − 1,800**단위**)
= 168,000**원**(F)

매출차이 분석에서는 단위당 원가를 표준원가로 통일시켜 적용함으로 원가차이 분석은 제외되어 문제가 되지 않는다. 그러므로 매출차이는 실제 공헌이익과 예산상의 공헌이익 간의 차이로 나타난다. 이때 실제 공헌이익이 예산 공헌이익보다 크게 나타나면 유리한 차이이고 반대면 불리한 차이이다. 그리고 매출차이 분석에 영향을 주는 주요인은 실제판매량과 예산판매량과의 차이 및 단위당 실제 판매가격과 단위당 예산 판매가격의 차이이다. 이와 같은 내용을 도표로 요약하면 아래 [도표 9-1]과 같다.

❖ [도표 9-1] 매출차이

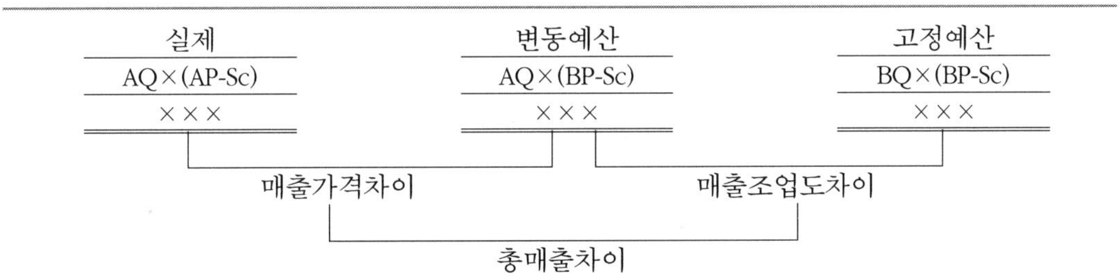


주) AP=단위당 실제판매가격, BP=단위당 예산판매가격, AQ=실제판매량,
BQ=예산판매량, Sc=단위당 표준변동원가

위 [도표 9-1]을 통해서 실제판매가격이 예산판매가격보다 클 때의 매출가격차이는 유리한 차이이고 반대면 불리한 차이이며 마찬가지로 실제판매량이 예산판매량보다 클 때의 매출조업도차이는 유리한차이이고 반대면 불리한 차이인 것이다.

## 예제 9-2 총매출차이분석

현대(주)는 한 종류의 단일 제품을 생산·판매하고 있다. 현대(주)의 6월 한 달간 예산손익계산서와 실제 손익계산서는 아래와 같다.

**손익계산서-현대(주) 0000년6월1일-6월30일**

| | 고정예산 | | 실제성과 |
|---|---|---|---|
| 매출(10,000단위×9원) | 90,000원 | (11,000단위×11원) | 121,000원 |
| 변동원가(10,000원×5원) | 50,000 | (11,000단위×5.5원) | 60,500 |
| 공헌이익 | 40,000원 | | 60,500원 |
| 고정원가 | 30,000 | | 35,000 |
| 순이익 | 10,000원 | | 25,500원 |

[물음]

매출차이, 매출조업도차이, 그리고 매출가격차이를 산출하시오.

[해 답]

앞에서 살펴본 공식에 적용해 보면 다음과 같이 총매출차이, 매출조업도차이, 그리고 매출가격차이를 산출할 수 있다.

| 실제 | 변동예산 | 고정예산 |
|---|---|---|
| AQ×(AP−Sc) | AQ×(BP−Sc) | BQ×(BP−Sc) |
| 11,000단위×(11원−5원) | 11,000단위×(9원−5원) | 10,000단위×(9원−5원) |
| =66,000원 | =44,000원 | =40,000원 |

매출가격차이 22,000(F) (실제 − 변동예산)

매출조업도차이 4,000(F) (변동예산 − 고정예산)

총매출차이 26,000(F)

위 [예 9-2]에서 총 변동원가차이는 5,500원(U) [11,000×(5.5원－5.0원)]이며 총 고정원가차이는 5,000원(U) [35,000원－30,000원]이므로 총원가차이는 10,500원(U)이다. 따라서 총이익차이 15,500원(F)은 총매출차이 26,000원(F)과 총원가차이 10,500원(U)의 차이 값임을 알 수 있는 것이다. 이러한 이익중심점의 매출차이분석에서는 주로 총매출차이에 비중을 두어 이를 중심으로 한 분석이 이루어지는 것이다.

## 2) 다수제품의 경우

매출차이분석은 위의 경우와 같이 단일제품의 매출차이분석이 있고 또 다른 차원에서 다수의 제품을 판매하는 경우인 다수제품의 매출차이분석이 있다. 다수의 제품을 판매하는 경우의 매출차이분석은 각 제품이 상호 대체적인 관계에 있을 때 그 분석을 행하는데 의의가 있다. 이때 중요한 정보는 회사가 사전에 설정한 매출배합(sales mix)의 성과에 대한 분석 결과이다. 다수의 제품을 판매하는 경우의 매출차이분석은 매출조업도차이(sales volume variance), 매출배합차이(sales mix variance), 매출수량차이(sales quantity variance)로 구분하여 분석한다.

### (1) 매출조업도차이의 세부분석

다수제품을 판매하는 경우의 매출조업도차이는 매출배합차이와 매출수량차이로 세분된다. 매출배합차이란 판매되는 제품 간의 대체성에 대한 영향을 평가하는 것으로 제품믹스의 차이를 의미하는 것이다. 그리고 매출수량 차이는 제품 간의 매출배합구성이 일정하다는 가정 하에 제품의 매출수량의 차이를 의미하는 것이다. 전술한 등식 (9-3)에서 표시한대로 매출조업도차이의 기본적 등식은 아래와 같다.

| **매출조업도차이** ＝ AQ(BP－Sc)－BQ(BP－Sc) |
|---|

그런데 다수 제품일 경우의 매출조업도차이를 보다 세분화하여, 즉 매출배합차이와 매출수량로 분류하여 차이분석을 하려면 단일 상품일 때의 「실제판매량(AQ)」은 「실제판매량 × 실제배합(AQ×AM)」으로 변경시켜야 하고 「예산판매량(BQ)」은 「예

산판매량 × 예산배합(BQ×BM)」로 또한 변경하여야 한다. 이러한 다수제품일 때의 매출조업도차이를 그림으로 나타내면 [도표 9-2]와 같다.

❖ [도표 9-2] 매출조업도차이

| AQ×(Bp−Sc) | BM×(Bp−Sc) | BQ×(Bp−Sc) |
|---|---|---|
| (실제배합에 의한 실제판매량 × 표준공헌이익) | (예산배합에 의한 실제판매량 × 표준공헌이익) | (예산배합에 의한 예산판매량 × 표준공헌이익) |
| ××× | ××× | ××× |

매출배합차이 매출수량차이

매출조업도차이

매출배합차이는 판매하는 다수의 제품들에 대한 예산배합률과 실제배합률 달라서 발생하는 차이로서 예산배합률의 정확성에 대한 평가를 나타낸다. 이러한 매출배합차이는 실제 판매한 총수량 중의 실제배합률이 예산배합률보다 클 경우 매출배합차이가 유리한 것이고 반대일 경우에는 불리한 것이다.

**매출배합차이**
**=단위당 표준공헌이익 × [(실제배합률−예산배합률)×실제판매수량]**

한편, 매출수량

## 예제 9-3 매출배합차이, 매출수량차이, 그리고 매출조업도차이의 계산

현대(주)는 제품 갑과 을을 생산·판매하고 있는데 지난 한 달간 관련예산 및 판매량은 다음과 같다.

| | 제품갑 | 제품을 |
|---|---|---|
| 예산상 판매가격 | 8원 | 12원 |
| 예산상 단위변동원가 | 6 | 8 |
| 예산 판매량 | 120단위 | 60단위 |
| 실제 판매량 | 130단위 | 80단위 |

[물음]

매출배합차이, 매출수량차이, 그리고 매출조업도차이를 산출하시오.

[해 답]

| | AQ×AM(Bp-Sc) | AQ×BM(Bp-Sc) | BQ×BM(Bp-Sc) |
|---|---|---|---|
| A제품 | 130(8원－6원)=260원 | 140(8원－6원)=280원 | 120(8원－-6원)=240원 |
| B제품 | 80(12원－8원)=320 | 70(12원－8원)=280 | 60(12원－-8원)=240 |
| | 210　　580원 | 210　　560원 | 180　　480원 |

매출배합차이 20원(F)　　매출수량차이 80원(F)

매출조업도차이 100원(F)

위 [예 9-3]에서 총 실제 판매량은 210단위(130단위+80단위)이다. 이를 기반으로 배합량을 계산한 것이 BM이다. 예산상의 제품 A는 120단위이고 B는 60단위이다. 그러므로 A제품의 배합량은 $210 \times \frac{120}{180} = 140$이 되고, 제품은 $210 \times \frac{60}{180} = 70$이 되는 것이다. 여기에서 매출배합차이가 20원 유리한 차이로 나타났다. 이것은 공헌이익이 큰 B제품을 보다 많이 판매하였기 때문에 얻어진 결과이다. 그리고 매출수량차이도 80원 유리한 차이로 나타났다. 이것 또한 총 실제판매수량은 210단위로서 총 예산판매수량 180단위 보다 월등하게 많아서 얻어진 결과이다.

### (2) 매출수량 차이의 세부 분석

전술한 바와 같이 매출수량차이는 예산판매수량과 실제판매수량 차이에 대한 정보를 제공해 준다. 이러한 매출수량차이를 보다 세부적으로 구분하여 분류할 때 시장점유율차이(통제가능차이)와 시장규모차이(통제불능차이)로 나누어진다. 시장점유율차이는 실제 시장규모 하에서 해당 기업이 점유하고 시장의 크기가 확대 또는 축소됨으로써 발생하는 매출수량의 차이이다. 시장규모차이는 해당되는 산업의 시장규모가 사회, 경제, 문화, 정치 등 기업이 통제할 수 없는 외적 영향에 의하여 확대 또는 축소됨에 따라 발생하는 매출수량의 차이를 의미한다. 이러한 시장규모차이와 시장점유율차이의 산출과정은 아래 [도표 9-3]와 같다.

[도표 9-3]에서 보는 바와 같이 시장점유율 차이는 산업전체의 실제 시장규모를 나타내는 실제 판매수량 중에서 실제 시장점유율과 예상시장점유율의 차이에 해당하는

판매수량을 단위당 평균예산공헌이익으로 곱하여 계산한다. 그러므로 시장점유율차이는 목표로 세운 예산시장점율의 달성여부를 차이분석을 통해서 점검하게 해준다. 예상시장점유율보다 실제시장점유율이 더 크다면 유리한 시장점유율 차이가 발생한 것이고 반대인 경우에는 불리한 시장점율 차이가 발생한 것이다. 유리한 시장점유율 차이는 영업활동의 목표를 달성함을 의미하는 것이며 불리한 시장점유율 차이는 영업활동의 목표를 달성하지 못함을 의미하는 것이다.

❖ [도표 9-3] 시장규모 차이와 시장점유율 차이

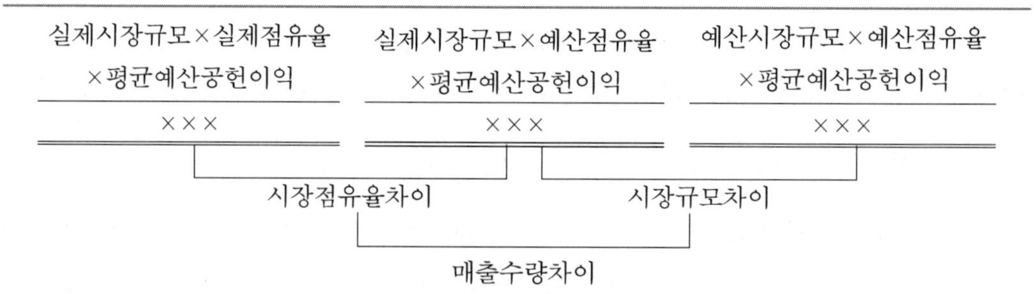


시장점유율차이
=단위당 평균예상공헌이익×[(실제M/S−예상M/S*)×산업전체의 실제판매수량]
*M/S:market share(시장점유율)

한편, 시장규모 차이는 경영활동에 영향을 주는 통제불능의 외부환경 변화로부터 발생하는 해당기업에 대한 유·불리에 대한 판단의 자료가 되는 정보이다. 시장규모 차이는 예상시장규모에서 실제시장규모의 차이를 구하고 이를 해당 기업의 예상시장점유율로 곱한 후 여기에서 산출된 값을 단위당 예상평균공헌이익으로 곱하여 구한다. 이것은 해당 예상시장점유율이 얼마만큼이 시장전체의 판매수량변화에 영향을 받는가 하는 것에 대한 정보를 파악하기 위한 방법인 것이다.

시장규모차이
=단위당 평균예산공헌이익×[(시장전체 실제판매수량−시장전체 예상판매수량)
×예상시장점유율]

그런데, [도표 9-3]에서부터 지속적으로 언급되고 있는 단위당 평균예산공헌이익은 아래의 식과 같이 제품별 공헌이익과 제품별 매출배합비율을 이용하여 산출한 값을 의미한다.

**평균예산공헌이익 = Σ제품별 공헌이익×제품별 매출배합비율**

## 예제 9-4 시장규모차이와 시장점유율차이

[예제 9-3]을 그대로 이용한다. 예제 9-3의 제품 갑과 제품 을의 예산시장규모는 1,000단위이며, 예산시장점유율은 18%이다. 한편 제품 갑과 제품 을의 실제 시장규모는 1,050단위였고, 실제시장점유율은 20%이다. 이러한 자료를 이용하여 [예제 9-3]에서 산출한 매출수량차이를 이용하여 시장규모차이와 시장점유율 차이를 산출하시오.

[해 답]

평균예산공헌이익=[(2원×120)+(4원×60)]/(120+60)=2,6667원

| 실제시장규모×실제점유율 ×평균예산공헌이익 | 실제시장규모×예산점유율 ×평균예산공헌이익 | 예산시장규모×예산점유율 ×평균예산공헌이익 |
|---|---|---|
| 1,050×20%×2,667 | 1,050×18%×2,667 | 1,000×18%×2,667 |
| 560원 | 504원 | 480원 |

시장점유율차이 56원(F)　　시장규모차이 24원(F)

매출수량차이 80원(F)

## 4. 종합연습

현대(주)는 A, B 두 제품을 생산판매하고 있다. 20×9년의 예산과 실제영업성과는 다음과 같다.

| | A제품 | | B제품 | |
|---|---|---|---|---|
| | 실제 | 예산 | 실제 | 예산 |
| 판매량 | 110 | 130 | 90 | 110 |
| 매출 | 5,500원 | 6,760원 | 13,500원 | 17,600원 |
| 변동비 | 3,850 | 3,900 | 9,000 | 12,100 |
| 공헌이익 | 1,650원 | 2,860원 | 4,500원 | 5,500원 |

[물음]

1. 매출가격차이와 매출조업도차이는 각각 얼마인가?
2. 매출배합차이와 매출수량차이는 각각 얼마인가?

[해 답]

1.

| | A 제품 | B 제품 |
|---|---|---|
| 단위당 실제판매가격 | 5,500원/110개=50원 | 13,500원/90개=150원 |
| 단위당 예산판매가격 | 6,760원/130개=52원 | 17,600원/110개=160원 |
| 단위당 예산변동비 | 3,900원/130개=30원 | 12,100원/110개=110원 |

| | 실제 | 변동예산 | 고정예산 |
|---|---|---|---|
| 제품 A | 110×(50−30)=2,200 | 110×(52−30)=2,420 | 130×(52−30)=2,860 |
| 제품 B | 90×(150−110)=3,600 | 90×(160−110)=4,500 | 110×(160−110)=5,500 |
| | 5,800원 | 6,920원 | 8,360원 |

매출가격차이 1,120원(U)　　매출조업도차이 1,440원(U)

총매출차이 2,560원(U)

2.

| | 변동예산(실제배합) | 변동예산(예산배합) | 고정예산 |
|---|---|---|---|
| 제품A | 110×(52−30)=2,420 | 108*×(52−30)=2,376 | 130×(52−30)=2,860 |
| 제품B | 90×(160−110)=4.500 | 92**×(160−110)=4,600 | 110×(160−110)=5,500 |
| | 6,920원 | 6,976원 | 8,360원 |

매출배합차이 56원(U)    매출수량차이 1,384원(U)

매출조업도차이 1,440원(U)

* (110개+90개)×130개/(130개+110개)≒108개
**(110개+90개)×110개/(130개+110개)≒92개

3. 단위당 평균예산공헌이익=[(6,760−3,900)+(17,600−12,100)]/(130개+110개)
=34.8원

| 실제시장규모×실제점유율×평균예산공헌이익 | 실제시장규모×예산점유율×평균예산공헌이익 | 예산시장규모×예산점유율×평균예산공헌이익 |
|---|---|---|
| 1,000×(200/1,000)×34.8 | 1,000×(240/1,600)×34.8 | 1,600×(240/1,600)×34.8 |
| 6,960원 | 5,220원 | 8,352원 |

시장점유율차이 1,740원(F)    시장규모차이 3,132원(U)

매출수량차이 1,392원(U)

# 연 습 문 제

## 연습문제 9-1 매출차이분석-단일제품

현대(주)의 당기성과보고서는 다음과 같다.

| | 실제 | 예산 |
|---|---|---|
| 판매량 | 7,600단위 | 9,100단위 |
| 매출액 | 349,600원 | 455,000원 |
| 변동원가 | (220,400) | (273,000) |
| 공헌이익 | 129,200원 | 182,000원 |
| 고정원가 | (121,200) | (122,000) |
| 이익 | 8,000원 | 60,000원 |

[물음]

1. 판매가격차이를 구하시오.
2. 매출조업도차이를 구하시오.
3. 변동원가 변동예산차이를 구하시오.

## 연습문제 9-2 매출배합차이와 매출조업도차이

현대(주)는 컴퓨터 모니터와 키보드를 판매하고 있다. 모니터의 예산판매량은 1,000단위이고 예상 단위당 공헌이익은 500원이다. 키보드의 예산판매량은 2,000단위이고 예산 단위당 공헌 이익은 100원이다. 실제로 모니터의 공헌이익은 420원이며 1,900개가 팔렸고, 키보드는 실제 공헌이익 90원씩에 2,500개가 팔렸다.

[물음]

회사 전체의 매출배합차이와 매출조업도차이를 구하시오.

## 연습문제 9-3 매출차이분석 : 기초

현대(주)는 단일제품을 전문 생산하는 업체이다. 당기의 예산손익계산서와 실제 손익계산서는 다음과 같다.

| | 예산 | 실제 |
|---|---|---|
| 판매량 | 75,500단위 | 83,000단위 |
| 매출액 | 385,000원 | 389,500원 |
| 변동원가 | | |
| 매출원가 | 218,250원 | 221,000원 |
| 판매비 | 65,000 | 71,000 |
| 합계 | 283,500원 | 292,000원 |
| 공헌이익 | 101,500원 | 97,500원 |
| 고정원가 | | |
| 판매비 | 19,750원 | 23,500원 |
| 관리비 | 42,250 | 46,000 |
| 합계 | 62,000원 | 69,500원 |
| 순이익 | 67,750원 | 28,000원 |

[물음]

1. 판매가격차이를 계산하시오.
2. 매출조업도차이를 계산하시오.

## 연습문제 9-4 매출총차이 분석 및 이익의 조정

현대(주)의 20×9년 예산손익계산서 및 실제 손익계산서는 다음과 같다.

| 예산손익계산서 | | |
|---|---|---|
| 매출액(21,000개×50원) | | 1,050,000원 |
| 변동제조원가(21,000개×20원) | 420,000원 | |
| 변동판관비(21,000개×10원) | 210,000 | 630,000 |
| 공헌이익 | | 420,000원 |
| 고정제조간접원가 | 122,000원 | |
| 고정판관비 | 158,000 | 280,000 |
| 이익 | | 140,000원 |

| 실제손익계산서 | | |
|---|---|---|
| 매출액(25,000개×52원) | | 1,300,000원 |
| 변동제조원가(25,000개×25원) | 625,000원 | |
| 변동판관비(25.000개×12원) | 300,000 | 925,000 |
| 공헌이익 | | 375,000원 |
| 고정제조간접원가 | 155,000원 | |
| 고정판관비 | 205,000 | 360,000 |
| 이익 | | 15,000원 |

[물음]

1. 실제공헌손익계산서, 변동예산상의 공헌손익계산서, 종합예산상의 공헌손익계산서를 비교 형식을 작성하시오.
2. 실제이익과 종합예산이익과의 차이를 조정하시오. 단, 이익차이를 원인을 구체적으로 분석할 것.
3. 예산매출액보다 실제매출액이 늘어났음에도 이익은 왜 감소한 것인가?

## 연습문제 9-5 매출차이분석

현대(주)는 단일 종류의 제품을 제조하여 판매하고 있다. 20×9년의 종합예산 및 실제 자료는 다음과 같다. 단, 종합예산은 표준원가를 바탕으로 편성되었으며, 기초 및 기말 재고자산은 없다.

| | 종합예산 | 실제자료 |
|---|---|---|
| 판매량 | 11,000개 | 13,000개 |
| 매출액 | 2,200,000원 | 2,860,000원 |
| 변동원가 | | |
| 직접재료원가 | 440,000원 | 624,000원 |
| 직접노무원가 | 330,000 | 507,000 |
| 제조간접원가 | 165,000 | 246,000 |
| 판매수수료 | 220,000 | 286,000 |
| 고정원가 | | |
| 제조간접원가 | 200,000원 | 216,000원 |
| 판매원급료 | 120,000 | 170,000 |

[물음]

1. 실제공헌손익계산서, 변동예산상의 공헌손익계산서, 종합예산상의 공헌손익계산서를 비교 작성하시오.
2. 실제이익과 종합예산이익의 차이를 판매부문의 이익차이와 제조부문의 원가차이로 구분하시오. 단, 판매부문의 이익차이를 매출가격차이와 매출조업도차이, 판관비차이로 세분하시오.

## 연습문제 9-6 복수제품의 매출총차이분석

현대(주)에서는 두 종류의 컴퓨터(표준형, 고급형)를 판매하고 있다. 10월의 관련 정보는 다음과 같다.

| | |
|---|---|
| ① 고정예산상 총공헌이익 | 300,000원 |
| ② 총예산판매량 | 2,000개 |
| ③ 제품 단위당 예상공헌이익 : | 표준형 120원, 고급형 340원 |
| ④ 총매출수량차이 | 74,000원 불리 |
| ⑤ 실제판매량 비율 : | 표준형 40%, 고급형 60% |

[물음]

매출배합차이와 매출수량차이를 (1) 개별 제품별로, (2) 기업전체적으로 구하시오.

## 연습문제 9-7 매출차이 분석

현대(주)는 갑제품과 을제품을 생산 · 판매하고 있다. 이에 대한 당기의 손익계산서는 아래와 같다.

| | 갑제품 | | 을제품 | |
|---|---|---|---|---|
| | 예산 | 실제 | 예산 | 실제 |
| 판매량 | 2,900단위 | 4,000단위 | 8,500단위 | 7,940단위 |
| 매출액 | 8,700원 | 10,800원 | 17,000원 | 16,674원 |
| 변동원가 | 3,480 | 4,000 | 8,500 | 8,258 |
| 고정원가 | 2,620 | 2,760 | 3,460 | 3,460 |
| 순이익 | 2,600원 | 4,040원 | 5,040원 | 4,956원 |

[물음]

1. 갑제품의 매출조업도차이를 구하시오.
2. 을제품의 판매가격차이를 구하시오.
3. 을제품의 변동원가 변동예산차이를 구하시오.
4. 현대(주)의 매출배합차이를 구하시오.
5. 현대(주)의 매출수량차이를 구하시오.

## 연습문제 9-8 차이분석

현대(주)는 생산부와 판매부 두 개의 책임중심점을 가지고 있으며, 생산부는 원가중심점, 판매부는 이익중심점이다. 20×9년 6월 한 달 동안 예산 및 실제 정보는 다음과 같다.

| | 실제 | 예산 |
|---|---|---|
| 판매량 | 22,000개 | 23,000개 |
| 제품단위당 판매가격 | 10.0원 | 9.5원 |
| 제품단위당 변동제조원가 | 4.6 | 4.5 |
| 제품단위당 판관비 | 3.4 | 3.5 |
| 고정제조간접원가 | 17,000 | 19,000 |
| 공정 판관비 | 15,000 | 14,000 |

[물음]

실제이익과 종합예산이익의 차이를 판매부문의 이익차이와 제조부문의 원가차이로 구분하시오. 단, 판매부문의 이익차이를 매출가격차이와 매출조업도차이, 판관비차이로 세분하시오.

## 연습문제 9-9 매출차이분석

현대(주)는 과자와 콜라를 생산 판매하고 있다. 20×9년 6월의 예산 및 실제성과는 다음과 같다.

| | 예산 | | 실제 | |
|---|---|---|---|---|
| | 과자 | 콜라 | 과자 | 콜라 |
| 판매량 | 51,000개 | 26,000개 | 61,000개 | 21,000개 |
| 매출액 | 510,000원 | 468,000원 | 579,500원 | 420,000원 |
| 변동원가 | 306,000 | 312,000 | 201,300 | 231,000 |
| 총고정원가 | 160,000 | | 165,000 | |

[물음]

1. 매출가격차이, 매출배합차이, 매출수량차이를 분석하시오.
2. 기업 전체의 실제순이익과 고정예산상의 순이익의 차이를 조정하시오.

## 연습문제 9-10 판매가격차이

현대(주)는 구두와 운동화를 생산·판매하고 있는데 관련자료는 다음과 같다.

| | 운동화 | 구두 |
|---|---|---|
| 종합예산 : | | |
| 단위당 판매가격 | 60원 | 70원 |
| 매출수량 | 600단위(60%) | 400단위(40%) |
| 단위당 변동원가 | 40원 | 55원 |
| 매출배합 | 60% | 40% |
| 고정원가 | 4,200원 | |
| 실제 : | | |
| 단위당 판매가격 | 56원 | 59원 |
| 매출수량 | 500단위(50%) | 500단위(50%) |
| 단위당 변동원가 | 40원 | 45원 |
| 매출배합 | 50% | 50% |
| 고정원가 | 4,700원 | |

[물음]

현대(주)의 판매가격차이를 구하라.

## 연습문제 9-11 매출차이분석

현대(주)는 고급모니터와 중급모니터 두 종류의 모니터를 생산하고 있다. 중급모니터는 일반인에게 판매하고 있으며 고급모니터는 주문 생산하여 판매하고 있다. 현대(주)의 20×9년 예산과 실제자료는 다음과 같다.

20×9년 예산

| | 판매단가 | 단위당 변동비 | 단위당 공헌이익 | 판매수량 |
|---|---|---|---|---|
| 고급모니터 | 600원 | 400원 | 200원 | 16,000개 |
| 중급모니터 | 400 | 300 | 100 | 6,000 |
| 합계 | | | | 22,000개 |

20×9년 실제

| | 판매단가 | 단위당 변동비 | 단위당 공헌이익 | 판매수량 |
|---|---|---|---|---|
| 고급모니터 | 700원 | 350원 | 350원 | 21,000개 |
| 중급모니터 | 350 | 300 | 50 | 5,000 |
| 합계 | | | | 26,000개 |

현대(주)는 판매부서에서 추정한 20%의 예산시장점유율과 모니터협회에서 예측한 전체시장규모 200,000개를 기준으로 20×9년 총매출예산을 수립하였다. 그러나 20×9년도말의 실제시장규모는 150,000개로 보고되었다.

[물음]

1. 매출가격차이와 매출조업도차이는 각각 얼마인가?
2. 시장점유율차이와 시장규모차이는 각각 얼마인가?

## 연습문제 9-12 매출차이분석 종합

현대(주)는 갑, 을 제품 두 종류를 생산, 판매하고 있다. 당기의 종합예산과 실제성과는 다음과 같다.

예산자료

| | 단위당 판매가격 | 단위당 변동비 | 단위당 공헌이익 | 판매량 |
|---|---|---|---|---|
| 갑 | 130원 | 80원 | 50원 | 800개 |
| 을 | 90 | 60 | 30 | 400 |
| 합계 | | | | 1,200개 |

실제자료

| | 단위당 판매가격 | 단위당 변동비 | 단위당 공헌이익 | 판매량 |
|---|---|---|---|---|
| 갑 | 110원 | 50원 | 60원 | 1,000개 |
| 을 | 100 | 80 | 20 | 300 |
| 합계 | | | | 1,300개 |

제품 갑과 을은 각각 동일산업 내에서 판매되는 제품이며 산업전체의 시장규모 및 시장점유율에 대한 예산자료와 실제자료는 다음과 같다.

| | |
|---|---|
| 예산 시장규모 | 5,000개 |
| 예산시장점유율(1,000개/5,000개) | 20% |
| 실제시장규모 | 6,875개 |
| 실제시장점유율(1,200개/6,875개) | 17.45% |

[물음]

1. 매출가격차이와 매출조업도 차이를 구하시오.
2. 매출배합차이와 매출수량차이를 구하시오.
3. 시장점유율차이와 시장규모차이를 구하시오.

## 연습문제 9-13 매출차이분석 종합

현대(주)는 3종류의 승용차를 생산, 판매하고 있다. 당사가 제품별로 작성한 20×9년도의 예산손익계산서와 실제손익계산서는 다음과 같다.

제품별 예산손익계산서

| | 국민차 | 중형차 | 고급차 | 합계 |
|---|---|---|---|---|
| 판매량 | 3,100대 | 5,100대 | 2,100대 | 10,300대 |
| 매출액 | 31,000,000원 | 76,000,000원 | 51,000,000원 | 158,000,000원 |
| 변동비 | 25,000,000 | 53,500,000 | 31,000,000 | 109,500,000 |
| 공헌이익 | 6,000,000원 | 22,500,000원 | 20,000,000원 | 48,500,000원 |
| 추적가능고정비 | 3,000,000 | 8,000,000 | 6,000,000 | 17,000,000 |
| 제품별이익 | 3,000,000원 | 14,500,000원 | 14,000,000원 | 31,500,000원 |
| 공통원가 | | | | 12,000,000 |
| 이익 | | | | 19,500,000원 |

제품별 실제손익 계산서

| | 국민차 | 중형차 | 고급차 | 합계 |
|---|---|---|---|---|
| 판매량 | 4,100대 | 3,100대 | 1,100대 | 8,500대 |
| 매출액 | 45,000,000원 | 48,250,000원 | 21,000,000원 | 111,250,000원 |
| 변동비 | 34,000,000 | 36,437,500 | 14,000,000 | 82,437,500 |
| 공헌이익 | 11,000,000원 | 11,812,500원 | 6,000,000원 | 28,812,500원 |
| 추적가능고정비 | 4,500,000 | 6,000,000 | 5,000,000 | 15,500,000 |
| 제품별이익 | 6,500,000원 | 5,812,500원 | 1,000,000원 | 13,312,500원 |
| 공통원가 | | | | 11,000,000 |
| 이익 | | | | 2,312,500원 |

[물음]

1. 매출총차이를 매출가격차이와 매출조업도차이로 분리하시오.
2. 매출조업도차이를 매출배합차이와 매출수령차이로 분리하시오.
3. 20×9년 예산편성시 자동차 산업의 전체 시장규모는 3,000대로 예측되었다. 그러나 실제 시장규모가 21,250대인 경우 매출수량차이를 시장규모차이와 시장점유율 차이로 세분하시오.

## 연습문제 9-14 이익중심점의 성과평가

현대(주)는 A, B의 두 가지 가전제품을 생산하고 있다. 회사의 20×9년의 예산과 실제치의 자료는 다음과 같다.

[예 산]

| | A | B |
|---|---|---|
| 판매량 | 510개 | 510개 |
| 변동비 | @70원 | @100원 |
| 공헌이익 | 50 | 70 |

[실 제]

| | A | B |
|---|---|---|
| 판매량 | 610개 | 310개 |
| 변동비 | @65원 | @105원 |
| 공헌이익 | 50 | 75 |

[물음]

1. 판매가격차이와 매출조업도차이를 구하시오.
2. 매출배합차이와 매출수량차이를 구하시오.
3. 시장규모와 시장점유율에 대한 다음의 자료가 주어졌을 때 시장규모차이와 시장점유율차이를 구하시오.

| | |
|---|---|
| 예산시장규모 | 11,000개 |
| 예산시장점유율 | 10% |
| 실제시장규모 | 7,000개 |

Chapter 10

# 투자중심점의 성과평가


1. 투자수익률
2. 잔여이익
3. 매출수익률
4. 경제적 부가가치(EVA)
5. 내부이전가격결정과 성과평가
6. 종합연습

• 연 습 문 제

Chapter 10

# 투자중심점의 성과평가

성과평가에 있어 책임중심점 개념은 각 성과평가 단위의 책임범위를 정하여주고 체계적인 성과평가의 틀을 제공해 준다. 지금까지 학습한 각 책임중심점 성과평가의 주요점을 살펴본다면, 원가중심점 성과평가는 표준원가와 실제원가를 비교하여 그 차이를 산출하고 이에 의한 평가를 행하는 것이며, 수익중심점 평가는 목표매출과 실제매출 비교하여 그 차이를 산출하고 이에 의해 평가를 행하는 것이다. 그리고 이익중심점 성과평가는 변동예산상의 이익과 실제이익 간의 차이를 산출하고 이에 의하여 평가를 행한다. 여기에서 원가중심점 평가나 수익중심점 평가는 다른 책임중심점을 고려하지 않는 해당 책임중심점 내에서의 평가이고 이익중심점 평가는 수익중심점과 원가(비용)중심점 양면을 고려한 평가이다. 그런데 본장에서 새롭게 학습할 투자중심점 성과평가에서는 지금까지 학습한 원가(비용)중심점, 수익중심점, 이익중심점의 모든 측면을 고려한 평가방법을 사용한다. 왜냐하면 투자중심점 성과평가에 있어서 원가나 이익 등 한 측면만을 기준으로 한 성과평가로는 전체 투자액 대비의 성과평가를 행할 수 없기 때문이다.

그러므로 투자중심점 성과평가란 수익과 원가뿐만 아니라 투자에 대해서도 책임을 지는 사업단위에 대한 성과평가를 말하는 것이다. 따라서 이때의 성과평가 대상인 투자중심점은 가장 포괄적이고 광범위한 책임중심점인 것이다. 투자중심점을 독립적으로 투자 의사결정을 행하고 책임을 지는 사업단위라고 할 때, 일반적으로 이때의 투자중심점인 사업단위에 대한 성과평가는 해당 사업단위가 투자한 자원 1원당 벌어들인 이익의 크기를 기준으로 행한다. 그리고 이러한 투자중심점 성과평가는 분권화된 크고 작은 각종의 사업부의 성과평가에 가장 많이 이용된다. 한편, 투자중심점 성과평가에 가장 많이 이용되고 있는 지표는 투자수익률이다. 그러나 근래에는 투자수익률의 한계를 보완하기 위하여 잔여이익 분석, 매출수익률, EVA 등의 지표도 그 이용이 많아지고 있다.

## Ⅰ. 투자수익률

투자중심점 평가에 있어 가장 많이 이용되는 지표가 투자수익률이다. 투자수익률(return on investment : ROI)이란 일정한 투자액 대비 창출된 이익의 비율을 말한다. 일반적으로 투자수익률은 아래 (식 10-1)과 같이 투자중심점의 순이익을 투자중심점의 자산으로 나누어 계산한다. 투자중심점의 순이익은 손익계산서에 얻어지는 이익을 말하며 투자중심점의 자산으로는 기초자산이나 기말자산 또는 기중평균자산 등의 값을 이용하는데 보통 기중평균자산의 값을 가장 많이 이용하는 추세에 있다.

$$\text{투자수익률} = \frac{\text{투자중심점이익}}{\text{투자중심점자산}} \qquad \text{(식 10-1)}$$

그런데 위의 (식 10-1)에서 나타난 투자수익률은 실제로는 매출액 대비 이익률과 투자자산 회전율을 고려하여 산출한 값이다. 즉, 투자수익률이란 투자 대비 영업활동 결과로 얻어지는 이익의 비율인데 영업활동 과정 속에는 투자에 의해 산출되는 매출액 대비 이익의 비율인 매출수익률 개념과 투자에 대한 자금 순환을 의미하는 회전율의 개념이 담겨져 있다. 이때 언급되는 자금순환의 의미는 예를 들어, 현금이 자금으로 투자되어 재고자산이 되고 이것이 다시 매출이 되어 이익을 포함한 외상매출금 등이 되고 그리고 이것이 최종적으로 다시 현금으로 되돌아오는 일련의 과정을 의미한다. 따라서 위와 같은 과정을 고려할 때 일정기간의 회전율(turnover ratio)은 매출액을 투자자산으로 나누어 구해지는 것으로서 이는 일정기간 동안 투자자산이 몇 번이나 반복하여 순환하였는가를 나타내 주는 측정치인 것이다. 이를 일명 투자자산회전율이라 한다. 투자수익률은 위와 같은 매출수익률과 투자자산회전율을 곱하여 (식 10-2)와 같이 구해지는 원칙인 것이다.

투자수익률＝매출수익률×자산회전율 그러므로 (식 10-2)

$$\frac{\text{투자중심점이익}}{\text{투자중심점자산}} = \frac{\text{투자중심점이익}}{\text{투자중심점매출액}} \times \frac{\text{투자중심점매출액}}{\text{투자중심점자산}}$$

근래 이전의 성과평가는 투자자산의 회전율의 중요성을 무시하고 매출액 대비 수익률만을 투자중심점의 평가척도로 삼았다. 그러나 그 후 투자자산의 회전율을 통해서 영업용 자산이 과다한지 여부를 판단하는 것이 합리적 성과평가에 중요함을 밝혀지게 되었다. 즉, 매출액에 비하여 투자자산이 과잉인지 과소인지 등을 판단할 필요성을 발견하게 된 것이다. 이것은 적정한 투자규모 통제에 대한 문제로서 투자수익률 평가의 중요 영향 요인인 것이다.

한편, 일반적으로 투자수익률 계산에서 투자중심점이익으로 사용되는 이익은 이자 및 세금공제전이익(EBIT : earning before interest and taxes)으로서 순수이익을 의미한다. 그리고 투자중심점자산으로 이용되는 자산은 현재의 영업활동상에 활용되는 자산으로서 현금, 외상매출금, 유형고정자산, 무형고정자산, 기타 영업용 자산 등 모든 자산이다. 이러한 투자중심점자산은 평균개념을 적용하여 계산하는데 이것은 기초자산 가액과 기말자산 가액을 더하여 2로 나눈 값이다. 투자수익률은 기업경영에 있어 매우 중요하다. 투자수익률의 결과에 따라 해당 기업의 존속여부가 좌우되는 것이다. 이러한 투자수익률을 향상시킬 수 있는 방법으로는 매출수익률이나 자산회전율의 제고, 원가의 절감, 매출 감소가 없는 경우의 투자자산의 감소 등 여러 가지 방안을 모색할 수 있다.

## 예제 10-1 투자수익률의 통제

현대(주)는 다음과 같은 정보를 가지고 있다.

| | |
|---|---|
| 매출액 | 120,000원 |
| 순이익 | 12,000 |
| 평균영업용자산 | 60,000 |

위와 같은 자료를 가지고 투자수익률(ROI)을 계산하면 다음과 같다.

$$\frac{\text{투자중심점이익}}{\text{투자중심점자산}} = \frac{\text{투자중심점이익}}{\text{투자중심점매출액}} \times \frac{\text{투자중심점매출액}}{\text{투자중심점자산}}$$

$= (12,000\text{원}/120,000\text{원}) \times (120,000\text{원}/60,000\text{원})$

$= 10\% \times 2$

$= 20\%$ 또는 $12,000/60,000 = 20\%$

1) 매출액의 증가

이때 매출액이 120,000원에서 140,000원으로 증가하고, 순이익도 12,000원에서 14,000원으로 증가하였다면, 투자수익률은 다음과 같이 3%가 증가할 것이다.

$= (14,000\text{원}/140,000\text{원}) \times (140,000\text{원}/60,000\text{원})$

$= 10\% \times 2.3$

$= 23\%$ 즉, $23\% - 20\% = 3\%$

투자수익률의 계산에 있어서 매출액의 증감은 그 자체에만 영향을 주는 것이 아니라 이익률, 자산회전율에도 영향을 미친다. 위의 예에서는 매출액이 120,000원에서 140,000원으로 증가하고 순이익이 12,000원에서 14,000원으로 증가하였다. 이때 이익률은 변함없이 10%이다. 이것은 매출액의 증가율과 이익의 증가율이 똑같이 증가하였기 때문이다. 그러나 이때 투자자산 변동은 없고 매출액은 증가하였기 때문에 투자자산 회전율은 2에서 2.3로 증가하였다. 이에 따라 투자수익률이 3% 증가한 것이다.

2) 비용의 감소

만약, 앞의 자료에서 비용을 효율적으로 통제하여 1,500원만큼 감소시켰다고 가정하면 순이익은 1,500원만큼 증가할 것이다. 이에 따라 매출액이익률은 약 11%

로 증가하고 투자수익률도 22%로 증가한다. 그러므로 계산하면 투자수익률은 다음과 같이 2%가 증가하는 것이다.

=(13,500원/120,000원)×(120,000원/60,000원)
=11%×2
=22%　그러므로 22%－20% ＝ 2%

위의 사례와 같이 투자수익률을 증가시켜 경쟁력을 높이는 방법 중 가장 간단한 방법이 비용의 효율적 통제에 의한 원가감소이다. 위의 사례에서 볼 수 있듯이 비용의 감소는 이익률을 증가시켜 투자수익률을 증가시킨다. 위의 사례에서는 1,500원의 비용 감소로 이익률이 10%에서 11%로 상승하였고, 투자수익률은 20%에서 22%로 증가하였음을 보여준다.

3) 자산의 감소

한편, 위의 사례에서 투자중심점자산이 60,000원에서 50,000원으로 감소하였다고 가정하면, 투자수익률은 다음과 같이 4%가 증가한다.

=(12,000원/120,000원)×(120,000원/50,000원)
=10%×2.4
=24%　즉, 24%－20%＝4%

대부분의 경영자들은 투자중심점자산의 통제보다는 매출액이나 비용의 통제를 더 중요하게 생각한다. 이것은 전통적으로 투자자산 회전율보다는 매출액 이익률에 더 많은 관심을 가지고 있었기 때문이다. 근래에 이르러 투자수익률에 의한 성과평가의 중요성이 부각되면서 많은 경영자들이 투자자산회전율에도 큰 관심을 갖게 되었다. 위의 사례에서 영업용자산이 60,000원에서 50,000원으로 10,000원이 감소하였기 때문에 투자자산 회전율은 2에서 2.4로 증가하였으며, 투자수익률은 20%에서 24%로 증가하였다.

투자중심점 성과평가를 투자수익률을 이용하여 수행하게 되면 여러 가지 유리점을 얻을 수 있다. 그것은 다음과 같은 내용으로 정리할 수 있다. 첫째, 규모와 업종이 다른 경우 등 복잡한 경우의 평가라 하더라도 투자수익률이라는 단일 수치에 의하여 성과평가가 가능함으로 보다 쉽고 간편하게 성과평가를 수행할 수 있다. 둘째, 투자중심점평가는 결국 기업전체의 목표에 대한 평가가 된다. 따라서 이에 의한 평가를 행할 경우 각 투자중심점들과 기업전체의 목표를 일치시킬 수 있다. 셋째, 이익중심점 평가는 투자에 대한 고려가 결여되어 과대 투자 등이 유발될 수 있다. 그러나 투자수익률에 의하여 성과를 평가하면 이를 방지할 수 있다.

### 예제 10-2 투자수익률의 단점

현대(주)는 두 개의 사업부 A와 B로 구성되어 있으며, 두 개의 사업부의 투자수익률에 관한 자료는 다음과 같다.

| | A사업부 | B사업부 | 합계 |
|---|---|---|---|
| 평균영업용자산 | 2,500원 | 4,500원 | 7,000원 |
| 순이익 | 500 | 810 | 1,310 |
| 투자수익률 | 20% | 18% | 18.71% |

위 [예제 10-2]을 통해서 투자수익률을 이용한 투자중심점 성과평가의 불리점을 살펴보면 첫째, 전체적으로는 투자수익률을 증가시키는 투자안이라 하더라도 해당부서 입장에서 손해로 판단되면 부서 이기주의에 의하여 이를 기각시킬 수 있다. 예를 들어, [예제 10-2]에서 A사업부에 1,000원을 투자하면 190원의 순이익이 보장되는 설비투자를 고려하고 있는데, 이러한 투자안을 수락할 경우 기업 전체의 투자수익률은 (1,310원 + 190원)/(7,000원 + 1,000원) = 18.75%가 되어 현행보다 0.04%가 증가하지만, A사업부의 투자수익률은 (500원 + 190원)/(2,500원 + 1,000원) = 19.7%가 되어 A사업부가 이 투자안을 수락하면 A사업부의 투자수익률은 0.3% 떨어지게 된다. 따라서 이러한 경우 A사업부에서는 기업전체의 투자수익률을 증가시키는 투자안이라 할지라도 자기부서의 투자수익률을 감소시키는 투자안이므로 기각시킬 수 있는 것이다.

둘째, 투자수익률만으로 성과평가를 하는 경우 성과평가가 왜곡될 수도 있다. [예제 10-2]에서 A사업부가 B사업부보다 높은 투자수익률을 나타내고 있으므로 A사업부의 성과가 더 좋다고 평가될 수 있다. 그러나 이러한 평가는 기업전체의 평균자본비용을 고려한 후에 이루어져야 한다. 이에 대한 구체적 내용은 2절 잔여이익을 통하여 학습한다.

셋째, 투자수익률 계산시 유형고정자산을 순장부가액으로 평가하는 경우, 신규투자가 이루어지면 더 많은 감가상각을 하게 되어 투자수익률이 감소하게 하는 원인을 제공한다. 경영자들은 자신의 성과를 높게 평가 받기 위해 신규투자를 회피할 수 있다. 이러한 경향을 방지하여 위해서는 총장부가액을 투자자산 가액으로 사용하는 등의 방법을 적용할 수 있을 것이다.

넷째, 물가수준 변동폭이 클 경우 수익은 현행가치에 의해 평가되는데 반하여 자산 및 감가상각액은 취득원가에 의하여 평가되므로 명목상 투자수익률과 실질 투자수익률의 차이가  심하게 나타날 수 있다.

## 2. 잔여이익

잔여이익(residual income)은 아래 (식 10-3)과 같이 투자중심점 자산에 필수투자수익률을 곱한 금액을 투자중심점 이익에서 차감하여 산출한다. 이것은 투자중심점의 이익에서 투자중심점이 최소한 획득하여야 할 이익을 차감하고 남은 값을 의미한다.

| 잔여이익 = 투자중심점이익 − (투자중심점자산 × 필수투자수익률) | (식 10-3) |
|---|---|

위 [식 10-3] 중 필수투자수익률은 투자자산의 내재비용(imputed cost)이라고도 하는데 보통 자본비용(capital cost)에 투자의 위험정도를 반영하여 결정한다. 이것은 투자중심점 운영에 필요한 최소한의 비용을 투자자산 대비 비율로 나타낸 것이다. 다시 이를 간략하게 정리하여 바꾸어 말하자면 기업이 투자중심점에서 최소한으로 획득하여야 할 수익률을 말하는 것이다. 의사결정자들은 이러한 필수투자수익률을 감안하여 잔여이익을 계산하고 투자의사결정에 있어서 이를 기준으로 삼는다. 즉, 대안 간에 잔여이익을 비교하고 잔여이익이 큰 대안을 선택하게 되는 것이다. 이것은 원래의 투자수익률이나 목표투자수익률만 고려하여 의사결정을 수행하는 것보다 더욱 합리적인 것이다.

## 예제 10-3 잔여이익의 계산

앞의 [예제 10-2]의 자료를 그대로 활용하여 잔여이익(RI)을 계산하면 다음과 같다.

| | A사업부 | B사업부 | 합 계 |
|---|---|---|---|
| 평균영업용자산 | 2,500원 | 4,500원 | 7,000원 |
| 순이익 | 500 | 810 | 1,310원 |
| 평균영업용자산×자본비용 | 300 | 540 | 840 |
| 잔여이익 | 200원 | 270원 | 470원 |

*자본비용은 12%로 가정함, 통상적으로 자본비용은 필수투자수익률로 간주한다.

잔여이익을 고려한 의사결정은 투자수익률만 고려한 의사결정의 단점을 보완해 줄 수 있다. 예를 들어 [예제 10-2]에서 투자수익률만 고려할 경우 전체 투자수익률이 증가하는 대안이라 하더라고 사업부의 투자수익률이 감소하면 그 사업부에서 그것을 거부할 수 있다는 단점에 대하여 언급하였다. 그러나 잔여이익을 고려한 의사결정은 이러한 소지를 제공하지 않는다. [예제 10-2]를 잔여이익을 기준으로 다시 생각하여 보면, 기업전체의 잔여이익은 (1,310원+190원)−(7,000원+1,000원)×0.12=540원이 되고, A사업부의 잔여이익은 (500원+190원)−(2,500원+1,000원)×0.12=270원이 된다. 즉, 기업전체의 잔여이익과 A사업부의 잔여이익이 모두 증가하므로 이러한 경우 이 투자안을 A사업부가 거부할 이유가 없는 것이다. 즉, 잔여이익을 고려할 경우 투자수익률에 의한 성과평가에서 야기될 수도 있는 문제가 해결될 수 있는 것이다. 잔여이익에 의한 성과평가는 각 사업부의 성과를 기업전체의 수익성에 공헌한 정도에 따라 비교, 검토할 수 있게 해준다. 위의 경우 B사업부가 A사업부보다 기업전체의 잔여이익에 270원−200원=70원만큼 더 공헌하였다고 평가 될 수 있다. 이 수치는 (810원−500원)−(4,500원−2,500원)×0.12=70원과 일치하는 것이다.

이와 같이 잔여이익을 고려한 의사결정을 행하면 투자수익률을 고려한 의사결정에서 나타나는 문제점 중의 하나인 '부서 이익 때문에 회사전체의 이익을 희생당하게 하는' 의사결정은 이루어지지 않게 된다. 그러나 이러한 잔여이익 의사결정도 완벽하지는 않다. 잔여이익 의사결정에 주요 단점을 언급한다면 첫째, 잔여이익 계산에서 사용되는 필수투자수익률(자본비용)의 산출문제이다. 필수투자수익률 지표에 따라 투자중심점의 성과가 달라질 수 있는 것이다. 예를 들어 위의 예와 같은 경우 자본비용이 15%가 되면 두 투자중심점의 잔여이익이 동일하게 되고, 15%를 초과할 경우에는 투자수익률의 결과와 유사하게 된다. 이러한 문제를 해결하기 위해서는 여러 방면의 다각적인 접근이 필요하다. 예를 들어 성과평가에 있어서 재무적 측정치만 고려할 것이 아니라 비재무적 측정치도 고려하는 BSC 방법의 도입 등도 생각해 볼 수 있는 것이다. 둘째, 잔여이익 의사결정에서는 투자수익률과는 관계없이 투자규모가 큰 투자중심점의 잔여이익이 작은 투자중심점보다 크게 나타나므로 규모가 큰 투자중심점이 규모가 작은 투자중심점보다 항상 유리하게 나타나는 단점이 있다.

## 3. 매출수익률

투자수익률에 의한 성과평가는 관리자들의 투자의욕을 감소시킬 수 있는 문제점이 있다. 즉 투자수익률로 사업부를 평가할 경우 각 사업부의 경영자들은 투자수익률을 떨어뜨릴 수도 있는 신규투자를 가급적 피하려 할 수도 있는 것이다. 따라서 이러한 투자수익률에 대한 대안으로 매출수익률(return on sales : ROS)에 의한 성과평가를 이용하는 방법도 생각해 볼 수 있다. 매출수익률은 신규투자에 대한 영향이 투자수익률에 비하여 아주 적은 편이다. 그러나 매출수익률은 (식 10-4)에 나타난 바와 같이 투자수익률의 한 부분으로서, 이것으로 투자중심점을 평가하는 것은 투자수익률에 의하여 평가하는 것에 비하여 부분적인 평가에 불과한 것이다. 따라서 매출수익률을 성과평가에 이용하는 대개의 기업들은 이와 함께 재고자산 회전율도 성과평가에 고려한다. 이것은 매출수익률 성과평가의 약점을 보완하기 위한 한 방편이며 매출수익률과 직접적인 관계를 맺고 있는 재고자산의 관리를 위함이다. 그런데 이러한 재고자산 관리시스템 중에 대표적인 것이 JIT시스템(just-in-time system)이다. 이것은 재고자산을 되도록 줄여서 재고자산의 회전율을 높이고 보관비 등 재고자산에 관련된 원가를 절감하여 효율성을 높이는 한 방안이 될 수 있는 시스템이다.

$$\text{투자수익률} = \frac{\text{투자중심점이익}}{\text{투자중심점 매출액}} \qquad \text{(식 10-4)}$$

$$\text{투자수익률} = \text{매출수익률} \times \text{자산회전율}$$

## 4. 경제적 부가가치(EVA)

경제적 부가가치(economic value added : EVA)는 (식 10-5)와 같이 총자산에서 유동부채를 차감한 가액에 가중평균자본비용을 곱하고, 이것을 투자중심점의 과세후이익에서 차감하여 산출한 값이다. 경제적 부가가치 개념은 잔여이익 개념의 일종이라고 할 수 있다.

| 경제적 부가가치 = 투자중심점 과세후이익−[(총자산−유동부채)×가중평균자본비용] | (식 10-5) |
|---|---|

위 (식 10-5)에서의 세후이익은 '이익×(1-세율)'로 계산하여 산출한다. 그리고 위 식에서 나타나 있는 가중평균자본비용(weighted average cost of capital)은 부채에 대한 자본비용과 자기자본에 대한 자본비용을 영업용자산 총합계 대비로 각각의 구성비율에 따라 가중평균한 값에 곱하고 이를 더하여 구한 비율이다. 단, 이때 부채의 자본비용에는 추가적으로 기본세율을 곱해 주어야 한다. 이러한 이유는 부채에 대한 이자비용이 발생하면 이익이 그 만큼 감소되어 법인세의 절감효과가 있기 때문에 이를 고려한 것이다.

### 예제 10-4 경제적 부가가치

현대(주)는 A사업부와 B사업부로 구성되어 있으며 각 사업부의 당기 자료는 다음과 같다.

| | A사업부 | B사업부 |
|---|---|---|
| 영업용자산 | 60,000원 | 210,000원 |
| 유동부채 | 20,000 | 50,000 |
| 이익 | 30,000 | 50,000 |

현대(주)의 자금조달은 시장가치가 100,000원, 이자율이 10%인 고정부채와 시장가치가 150,000원, 자본비용이 11%인 자기자본으로 이루어져 있다. 법인세율은 40%이다. 이 때 각 사업부의 경제적 부가가치를 구하면 다음과 같다.

| | A사업부 | B사업부 |
|---|---|---|
| 경제적 부가가치 | =30,000원×(1-0.4) −(60,000원−20,000원)×9% =14,400원 | =50,000원×(1−-0.4) −(210,000원−50,000원)×9% =15,600원 |
| 가중평균자본비용 | =부채의 자본비용+자기자본비용 =[10%(1−0.4)×(100,000/270,000)] +[11%×(150,000/270,000)]=9% | |

앞에서 언급한 바와 같이 경제적 부가가치는 잔여이익 개념 부류 중 하나라고 할 수 있다. 등식(10-3)의 잔여이익 공식에서 투자중심점이익 대신 투자중심점의 세후이익을, 필수투자수익률 대신 가중평균자본비용을, 그리고 투자중심점 자산 대신 투자중심점의 총자산-투자중심점의 유동부채의 값을 사용하면 위의 등식(10-5) 경제적 부가가치의 등식이 완성되는 것이다. 이러한 특성에 따라 경제적 부가가치의 장점이나 단점은 잔여이익의 장점과 단점과 유사하다. 경제적 부가가치는 전통적 회계 이익개념인 당기순이익과 비교할 때 다음과 같은 장점이 있다. 첫째, 경제적 부가가치는 이익을 기초로 산출되므로 기업고유의 경영성과를 나타내는데 유용하다. 그러나 당기순이익은 기업의 영업 · 투자 · 재무활동을 모두 반영한 이익개념이어서 기업고유의 경영성과인 영업활동을 측정하기에는 다소 정확 정보가 되기 어렵다. 둘째, 경제적 부가가치는 주주 배당과 같은 자기자본비용을 고려하여 이익을 얼마나 창출하였는지를 파악할 수 있다. 그러나 당기순이익은 자기자본비용을 고려하지 않은 이익개념이어서 당기순이익만으로는 이에 대하여 파악하기가 어려운 것이다.

## 5. 내부이전가격결정과 성과평가

### 1) 내부이전가격의 의의

현대 산업사회 조직의 특징 중 두드러지게 나타나는 것이 분권화 조직이다. 이것은 급속한 환경의 변화, 기업규모의 확대 등에 따라 능동적이고 빠른 대처, 민주적 경영, 창조적 경영, 각 부서의 다양성 존중 등이 요구되고 이러한 요구에 부응할 수 있는 형태로 만들어진 조직이다. 이러한 분권화된 조직은 독립채산제에 의해 독립적으로 수익창출 활동을 수행하고 예산을 집행할 수 있다. 따라서 분권화된 조직은 독자적인 의사결정 권한을 행사하며 생산, 판매, 관리 등 모든 기능을 가질 수 있고 이를 운영할 수 있는 것이다. 그러므로 이렇게 분권화된 조직은 독립된 투자중심점의 성과평가 단위가 되는 것이다.

그런데 분권화된 사업부가 투자중심점으로 성과평가 될 때 문제가 되는 것이 내부거래 문제이다. 동일한 기업 내의 사업부들 간의 거래, 즉 내부거래 또는 대체거래는 외부거래와 같이 그 거래 가격이 시장에 의해 결정되지 않을 수 있어 비정상적 거래 형태를 띨 수 있는 것이다. 즉, 상호간의 협의에 의해 가격이 형성될 수 있고 이것은 각 부서의 매출에 비정상적인 영향을 미칠 수 있는 것이다. 또한 이러한 내부거래는 각 부서별로는 수익도 되고 원가도 되지만 기업 전체의 입장에서 볼 때는 전혀 손익 등이 발생하지 않은, 즉 아무 거래가 아닌 것이다. 그러나 분권화된 사업부 입장에서 볼 때 내부거래는 공급부서일 경우든 구매부서일 경우든 모두의 성과평가에는 영향을 미치는 요소인 것이다.

한편, 내부거래 상에서 재화나 서비스를 제공함으로 발생하는 가격을 이전가격 또는 대체가격이라 한다. 그런데 위에서 언급한 바와 같이 사업부 간에 재화나 용역이 이전될 때 내부거래 가격이 어떻게 결정되느냐에 따라 각 사업부의 성과평가(이익, 원가)가 크게 달라질 수 있기 때문에 사업부서간에 거래에서 형성되는 이전가격의 결정은 매우 중요한 문제이다. 즉, 재화나 용역의 이전가격은 공급부서에서는 수익이 되고, 구매부서에서는 원가이므로 이들 두 사업부의 성과측정에 영향을 미치게 되는 것이다. 내부이전가격의 결정은 공급부서나 구매부서에 의사결정에 영향을 미친다. 즉, 특정재화나 용역을 내부에 공급할 것인가 아니면 외부에 판매할 것인가를 결정함에 있어 이전가격의 크기가 영향을 미치는 것이다. 그러므로 사업부 성과평가에 있어 이전가격의 영향은 사업부문간 이전되는 교역의 크기에 의해 결정된다고 볼 수 있다. 사업부문간의 거래규모가 크면 클수록 이전가격이 사업부문의 성과평가에 미치는 영향은 커지고 반대의 경우에는 그 영향이 작아질 것이다.

그런데 일반적으로 분권화가 이루어진 조직에서는 사내부서 간의 내부거래 여부의 결정 권한이 각 부문에 위임되어 자율적으로 이루어지게 된다. 그러나 경우에 따라서는 부문 간의 자율적인 결정이 기업전체의 입장에서는 바람직하지 않은 결과를 초래할 수 있게 된다. 즉, 기업전체의 입장에서는 기업내부의 부서 간에 재화나 용역을 이전하는 것이 유리함에도 불구하고 각 부문의 입장에서는 내부이전이 유리하지 않은 경우가 발생할 수도 있고 또 그 반대인 경우도 발생할 수 있는 것이다. 이러한 경우 부서별 이기주의에 의해 기업전체의 이익이 손상될 수도 있다. 또한 내부거래에는 이전가격을 결정하는데 있어 각 부문 간의 공정성에 대한 인식 문제와 이에 따른 행태적 문제도 늘 발생할 소지가 존재한다.

## 2) 내부이전가격 결정의 일반지침

이전가격을 결정할 때 이에 영향을 미치는 요인은 매우 다양하다. 이전가격 결정에 영향을 미치는 다음의 대안들에 대하여 살펴본다.

### (1) 시장가격

시장가격(market price)은 외부시장에서 형성된 시중가격을 의미한다. 서비스나 제품을 공급하는 사업부가 외부 고객에게 서비스나 제품을 판매할 때 받는 가격인 동시에 서비스나 제품을 구매하는 사업부가 외부 거래처로부터 구매할 때 지불해야 하는 금액이 바로 시장가격이다. 내부거래에서 이전가격을 시장가격으로 결정하면 객관적이고 합리적일 수 있다. 그런데 일부 제품이나 서비스가 시장가격이 형성되어 있지 않을 수도 있다. 이러한 경우에는 유사한 제품의 시장가격을 고려하여 수정시장가격(modified market price)을 이전가격으로 이용할 수도 있을 것이다.

### (2) 실제원가기준

내부거래에 있어 시장가격을 이전가격으로 이용하지 않을 경우 실제원가(actual cost)를 이전가격으로 가장 많이 이용한다. 이러한 실제원가는 역사적 원가(historical cost)라 불리기도 한다. 실제원가는 확정적이어서 검증가능성이 높고 이해가능성도 높다. 그런데 이러한 실제원가를 이전가격으로 사용하는 경우에는 전부원가인지, 변동원가인지 등을 결정하여야 한다. 대부분의 기업에서 실제원가를 이전가격으로 사용할 때 전부원가를 사용하고 있지만 반드시 그렇게 할 필요는 없는 것이다. 실제원가를 이전가격으로 사용할 경우 이를 이용한 성과의 왜곡, 조작이 발생할 수 있다. 각 부문은 자기의 비능률적 요소를 상대방에게 제품 또는 서비스와 함께 이전시킬 가능성을 내포하고 있는 것이다. 그리고 실제원가를 이전가격으로 사용할 경우 판매부문은 내부거래에 대하여 이익을 전혀 계상할 수 없게 된다. 이러한 문제를 해결하기 위한 방법으로 사전예정원가 또는 기대원가를 실제원가로 이용하는 사례도 있다.

### (3) 표준원가기준

표준원가를 재화나 서비스의 이전가격으로 이용할 경우에는 사전 예정표준원가를 이용한다. 이때 표준원가와 실제원가와의 차이는 판매부문의 성과보고서에 보고되어야 한다. 이렇게 차이가 성과에 반영되므로 인해 판매부문에서 발생된 어떠한 효율성이나 비효율성도 구매부문에 이전되지 않는다.

### (4) 이익가산기준

이익가산기준에 의한 방법이란 실제원가에 적정이윤을 가산하여 이전가격을 결정하는 방법을 말한다. 이 방법은 실무에서 가장 많이 사용되어지는 방법으로서 경영층의 성과보고의 목적을 충족시키기 위한 방법으로 이용되는 경우가 많다.

### (5) 협상가격기준

협상이전가격(negotiated transfer price)이란 글자 그대로 구매자와 판매자간의 협상에 의하여 성립된 이전가격이다. 그런데 진정한 협상이전가격이 형성되는 경우는 드물게 발생한다. 진정한 협상이전가격이 성립되려면 외부와 거래할 수 있는 능력이 있어 언제든지 협상으로부터 자유로워질 수 있어야 한다. 즉, 쌍방 간의 독점이 발생하지 않아야 하다. 만약 쌍방 간에 관계가 독점적 상황인 경우에는 기업의 최고경영층이 개입하여 이전가격을 좌우하게 될 가능성이 아주 많게 된다.

### 3) 내부이전가격 결정

분권화된 조직의 사업부 간 제품이나 서비스의 이전이 발생하면 이때 가장 중요한 사안은 이전가격의 결정문제이다. 이전가격의 결정은 기업전체의 입장과 기업내부의 각 사업부간의 이해관계를 얼마나 잘 반영하는가에 따라 그 성공여부가 결정된다. 이전가격은 각 사업부의 이익을 최적화하면서 기업전체의 이익도 최적화할 수 있는 범위 내에서 결정되어야 한다. 그러나 공급을 담당하는 사업부에서는 되도록 높은 이전가격을 원하고 구매를 담당하는 사업부는 되도록 낮은 이전가격을 원하므로 서로간의 이해가 상충된다. 이전가격은 이와 같은 상충관계를 고려하여 공급을 담당하는 사업부의 최소이전가격과 구매를 담당하는 사업부의 최대이전가격 사이에서 결정되어야 한다.

공급을 담당하는 사업부 입장에서는 최소한 내부대체 거래를 함으로써 잃게 되는 기회비용만큼은 보장받는 이전가격을 원한다. 예를 들어 공급을 담당하는 사업부에 충분한 여유생산능력이 존재하는 경우 내부거래로 인하여 포기하는 것이 없으므로 추가적인 기회비용은 발생하지 않을 것이다. 그러므로 이때 공급사업부의 기회비용은 0이다. 그러나 공급을 담당하는 사업부에 여유생산능력이 없는 경우에는 기존의 생산제품을 줄여서 그 대가로 구매사업부에서 요구하는 제품을 생산하게 될 것이다. 그러므로 기존의 제품생산을 중단함으로써 잃게 되는 이익만큼은 기회비용이 되는 것이며  공급 사업부가 받아야 하는 최소한의 이전가격은 이러한 기회비용을 포함하여 계산하여야 한다. 이전가격은 일반적으로 다음과 같은 (식 10-6)의 산식에 의하여 계산된다.

**최소이전가격** (식 10-6)
**=단위당 변동원가+외부판매의 경우 얻을 수 있는 단위당공헌이익**

한편, 구매담당 부서의 입장에서는 제품이나 서비스를 공급받는 대가로 지불할 수 있는 최대 이전가격은 외부에서 구입할 경우의 가격이다. 만약 구매사업부가 물품부족으로 재화를 반드시 공급받아야 하는 경우에는 외부에서 공급받는 대가 대신 최종 판매가격에서 추가 가공비를 뺀 금액이 최대 이전가격이 될 것이다. 예를 들어 구매사업부의 최종제품 판매가격이 150원인데, 부품을 공급받아 최종제품을 생산하는 데는 100원의 가공비가 소요된다고 했을 때 이때 구매사업부가 최대한 지불할 수 있는 이전가격은 50원이다. 따라서 구매사업부의 최대이전가격은 (식 10-7)과 같이 산출된다.

**최대이전가격** (식 10-7)
**=Min[구매부서의 외부구입가격, 최종제품 판매가격−추가가공비]**

실무에서 구매사업부는 가능한 낮은 가격에 재화나 서비스를 구매하려고 할 것이며, 구매가격은 낮으면 낮을수록 좋은 것이므로 하한선은 없을 것이다. 또한 반대의 입장인 공급담당 사업부는 가능한 높은 가격에 공급하려고 할 것이며, 높으면 높을수록 좋은 것이므로 공급가격의 상한선은 없다. 이처럼 두 사업부간의 이해관계가 상충되는 관계로 이전가격의 결정은 [도표 10-1]과 같이 공급담당 사업부의 하한가격과 구매담당 사업부의 상한가격 내에서 이루어질 것이다.

❖ [도표 10-1] 이전거래의 성립조건

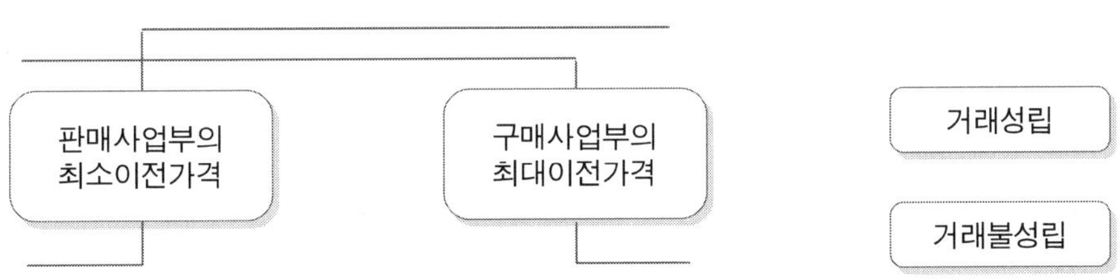

## 예제 10-5 내부대체

현대(주)는 A, B 두 사업부가 있는데, B사업부는 신제품을 생산하기 위하여 필요한 부품 6,000개를 A사업부로부터 구입하려고 한다. A사업부가 이 부품을 생산하기 위해서는 단위당 변동제조원가 10원이 소요된다. 또한 A사업부는 이 제품 6,000개를 생산하기 위해서는 현재 생산 · 판매중인 Z제품 3,500단위를 포기해야 한다. 포기해야 하는 제품의 판매단가는 54원이고, 변동제조원가는 30원이다.

[물음]

1) 내부대체로 인한 단위당 기회비용은 얼마인가?
2) 공급사업부인 A사업부의 최소이전가격은 얼마인가?
3) B사업부는 이 부품을 외부에서 35원에 구입할 수 있으며, A사업부가 여유생산능력이 없을 경우 최소이전가격과 최대이전가격은 각각 얼마인가?
4) B사업부는 이 부품을 외부에서 30원에 구입할 수 있으며, A사업부가 여유생산능력이 있을 경우 최소이전가격과 최대이전가격은 각각 얼마인가?

[해 답]

1) 기회비용

| | |
|---|---|
| Z제품의 판매단가 | 54원 |
| Z제품의 단위당 변동제조원가 | 30원 |
| Z제품의 단위당 공헌이익 | 24원 |
| 포기해야 할 Z제품 수량 | 3,500단위 |
| 포기해야 할 총공헌이익 | 84,000원 |

∴84,000원÷6,000단위=14원

2) 8원+14원=22원
3) 최소이전가격은 22원이며, 최대이전가격은 35원임.
4) 최소이전가격은 10원이며, 최대이전가격은 30원임.

## 6. 종합연습

1. 다음은 현대(주)의 각 사업부문의 20×9년도 성과분석 자료이다. 법인세율은 20%이다.

| | 와인사업부 | 위스키사업부 |
|---|---|---|
| 총자산 | 125,000원 | 425,000원 |
| 유동부채 | 25,000 | 250,000 |
| 이익 | 30,000 | 50,000 |
| 당기순이익 | 20,000 | 20,000 |
| 최저필수수익률 | 10% | 10% |
| 가중평균수익률 | 15% | 20% |

[물음]

1) 각 사업부의 ROI(투자수익률)는 얼마인가?

2) 각 사업부의 RI(잔여이익)는 얼마인가?

3) 각 사업부의 EVA(경제적부가가치)는 얼마인가?

[해 답]

RI = 순이익에서 투자자본의 부가이자를 차감한 이익

와인사업부 = 20,000 − 125,000 × 10% = 7,500

위스키사업부 = 50,000 − 400,000 × 10% = 10,000

ROI = 이익/투자자본(총자산)

$$\text{와인사업부} = \frac{20,000}{125,000} = 16\%$$

$$\text{위스키사업부} = \frac{50,000}{425,000} = 11.8\%$$

EVA = 세후이익 − 가중평균자본비용 × (총자산 − 유동부채)

와인사업부 = 30,000 × (1 − 0.2) − 0.15(125,000 − 25,000) = 9,000

위스키사업부 = 50,000 × (1 − 0.2) − 0.2(425,000 − 250,000) = 5,000

2. 현대(주)는 갑 사업부와 을 사업부를 운영하고 있다. 갑 사업부에서는 식탁의자를 제작하고 있으며, 을 사업부에서는 식탁을 제작한다. 을 사업부에서는 최근 새로운 식탁을 개발하였다. 이 신제품에는 새 의자가 필요한데, 이를 외부에서 단위당

50원에 구입할 수 있다. 을 사업부에서는 새 의자 500개를 갑 사업부에서 공급해 주길 원하는데, 새 의자를 생산하는데 단위당 30원의 변동제조원가가 소요된다. 갑 사업부가 새 의자를 생산하게 되면, 현재 생산하고 있는 의자의 생산량을 300개 줄여야 한다. 현재 의자는 단위당 70원에 판매되고 있으며, 단위당 변동제조원가는 40원이며, 단위당 운송비가 10원 소요된다. 만약 새 의자를 생산하게 되면 단위당 운송비는 5원만 발생한다.

[물음]

1) 이전가격의 범위는 얼마인가?
2) 이전가격이 47원으로 결정되었을 때 을 사업부의 제안이 각 사업부 및 기업 전체의 이익에 미치는 영향은 어떠한가?

[해 답]

1. 최대이전가격(을 사업부) : 50원
   최소이전가격(갑 사업부) : 단위당 변동비+단위당 기회비용
   $= (30+5) + [(70-40-10) \times 300\text{개}/500\text{개}]$
   $= 35 + 12 = 47\text{원}$
   ∴ 47원 ≤ 이전가격 ≤ 50원

2. 갑 사업부
   을 사업부제안을 기각할 경우
   공헌이익감소 $= (70-40-10) \times 300\text{개} = 6{,}000\text{원}$
   을 사업부제안을 수락할 경우
   공헌이익증가 $= (47-30-5) \times 500\text{개} = 6{,}000\text{원}$
   따라서 갑 사업부는 을 사업부의 제안에 영향을 받지 않음
   을 사업부
   을 사업부제안을 기각할 경우
   구입비용 $= 50 \times 500 = 25{,}000\text{원}$
   을 사업부제안을 수락할 경우
   구입비용 $= 47 \times 500 = 23{,}500\text{원}$

을 사업부의 제안이 수락될 경우 을 사업부는 구입비용을 1,500원 절감할 수 있다.

따라서 기업 전체적으로 보면 을 사업부의 제안을 받아들이는 것이 1,500원의 이익이 된다.

# 연 습 문 제

## 연습문제 10-1 투자수익률과 잔여이익

A사업부는 현대(주)의 투자중심점이다. A사업부의 다음 자료를 참조하여 물음에 답하라.

| | |
|---|---|
| 연간총고정비 | 2,500,000원 |
| 제품단위당 변동비 | 150 |
| 판매된 제품수 | 10,000 |
| 사업부에 투자된 평균총자산 | 2,500,000 |

[물음]

1. A사업부가 양호한 성과평가를 받기 위해서 제품 단위당 최소 판매가격을 얼마로 결정해야 하는가?(단, 20% 미만의 ROI는 양호하지 못한 것으로 간주된다.)
2. 투자수익률이 아니라 잔여이익에 근거하여 A사업부를 평가한다. 이 때 A사업부가 양호한 성과평가를 받기 위해서 제품단위당 최소 판매가격을 얼마로 결정해야 하는가? (당사의 최저필수수익률은 15%로 간주된다.)

## 연습문제 10-2 투자중심점의 성과평가

현대(주)는 컴퓨터, 냉장고, 오디오의 3개 사업부로 분권화되어 있다. 각 사업부에 대한 당기의 자료는 다음과 같다.

| | 영업자산 | 이익 |
|---|---|---|
| 컴퓨터사업부 | 4,200,000원 | 820,000원 |
| 냉장고사업부 | 6,200,000 | 1,460,000 |
| 오디오사업부 | 1,000,000 | 160,000 |

냉장고사업부는 신규투자안을 고려중인데, 이 투자안에 의하면 2,400,000원을 투자하여 600,000원의 이익을 얻을 수 있다. 현대(주)의 전체 최저필수수익률은 15%이다.

[물음]

1. 다음의 성과평가기준에 따라 각 사업부의 성과를 평가하시오.
   (1) 투자수익률(ROI)
   (2) 잔여이익(RI)
2. 냉장고사업부의 신규투자안에 대한 채택여부를 다음의 성과평가기준에 따라 검토하시오.
   (1) 투자수익률(ROI)
   (2) 잔여이익(RI)

## 연습문제 10-3 투자수익률

현대(주) 갑 사업부 예산자료는 다음과 같다.

| 연평균이용가능자산 : | |
|---|---|
| 매출채권 | 640,000원 |
| 재고자산 | 420,000 |
| 고정자산(순액) | 1,200,000 |
| | 2,200,000원 |
| 연간고정비 | 500,000 |
| 단위당 변동비 | 15 |
| 평균이용가능자산에 대한 연간기대투자수익률 | 28% |
| 연간 예상판매량 | 440,000개 |

[물음]

1. 평균이용자산에 대한 기대투자수익률을 위한 단위당 판매가격은 얼마인가?
2. 예산자료에 의한 자산회전율과 매출액이익률을 구하시오.
3. 연간 판매량이 340,000개라면, 평균이용가능자산에 대한 기대투자수익률은 얼마인가? 단, 단위당 판매가격이나 단위당 변동비는 [물음1]과 함께 일정하다고 가정하시오.

### 연습문제 10-4 투자중심점의 성과평가

현대(주)는 TV, 냉장고, 오디오의 세 가지 사업부로 분할되어 있는데, 그 중 TV 사업부의 당기 자료는 다음과 같다.

| | |
|---|---:|
| 제품판매량(연간) | 20,000단위 |
| 변동원가 | 260원/단위 |
| 고정원가(연간) | 2,840,000원 |
| 사업부의 영업자산 | 6,200,000원 |

TV사업부의 당기의 투자수익률(ROI)은 25%였고 (주)인왕산 전체의 최저필수수익률은 10%이다.

[물음]

TV사업부가 양호한 성과평가를 받기 위해서는 제품단위당 판매가격을 최소한 얼마로 해야 하는지 다음의 성과평가기준 하에서 구하시오.

1. 투자수익률기준
2. 잔여이익기준

### 연습문제 10-5 여러 가지 성과평가기준의 비교

현대(주)는 분권화된 네 개의 사업부(전자부, 호텔부, 식품부, 무역부)가 있다. 4개의 사업부의 평균투자액과 이익은 다음과 같다

| 사업부 | 평균투자액 | 이익 |
|---|---|---|
| 전 자 부 | 50억 | 40억 |
| 호 텔 부 | 30억 | 14억 |
| 식 품 부 | 20억 | 18억 |
| 무 역 부 | 14억 | 1.4억 |

현대(주)의 평균투자자본에 대한 최서필수수익률은 12%이며, 각 사업부의 고유위험은 동일하다.

[물음]

1. 다음 기준에 따라 각 사업부의 성과를 평가하고 우선순위를 결정하라.
   1) 투자수익률
   2) 잔여이익

2. 최저필수수익률이 12%에서 75%로 각각 바뀐다고 가정하면 잔여이익법에 의한 우선순위는 어떻게 되는가?

3. 식품부는 새로운 투자안을 검토하고 있다. 이 투자안의 투자규모는 20억원이며, 이익은 8억원으로 예상된다. 여기에 소요되는 예산은 현재의 자본비용 수준으로 조달할 수 있다. 이 투자안의 채택여부를 아래 기준에 따라 결정하라.
   1) ROI
   2) RI

## 연습문제 10-6 잔여이익

현대(주)의 갑 사업부는 투자중심점으로 운영되고 있다. 갑 사업부는 얼마 전 100,000원을 투자하여 35,000원의 이익을 얻었다. 현재 갑 사업부는 40,000원을 투자하면 10,000원의 이익을 얻을 수 있는 신규투자안을 고려하고 있다. 회사전체의 최저필수수익률은 10%이다.

[물음]

다음의 각 상황하에서 갑 사업부 경영자의 신규투자안 수락여부를 결정하시오.

1. 투자중심점의 성과평가기준이 투자수익률일 경우
2. 투자중심점의 성과평가기준이 잔여이익일 경우

## 연습문제 10-7 경제적 부가가치

현대(주)는 컴퓨터 사업부와 냉장고 사업부로 구성되어 있는데 이들은 각각 투자중심점으로 운영되고 있다. 각 사업부의 당기 자료는 다음과 같다. 현대(주)의 주주나 채권자가 원하는 가중평균자본비용은 16.5%이며 세율은 40%이다.

| | 컴퓨터 사업부 | 냉장고 사업부 |
|---|---|---|
| 영업자산 | 120,000원 | 420,000원 |
| 매출액 | 420,000 | 820,000 |
| 이익 | 42,000 | 82,000 |
| 유동부채 | 22,000 | 62,000 |

[물음]

각 사업부의 경제적 부가가치(EVA)를 계산하시오.

## 연습문제 10-8 경제적 부가가치-가중평균자본비용

현대(주)의 TV사업부와 냉장고사업부는 자본시장에서 위험이 유사한 것으로 평가받고 있다. 현대(주)의 부채에 대한 이자비용 15%이며, 주식시장에서의 자가비용은 18%이다. 법인세율이 40%이고 부채와 자본과 관련된 자료는 다음과 같다.

| | |
|---|---|
| 부채의 장부가액(시장가치와 동일) | 140,000원 |
| 자본의 장부가액 | 450,000원 |
| 자본(주식)의 시장가치 | 540,000원 |

[물음]

가중평균자본비용을 계산하시오.

### 연습문제 10-9 경제적 부가가치

현대(주)는 X사업부와 Y사업부로 구성되어 있으며 각 사업부의 당기 자료는 다음과 같다.(단, 자산은 모두 영업자산이다.)

| | X사업부 | Y사업부 |
|---|---|---|
| 총 자 산 | 60,000원 | 220,000원 |
| 유동부채 | 20,000 | 50,000 |
| 이익 | 30,000 | 50,000 |

이 회사의 자금원천은 두 가지인데, 하나는 시장가치가 120,000원, 이자율이 10%인 고정부채이고 다른 하나는 시장가치가 160,000원, 자본비용이 11%인 자기자본이다. 법인세율은 40%이다.

[물음]

각 사업부의 경제적 부가가치를 구하시오.

### 연습문제 10-10 최소내부이전가격과 최고내부이전가격

현대(주)는 제품별 사업부제를 채택하고 있다. 각 사업부의 경영자는 자기사업부의 제품을 외부에 판매할 수도 있고, 다른 사업부에 대체할 수도 있는 자율권이 부여되어 있다. 사업부 B는 모니터를 생산하고 있으며, 모니터 생산에 필요한 유리는 사업부 A에서 구입할 수도 있고, 외부의 공급업자로부터 구입할 수도 있다. 사업부 B에서 필요로 하는 연간 유리 소요량은 10,000장이며, 사업부 A에서 생산하는 유리와 관련된 자료는 다음과 같다.

| | |
|---|---|
| 연간 최대조업도 | 40,000장 |
| 단위당 변동제조원가 | 6,000원 |
| 연간고정비 | 2,200,000원 |
| 단위당 외부판매가격 | 7,000원 |

[물음]

1. 다음 각각의 경우에 사업부 A의 최소내부이전가격은 얼마인가?
   1) 유휴설비가 존재하고 유휴설비의 대체적인 용도가 없는 경우

2) 유휴설비를 부품생산에 사용하지 않는다면 외부에 임대하여 연간 500,000원의 임대수익을 얻을 수 있는 경우
3) 현재 사업부 A의 정상조업도가 40,000장인 경우

2. 사업부 B가 모니터를 생산하기 위해서는 단위당 1,200원의 변동비를 추가로 투입하면 단위당 8,500원에 판매할 수 있다. 사업부 B가 지불할 수 있는 최고내부이 전가격은 얼마인가?
3. 내부이전가격이 다음과 같이 결정될 경우 내부이전가격으로 인한 각 사업부와 회사전체의 이익은 얼마나 증가하겠는가?
1) 대체가격이 단위당 변동비인 6,000원인 경우
2) 대체가격이 단위당 6,500원인 경우
3) 대체가격이 단위당 외부판매가격인 7,000원인 경우

## 연습문제 10-11 여유생산능력과 대체가격

현대(주)는 밸브를 생산하는 사업부를 운영하고 있으며, 동 사업부의 생산관련 자료는 다음과 같다.

| | |
|---|---|
| 사업부 최대생산능력 | 100,000단위 |
| 정상적인 외부판매가격 | 40원 |
| 단위당 변동비 | 20 |
| 단위당 고정비 | 10 |

현대(주)는 밸브사업부에서 생산하는 밸브를 사용하여 펌프를 생산하는 펌프사업부도 운영하고 있다. 현재 펌프사업부에서는 밸브를 해외에서 단위당 39원에 연간 10,000개를 수입하여 사용하고 있다.

[물음]

1. 만약에 밸브사업부가 펌프사업부의 요구에 응할 수 있는 충분한 여유생산능력을 가지고 있다면 두 사업부간의 가능한 대체가격의 범위는 얼마인가?
2. 만약에 밸브사업부가 외부판매 외에 여유생산능력이 없다면 두 사업부간의 가능한 대체가격의 범위는 얼마인가?

3. 만약에 밸브사업부가 외부판매 외에 여유생산능력이 없으나, 내부 대체시 단위당 변동비를 5원씩 절감할 수 있다면 두 사업부간의 가능한 대체가격의 범위는 얼마인가?

### 연습문제 10-12 여유생산능력과 최소대체가격

현대(주)는 A, B 두 개의 사업부를 가지고 있다. 다음은 사업부 A에 관한 자료이다.

| | |
|---|---|
| 최대생산능력 | 52,000개 |
| 정상적인 외부판매가격 | 40원 |
| 단위당 변동비 | 28 |
| 단위당 고정비 | 4 |

사업부 B는 사업부 A에서 생산되는 부품을 사용하고 싶어 한다. 사업부 B는 이 부품을 외부에서 단위당 38원에 구입하고 있다. 만약, 이 부품을 내부에서 대체한다면 단위당 1원의 변동비를 절약할 수 있다.

[물음]

1. 사업부 A가 생산량 전부를 외부에서 30원의 가격에 판매할 수 있다면, 사업부 A의 관점에서 최소대체가격은 얼마인가?
2. 사업부 A가 외부판매를 줄이지 않고도 사업부 B에 부품을 공급할 수 있는 충분한 여유생산 능력을 가지고 있다면, 사업부 A의 관점에서 최소대체가격은 얼마인가?

Chapter 11

# 전략적 원가관리

1. 전략적 원가관리의 의의
2. 원가회계와 가치사슬
3. 제품수명주기 원가계산
4. 목표원가계산
5. 카이젠 원가계산
• 연 습 문 제

Chapter 11

# 전략적 원가관리

## I. 전략적 원가관리의 의의

### 1) 전략적 원가관리

전략적 원가관리(strategic cost management)란 원가절감, 원가통제를 효율적, 합리적으로 수행함으로써 해당 조직이 경쟁우위를 점할 수 있도록 원가를 관리하는 활동을 말한다. 이러한 전략적 원가관리에는 혁신적 관리 방안에 대한 부단한 모색이 요구된다. 제품의 생산계획단계부터 생산단계, 생산이후의 단계까지 그때그때 마다 필요한 혁신적이고 적절한 원가관리방안이 모색되어야 하는 것이다. 예를 들어 제품 생산계획 단계에는 목표원가계산, 생산단계에는 카이젠원가계산, 생산이후에는 제품수명주기원계산 등을 각각 이용한다든지 하여 상황과 필요에 맞는 원가관리가 이루어져야 하는 것이다. [도표 11-1]은 근래에 제품수명주기에 따라 많이 이용되고 있는 전략적 원가관리의 내역을 정리한 표이다. 이를 정리한다면 목표원가계산, 카이젠원가계산, 제품수명주기원가계산 등이다.

❖ [도표11-1] 전략적 원가관리

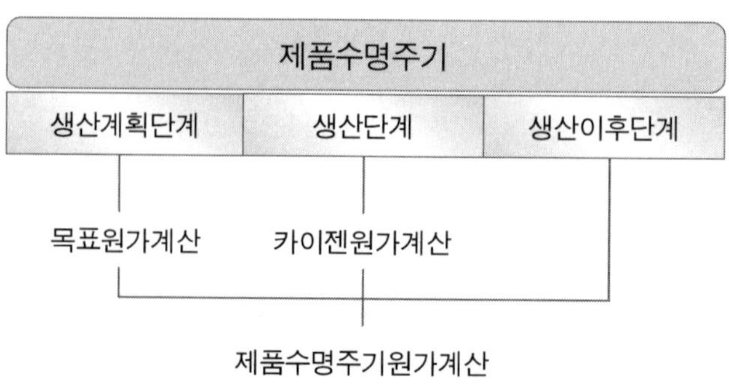

### 2) 전략적 관리 및 원가자료

전략적 관리라는 의미 속에는 조직이 목표를 달성함에 있어 다른 경쟁자들을 이길 수 있도록 제 방안을 세워 관리한다는 뜻이 포함되어 있다. 이러한 맥락에서 볼 때 전략적 관리에는 조직의 목표수립, 목표 수행 방안 수립, 효율적 통제 등이 요구되는 것이다. 한편, 원가의 통제 및 관리에 있어서도 전략적 관리의 필요성이 요구되는데, 이것은 조직의 목표달성이 원가의 관리 및 통제와도 밀접한 관계가 있음을 의미하는 것이다. 그런데 전통적으로 실시되고 있던 원가계산제도에서는 생산단계의 원가계산은 당연히 이루어지나 생산이전 단계나 생산이후 단계에 대한 원가계산은 이루어지지 않고 있다. 따라서 이때 발생하는 지출은 비록 원가와 관련하여 발생한 지출이라도 모두 기간비용으로 처리되는 취약점을 보이는 것이다. 이것은 조직의 목표 수행 과정의 중요 부분인 원가 정보에 대한 왜곡이나 오류를 불러일으키는 계기가 될 수 있는 조짐을 낳게 한다. 따라서 이러한 전통적인 원가계산의 단점을 보완하기 위한 방편으로 근래에 가치사슬원가계산, 제품수명주기원가계산 등의 제 방안이 모색되고 있는 것이다.

## 2. 원가회계와 가치사슬

전술한 바와 같이 전통적인 원가회계는 생산단계의 제조원가에 대한 측정, 관리통제 등에 중점을 두어 왔다. 그러나 진정한 원가우위에 서기 위해서는 생산계획단계나 생산이후단계에 발생하는 원가관련 지출에 대한 측정 및 관리통제도 매우 중요한 사항이다. 우선 이러한 원가에 대한 예를 들어 본다면, 생산이전 단계에 발생하는 원가로는 연구개발, 제품설계, 그리고 생산시스템엔지니어링 등을 들 수 있고, 생산이후에 발생하는 원가로는 완제품재고 보관 및 취급비용, 판매, 유통, 대고객 서비스 및 보증비용 등을 들 수 있다. 이러한 생산전후에 발생하는 원가들은 전통적으로 수익성, 성과평가 등에 지대한 영향을 미치고 있는 중요 요인이다. 따라서 이에 대한 원가통제 차원의 관리가 요구되는 것이다. 그런데 이를 위해서는 기업의 제품이나 서비스에 대해 가치를 제공하는 모든 기능의 상호관련성, 즉 가치사슬(value chain)을 파악할 필요가 있다. 가치사슬이란 제품이나 서비스 등의 제공에 상호 관련을 맺고 활동하는 제반 기능의 관련성을 말하는 것으로 그 활동 과정이 사슬처럼 연결되어 있음을 표현한 말이다. 이러한 가치사슬을 그림으로 나타내면 [도표11-2]와 같다. 그리고 이때 관련된 제품이나 서비스의 가치사슬 기능 원가를 측정 보고하는 것을 가치사슬원가계산(value chain costing)이라 부른다. 가치사슬원가계산은 제품의 수명주기를 고려한 원가계산으로서 제품의 제조원가와 함께 제품개발, 마케팅, 고객서비스, 보관, 관리, 공급 등 에 관한 원가정보까지 제공하여 준다.

❖ [도표11-2] 기업의 가치사슬

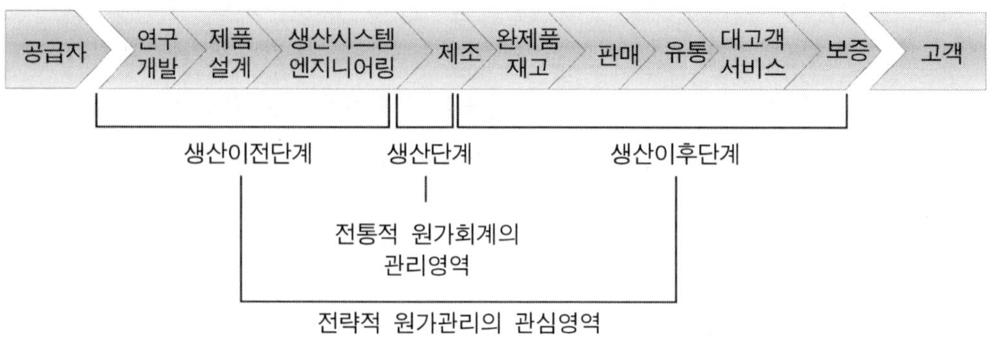


## 1) 가치사슬원가의 식별

일반적으로 생산이전 단계에서 발생한 원가를 상류원가(upstream costs)라 부르고 생산이후에 발생하는 원가를 하류원가(downstream costs)라 부른다. 그러나 엄밀한 의미에서 제품이나 서비스의 생산과정이 순환적인 특성을 지니고 있다고 보아질 때 이것은 정확한 분류가 될 수 없다. 왜냐하면 상류원가로 분류되는 연구개발, 제품설계활동 등은 제품의 개선을 위하여 생산이후에도 다시 발생할 수 있는 것이다. 또한 하류원가로 분류되는 마케팅 및 판매비도 제품생산단계 이전에 발생할 수 있는 것이다. 그러나 상류원가 또는 하류원가라는 개념은 보편화되어 많이 사용되고 있다.

원가계산에 있어 상류원가나 하류원가가 중요한 것은 제품이나 서비스의 특성에 따라 이러한 원가의 발생 크기가 매우 큰 차이를 보이기 때문이다. 따라서 어느 제품에서는 발생크기로 볼 때 중요하지 않은 것인데 어느 제품에서는 그 발생 크기가 매우 커 경쟁력에 큰 영향을 미치는 요인이 되는 중요한 것일 수도 있는 것이다. 예를 들어 어떤 제품이나 서비스를 개발하는 경우, 연구개발비나 제품설계비 등이 아주 많이 소요되었다면 이러한 상류원가는 중요한 원가정보인 것이다. 따라서 이러한 원가정보는 제품수명주기 동안 관리되어 제품의 성과평가에 반드시 고려되어야할 요인인 것이다. 한편, 생산이후에 제품수명주기도 경쟁력 제고를 위해서 고려해야 할 사항이다. 제품수명주기는 제품별, 경제적 상황별 등 여러 가지 다양한 요인에 의하여 결정된다. 근래에 이르러 소비성향의 다양화로 제품수명주기가 일반적으로 짧아지고 있는 경향이다. 이렇게 제품의 수명주기가 단축되어 갈수록 상류원가에 관한 정보가 매우 중요해 진다. 투자에 비하여 짧은 수명주기는 경쟁력을 약화시키기 때문이다.

## 2) 상류 및 하류원가의 측정

상류원가나 하류원가를 측정, 식별하는 것은 원가의 관리 및 통제에 매우 필요하고 중요한 일이다. 그러나 이러한 상류원가나 하류원가를 특정 원가대상에 연관시켜 측정하는 것은 경우에 따라 쉽지 않을 때가 많다. 그것은 대개 공통적으로 발생하는 간접비이고 제조활동보다는 비제조활동에서 발생하는 원가이므로 원가에 직접부과하기가 어렵기 때문이다. 그러므로 이러한 원가를 측정하기 위해서는 원가 포착을 위한 시스템의 구축이 필요하다. 예를 들어 신제품 마케팅 원가를 측정한다고 하면 마케팅 인력에 대한 비용, 소모품, 홍보를 위한 설비, 그밖에 자원 등 원가발생 요인을 세분화하여 하나하나를 정확하게 측정할 수 있는 제 방안이 강구되어야 하고 이러한 마케팅 비용이 제품에 직접 부과되어야 하는지 공통비로서 어떤 기준에 의해 배부되어야 하는지 등의 문제도 결정되어 있어야 한다. 아래 [도표 11-3]은 하류원가 요소의 분류의 일례로서 마케팅비용의 식별, 측정의 예이다. 아래 [도표 11-3]의 총마케팅비용 가운데 23%에 해당하는 700,000원은 특정제품별로 식별할 수 있는 직접 마케팅비용을 나타낸다. 그리고 11%인 330,000원은 특정 제품과는 식별이 안 되지만 특정 라인과는 식별되어질 수 있는 비용을 나타낸다. 또한 19%인 560,000원은 특정 제품이나 제품라인에 식별 되어질 수 없는 간접 관리비용을 의미한다.

❖ [도표 11-3] 마케팅비용의 식별측정

마케팅 비용

현대(주) 20×9년

| 제품 | 제품에 식별된 마케팅비용 | 제품라인에 식별된 마케팅비용 | 마케팅 관리비용 | 총마케팅 비용 |
|---|---|---|---|---|
| 제품라인 A | | 130,000원 | | |
| A-11 | 50,000원 | | | |
| A-12 | 70,000 | | | |
| A-13 | 40,000 | | | |
| A-14 | 90,000 | | | |
| | 250,000원 | | | |
| 제품라인 B | | 200,000원 | | |
| B-20 | 110,000원 | | | |
| B-30 | 90,000 | | | |
| B-40 | 80,000 | | | |
| B-50 | 200,000 | | | |
| | 485,000원 | | | |
| 계 | 700,000원 | 330,000원 | 560,000원 | 1,410,000원 |
| | (23%) | (11%) | (19%) | (47%) |

## 3) 가치사슬 정보의 유용성

기업 경영에 있어 가치사슬원가계산에 의한 접근은 매우 중요하다. 단기적, 근시안적인 자세로 전통적 제조원가 개념만을 고려하여 의사결정을 행할 때 많은 기업들이 실패하는 경우가 발생한다. 예를 들어, 낮은 인건비라는 유인에 의해 많은 국내 기업들이 동남아 등의 저임금 노동시장에 생산시설을 옮기었지만, 이때 상류원가나 하류원가를 고려하지 않은 경우에, 생산시설의 이전으로 야기되는 운송비, 외국노동자 훈련비, 주재국 세무 및 회계보고와 관련된 회계처리비, 그리고 대고객 이미지 실추에 따른 기회비용 등이 기대한 인건비 절감보다 더 크게 발생하여 큰 손해를 보는 경우도 많이 발견할 수 있다.

## 3. 제품수명주기 원가계산

제품수명주기 원가계산(product life-cycle costing)이란 제품의 탄생에서부터 소멸까지 전 과정에서 발생하는 모든 비용을 보다 구체적으로 식별하고 추적하여 좀 더 포괄적이고 현실적인 원가정보를 제공하는 것을 목적으로 하는 원가계산을 말한다. 이러한 제품수명주기 원가계산은 제품의 수명주기와 관련된 모든 제품라인별로 계산되어 지는 방법으로서 특히 수명주기가 짧은 고기술 제품을 생산하는 기업에 적합한 원가계산시스템이다.

[도표 11-4]는 전통적인 원가계산과 제품수명주기 원가계산을 비교, 예시하는데 필요한 전통적인 원가계산에 의한 회계보고서를 예시한 것이다. 현대(주)의 제품 A는 개발기간이 12개월 걸렸으며 이 제품의 제품수명은 18개월이다. 회사는 본 제품라인의 수익성에 관심을 갖고 있다.

❖ [도표 11-4] 제품 A의 제조원가보고서 및 손익계산서

제품 A 제조원가보고서

| 백두산(주) | 20×9년 1월 1일 ~ 20×9년 6월 30일 |
|---|---|
| 생산량 | 4,000단위 |
| 직접재료원가 | 550,000원 |
| 직접노무원가 | 150,000 |
| 제조간접비 | 172,000 |
| 총제조원가 | 872,000원 |

제품 A 손익계산서

| 백두산(주) | 20×9년 1월 1일 ~ 20×9년 6월 30일 |
|---|---|
| 판매량 | 4,000단위 |
| 매출 | 1,900,000원 |
| 매출원가 | 872,000 |
| 매출총이익 | 1,028,000원 |

$$\text{제품매출총이익률} = \frac{1,028,000}{1,900,000} = 54\%$$

[도표 11-4]에서 보는 바와 같이 제품 A는 한 단위당 475원에 판매되었다. 전통적인 원가계산에 의해 나타난 제품성과보고서는 매출총이익률이 54%로서 만족할 만한 것이다.

## 1) 제품수명주기 원가계산

제품수명주기 원가계산보고서에는 전통적인 제조원가와 함께 해당 제품과 관련해서 발생한 연구개발비, 제품설계 및 생산시스템 디자인비, 생산설비를 위한 설치비 등과 같은 생산이전에 발생된 원가들과 특정 제품과 관련해서 생산이후에 발생된 원가들까지 모두 포함한 총제품수명주기원가가 산출된다. [도표 11-5]는 제품수명주기에 의한 원가자료와 성과보고서이다. [도표 11-5]에 나타난 바와 같이 제품수명주기에 의한 성과보고서를 살펴보면 상류원가 및 하류원가와 같은 비제조원가가 상당히 큰 편이다. 제품수명주기 원가계산보고서를 살펴보면 제품수명주기 동안 제품 A는 96,000원의 손실을 가져다 줄 것으로 나타내고 있다.

❖ [도표 11-5] 제품의 수명주기와 성과보고서

제품 A의 수명주기 원가자료

| 백두산(주) | | 20×9년 1월 1일 ~ 2010년 6월 30일 |
|---|---|---|
| 생산판매량 | | 12,000단위 |
| 생산이전원가 | | |
| 연구개발 | 650,000원 | |
| 제품설계 | 490,000 | |
| 생산시스템설계 | 400,000 | |
| 도구제작 | 240,000 | |
| 총생산이전원가 | | 1,780,000원 |
| 제조원가 | | |
| 직접재료원가 | 1,650,000원 | |
| 직접노무원가 | 450,000 | |
| 제조간접비 | 516,000 | |
| 총제조원가 | | 2,616,000원 |
| 생산이후원가 | | |
| 마케팅 | 470,000 | |
| 주문처리 | 185,000 | |
| 배송 | 175,000 | |
| 대고객서비스 | 280,000 | |
| 보증 | 290,000 | |
| 총생산이후원가 | | 1,400,000 |
| 총제품수명주기원가 | | 5,806,000원 |

$$\text{단위당 총제품수명주기원가} = \frac{5,806,000}{12,000} = 483.83\text{원/단위}$$

제품 A의 성과보고서

| 백두산(주) | 20×9년 1월 1일 ~ 2010년 6월 30일 |
|---|---|
| 매출 | 5,700,000원 |
| 수명주기원가 : | |
| 생산이전원가 | (1,780,000) |
| 매출원가 | (2,616,000) |
| 생산이후원가 | (1,400,000) |
| 기업이익에 대한 제품의 공헌 | (96,000)원 |

[도표 11-5]에 나타난 제품수명주기 원가자료에 의하면 단위당 총제품수명주기원가는 약 483.83원으로 오히려 판매가격 475원보다 8.83원이나 높은 것으로 나타났다. 의사결정자는 제품의 원가정보이용에 있어 제조원가만을 이용해서는 많은 문제를 야기할 수 있다. 그러므로 이를 보완할 수 있는 방안으로 제품수명주기 원가자료 등과 같이 상류원가와 하류원가를 고려한 원가정보를 이용하여 제품에 대한 의사결정을 수행하고 성과를 평가하는 것이 바람직하다.

## 예제 11-1 제품수명주기원가

현대(주)는 스키와 스노보드를 생산 · 판매하고 있으며, 20×9년 두 제품의 수익성을 분석하기 위하여 다음과 같은 자료를 수집하였다.

| | 스키 | 스노보드 | 합　계 |
|---|---|---|---|
| 매 출 액 | 1,600,000원 | 1,100,000원 | 2,700,000원 |
| 매출원가 | 1,000,000 | 800,000 | 1,800,000 |
| 매출총이익 | 600,000원 | 300,000원 | 900,000원 |
| 연구개발비 | | | 500,000 |
| 판매관리비 | | | 300,000 |
| 순 이 익 | | | 100,000원 |

스키와 스노보드의 수명주기는 각각 3년이며 위의 자료는 지난 3년간에 걸쳐 발생한 원가자료를 취합한 것이다. 현대(주)는 10%의 매출이익률을 목표로 하고 있다.

[물음]

1. 위에서 제시한 자료를 이용하여 제품별 수익성을 분석하시오.

2. 추가적인 분석결과 현대(주)에서 발생한 연구개발비의 70%와 판매관리비의 80%가 스키와 관련하여 발생하였으며, 연구개발비의 30%와 판매관리비의 20%는 스노보드와 관련하여 발생하였다. 이 경우 각 제품별 수익성은 어떻게 달라지는가?

[해　　답]

1. 회사전체의 매출이익률 $= \frac{100,000}{2,700,000} \times 100 = 4\%$

스키 매출이익률 $= \frac{10,000}{1,600,000} \times 100 = 0.625\%$

스토보드 매출총이익률 $= \frac{90,000}{1,100,000} \times 100 = 8.18\%$

○ 제품별 수익성 분석결과를 각 제품별로는 물론 회사 전체적으로도 목표수익률을 달성하지 못하고 있다.

2. 수명주기원가계산에 의한 제품별 손익계산서 작성

| | 스키 | 스노보드 | 합계 |
|---|---|---|---|
| 매출액 | 1,600,000원 | 1,100,000원 | 2,700,000원 |
| 매출원가 | 1,000,000 | 800,000 | 1,800,000 |
| 매출총이익 | 600,000원 | 300,000원 | 900,000원 |
| 차감 : 추적가능원가 | | | |
| 연구개발비 | 350,000 | 150,000 | 500,000 |
| 판매관리비 | 240,000 | 60,000 | 300,000 |
| 순이익 | 10,000원 | 90,000원 | 100,000원 |
| 매출총이익률 | 0.625% | 8.18% | 4% |

○ 수명주기원가계산을 이용하여 수명주기 전체에 걸쳐서 발생한 추적 가능한 원가를 각 제품별로 모두 고려하여 제품별 수익성을 산출한 결과 스키보다 스노보드의 수익성이 높은 것으로 나타났으나 스키, 스노보드, 전체의 이익률이 너무 저조하다. 특히 전체 이익률이 목표이익률에도 미치지 못하는 것으로 나타났고 이 중 스키는 매출이익률이 0.625%로 매우 저조하다.

## 2) 제품수명주기 가격결정

제품가격결정은 제품제조원가를 기준으로 산정하는 것이 기본이다. 그러나 제조원가 정보이외에 경제상황, 경쟁기업, 소비자의 반응 등 여러 요인들도 고려하여야 하는 경우가 많다. 전통적으로 기업들은 가격 결정에 있어 주로 제품제조원가 중 평균제품제조원가를 사용하여 왔다. 그런데 이러한 가격결정의 기준은 좀 더 면밀한 검토와 분석이 요구된다. 실제적으로 평균제품제조원가를 기준으로 가격을 결정하는 것보다 제품수명주기원가를 기준하여 가격을 결정하는 것이 더 합리적인 방법이다. 도표 11-5의 현대(주)가 제품수명주기원가를 사용한다면 제품 A의 가격은 높게 책정하였을 것이다. 가령 현대(주)가 제품수명주기원가의 10%이익을 달성하도록 하는 제품가격정책을 사용하고 있다면 제품 A의 단위당 가격은 531.72로 결정될 것이다.

**가격 = 제품수명주기원가** × 1.1 = 483.83**원** × 1.1 = 532.213**원**

만약 위와 같은 목표가격이 시장에서 지지받을 수 없다면 기업은 다방면으로 원가절감을 위한을 노력을 수행해야 할 것이며 이러한 것이 불가능할 때에는 이런 제품은 폐쇄를 시키는 것이 회사전체의 이익산출 입장에서 볼 때 도움이 될 것이다.

## 4. 목표원가계산

목표원가계산(target costing)이란 제품계획단계, 즉 제조과정 이전단계에서 예측에 의해 계획한 원가를 말한다. 이것은 주로 생산이전단계의 원가절감을 위하여 사용되는 원가계산 방법이다. 이러한 목표원가계산은 일본에서 많이 이용되고 있다. 목표원가계산은 운송장비, 정밀장치, 전자, 기계 등 주로 제품수명주기가 짧은 제품에 초점을 맞춘 원가관리시스템으로서 단순한 원가통제 뿐만 아니라 원가 및 이익관리의 종합적인 접근 방법이 되는 방안이다.

### 1) 전통적 원가계산과 목표원가계산

전통적 원가계산방법에서는 먼저 시장조사 통하여 먼저 고객의 물음과 판매가능가액을 파악하고 이에 따라 제품설계를 실시하며 이때 원재료 공급원으로부터 필요한 가격정보를 받아 제조원가도 추정한다. 만약 이때 추정한 제조원가의 가액이 너무 높다고 판단되는 경우에는 이에 따라 제품설계를 변경하는 등의 원가를 조정하는 활동이 언제든지 이루어 질 수 있다. 결국 전통적 원가계산방법에서의 이익은 판매가능가액과 추정제조원가 간의 차이로 산출된다. 이 관계를 등식으로 표현하면 다음과 같다.

| 이익 = 판매가격－제조원가 |
|---|

또 한편, 위와 같은 산식을 기본으로 하여 근본적 내용은 같으나, 제조원가를 먼저 추정하고 이에 따라 판매가능가액을 산정할 수도 있다. 즉, 판매가능가액을 먼저 파악하지 못하는 경우, 먼저 공급원으로부터 원가에 대한 정보를 입수하여 제조원가를 추정한 후 여기에 이익을 더하여 판매가격을 산정할 수 도 있다. 이와 같이 전통적 원가계산방법에서는 시장정보 상황을 중심으로 판매가격과 제조원가 및 이익을 결정한다. 즉 특정원가목표 등을 설정하지 않는 것이다. 이를 등식으로 표현하면 다음과 같다.

**판매가격 = 제조원가+이익**

한편, 목표원가계산은 제조원가를 결정하는 근본적 접근이 전통적 원가계산방법과 차이를 나타낸다. 우선 시장조사를 통한 판매가능가액을 파악하고 이에 따라 제품설계를 행하는 것은 전통적 원가계산방식과 크게 다르지 않다. 그러나 그 이후 추가적으로 목표판매가격과 목표제품생산량의 결정이 이루어진다. 이것은 고객들이 해당 제품이나 서비스에 대하여 판단하고 있는 가치 추정으로부터 산정된다. 이는 엄밀히 판매가능가액하고는 다르다 판매가능가액은 수요조사에 따른 단순한 가격의 추정이다. 그러나 목표판매가격, 목표제품생산량에는 해당 제품의 가치로부터 추정된 것으로 기업이 달성하고자 하는 목표치가 포함되어 있는 것이다. 일반적으로 이러한 목표이익은 매출수익률을 기초로 한 장기적 이익분석을 통하여 산정한다. 그것은 매출수익률이 각 제품별 수익성과 가장 밀접하게 연계되어지는 성과측정치이기 때문이다. 이러한 목표판매가격, 목표원가, 목표이익의 관계등식을 나타내면 아래의 등식과 같다. 결국 목표원가는 목표판매가격과 목표이익간의 차이이다.

**목표원가 = 목표판매가격−목표이익**

위의 등식에 의하여 설정된 목표원가는 각 부품의 목표원가 결정에 다시 영향을 받는다. 그런데 이때 제품이나 서비스의 가치를 유지하면서 가치분석을 통해 각 부품의 원가절감 가능성을 파악하고 원가절감이 이루어질 경우 목표원가를 낮추어 목표이익을 확실히 달성하려는 노력이 시도되는데 이러한 것을 가치공학(value engineering) 프로세스라고 한다. 가치공학 프로세스에 의해서 제품설계가 변경될 수도 있고, 생산에 사용되는 원재료가 대체될 수도 있으며, 또는 제조 프로세스가 재설계될 수도 있다. 일반적으로 최종적인 목표원가가 결정되어 지려면 여러 차례의 가치공학 프로세스를 거치게 된다. 그런데 효율적이고 합리적인 가치공학 프로세스가 이루어지려면 공급자들과의 유대관계가 매우 중요하다. 예를 들어 목표원가 산정을 위하여 공급자들의 협조가 필요할 때 원가절감 방법의 모색이나 원재료 공급방법의 협의 등이 원활하게 이루어져야 할 것이기 때문이다.

## 2) 부가가치원가와 비부가가치원가

기업은 변화가 심하고 복잡한, 그리고 경쟁이 치열한 환경 속에서 살아남고, 나아가서는 수립된 목표를 달성하기 위해서는 여러 가지의 문제해결을 위한 접근을 모색하여야 한다. 위에서 언급한 가치공학 프로세스도 결국 목표이익을 달성하기 위한 접근 중에 하나인 것이다. 일반적으로 기업이 목표원가를 달성하기 위하여 고려하는 것 중 주요 방법으로는 가치공학 프로세스와 함께 부가가치원가와 비부가가치원가의 구분이 있다. 이것은 기업에서 수행하고 있는 활동을 부가가치활동과 비부가가치활동으로 구분하고, 비부가가치활동을 최대한으로 제거시켜 원가절감의 효과를 높이는 방법이다. 생산활동에 있어 효율성이 높다는 의미 속에는 비부가가치원가(non-value-added costs)는 발생하지 않거나 아주 적게 발생하고 부가가치원가(value-added costs)만 발생하거나 또는 아주 많이 발생한다는 뜻을 내포하고 있는 것이다. 따라서 기업들은 효율성을 높여 목표원가를 달성하기 위해 비부가가치원가를 찾아 이를 제거하려는 노력을 경주하게 되는 것이다. 일반적으로 비부가가치원가를 발견, 구분하기 위해서 ABC(activity based cost; 활동성기준원가)에서 사용하는 부가가치표준(value-added standards)의 개념을 도입, 이용한다. 부가가치표준이란 경영활동상의 비부가가치활동을 완전히 제거할 수 있거나 아니면 최대한도로 비효율적인 활동을 줄여 이상적인 상태가 유지될 수 있게 하는 제 요건들을 정하여 놓은 기준을 말한다. 기업의 경영활동을 부가가치표준에 의해 수행할 때 발생하는 원가를 바로 부가가치원가라고 하고 그 이외의 원가를 비부가가치원가라고 하는 것이다. 그러므로 부가가치원가의 계산은 아래의 식과 같이 원가동인의 부가가치표준수량을 원가동인의 단위당 표준원가로 곱하여 산출하는 것이고 비부가가치원가는 원가동인의 실제사용수량에서 원가동인의 표준수량을 차감한 값을 원가동인의 단위당 표준원가로 곱하여 산출한다.

| 부가가치원가 = 원가동인의 부가가치표준수량 × 원가동인의 단위당표준원가 |
|---|

| 비부가가치원가 = (원가동인의 실제사용수량 − 부가가치 표준수량)<br>× 원가동인의 단위당 표준원가 |
|---|

한편, 이때 원가동인이란 원가를 발생시키는 요인들을 의미하는 것으로 원가 산출의 기준으로 활용되는 경우가 일반적이다. 이러한 원가동인에 대한 분석과 규명은 부가가치원가 또는 비부가가치원가를 효율적으로 통제하기 위해서 반드시 필요한 과정이다. 원가동인을 잘 규명하여 사용함으로써 합리적 원가를 산출할 수 있게 된다. 예를 들어 감독자에 대한 급여를 부품소모량을 기준으로 정한다고 할 때, 부품소모량이라는 원가동인은 감독자의 급여의 원가동인으로서 적합하지 않아, 도리어 감독자가 많은 급여를 받기 위해 부품의 낭비를 조장할 가능성이 크다. 이때 감독자의 급여에 대한 원가동인은 다시 분석, 규명되어야 할 것이다.

### 예제 11－2 부가가치원가와 비부가가치원가

현대(주)는 20×6년부터 제품생산과 관련된 활동을 활동별로 부가가치표준을 설정하여 관리하고 있다. 20×9년 부가가치표준과 관련된 자료는 다음과 같다.

| 활동구분 | 원가동인 | 부가가치표준수량 | 실제사용수량 | 표준단가 |
|---|---|---|---|---|
| 부품검수 | 부 품 수 | 5,100 | 6,100 | 350원 |
| 작업준비 | 작업준비횟수 | 60 | 75 | 1,100 |
| 인력투입 | 작업시간 | 100,000 | 115,000 | 600 |
| 수선작업 | 기계사용시간 | 50,000 | 55,000 | 250 |

원가동인별로 발생한 단위당 실제원가는 표준단가와 동일한 것으로 가정한다.

[물음]

위에 제시한 자료를 토대로 활동별 부가가치원가, 비부가가치원가 및 실제원가를 산출하시오.

[해 답]

1. 활동별 부가가치원가

부가가치원가 ＝ 원가동인의 부가가치표준수량×원가동인의 단위당 표준원가

| | | | | | | |
|---|---|---|---|---|---|---|
| 부품검수 | ＝ | 5,100 | × | 350원 | ＝ | 1,785,000 |
| 작업준비 | ＝ | 60 | × | 1,100 | ＝ | 66,000 |
| 인력투입 | ＝ | 100,000 | × | 600 | ＝ | 60,000,000 |
| 수선작업 | ＝ | 50,000 | × | 250 | ＝ | 12,500,000 |

2. 활동별 비부가가치원가

부가가치원가 = (원가동인의 실제수량-원가동인의 부가가치표준수량)
×원가동인의 단위당 표준원가
부품검수 = ( 6,100 − 5,100) × 350원 = 350,000
작업준비 = ( 75 − 60) × 1,100 = 16,500
인력투입 = (115,000 -100,000) × 600 = 9,000,000
수선작업 = ( 55,000 - 50,000) × 250 = 1,250,000

3. 활동별 실제원가

부가가치원가 = 원가동인의 부가가치표준수량×원가동인의 단위당 표준원가
부품검수 = 6,100 × 350원 = 2,135,000
작업준비 = 75 × 1,100 = 82,500
인력투입 = 115,000 × 600 = 69,000,000
수선작업 = 55,000 × 250 = 13,750,000

4. 결과분석

| 활 동 | 부가가치원가 | 비부가가치원가 | 실제원가 |
|---|---|---|---|
| 부품검수 | 1,785,000원 | 350,000원 | 2,135,000원 |
| 작업준비 | 66,000 | 16,500 | 82,500 |
| 인력투입 | 60,000,000 | 9,000,000 | 69,000,000 |
| 수선작업 | 12,500,000 | 1,250,000 | 13,750,000 |

### 예제 11-3 목표원가와 비부가가치원가

현대(주)는 뻥과자를 생산 · 판매하고 있다. 현재 뻥과자는 단위당 750원에 판매되고 있으며, 연간 100,000개 판매되고 있다. 그러나 최근에 뻥과자 시장의 경쟁이 심화됨에 따라 경쟁업체에서는 유사한 제품을 단위당 680원에 판매하고 있으며, 동사에서도 가격을 인하하지 않으면 판매수량이 크게 감소할 것으로 예상된다. 동사의 경영자는 판매가격을 인하하더라도 단위당 이익은 현재의 수준을 유지하고자 한다. 아이스크림에 관련된 원가자료를 분석한 결과 다음과 같은 자료를 수집하였다.

| 활동구분 | 원가동인 | 부가가치표준수량 | 실제사용수량 | 실제원가 |
|---|---|---|---|---|
| 직접재료원가 | kg | 31,000 | 34,000 | 35,700,000원 |
| 직접노무원가 | 작업시간 | 19,000 | 21,000 | 25,200,000 |
| 생산준비비 | 작업준비횟수 | | 130 | 5,200,000 |
| 재료처리비 | 처리횟수 | | 100 | 3,000,000 |
| 품질검사비 | 생 산 량 | | 100,000 | 1,000,000 |

위의 자료는 연간생산량 100,000단위를 기준으로 작성된 것이며, 단위당 실제원가와 표준원가의 차이는 없는 것으로 간주한다.

[물음]

1. 현재수준의 이익을 유지하기 위한 단위당 목표원가는 얼마인가?
2. 제품단위당 비부가가치원가를 산출하시오. 비부가가치원가의 얼마를 제거해야만 목표원가를 달성할 수 있는가?

[해 답]

1. 단위당 목표원가

$$단위당\ 현재원가 = \frac{70,100,000}{100,000} = 701원$$

단위당 현재이익 = 750원－701원 = 49원

단위당 현재이익을 달성하기 위한 단위당 목표원가= 예상판매가격-단위당 이익
= 680원－49원 = 631원

2. 비부가가치원가

- 원가동인별 단위당 원가

| | | | | |
|---|---|---|---|---|
| 직접재료원가 | kg | 35,700,000원 | ÷ 34,000 | = 1,050원 |
| 직접노무원가 | 작업시간 | 25,200,000 | ÷ 21,000 | = 1,200 |
| 생산준비비 | 작업준비횟수 | 5,200,000 | ÷ 130 | = 40,000 |
| 재료처리비 | 처리횟수 | 3,000,000 | ÷ 100 | = 30,000 |
| 품질검사비 | 생 산 량 | 1,000,000 | ÷ 100,000 | = 10 |

- 비부가가치원가

| | | | | | |
|---|---|---|---|---|---|
| 직접재료원가 | ( 34,000−31,000) | × | 1,050원 | = | 3,150,000원 |
| 직접노무원가 | ( 21,000−19,000) | × | 1,200 | = | 2,400,000 |
| 생산준비비 | ( 130− 0) | × | 40,000 | = | 5,200,000 |
| 재료처리비 | ( 100− 0) | × | 30,000 | = | 3,000,000 |
| 품질검사비 | (100,000− 0) | × | 10 | = | 1,000,000 |
| 비부가가치원가합계 | | | | | 14,750,000 |

$$단위당\ 비부가가치원가 = \frac{14,750,000}{100,000} = 147.5원$$

현재의 단위당 제조원가가 701원에서 단위당 비부가가치원가 147.5원을 모두 제거하면 단위당 부가가치원가는 553.5원이 된다. 이 단위당 부가가치원가는 목표원가인 631원보다 훨씬 낮은 수준이다. 따라서 이러한 경우 단위당 비부가가치원가 147.5원 중에서 70원을 제거하면 현재의 단위당 이익이 49원을 달성하면서 목표원가인 631원(680원-49원)을 달성할 수 있게 된다. 즉 비부가가치원가의 47.5%만을 제거하면, 목표원가를 달성할 수 있게 된다.

## 5. 카이젠 원가계산

카이젠 원가계산이란 생산준비단계나 생산이후의 단계가 아닌 생산단계에서 발생하는 원가를 잘 통제, 관리하여 원가절감을 도모하려는 원가계산 방법이다. 카이젠(kaizen)은 일본 용어이며 이 뜻은 프로세스에 대한 지속적인 개선을 의미한다. 따라서 카이젠 원가계산은 급속한 변혁, 혁신, 개혁 등을 의미하는 것이 아니라 조용한 가운데 조금씩 생산단계의 제반 프로세스 개선을 통해서 원가절감, 생산성 제고를 도모하는 원가계산시스템인 것이다. 실무 입장에서 볼 때 카이젠 원가계산의 생산프로세스 원가절감은 매우 현실성이 있는 방안으로 받아들여진다. 즉 이미 생산단계에 있는 바로 현시점에서 원가를 절감하는 노력이므로 피부에 와 닿는 것이다.

카이젠 원가계산은 이익계획시스템과 당연히 연계되어 있다. 카이젠 원가에서 우선적으로 추구하는 것이 목표절감률(target-reduction rate)이다. 이것은 각 원가발생요인에 대한 목표절감액의 비율이다. 이 비율을 생산단계의 모든 변동비에 적용시켜 그 목표절감금액을 산정한다. 예를 들어 재료원가, 노무원가, 제조간접비 등의 목표절감액을 산정하고 이를 실제 절감액과 비교하여 차이를 분석하고 성과를 평가하는 것이다. 카이젠원가계산의 근본적 목표는 실제생산원가를 표준원가기준보다 낮게 발생시켜 원가 절감을 이루는 것이다.

## 1) 전통적 원가계산과 카이젠 원가계산

카이젠 원가계산제도와 전통적인 표준원가계산제도의 차이를 살펴보면, 첫째 전통적 표준원가계산제도에서는 표준원가와 실제원가 간의 불리한 차이가 나지 않으면서 원가표준 안에서 과업을 완수하면 그것이 목표를 달성한 것으로 본다. 그러나 카이젠 원가계산제도에서는 표준원가 대비 목표원가절감금액과 실제원가절감금액을 비교하여 유리한 차이로 판명되었을 때 목표를 달성한 것으로 보며, 실제원가와 표준원가 그 자체의 차이는 고려대상이 아니다. 둘째, 전통적 표준원가제도 하에서는 경영자나 엔지니어에게 원가에 대한 통제 및 관리의 권한과 책임이 주어진다. 이것은 경영자나 엔지니어들이 기술적 전문성을 가지고 있기 때문에 원가관리에 가장 적합하다고 가정하기 때문이다. 그러므로 표준원가계산제도에서는 경영자나 엔지니어들이 설정한 표준 및 절차에 따라 작업자들이 업무를 수행한다. 그러나 카이젠 원가계산에서는 실무 작업자들이 실제로 제품을 생산하는 제조과정에서 작업을 함으로 작업자들이 원가 프로세스를 어떻게 개선시켜야 하는지에 대해서 가장 많이 알고 있다고 가정한다. 이에 따라 카이젠 원가계산에서는 프로세스를 개선하고 원가를 절감하는 원가관리의 결정을 작업자들에게 부여하고 책임을 지게 한다.

# 연 습 문 제

## 연습문제 11-1 목표원가계산

현대(주)는 직접재료원가를 기준으로 가공비를 배부하는 원가계산방법을 적용하고 있으며, 20×9년에는 제품 A 150개와 제품 B 250개를 생산하였다. 생산관련 데이터베이스는 다음과 같다.

| 제품 | 단위당직접재료원가 | 부품수 | 선반기계회전수 | 기계시간 | 선적된주문서수 | 조립시간 |
|---|---|---|---|---|---|---|
| A | 17,000원 | 60개 | 90회 | 40시간 | 1회 | 200시간 |
| B | 25,000원 | 110개 | 160회 | 30시간 | 1회 | 200시간 |

| 활동 | 원가동인 | 가공비 |
|---|---|---|
| 1. 재료처리활동 | 부품수 160개 | 1,600,000원 |
| 2. 절삭작업활동 | 기계시간 60시간 | 2,400,000 |
| 3. 선반작업활동 | 기계회전수 240회 | 720,000 |
| 4. 연마작업활동 | 부품수 160개 | 2,080,000 |
| 5. 부품조립활동 | 조립시간 450시간 | 1,147,500 |
| 6. 선적작업활동 | 선적주문서수 3회 | 4,560,000 |
| | | 12,507,500원 |

현대(주)는 동종업계인 수정회사로부터 기존의 제품 A와 제품 B를 좀더 개량한 유사한 제품에 대하여 각각 100단위씩 특별주문 공급을 의뢰받았다. 이 경우 개량한 제품인 제품 A1과 제품 B1의 단위당 원가 및 활동자료는 다음과 같으며, 목표이익은 원가의 10%이다.

| | 제품 A1 | 제품 B1 |
|---|---|---|
| 직접재료원가 | 18,000원 | 26,000원 |
| 재료처리활동-부품수 : | 0.5개 | 0.5개 |
| 절삭작업활동-기계시간 : | 0.3시간 | 0.2시간 |
| 선반작업활동-기계회전수 : | 1회 | 1.5회 |
| 연마작업활동-부품수 : | 0.5개 | 0.5개 |
| 부품조립활동-조립시간 : | 2.5시간 | 1.5시간 |
| 선적작업활동-선적횟수 : | - | - |

단, 선적작업활동 관련원가는 기존 제품의 생산과 관련한 원가 이외에는 추가로 발생되지 않는다고 가정한다. 특별주문단가는 제품 A1이 47,000원, 제품 B1이 57,000원이다.

[물음]

1. 목표원가(target costing)을 구하시오. 단, 기존시스템의 경우의 가공비 배부율을 적용 하시오.
2. 목표원가와 관련하여 회사가 종전의 원가계산방법을 적용할 경우 어떤 의사결정을 하여야 하는가?
3. 목표원가와 관련하여 회사가 ABC 방법을 따를 경우 어떤 의사결정을 하여야 하는가?

## 연습문제 11-2 목표원가 : 활동기준원가회계

현대(주)는 TV 제조에 들어가는 두 가지 부품인 606과 607를 제조판매하고 있다. 606제품은 40,000원의 판매단가로 연간 생산량은 100,000단위이며 전량 판매되고 있다. 607제품은 6,000원의 판매단가로 연간 생산량은 65,000단위이며 역시 전량 판매되고 있다. 현대(주)의 제품별 직접원가와 제조간접비는 다음과 같다.

| | 제품 A1 | 제품 B1 |
|---|---|---|
| 직접재료원가 | 18,000원 | 26,000원 |
| 재료처리활동-부품수 : | 0.5개 | 0.5개 |
| 절삭작업활동-기계시간 : | 0.3시간 | 0.2시간 |
| 선반작업활동-기계회전수 : | 1회 | 1.5회 |
| 연마작업활동-부품수 : | 0.5개 | 0.5개 |
| 부품조립활동-조립시간 : | 2.5시간 | 1.5시간 |
| 선적작업활동-선적횟수 : | - | - |

| | 401 | 402 | 계 |
|---|---|---|---|
| 직접재료원가(변동비) | 1,200,000원 | 600,000원 | 1,800,000원 |
| 직접노무원가(변동비) | 500,000 | 500,000 | 1,000,000 |
| 기계관련직접원가(고정비) | 200,000 | 160,000 | 360,000 |
| 제조간접비 | | | |
| 작업준비원가 | | | 189,000 |
| 검사원가 | | | 150,000 |
| 계 | | | 3,499,000원 |

현대(주)의 활동별 원가집합과 활동별 원가동인 및 활동별 배부율은 다음과 같다.

| 활동분석 | 원가동인 | 활동별배부율 |
|---|---|---|
| 작업준비 | 작업준비시간 | 32,000원/시간 |
| 검사활동 | 검사시간 | 2,800원/시간 |

직접재료원가와 직접노무원가는 생산량에 비례하여 발생하나 기계관련직접원가는 단기적으로 변하지 않는 고정비로 장기적인 원가이며 제조간접비는 상기 원가동인에 비례하여 발생된다. 제품별 추가정보는 다음과 같다.

| | 401 | 402 |
|---|---|---|
| 배치생산량 | 1,000단위 | 250단위 |
| 배치생산시작 작업준비시간 | 15시간 | 20시간 |
| 단위당검사시간 | 2시간 | 3시간 |

현대(주)는 경쟁력 강화를 위하여 606의 가격을 인하하여야 할 형편인데 현재의 판매단가 40,000원보다 낮은 28,000원에 판매하기로 했다. 또한 현대(주)는 제품재설계와 프로세스개선을 통하여 신제품인 608의 생산여부를 검토하고 있다.

신제품 608의 직접재료원가는 단위당 2,500원이 감소될 것이며 직접노무원가는 단위당 500원이 감소될 것이다. 608에 요구되는 검사시간은 단위당 0.5시간이 감소될 것이다. 그러나 608에는 작업준비시마다 7시간이 소요된다. 기존의 606을 1단위 생산하는데 1시간의 기계시간이 소요되나 신제품 608을 생산하는데 20분이 감소된다. 배치생산량과 원가동인당 제조간접비는 신제품의 경우도 동일하다.

[물음]

1. 활동기준원가회계시스템에 의하여 606과 607의 단위당 제조원가를 구하시오.
2. 601의 단위당 제조원가에 부과되는 이익률은 얼마인가?
3. 601의 이익률이 종전과 같이 유지되기 위해서는 신제품 403의 목표원가는 단위당 얼마인가?
4. 신제품 608의 원가절감계획은 달성될 수 있는가?
5. 당사가 기존의 606과 동일한 이익률을 달성하기 위해서 신제품 608에 대하여 설정할 수 있는 가격은 얼마인가?
6. 당사는 신제품 608에 얼마의 가격을 결정해야 할 것인가? 그리고 당사가 취해야 할 조취는 무엇인가?

## 연습문제 11-3 활동기준원가계산과 목표원가

현대(주)는 직접재료원가를 기준으로 가공비를 배부하는 원가계산방법을 채택하고 있으나 보다 정확한 원가계산을 위해 활동기준원가계산(ABC)의 도입을 추진하고 있다. 회사는 20×9년에 A제품 100개와 B제품 200개를 생산하였으며 생산관련 자료는 다음과 같다.

| 제품 | 단위당직접재료원가 | 부품수 | 기계시간 | 기계회전수 | 조립시간 | 기계가동횟수 |
|---|---|---|---|---|---|---|
| A | 20,000원 | 80개 | 50시간 | 90회 | 100시간 | 1회 |
| B | 24,000 | 95개 | 35시간 | 160회 | 100시간 | 1회 |

| 활동(Activity) | 원가동인 및 총수 | 총가공비 |
|---|---|---|
| ① | 부품수 180개 | 1,800,000원 |
| ② | 기계시간 80시간 | 3,200,000 |
| ③ | 기계회전수 240회 | 720,000 |
| ④ | 부품수 180개 | 2,700,000 |
| ⑤ | 조립시간 250시간 | 950,000 |
| ⑥ | 기계가동횟수 2회 | 4,325,000 |
| 계 | | 13,695,000원 |

[물음]

1. 기존의 원가계산방법에 따라 각 제품의 단위당 원가를 계산하라.
2. 활동기준원가계산방법(ABC)에 따라 각 제품의 단위당 원가를 계산하라.
3. 현대(주)는 경쟁기업체인 수정(주)가 생산하고 있는 제품과 동일한 제품 X, Y를 단위당 56,000원, 73,000원에 판매하려고 하므로 회사도 제품 A, B의 가격을 이와 같게 하려고 한다. 한편 회사의 목표이익은 원가의 10%이다.
   (1) 목표원가의 의미를 설명하고 각 제품의 목표원가를 계산하라.
   (2) 기존의 원가계산방법에 따라 각 제품의 경제성을 목표원가와 비교하여 평가하라. 경제성이 있는가?
   (3) 활동기준원가계산방법에 따라 각 제품의 경제성을 목표원가와 비교하여 평가하라. 경제성이 있는가?

## 연습문제 11-4 부가가치원가와 비부가가치원가

현대(주)는 단일제품을 생산 · 판매하고 있으며, 생산활동은 원재료투입, 인력투입, 동력사용, 생산준비, 원재료주문 등으로 구성되어 있다. 이들 활동들에 대한 경영자의 분석에 따르면 원재료투입, 인력투입 그리고 동력사용만이 부가가치를 창출하는 것으로 나타났다. 이들 활동에 대한 표준수량과 실제사용량에 관한 정보는 다음과 같다.

| 활　　동 | 원가동인 | 부가가치표준수량 | 실제사용량 | 표준원가 |
|---|---|---|---|---|
| 재료투입 | kg | 16,000 | 19,000 | 1,600원 |
| 인력투입 | 작업시간 | 26,000 | 31,000 | 1,300 |
| 동력사용 | Kwh | 11,000 | 13,000 | 600 |
| 생산준비 | 작업준비횟수 | - | 60 | 5,000 |
| 원재료주문 | 주문횟수 | - | 40 | 2,000 |

[물음]

위에서 제시된 자료를 이용하여 각 활동별로 부가가치원가, 비부가가치원가 그리고 실제원가를 산출하시오.

## 연습문제 11-5 투자수익률에 의한 제품가격 결정

현대(주)는 투자수익률에 의해서 제품가격을 결정하고자 하고 있다. 백두산(주)는 세후 투자수익률을 13%로 결정하였다. 설비와 제품에 8,600,000원이 투자되었으며 다음 기의 연간고정비는 2,400,000원, 단위당 변동비는 500원, 연간판매수량은 22,000단위로 예측되었으며 법인세율은 36%이다.

[물음]

1. 다음 기의 제품단위당 판매가격은 얼마로 설정하여야 하는가?
2. 연간 판매수량이 27,000단위로 예측된다면 다음 기의 제품단위당 판매가격을 얼마로 설정하여야 하는가?

## 연습문제 11-6 원가접근방법

현대(주)는 새로운 치과의료기를 생산 · 판매하고 있다. 현대(주)는 직접재료원가, 직접노무원가, 제조간접원가배부액을 합한 전부원가에 30%를 가산하여 새로운 치과치료기의 단위당 판매가격을 결정하고 있다. 따라서 치과치료기의 단위당 판매가격은 다음과 같이 결정된다.

| | |
|---|---|
| 직접재료원가 | 9,000원 |
| 직접노무원가 | 41,000 |
| 제조간접원가 | 9,000 |
| 전부원가 | 59,000원 |
| 목표이익(전부원가의 15%) | 8,850 |
| 판매가격 | 67,850원 |

제조간접원가는 직접노무원가의 20% 비율로 배부하며, 비수기 때 유휴생산설비가 존재하면, 현대(주)는 이익가산율을 4%로 인하하여 판매가격을 설정하고 있다. 20×9년도의 총제조간접원가는 600,000으로 예상되며, 이 중 360,000원은 고정원가이고 나머지는 직접노무원가에 정비례하는 변동원가이다

[물음]

1. 현대(주)가 20×9년도의 순이익을 감소시키지 않는 범위 내에서 비수기에 제시할 수 있는 새로운 항암치료기의 단위당 최적판매가격은 얼마인가?
2. 어느 고객이 비수기에 새로운 항암치료기 1대를 57,000원에 구입하겠다고 제의하였다. 이 고객의 주문을 수락하는 것과 거절하는 것이 20×9년도의 순이익에 미치는 영향은 각각 얼마인가?
3. 공헌이익접근방법의 장점과 단점을 논하시오.
4. 전부원가접근방법의 장점과 단점을 논하시오.

Chapter 12

# 활동기준원가계산

1. 전통적 원가시스템과 ABC
2. ABC의 기본개념
3. ABC의 계산절차
4. 고객원가추적과 고객수익성 분석
5. 서비스기업의 ABC와 고객원가분석
• 연 습 문 제

Chapter 12

# 활동기준원가계산

## I. 전통적 원가시스템과 ABC

### 1) 전통적 원가시스템의 한계

전통적 원가계산시스템에서는 직접원가계산의 중요성을 강조하고 공통비의 형태로 발생하는 간접원가 계산의 중요성을 간과하는 경향이 있다. 그런데 현대산업사회에서는 시설투자, 인프라구축, 공동연구개발 등에 의해 발생하는 공통비 즉, 간접원가의 발생이 직접원가보다 더 많은 비중을 차지하는 경우가 많이 나타나고 있다. 따라서 간접원가의 통제가 중요하게 부각되고 있으며 이에 대한 합리적인 통제 방안이 논의되고 있는데 그중의 하나가 활동기준원가계산(ABC)이다. 활동기준원가계산(activity based cost)은 간접원가관리가 획일적인 기준에 의해 행해지는 것이 아니라 원가활동(cost activity)의 인과관계에 따라 행해지는 원가계산시스템이다. 즉 공통비에 관련되는 각각의 원가동인(cost driver)을 발견, 확인, 측정하여 그 원가동인에 의해서 공통원가(간접원가)를 배부하고자 하는 기법인 것이다.

한편, 전통적인 원가계산은 공통비(간접원가)를 배부함에 있어서 원가발생의 인과관계에 의해 규명된 원가동인을 이용하는 ABC와는 달리 전통적으로 공통비 배부의 기준으로 이용되고 있는 직접노무시간, 기계작업시간, 재료소비량, 기계운전시간 등과 같은 조업도 관련 배부기준(volume related allocation bases)을 사용하고 있다. 이러한 조업도 관련 배부기준은 생산량, 작업시간 등과 같은 조업도의 크기에 따라 간접원가가 배부된다. 그러나 간접원가를 발생시키는 요인은 조업도 이외에도 공정준비활동, 주문활동, 수선유지활동 등과 같이, 조업도와 관계없이 발생하는 요인들도 존재하고 있다. 따라서 조업도와 관계없는, 즉 다른 발생 요인에 의한 원가에 대해서는 그 요인을 규명하고 그에 따른 원가배부가 이루어져야 할 것이다. 전통적인 원가계산은 조업도기준원가계산에 의존하는 비중이 커 조업도이외에서 발생하는 간접원가의 배부를 왜곡시킬 가능성이 크다. 따라서 이러한 결함을 보완하여 상대적으로 정확한 원가를 계산하고, 원가관리의 초점을 원가를 유발하는 보다 근본적인 원인인 원가동인에 두고자 하여 제안된 원가계산시스템이 활동기준원가계산인 것이다.

### 예제 12-1 원가배부기준

광명모니터의 생산라인에서는 지난 달 20인치 10,000대, 24인치 5,000대를 생산하였다. 모니터 생산과 관련된 간접제조원가 중 작업준비에 소요되는 원가는 매일 아침 품목별 준비작업에서 발생하는 원가로, 지난 달 발생액이 450만원이었다. 이 작업준비원가를 전통적이 조업도기준원가계산에 따르면 다음의 표처럼 생산량에 비례하여 20인치 모니터에 300만원, 24인치 모니터에 150만원 배부하게 된다. 그러면 제품단위당 작업준비원가의 부담액은 300원으로 균일하다.

| 구분 | 생산량 | 작업준비원가배분 | 당위당 부담액 |
|---|---|---|---|
| 20인치 | 10,000대 | 3,000,000원 | 300원 |
| 24인치 | 5,000대 | 1,500,000원 | 200원 |
| 계 | 15,000대 | 4,500,000원 | |

* 배부율 = 4,500,000원 ÷ 15,000대 = 300원/대당

배부액 20인치 : 10,000대 × 300원 = 3,000,000원

24인치 : 5,000대 × 300원 = 1,500,000원

그러나 이때, 작업준비원가를 발생시킨 요인은 작업준비활동이라고 볼 수 있으므로 생산량에 관계없이 원가동인이 되는 작업준비의 횟수를 기준하여 배부하는 것이 타당할 수 있다. 이에 따라 작업준비원가를 배부하면 다음의 표처럼 20인치 TV와 24인치 TV에 동일하게 225만원씩 배부되고, 단위당 부담액을 계산하면 20인치는 225원, 24인치는 450원이 된다.

| 구분 | 생산량 | 작업준비횟수 | 작업준비원가배부 | 단위당 부담액 |
|---|---|---|---|---|
| 20인치 | 10,000대 | 30회 | 2,250,000원 | 150원 |
| 24인치 | 5,000대 | 30회 | 2,250,000원 | 450원 |
| 계 | 15,000대 | 60회 | 4,500,000원 | |

* 배부율 = 4,500,000원 ÷ 60회 = 75,000원/회당

배부액 20인치 : 30회 × 75,000원 = 2,250,000원

24인치 : 30회 × 75,000원 = 2,250,000원

한편, 광명모니터는 모니터 생산라인의 지난 달 제조간접원가 중 부품 주문원가가 600만원 발생하였는데, 부품주문은 매월 생산량예측에 따라 규격별로 1회 주문한다. 지난 달 부품구입량은 각 규격별로 동일하였고, 그 구입가격 즉 재료원가는 모니터 규격에 비례하였다. 조업도기준 원가계산방식에 따라 수량과 규격을 기준으로 배부하면 다음의 표처럼 20인치 모니터와 24인치 모니터에대해,200,000/(200,000+240,000)×6,000,000원, 240,000/(200,000+240,000)×6,000,000원의 비율로 하여 273만원과 327만원으로 배부되며, 결국 단위당 부담액은 20인치 273만원과 24인치 327원으로 되어 24인치 모니터 부담액이 크다.

| 구분 | 부품구입량 | 재료원가 | 주문원가배부 | 단위당 부담액 |
|---|---|---|---|---|
| 20인치 | 10,000개 | 200,000원 | 2,730,000원 | 273원 |
| 24인치 | 10,000개 | 240,000원 | 3,270,000원 | 327원 |
| 계 | 20,000개 | 440,000원 | 6,000,000원 | |

* 배부율 = 6,000,000원 ÷ 440,000원= 13.6원

배부액 20인치 : 200,000원 × 13.6 ≒ 2,730,000원

24인치 : 240,000원 × 13.6 ≒ 3,270,000원

그러나 부품주문원가는 주문활동횟수에 비례하여 발생하므로 그 원가동인은 주문횟수가 된다. 그렇게 되면 다음의 표처럼 주문원가는 생산량이나 규격에 관계없이 주문활동횟수에 따라 각각 300만원으로 배부되고, 단위당 부담액도 각각 300원으로 동일하다.

| 구분 | 부품구입량 | 주문횟수 | 주문원가배부 | 단위당 부담액 |
|---|---|---|---|---|
| 18인치 | 10,000개 | 1회 | 3,000,000원 | 300원 |
| 24인치 | 10,000개 | 1회 | 3,00,000원 | 300원 |
| 계 | 20,000개 | 2회 | 6,000,000원 | |

* 배부율 = 6,000,000원 ÷ 2회 = 3,000,000원

배부액 20인치 : 1회 × 3,020,000원 = 3,000,000원

24인치 : 1회 × 2,520,000원 = 3,000,000원

## 2) ABC의 기본구조와 활용효과

위에서 언급한 바와 같이 근래에 이르러 자동화, 다품종소량생산 등과 같은 산업환경의 변화에 기인하여 재료비, 직접노무비와 같은 직접원가보다 운용, 관리, AS 등에 관련된 공통비, 즉 간접원가의 비중이 크게 높아지게 되었다. 이에 따라 조업도를 기준으로 공통비를 배부하는 전통적인 원가시스템의 한계가 발견되기 시작하였고, 이에 대한 대안으로 ABC가 대두된 것이다. 이러한 활동기준원가계산의 기본목표는 원가정보의 정확성을 기하는 것이다. 또한 ABC는 활동분석을 통해 기업 내의 부가가치를 발생시키는 활동을 효율화하고 부가가치를 발생시키지 않는 낭비적 활동요소를 제거함으로써 원가관리를 효과적으로 행하는 원가관리시스템으로 기능하는 것이기도 하다.

ABC 원가계산시스템은 크게 두 과정으로 이루어진다. 첫 과정으로는 우선, 간접원가를 전통적원가시스템과 달리 원가활동을 기준으로 분석, 구분하여 그 인과관계를 파악하고 그것을 기준으로 하여 공통비를 원가활동단위별로 배부, 집계한다. 다음 과정으로, 이렇게 원가활동단위별로 집계된 활동원가를 활동수행정도를 기준으로 각 제품에 배부한다. 이때 원가배부의 기준으로 원가동인이 이용된다. 활동성원가계산시스템은 정확한 원가배부에 의한 원가계산이라는 장점 이외에도 재무보고, 공정개선, 전략적 원가관리, 의사결정 등에 매우 적절하고 유용한 수단을 이용될 수 있다. 이러한 ABC의 활용효과를 요약한다면 정확한 원가의 계산과 보고, 전략적 의사결정의 지원, 장단기적 원가통제의 지원 등의 세 가지  효과로 요약할 수 있다.

① 정확한 원가의 계산과 보고

활동성원가계산시스템은 기본적으로 전통적원가계산시스템, 즉 조업도를 배부기준으로 이용하는 원가계산의 왜곡을 시정하고자 하는 것에 그 목적이 있다. 또한 근래 이르러 중요성이 부각되고 있는 제조간접원가를 보다 적절하게 배부하기 위한 기준으로서 활동성원가계산시스템이 제기되기도 하는 것이다. 활동성원가계산시스템은 조업도와는 관련 없이 원가활동에 따라 발생하는 간접원가를 조업도 기준으로 배부하는 오류를 시정할 수 있는 원가계산 방법이며 기타 잘못된 의사결정의 통제를 위한 기초자료의 제공의 기능도 담당하고 있는 것이다.

② 전략적 의사결정의 지원

ABC는 원가발생의 인과관계로 규명된 원가동인을 기준으로 간접원가를 배부함으로써 전통적인 원가계산에서 범할 수 있는 원가왜곡을 피할 수 있다. 특히 생산량이 많은 제품이 곧 저렴한 제조원가와 높은 이익을 얻은 것처럼 나타나는 왜곡을 ABC에서는 방지할 수 있다. 그것은 전통적인 원가계산방식에서 무시될 수 있으나 중요한 원가동인인 제품의 다양성이나 공정의 복잡성 등을 활동기준원가계산에서는 중요한 원가배부기준으로 이용하여 소량의 특수제품은 그에 상응한 원가를 부담하게 하기 때문에 대량생산품의 외관상 높은 수익성에 대한 왜곡을 바로잡게 하는 전략을 수행하게 해준다.

③ 장단기적 원가통제의 지원

ABC에서는 재무적 지표 뿐만아니라 비재무적 지표까지 고려하여 원가관리를 행하므로 보다 합리적일 수 있다. 예를 들어 조달시간, 운반관리활동, 검사활동, 작업준비시간 등 비재무적 활동지표도 계속적으로 추적하여 이를 활용한다. 이것은 기업의 각 부문별, 현장별로 직접적 통제할 수 있는 근거를 제공해 주는 것이다. 전통적인 원가시스템에서는 원가활동의 인과관계에 대한 분석 등이 미진하여 ABC와 같은 기능을 수행할 수 없다는 견해가 일반적이다. ABC에서는 원가활동을 기준으로 원가를 배부하므로, 원가정보를 기초로 각 활동에 대한 구체적인 목표를 설정하는 데 도움을 주고, 품질개선이나 생산성의 향상, 리드타임단축 등을 행할 수 있는 기회를 제공한다. 따라서 이러한 ABC는 활동기준관리(activity based management; ABM)로 발전하여 활용될 수 있는 것이다.

## 2. ABC의 기본개념

### 1) 가치사슬과 활동

경영의 주요활동은 가치창조활동이다. 가치창조활동은 일련의 과정으로 연계되어 있는데 이를 가치사슬이라고 한다. 활동기준원가계산(ABC)은 기치사슬에 과정을 고찰, 분석하여 원가유발요인 즉 원가동인을 찾고 그것을 기준으로 원가관리를 수행하는 것이다. 가치사슬분석은 경영활동을 부문별로 나누고 이들의 연관되어 있는 정도를 규명한 후 여기에서 발생하는 원가의 행태를 특징별로 구별, 인식하고 이에 의한 원가관리를 수행하는 데 필요한 개념이다. 모든 기업의 활동은 제품 또는 서비스의 생산, 이에 대한 판매, 운송 그리고 관리 등을 포함하는 제반 활동을 구성되어 있다. 그런데 이러한 기업의 활동은 일련의 연계된 가치사슬로 나타낼 수 있는 것이다. 예컨대, 제조업의 가치사슬을 생각해 보면 디자인-생산-보관-홍보-판매-AS 등으로 정리할 수 있다.

활동기준원가계산에서의 원가발생에 대한 인식은 그 활동을 유발하는 원인별로 행해진다. 이것은 원가활동을 가치창출활동별로 구분하고 이에 따라 원가를 인식하는 과정으로 볼 수 있다. 그러므로 체계적 원가분석을 위해서는 가치사슬의 치밀한 정의가 필요하다. 한편, 가치창출활동을 체계적으로 구분하기 위해서는 본원적 가치창출활동과 지원적 가치창출활동으로 나눌 수 있다.

한편, 가치창출활동이란 어떤 기능을 수행하여 가치를 창출하는데 필요한 제반 행위들을 말한다. 가치창출활동은 그 측정목적에 따라 더 세분화되거나 통합될 수 있다. 예컨대 위의 구매부문의 발주활동은 발주전표작성, 팩스발주, 발주확인진화 등으로 세분할 수 있을 것이고, 또는 구매부문의 전 활동을 구매활동으로 볼 수도 있을 것이다. 이때 활동분석의 목적이 원가절감을 도모하는데 있다면 가능한 상세한 활동으로 세분하는 것이 바람직할 것이다. 그러나 세분화하는 데는 측정원가가 소요된다는 사실에 유념해애 할 것이다. 따라서 가치창출활동항목의 수를 정할 때에는 다음과 같은 점을 고려하여 결정하는 것이 바람직하다.

① 원가정보의 정확성

활동별로 원가동인을 구분할 수 있기 때문에 활동항목 수를 상세하게 많이 설정할수록 정확한 원가정보를 구할 수 있다. 반면, 활동항목 수를 줄일수록 원가정보의 정확성은 낮아진다고 할 수 있다.

② 측정원가

활동을 상세하게 설정할수록 측정원가는 높아지고, 활동항목 수를 줄여 통합할수록 측정원가는 줄어든다. 따라서 원가정보의 정확성과 측정원가의 크기를 감안하여 활동원가항목의 수를 결정할 필요가 있다.

③ 경영정보시스템의 활용

원가동인을 인식하는 ABC에서는 경영정보시스템을 이용한 원가계산관리가 전제되어야 한다. 원가동인을 상세하게 분류하고 발생한 원가의 인과관계를 규명하는 것은 경영정보시스템의 도움이 필수적으로 요구되는 사안이다.

## 2) 활동의 계층구조

ABC에서는 원가활동을 그 계층적 구조 수준에 따라 설비유지활동, 제품유지활동, 뱃치관련활동 그리고 단위수준활동으로 분류한다.

① 설비유지활동

설비유지활동이란 생산에 필요한 제 생산설비에 대한 유지, 관리, 보존활등을 의미한다. 예를 들어 공장관리원가, 인력관리원가, 공장건물에 대한 세금, 보수, 안전, 조경 등에 요구되는 원가 등이다. 따라서 이러한 설비유지활동원가는 해당 설비에서 생산되는 모든 제품에 대한 공통원가인 것이다.

② 제품유지활동

제품유지활동은 제품의 생산과 유지에 관련된 활동이다. 좋은 품질의 제품을 생산하고 유지하는데 요구되는 활동으로서 제품의 종류가 많아질수록 제품유지활동도 강도가 높아지고 제품의 종류가 적을수록 제품유지활동의 강도는 낮아진다. 제품유지활동의 예를 들면 개별제품에 대한 기술변경통지, 공정계획 및 검사, 제품개량 등을 말할 수 있다.

③ 뱃치관련활동

뱃치관련활동은 뱃치생산이 이루어질 때, 발생하는 활동들을 말하는데 예를 들어, 어떤 제품의 생산에 필요한 기계 교체가 이루어 질 때 그에 필요한 작업작업준비활동 등을 말할 수 있다. 이를 미루어 볼 때, 뱃치의 수가 늘어날수록 작업준비활동이 더 많이 필요하고 활동성원가계산에 의한 관리가 필요하게 된다. 뱃치관련활동에 속하는 작업준비활동에 필요한 원가는 뱃치의 수에 비례하여 발생한다. 그러나 이러한 작업준비활동원가는 제품의 생산량에 비례하여 발생하지는 않는다. 한편, 뱃치별로 재료소요량을 구매한다면 구매처리원가, 뱃치별로 생산일정계획을 짜고 검사를 수행한다면 생산일정계획 및 검사와 관련된 원가 등은 모두 뱃치관련원가로 파악될 수 있을 것이다.

④ 단위수준활동

단위수준활동이란 조업도에 비례해서 발생하게 되는 활동을 말한다. 예를 들면, 공장기계의 가동율을 10%로 증가시키면, 그 가동율에 비례해서 단위수준활동도 10%증가한다고 볼 수 있는데, 재료원가, 노무원가, 동력비, 기계신간 등이 그 구체적인 원가일 것이다. 그러므로 이러한 단위수준활동으로 인한 원가는 그 인과관계를 직접파악할 수 있어 바로 해당 제품에 부과될 수가 있다.

ABC는 전통적인 원가계산와 비교하여 다음과 같은 장점을 나타낼 수 있다. 첫째, ABC시스템의 계층모형에서는 뱃치관련활동과 제품유지활동이라는 새로운 활동을 추가적으로 인식한다. 전통적인 방법에서는 원가가 생산량에 비례하여 발생한다고 가정하는 데 비하여 ABC에서는 제품에 배부되는 공통원가 가운데 많은 부분이 조업도에 의하여 배부되는 것이 아니라 작업준비, 기재이동, 검사횟수 등의 다양한 활동에 의해 결정된다. 이것은 조업도에 의한 원가배부의 왜곡을 바로잡을 수 있는 계기를 마련해 준다.

둘째, 계층모형은 특정 의사결정에 따른 원가의 변화를 보다 잘 추정할 수 있다. 예를 들어 어떤 기업이 의사결정으로 인해 뱃치수준의 활동량을 감소시킬 수 있을 경우, 의사결정자는 감소된 활동량에 따른 자원의 절약 분을 추정할 수 있게 된다. 이러한 원가추정은 설비유지활동이나 제품유지활동에 있어서도 마찬가지로 적용된다.

셋째, ABC시스템을 도입하려면 먼저 공장에서 이루어지고 있는 주요 활동들을 특성별로 규명하고, 그것을 단위수준활동, 뱃치관련활동, 제품유지활동, 설비유지활동 등으로 구분하며 이를 기준으로 하여 각 제품에 공통원가를 배부하는 합리성을 가져야 한다. 전통적 원가시스템에서는 원가를 변동원가와 고정원가로 분류한다. 그러나 ABC에서는 활동에 따른 원가의 계층적 분류에 의해 모든 원가를 변동원가로 인식할 수 있으며 이를 통한 합리적 성과평가를 수행할 수 있다.

### 3) 원가동인

활동기준원가계산에서의 원가동인이란 '발생한 원가는 반드시 생산되는 제품 또는 서비스와 관련하여 발생한다'는 전제하에 원가발생을 야기한 동인으로, 양적 측정치를 갖는 제 요인을 말한다. 원가동인은 인과관계에 의하여 최종적으로 반드시 제품 또는 서비스에 부과된다. 원가동인의 일예를 들어 보면, 제품디자인실의 디자인원가와 관련된 디자인횟수, 홍보부의 제품 홍보와 관련된 광고횟수 등을 말할 수 있다. 활동기준원가계산을 선택할 경우 원가관리에 필요한 적절한 원가동인을 선택하는 것은 매우 중요한 문제이다. 원가동인을 합리적으로 선택하기 위해서는 아래와 같은 기준이 고려되어야 한다.

① 상관관계

ABC에서는 원가 배부에 있어 원가활동을 이용한다. 이러한 원가활동은 원가동인을 관측함으로써 추정된다. 그러므로 이때 중요한 것은 원가활동과 원가동인의 상관관계이다. 상관관계가 유의적으로 높다는 전제하에 원가배부가 이루어지는 것이다. 따라서 이에 대한 상관관계에 대한 고려가 필수적인 사항이다.

배부의 예를 들어 본다면, 품질검사원가가 하나의 원가활동으로서 원가계산에 선정되면, ABC에서는 각 제품의 품질검사활동의 횟수, 시간 등을 기준으로 각 제품에 품질검사원가를 배부한다. 이때의 검사횟수나 검사시간 등은 원가동인이 될 것이다.

② 측정원가

ABC에서는 활동원가집합이 많을수록 원가배부의 정확성은 높아지지만, 원가동인이 많아지므로 그 실행과 유지에 많은 원가가 소요된다. 따라서 원가동인의 결정에 있어서 효율성 측면의 고려가 이루어져야 할 것이다.

③행동적 영향

ABC를 수행함에 있어서 야기될 수 있는 역기능적 행동에 대한 고려가 필요하다. 원가절감을 위하여 원가동인으로 선정된 항목에 대한 왜곡, 은폐 등이 발생할 수 있는 것이다.

예를 들어, 재고와 재료처리활동을 최소화하려 할 때 재료처리활동원가를 배부하기 위한 목적으로 재료이용횟수를 원가동인으로 측정할 수 있다. 이 원가동인의 이용은 좋은 업적평가를 위해 재료이용횟수 즉 재료처리활동을 줄이게 하는 행동적 영향을 미칠 수도 있는 것이다.

## 3. ABC의 계산절차

ABC의 원가계산 절차를 단계별로 정리하면 아래와 같다.

① 활동분석

ABC 원가계산을 수행하기 위해서는 먼저 활동분석이 이루어 져야 한다. 일반적으로 활동분석은 기업의 주요 활동을 규명하고 그에 대한 원가계산 및 성과평가의 기준을 얻기 위한 과정이다. 활동분석은 면담이나 설문지 또는 자기 분석 등의 방법에 의해 수행된다. 활동분석을 통하여 기업이 수행하고 있는 활동과정을 파악하고 이를 이용하여 원가의 발생원인을 규명한다.

② 활동별 원가집계

이 단계는 활동분석 결과를 이용하여 각 활동에 대한 원가를 집계, 정리하는 과정으로써 분석을 통해 규명된 각 활동들의 자원 소비 정도를 집계, 계산하는 단계이다. 이러한 활동별 원가집계는 어떠한 기준에 의하여 원가 집계를 하는가에 따라 그 결과가 달라질 수 있어 매우 중요하다.

③ 원가동인의 규명

활동별 원가 집계가 이루어지면 해당 원가를 발생시킨 보다 직접적인 요인파악을 위하여 원가동인을 규명하여야 한다. ABC는 전통적인 조업도기준원가계산보다 정확한 원가정보를 제공할 수 있을 것으로 기대되는 다양한 원가동인을 사용한다. 그런데 이때 기업의 수많은 활동들을 원가동인으로 사용함으로 인해 효율적이지 못할 수 있다. 그러므로 원가동인의 동질성 등을 고려하여 몇 가지의 원가동인들을 통합, 정리하는 것이 바람직할 수 있다. 원가동인의 수를 어느 정도로 할 것인가의 문제는 원가정보의 정확성을 어느 정도로 요구하느냐의 문제와 연관된다.

④ 원가동인의 단위당 원가산출 및 원가배부

이 단계에서는 원가동인을 파악하고 원가동인의 단위당 원가를 계산하여 이를 제품에 원가를 배부한다. 전통적인 원가배부 방법인 조업도 기준 배부으로 배부해 오던 많은 원가들을 활동 즉 원가동인을 기준으로 배부함으로써 보다 정확한 원가정보를 활용할 수 있게 된다. 또한 이 과정에서 원가발생 활동들에 대한 정확한 분석과 평가를 도모할 수 있어 기업 활동에 대한 효율성 증진을 기할 수 있다.

**예제 12-2 원가배부**

양복을 생산하는 기업 현대(주)는 최근까지 수공으로 양복을 생산하였다. 그러나 1개월 전부터 양복제조 공정을 자동화함으로써 작업인원은 대폭 감소된 반면, 자동화기계로 인한 간접원가부담은 크게 늘었다. 이러한 상황에서 지난주의 원가 및 생산에 관한 자료는 아래와 같다.

(금액단위 : 1,000원)

| 제품구분 | 생산량 | 직접재료원가 | 직접노무원가 | 제조간접원가 |
|---|---|---|---|---|
| 여성복 | 100벌 | 300원 | 2,000원 | 9,000원 |
| 남성복 | 200벌 | 440원 | 3,400원 | |
| 계 | 300벌 | 740원 | 5,400원 | 9,000원 |

양복의 원가를 계산하려면 먼저 제조간접원가를 배부하여야 한다. 제조간접원가를 여성복과 남성복에 어떻게 나눌 것인가? 전통적인 계산방식에 의하면 제조간접원가는 주로 생산량에 비례하여 발생한다고 보기 때문에 900만원의 제조간접원가는 여성복에 300만원, 남성복에 600만원이 배부되고. 원가는 다음과 같다.

| 구분 | 생산량 | 재료원가 | 노무원가 | 제조간접원가 | 합계 |
|---|---|---|---|---|---|
| 여성복 | 100벌 | 300원 | 2,000원 | 3,000원 | 5,300원 |
| 남성복 | 200벌 | 440원 | 3,400원 | 6,000원 | 9,840원 |
| 계 | 300벌 | 740원 | 5,400원 | 9,000원 | 15,140원 |

단위당 원가

여성복 5,300,000원/100 = 53,000원

남성복 9,840,000원/200 = 49,200원

이러한 계산은 제조간접원가가 모두 생산량에 비례해서 발생한다는 가정 아래 산출된 값이다. 그러나 앞에서 말했듯이 많은 제조간접원가들은 생산량과 직접적인 관계없이 발생하고 있다. 조사결과, 디자인실에서 발생하는 원가는 생산량에 관계없이 디자인 횟수에 비례하여 발생하고 있다. 따라서 간접원가집합을 디자인실과 기타의 활동원가집합으로 설정하고 원가를 집계하였다. 지난 주 디자인실에서 발생한 제조간접원가가 600만원이며, 지난 주간의 디자인 횟수를 보면 여성복 10회, 남성복 5회로 파악되었다. 나머비 제조간접원가는 대체로 생산량에 비례하여 발생하는 부분이다. 따라서 제조간접원가는 다음과 같이 다시 계산한다.

| 원가집합 | 원가동인 | 제조간접원가 | 여성복 | 남성복 |
|---|---|---|---|---|
| 디자인실 | 디자인횟수 | 6,000원 | 6,000×(10/15)=4,000 | 6,000×(5/15)=2,000 |
| 기타 | 생산량 | 3,000원 | 3,000×(1/3) = 1,000 | 3,000×(2/3) =2,000 |
| 계 | | 9,000원 | 5,000원 | 4,000원 |

즉, 제조간접원가를 하나의 원가집합으로 집계하여 막연히 생산량 등의 조업도에 비례하여 배부할 것이 아니라, 당해 제조간접원가를 발생시키는 보다 근본적인 활동을 파악하여 활동원가집합을 구성하고, 활동에 대한 원가동인을 파악하여 이를 기준으로 배부하는 것이 합리적이라 할 수 있다. 따라서 결과적인 원가는 다음과 같이 계산된다.

| 구분 | 생산량 | 재료원가 | 노무원가 | 제조간접원가 | 합계 |
|---|---|---|---|---|---|
| 여성복 | 100벌 | 300원 | 2,000원 | 5,000원 | 7,300원 |
| 남성복 | 200벌 | 440원 | 3,400원 | 4,000원 | 7,840원 |
| 계 | 300벌 | 740원 | 5,400원 | 9,000원 | 15,140원 |

<u>단위당 원가</u>

여성복 7,300,000원/100 = 73,000원

남성복 7,840,000원/200 = 39,200원

결과를 비교해 볼 때, 전통적인 조업도기준원가계산에 의한 남성복과 여성복의 가격차이가 단위당 3,800원인데 반하여 활동기준원가계산으로 제조간접원가를 배부하는 경우에는 여성복이 훨씬 더 높은 원가로 평가되어 그 차이가 단위당 33,800원이 된다. 여성복의 경우 보다 섬세하고 다양한 패션욕구에 따라 디자인 횟수가 훨씬 더 많아져 이러한 차이가 발생하게 되는 것이다.

## 4. 고객원가추적과 고객수익성 분석

근래에 이르러 ABC를 제조원가에만 국한하여 이용하지 않고 마케팅, 판매, 물류 등의 원가배부에도 이용하고 있다. 마케팅전략 수립에 필요한 고객의 수익성을 분석하기 위해서는 마케팅, 판매, 물류 등의 원가를 ABC를 이용하여 고객별로 배부하여 그 수익성을 계산하는 것이다. 전통적인 방법은 고객별 매출액을 기준으로 배부하는 것이었다. 그러나 이에 대한 한계가 자주 거론되면서 그 대안으로 ABC에 의한 배부가 제시되고 있는 것이다.

### 예제 12-3 ABC기법에 의한 마케팅비의 배부

현대(주)는 주요 고객으로 갑, 을 두 거래처가 있다. 두 거래처는 비슷한 매출을 실현시켜주고 있어, 두 거래처를 동일하게 주요한 고객으로 분류되고 있다. 지난달의 각 거래처에 대한 매출액은 300만원과 200만원 이고, 매출원가는 아래와 같다. 각 거래처별 수익성을 분석의 기준은 판매관리비로서 200만원이다. 판매관리비는 매출액을 기준으로 배부하였다. 그러면 아래와 같이 6%와 5%의 매출이익률을 나타낸다.

| 구분 | 거래처 갑 | 거래처 을 |
|---|---|---|
| 매출 | 3,000,000 | 2,000,000 |
| 매출원가 | 1,500,000 | 1,220,000 |
| 매출총이익 | 1,500,000 | 780,000 |
| 판매관리비(매출의 40%) | 1,320,000 | 680,000 |
| 영업이익 | 180,000 | 100,000 |
| 매출이익률 | 6% | 5% |

그런데 이때 거래처 갑은 소량을 빈번하게 주문하는 반면, 거래처 을은 몇 차례에 걸친 대량주문으로 처리하기 때문에 판매부서의 거래처에 대한 서비스 시간은 현격하게 차이가 난다. 지난달의 경우, 거래처 갑에 대해서는 15시간을 서비스한 반면, 거래처 을에 대해서는 5시간을 서비스했다. 그러므로 이를 ABC기법에 따라 서비스시간을 기준으로 판매관리비를 배부하면 아래의 표와 같이 나타난다.

| 구분 | 거래처 A | 거래처 B |
|---|---|---|
| 매출 | 3,000,000 | 2,000,000 |
| 매출원가 | 1,500,000 | 1,220,000 |
| 매출총이익 | 1,500,000 | 780,000 |
| 판매관리비(매출의 40%) | 1,500,000 | 500,000 |
| 영업이익 | 0 | 280,000 |
| 매출이익률 | 0% | 14% |

배부계산

2,000,000원/20 = 100,000원

100,000원×15 = 1,500,000원

100,000원× 5 = 500,000원

위의 결과를 보면 거래처 갑은 판매관리비를 부담하면 영업이익을 얻지 못하는 것으로 나타내며, 거래처 을은 비교적 높은 수익성을 실현시켜주는 거래처인 것으로 나타난다.

## 5. 서비스기업의 ABC와 고객원가분석

ABC의 도입과 적용은 실무에 있어서 제조업보다 서비스기업에 더 요구된다. 제조업에서의 ABC는 그 인과관계를 쉽게 알 수 있는 직접원가보다는 디자인, 구매, 검사, 고객관리 등과 같은 간접원가 배부에 그 초점이 맞춰져 있다. 그런데 서비스기업의 경우 직접원가보다 시설투자비 등의 간접원가가 총원가 중 더 많은 부분을 차지하고 있어 서비스기업에는 ABC의 적용이 더욱 적합할 수 있다.

실제로 서비스기업의 거의 대부분은 원가가 간접원가이고 고정원가이다. 제조업은 직접재료원가, 직접노무원가와 같은 주요원가가 개별제품별로 부과되지만, 서비스기업의 경우에는 직접원가는 직접노무비 정도이며 이외에 다른 명목으로는 거의 발생하지 않는다고 보는 것이 타당하다. 한편, 서비스기업의 원가는 제조업과는 달리 대부분 고정원가로 발생한다. 즉 변동원가인 재료원가가 없고, 고객에게 제공되는 서비스를 대비한 시설투자 등의 이용 자원에 대한 투자가 미리 이루어지는 형태를 띠게 된다. 따라서 해당 기간 동안에 고객수요가 변동하더라도 자원소비에는 거의 영향을 미치지 않는 고정원가가 발생하는 것이다. 따라서 서비스 기업의 이러한 고정원가는 서비스창출 활동을 기준으로 배부하는 것은 적합할 것이다. 서비스기업의 ABC를 구축하는 원리는 제조업과 동일한 과정을 거친다. 즉, 원가활동을 분석하여 활동원가집합을 구분하고, 원가 집계, 원가동인 파악을 거쳐, 이를 기준으로 서비스제품 등에 원가를 배부하는 것을 주요 과정으로 한다. 이러한 서비스 기업의 ABC 도입은 은행, 보험회사 등의 금융기관, 항공, 철도, 버스 등의 운송회사, 통신회사, 병원 등에 널리 받아드려지고 있다.

# 연 습 문 제

## 연습문제 12-1 원가배부

컴퓨터를 현대(주)는 조립과 완성의 두 제조부문의 기계설치와 검사의 두 서비스부문을 운영하고 있다. 기계설치원가는 설치횟수를 기준으로 배부하지만, 검사원가는 직접작업시간을 기준으로 배부하는 이에 대한 내용은 다음과 같다.

| 부문 | 원가 | 설치횟수 | 직접작업시간 |
|---|---|---|---|
| 기계설치 | 50,000원 | - | - |
| 검 사 | 25,000원 | - | - |
| 조 립 | 35,000원 | 300 | 200 |
| 완 성 | 30,000원 | 100 | 500 |

[물음]

1) 직접배부법을 이용하여 각 제조부문의 기계설치원가 배부액을 계산하시오.
2) 직접배부법을 이용하여 각 제조부문의 검사원가 배부액을 계산하시오.

## 연습문제 12-2 활동성원가기준계산

전기기타를 제작하고 있는 현대(주)는 제조간접원가집합과 원가동인을 다음과 같이 인식하고 있다.

| 원가집합 | 활동원가 | 원가동인 |
|---|---|---|
| 기계설치 | 380,000원 | 270 설치시간 |
| 재료처리 | 120,000원 | 15,000 파운드 재료 |
| 전 력 | 50,000원 | 5,000 k조 |

이때 다음의 원가정보는 제품 갑과 제품 을에 대한 것이다.

| 구분 | 제품 갑 | 제품 을 |
|---|---|---|
| 생산량(개) | 15,000 | 5,000 |
| 직접재료원가 | 33,000원 | 25,000원 |
| 직접노무원가 | 16,000원 | 14,000원 |
| 기계설치시간(시간) | 150 | 120 |
| 사용재료량(파운드) | 10,000 | 5,000 |
| 전력(kwh) | 3,000 | 2,000 |

[물음]

1) 활동기준원가계산으로 두 제품의 원가를 계산하시오.

### 연습문제 12-3 활동성원가기준계산

컴퓨터를 생산하는 현대(주)의 금년도 10월 제조간접원가 예정배부액은 다음과 같다.

| 원가집합 | 제조간접원가 배부액 |
|---|---|
| 전　　력 | 50,000원 |
| 재료처리 | 90,000원 |
| 기계설치 | 70,000원 |
| 품질검사 | 30,000원 |

현재의 원가계산시스템은 제조간접원가를 기계작업시간에 기준하여 최종제품에 배부하고 있다. 금년도 10월의 추정기계시간은 6만시간이다. 최근에 기존의 원가시스템에 의한 원가자료를 이용한 사업에서 몇 번 실패한 이후, ABC, 즉 활동기준원가계산을 실행하도록 결정하였다. 아래는 원가에 관한 자료이다.

| 활동 | 원가동인 | 가용량 | 원가(원) |
|---|---|---|---|
| 전　　력 | kwh | 20,000kwh | 24,000 |
| 재료처리 | 재료이동횟수 | 5,000회 | 60,000 |
| 기계설치 | 기계설치횟수 | 1,000회 | 80,000 |
| 품질검사 | 검사횟수 | 3,000회 | 36,000 |

최근 제품 갑의 1,000단위 공급에 대한 입찰에 응찰하도록 요청받았다. 다음 자료는 이 제품 1,000단위 생산에 대한 것이다.

| | |
|---|---|
| 직접재료원가 | 30,000원 |
| 직접노무원가 | 60,000원 |
| 기계작업시간 | 1,900시간 |
| 직접작업시간 | 2,200시간 |
| 전　　력 | 2,200kwh |
| 재료이동횟수 | 44회 |
| 기계설치횟수 | 6회 |
| 품질검사횟수 | 22회 |

[물음]

1) 현재의 원가계산시스템을 계산하면 이 제품의 단위당 추정원가는 얼마인가?

2) 활동기준원가계산이 이용된다면 이 제품의 단위당 추정원가는 얼마인가?

## 연습문제 12-4 활동성원가기준계산

컴퓨터를 생산하고 있는 현대(주)의 금년도 제조간접원가 집합에 관한 자료는 다음과 같다.

| 원가집합 | 원가발생액(원) | 원가동인 | 동인발생수준 |
|---|---|---|---|
| 시설보전 | 30,000 | 기계작업시간 | 12,000시간 |
| 재료처리 | 20,000 | 재료이동횟수 | 280회 |
| 기계설치 | 40,000 | 기계설치시간 | 1,200시간 |
| 검　　사 | 50,000 | 검사횟수 | 520회 |

다음은 금년도 1월 중 완성한 갑제품과 을제품에 관한 자료이다.

| 구분 | 갑제품 | 을제품 |
|---|---|---|
| 직접재료원가 | 20,000원 | 8,500원 |
| 직접노무원가 | 9,000원 | 6,500원 |
| 생산량 | 3,000개 | 2,500개 |
| 직접작업시간 | 740시간 | 500시간 |
| 기계작업시간 | 800시간 | 750시간 |
| 재요이동횟수 | 40회 | 20회 |
| 기계설치시간 | 86시간 | 46시간 |
| 검사횟수 | 38회 | 18회 |

[물음]

1) 모든 제조간접원가를 기계작업시간을 기준으로 배부하여 각 제품의 단위당 원가를 계산하시오.
2) 활동기준원가계산을 이용하여 각 제품의 단위당 원가를 계산하시오.
3) 위의 두 방법 중 어느 것이 더 정확한 원가를 계산하는지 설명하시오.

# 부 록

- 화폐가치계산표

〈표 A-1〉 단일금액 1원의 미래가치 $F_n = (1+t)^2$ 기간이자율($r$)

| 기간수 ($n$) | 1% | 2% | 3% | 4% | 5% | 6% | 7% | 8% | 9% | 10% |
|---|---|---|---|---|---|---|---|---|---|---|
| 1 | 1.0100 | 1.0200 | 1.0300 | 1.0400 | 1.0500 | 1.0600 | 1.0700 | 1.0800 | 1.0900 | 1.1000 |
| 2 | 1.0201 | 1.0404 | 1.0609 | 1.0816 | 1.1025 | 1.1236 | 1.1449 | 1.1664 | 1.1881 | 1.2100 |
| 3 | 1.0303 | 1.0612 | 1.0927 | 1.1249 | 1.1576 | 1.1910 | 1.2250 | 1.2597 | 1.2950 | 1.3310 |
| 4 | 1.0406 | 1.0824 | 1.1255 | 1.1699 | 1.2155 | 1.2625 | 1.3108 | 1.3605 | 1.4116 | 1.4641 |
| 5 | 1.0510 | 1.1041 | 1.1593 | 1.2167 | 1.2763 | 1.3382 | 1.4026 | 1.4693 | 1.5386 | 1.6105 |
| 6 | 1.0615 | 1.1262 | 1.1941 | 1.2653 | 1.3401 | 1.4185 | 1.5007 | 1.5869 | 1.6771 | 1.7716 |
| 7 | 1.0721 | 1.1487 | 1.2299 | 1.3159 | 1.4071 | 1.5036 | 1.6058 | 1.7138 | 1.8280 | 1.9487 |
| 8 | 1.0829 | 1.1717 | 1.2668 | 1.3686 | 1.4775 | 1.5938 | 1.7182 | 1.8509 | 1.9926 | 2.1436 |
| 9 | 1.0937 | 1.1951 | 1.3058 | 1.4233 | 1.5513 | 1.6859 | 1.8385 | 1.9990 | 2.1719 | 2.3579 |
| 10 | 1.1046 | 1.2190 | 1.3439 | 4.4802 | 1.6289 | 1.7908 | 1.9672 | 2.1589 | 2.3674 | 2.5937 |
| 11 | 1.1157 | 1.2434 | 1.3842 | 1.5395 | 1.7103 | 1.8983 | 2.1049 | 2.3316 | 2.5804 | 2.8531 |
| 12 | 1.1268 | 1.2682 | 1.4258 | 1.6010 | 1.7959 | 2.0122 | 2.2522 | 2.5182 | 2.8127 | 3.1384 |
| 13 | 1.1381 | 1.2935 | 1.4685 | 1.6651 | 1.8856 | 2.1329 | 2.4098 | 2.7196 | 3.0658 | 3.4523 |
| 14 | 1.1495 | 1.3195 | 1.5126 | 1.7317 | 1.9799 | 2.2609 | 2.5785 | 2.9372 | 3.3417 | 3.7975 |
| 15 | 1.1610 | 1.3459 | 1.5580 | 1.8009 | 2.0789 | 2.3966 | 2.7590 | 3.1722 | 3.6425 | 4.1772 |
| 16 | 1.7126 | 1.3728 | 1.6047 | 1.8730 | 2.1829 | 2.5404 | 2.9522 | 3.4259 | 3.9703 | 4.5950 |
| 17 | 1.1843 | 1.4002 | 1.6528 | 1.9479 | 2.2920 | 2.6928 | 3.1588 | 3.7000 | 4.3276 | 5.0545 |
| 18 | 1.1961 | 1.4282 | 1.7024 | 2.2058 | 2.4066 | 2.8543 | 3,3799 | 3.9960 | 4.7171 | 5.5599 |
| 19 | 1.2081 | 1.4568 | 1.7535 | 2.1068 | 2.5270 | 3.0256 | 3.6165 | 4.3157 | 5.1417 | 6.1159 |
| 20 | 1.2202 | 1.4859 | 1.8061 | 2.1911 | 2.6533 | 3.2071 | 3.8697 | 4.6610 | 5.6044 | 6.7275 |
| 21 | 1.2324 | 1.5157 | 1.8603 | 2.2788 | 2.7860 | 3.3996 | 4.4106 | 5.0338 | 6.1088 | 7.4002 |
| 22 | 1.2447 | 1.5460 | 1.9161 | 2.3699 | 2.9253 | 3.6035 | 4.4304 | 5.4365 | 6.6586 | 8.1403 |
| 23 | 1.2572 | 1.5769 | 1.9736 | 2.4647 | 3.0715 | 3.8197 | 4.7405 | 5.8715 | 7.2579 | 8.9543 |
| 24 | 1.2697 | 1.6084 | 2.0328 | 2.5633 | 3.2251 | 4.0489 | 5.0724 | 6.3412 | 7.9111 | 9.8497 |
| 25 | 1.2824 | 1.6404 | 2.0938 | 2.6658 | 3.3864 | 4.2919 | 5.4274 | 6.8485 | 8.6231 | 10.835 |
| 26 | 1.2953 | 1.6734 | 2.1566 | 2.7725 | 3.5557 | 4.5494 | 5.8074 | 7.3964 | 9.3992 | 11.918 |
| 27 | 1.3082 | 1.7069 | 2.2213 | 2.8834 | 3.7335 | 4.8223 | 6.2139 | 7.9881 | 10.245 | 13.110 |
| 28 | 1,3213 | 1.7410 | 2.2879 | 2.9987 | 3.9201 | 5.1117 | 6.6488 | 8.6272 | 11.617 | 14.421 |
| 29 | 1.3345 | 1.7758 | 2.3566 | 3.1187 | 4.1161 | 5.4184 | 7.1143 | 9.3173 | 12.172 | 15.863 |
| 30 | 1.1378 | 1.8114 | 2.4273 | 3.2434 | 4.3219 | 5.7435 | 7.6123 | 10.063 | 13.268 | 17.449 |
| 35 | 1.4166 | 1.9999 | 2.8139 | 3.9461 | 5.5160 | 7.6861 | 10.676 | 14.785 | 20.414 | 28.102 |
| 40 | 1.4889 | 2.2080 | 3.2620 | 4.8010 | 7.0400 | 10.286 | 14.974 | 21.725 | 31.409 | 45.259 |
| 45 | 1.5648 | 2.4379 | 3.7816 | 5.8412 | 8.9850 | 13.675 | 21.002 | 31.920 | 48.327 | 72.891 |
| 50 | 1.6446 | 2.6916 | 4.3839 | 7.1067 | 11.467 | 18.420 | 29.457 | 46.902 | 74.358 | 117.39 |
| 60 | 1.8167 | 3.2810 | 5.8916 | 10.520 | 18.679 | 32.988 | 57.946 | 101.26 | 176.03 | 304.48 |

기간이자율($r$)

| 기간수 ($n$) | 11% | 12% | 13% | 14% | 15% | 16% | 17% | 18% | 19% | 20% |
|---|---|---|---|---|---|---|---|---|---|---|
| 1 | 1.1100 | 1.1200 | 1.1300 | 1.1400 | 1.1500 | 1.1600 | 1.1700 | 1.1800 | 1.1900 | 1.1200 |
| 2 | 1.2321 | 1.2544 | 1.2769 | 1.2996 | 1.3225 | 1.3456 | 1.3689 | 1.3924 | 1.4161 | 1.4400 |
| 3 | 1.3676 | 1.4094 | 1.4429 | 1.4815 | 1.5209 | 1.5609 | 1.6016 | 1.6430 | 1.6852 | 1.7280 |
| 4 | 1.1580 | 1.5735 | 1.6305 | 1.6890 | 1.7490 | 1.8106 | 1.8739 | 1.9388 | 2.0053 | 2.0736 |
| 5 | 1.6851 | 1.7623 | 1.8424 | 1.9254 | 2.0114 | 2.1003 | 2.1924 | 2.2878 | 2.3864 | 2.4883 |
| | | | | | | | | | | |
| 6 | 1.8704 | 1.9738 | 2.0820 | 2.1950 | 2.3131 | 2.4364 | 2.5652 | 2.6996 | 2.8398 | 2.9860 |
| 7 | 2.0762 | 2.2107 | 2.3526 | 2.5023 | 2.6600 | 2.8262 | 3.0012 | 3.1855 | 3.3793 | 3.5832 |
| 8 | 2.3045 | 2.4760 | 2.6584 | 2.8526 | 3.0590 | 3.2784 | 3.5115 | 3.7589 | 4.0214 | 4.2998 |
| 9 | 2.5580 | 2.7731 | 3.0040 | 3.2519 | 3.5179 | 3.8030 | 4.1084 | 4.4355 | 4.7854 | 5.1589 |
| 10 | 2.8394 | 3.1058 | 3.3946 | 3.7072 | 4.0456 | 4.4114 | 4.8068 | 5.2338 | 5.6947 | 6.1917 |
| | | | | | | | | | | |
| 11 | 3.1518 | 3.4785 | 3.8359 | 4.2261 | 4.6524 | 5.1173 | 5.6240 | 6.1759 | 6.7767 | 7.4301 |
| 12 | 3.4985 | 3.8960 | 4.3345 | 4.8179 | 5.3503 | 5.9360 | 6.5801 | 7.2876 | 8.0642 | 8.9161 |
| 13 | 3.8833 | 4.3635 | 4.8980 | 5.4924 | 6.1528 | 6.8858 | 7.6987 | 8.5994 | 9.5964 | 10.699 |
| 14 | 4.3104 | 4.8871 | 5.5348 | 6.2613 | 7.0757 | 7.9875 | 9.0075 | 10.147 | 11.420 | 12.839 |
| 15 | 4.7846 | 5.4736 | 6.2543 | 7.1379 | 8.1371 | 9.2655 | 10.539 | 11.974 | 13.589 | 15.407 |
| | | | | | | | | | | |
| 16 | 5.3109 | 6.1304 | 7.0673 | 8.1372 | 9.3576 | 10,748 | 12,330 | 14.129 | 16.172 | 18.488 |
| 17 | 5.8951 | 6.8660 | 7.9861 | 9.2765 | 10.761 | 12.468 | 14.427 | 16.672 | 19.244 | 22.186 |
| 18 | 6.5436 | 7.6900 | 9.0243 | 10.575 | 12.375 | 14.463 | 16.879 | 19.673 | 22.901 | 22.623 |
| 19 | 7.2633 | 8.6128 | 10.197 | 12.056 | 14.232 | 16.777 | 19.748 | 23.214 | 27.252 | 31.948 |
| 20 | 8.0623 | 9.6463 | 11.523 | 13.743 | 16.367 | 19.461 | 23.106 | 27.393 | 32.429 | 38.338 |
| | | | | | | | | | | |
| 21 | 8.9492 | 10.804 | 13.021 | 15.668 | 18.822 | 22.574 | 27.034 | 32.324 | 38.591 | 46.005 |
| 22 | 9.9336 | 12.100 | 14.714 | 17.861 | 21.645 | 26.186 | 31.629 | 38.142 | 45.923 | 55.206 |
| 23 | 11.026 | 13.552 | 16.626 | 20.362 | 24.891 | 30.376 | 37.006 | 45.008 | 54.648 | 66.247 |
| 24 | 12.239 | 15.179 | 18.788 | 23.212 | 28.625 | 35.236 | 43.297 | 53.109 | 65.032 | 79.479 |
| 25 | 13.586 | 17.000 | 21.231 | 26.462 | 32.919 | 40.874 | 50.658 | 62.669 | 77.388 | 95.396 |
| | | | | | | | | | | |
| 26 | 15.080 | 19.040 | 23.991 | 30.167 | 37.857 | 47.414 | 59.270 | 73.949 | 92.092 | 114.48 |
| 27 | 16.738 | 21.325 | 27.109 | 34.390 | 34.535 | 55.000 | 69,345 | 87.260 | 109.56 | 137.37 |
| 28 | 18.580 | 23.884 | 30.634 | 39.204 | 50.066 | 63,800 | 81.134 | 102.97 | 130.41 | 164.84 |
| 29 | 20.624 | 26.750 | 34.617 | 44.693 | 57.575 | 74.009 | 94.927 | 121.50 | 155.19 | 197.81 |
| 30 | 22.892 | 29.960 | 39.116 | 50.950 | 66.212 | 85.850 | 111.06 | 143.37 | 184.67 | 237.38 |
| | | | | | | | | | | |
| 35 | 38.575 | 52.800 | 72.068 | 98.100 | 133.18 | 180.31 | 243.56 | 327.99 | 440.70 | 590.67 |
| 40 | 65.001 | 93.051 | 132.78 | 188.88 | 267.86 | 378.72 | 533.86 | 750.38 | 1051.6 | 1469.8 |
| 45 | 109.53 | 163.99 | 244.64 | 363.68 | 538.77 | 795.44 | 1170.5 | 1716.7 | 2509.6 | 3657.3 |
| 50 | 184.56 | 289.00 | 450.74 | 700.23 | 1083.7 | 1670.7 | 2566.2 | 3927.4 | 5988.9 | 9100.4 |
| 60 | 524.06 | 897.60 | 1530.1 | 2595.9 | 4384.0 | 7370.2 | 12335. | 20555. | 34105. | 56347. |

〈표 A-2〉 단일금액 1원의 현재가치 $P_n = \frac{1}{(1+r)^n}$ 기간이자율($r$)

| 기간수 ($n$) | 1% | 2% | 3% | 4% | 5% | 6% | 7% | 8% | 9% | 10% |
|---|---|---|---|---|---|---|---|---|---|---|
| 1 | .9901 | ,9704 | .9709 | .9615 | .9524 | .9434 | .9346 | .9259 | .9174 | .9091 |
| 2 | .9803 | .9612 | .9426 | .9246 | .9070 | .8900 | .8734 | .8573 | .8417 | .8264 |
| 3 | .9706 | .9423 | .9151 | .8890 | .8638 | .8396 | .8163 | .7938 | .7722 | .7513 |
| 4 | .9610 | .9238 | .8885 | .8548 | .8227 | .7921 | .7629 | .7350 | .7084 | .6830 |
| 5 | .9515 | .9057 | .8626 | .8219 | .7835 | .7473 | .7130 | .6806 | .6499 | .6209 |
| 6 | .9420 | .8880 | .8375 | .7903 | .7462 | .7050 | .6663 | .6302 | .5963 | .5645 |
| 7 | .9327 | .8706 | .8131 | .7599 | .7107 | .6651 | .6227 | .5835 | .5470 | .5132 |
| 8 | .9235 | .8535 | .7894 | .7307 | .6768 | .6274 | .5820 | .5403 | .5019 | .4665 |
| 9 | .9143 | .8368 | .7664 | .7026 | .6446 | .5919 | .5439 | .5002 | .4604 | .4241 |
| 10 | .9053 | .8203 | .7441 | .6756 | .6139 | .5584 | .5083 | .4632 | .4224 | .3855 |
| 11 | .8963 | .8043 | .7224 | .6496 | .5847 | .5268 | .4751 | .4289 | .3875 | .3505 |
| 12 | .8874 | .7885 | .7014 | .6246 | .5568 | .4970 | .4440 | .3971 | .3555 | .3186 |
| 13 | .8787 | .7730 | .6810 | .6006 | .5303 | .4688 | .4150 | .3677 | .3262 | .2897 |
| 14 | .8700 | .7579 | .6611 | .5775 | .5051 | .4423 | .3878 | .3405 | .2992 | .2633 |
| 15 | .8613 | .7430 | .6419 | .5553 | .4810 | .4173 | .3624 | .3152 | .2475 | .2394 |
| 16 | .8528 | .7284 | .6232 | .5339 | .4581 | .3936 | .3387 | .2919 | .2519 | .2176 |
| 17 | .8444 | .7142 | .6052 | .5134 | .4363 | .9714 | .3166 | .2703 | .2311 | .1978 |
| 18 | .8360 | .7002 | .5874 | .4936 | .4155 | .3503 | .2959 | .2502 | .2120 | .1799 |
| 19 | .8277 | .6864 | .5703 | .4746 | .3957 | .3305 | .2765 | .2317 | .1945 | .1635 |
| 20 | .8195 | .6730 | .5537 | .4564 | .3769 | .3118 | .2584 | .2145 | .1784 | .1486 |
| 21 | .8114 | .6598 | .5375 | .4388 | .3589 | .2942 | .2415 | .1987 | .1637 | .1351 |
| 22 | .8034 | .6468 | .5219 | .4220 | .3418 | .2775 | .2257 | .1839 | .1502 | .1228 |
| 23 | .7954 | .6324 | .5067 | .4057 | .3256 | .2618 | .2109 | .1703 | .1378 | .1117 |
| 24 | .7876 | .6217 | .4919 | .3901 | .3101 | .2470 | .1971 | .1577 | .1264 | .1015 |
| 25 | .7798 | .6095 | .4776 | .3751 | .2953 | .2330 | .1842 | .1460 | .1160 | .0923 |
| 26 | .7720 | .5976 | .4637 | .3604 | .2812 | .2198 | .1722 | .1352 | .1064 | .0839 |
| 27 | .7644 | .5859 | .4502 | .3468 | .2678 | .2074 | .1609 | .1252 | .0976 | .0763 |
| 28 | .7568 | .5744 | .4371 | .3335 | .2551 | .1956 | .1504 | .1159 | .0895 | .0693 |
| 29 | .7493 | .5631 | .4243 | .3207 | .2429 | .1846 | .1406 | .1073 | .0822 | .0630 |
| 30 | .7419 | .5521 | .4120 | .3083 | .2314 | .1741 | .1314 | .0994 | .0754 | .0573 |
| 35 | .7059 | .5000 | .3554 | .2534 | .1813 | .1301 | .0937 | .0676 | .0490 | .0356 |
| 40 | .6717 | .4529 | .3066 | .2083 | .1420 | .0972 | .0668 | .0460 | .0318 | .0221 |
| 45 | .6391 | .4102 | .2644 | .1712 | .1113 | .0727 | .0476 | .0313 | .0207 | .0137 |
| 50 | .6080 | .3715 | .2281 | .1407 | .0872 | .0543 | .0339 | .0213 | .0134 | .0085 |
| 60 | .5504 | .3048 | .1697 | .0951 | .0635 | .0303 | .0173 | .0099 | .0057 | .0033 |

기간이자율($r$)

| 기간수 ($n$) | 11% | 12% | 13% | 14% | 15% | 16% | 17% | 18% | 19% | 20% |
|---|---|---|---|---|---|---|---|---|---|---|
| 1 | .9009 | .8929 | .8850 | .8772 | .8696 | .8621 | .8547 | .8475 | .8403 | .8333 |
| 2 | .8116 | .7972 | .7831 | .7695 | .7561 | .7432 | .7305 | .7182 | .7062 | .6944 |
| 3 | .7312 | .7118 | .6931 | .6750 | .6575 | .6407 | .6244 | .6086 | .5934 | .5787 |
| 4 | .6587 | .6355 | .6133 | .5921 | .5718 | .5523 | .5337 | .5158 | .4987 | .4323 |
| 5 | .5935 | .5674 | .5428 | .5194 | .4972 | .4761 | .4561 | .4371 | .4190 | .4019 |
| 6 | .5346 | .5066 | .4803 | .4556 | .4323 | .4104 | .3898 | .3704 | .3521 | .3349 |
| 7 | .4817 | .4523 | .4251 | .3996 | .3759 | .3538 | .3332 | .3139 | .2959 | .2791 |
| 8 | .4339 | .4039 | .3762 | .3506 | .3269 | .3050 | .2848 | .2660 | .2487 | .2326 |
| 9 | .3909 | .3606 | .3329 | .3075 | .2843 | .2630 | .2434 | .2255 | .2090 | .1938 |
| 10 | .3522 | .3220 | .2946 | .2697 | .2472 | .2267 | .2080 | .1911 | .1756 | .1615 |
| 11 | .3173 | .2875 | .2607 | .2366 | .2149 | .1954 | .1773 | .1619 | .1476 | .1346 |
| 12 | .2858 | .2567 | .2307 | .2076 | .1869 | .1685 | .1520 | .1372 | .1240 | .1122 |
| 13 | .2575 | .2292 | .2042 | .1821 | .1625 | .1452 | .1299 | .1163 | .1042 | .0935 |
| 14 | .2320 | .2046 | .1807 | .1579 | .1413 | .1252 | .1110 | .0985 | .0876 | .0779 |
| 15 | .2090 | .1827 | .1599 | .1401 | .1229 | .1079 | .0949 | .0835 | .0736 | .0649 |
| 16 | .1883 | .1631 | .1415 | .1229 | .1069 | .0930 | .0811 | .0708 | .0618 | .0541 |
| 17 | .1696 | .1456 | .1252 | .1073 | .0929 | .0802 | .0693 | .0600 | .0520 | .0451 |
| 18 | .1523 | .1300 | .1103 | .0946 | .0803 | .0691 | .0592 | .0508 | .0437 | .0376 |
| 19 | .1377 | .1161 | .0981 | .0829 | .0703 | .0596 | .0506 | .0431 | .0367 | .0313 |
| 20 | .1240 | .1037 | .0863 | .0723 | .0611 | .0514 | .0433 | .0365 | .0303 | .0261 |
| 21 | .1117 | .0925 | .0768 | .0633 | .0531 | .0443 | .0370 | .0309 | .0259 | .0217 |
| 22 | .1007 | .0326 | .0680 | .0560 | .0462 | .0382 | .0316 | .0262 | .0218 | .0181 |
| 23 | .0907 | .0738 | .0601 | .0491 | .0402 | .0329 | .0270 | .0222 | .0183 | .0151 |
| 24 | .0817 | .0659 | .0532 | .0431 | .0349 | .0284 | .0231 | .0188 | .0154 | .0126 |
| 25 | .0736 | .0588 | .0471 | .0378 | .0304 | .0245 | .0197 | .0160 | .0129 | .0105 |
| 26 | .0663 | .0525 | .0417 | .0331 | .0264 | .0211 | .0169 | .0135 | .0109 | .0087 |
| 27 | .0597 | .0469 | .0369 | .0291 | .0230 | .1082 | .0144 | .0115 | .0091 | .0073 |
| 28 | .0538 | .0419 | .0325 | .0255 | .0200 | .0157 | .0123 | .0097 | .0077 | .0061 |
| 29 | .0485 | .0374 | .0289 | .0224 | .0174 | .0135 | .0105 | .0082 | .0064 | .0051 |
| 30 | .0437 | .0334 | .0256 | .0196 | .0151 | .0116 | .0090 | .0070 | .0054 | .0042 |
| 35 | .0259 | .0189 | .0139 | .0102 | .0075 | .0055 | .0041 | .0030 | .0023 | .0017 |
| 40 | .0154 | .0107 | .0075 | .0053 | .0037 | .0026 | .0017 | .0013 | .0010 | .0007 |
| 45 | .0091 | .0061 | .0041 | .0027 | .0019 | .0013 | .0009 | .0006 | .0004 | .0003 |
| 50 | .0054 | .0035 | .0022 | .0014 | .0009 | .0006 | .0004 | .0003 | .0002 | .0001 |
| 60 | .0019 | .0011 | .0007 | .0004 | .0002 | .0001 | .00008 | .00005 | .00003 | .00002 |

〈표 A-3〉 정상연금 1원의 미래가치 $FA_n = \sum_{t=1}^{n}(1+r)^{n-t} = \frac{(1+r)^n - 1}{r}$ 기간이자율($r$)

| 기간수 ($n$) | 1% | 2% | 3% | 4% | 5% | 6% | 7% | 8% | 9% | 10% |
|---|---|---|---|---|---|---|---|---|---|---|
| 1 | 1.0000 | 1.0000 | 1.0000 | 1.0000 | 1.0000 | 1.0000 | 1.0000 | 1.0000 | 1.0000 | 1.0000 |
| 2 | 2.0100 | 2.0200 | 2.0300 | 2.0400 | 2.0500 | 2.0600 | 2.0700 | 2.0800 | 2.0900 | 2.1000 |
| 3 | 3.0301 | 3.0604 | 3.0909 | 3.1216 | 3.1525 | 3.1836 | 3.2149 | 3.2464 | 3.2781 | 3.3100 |
| 4 | 4.0604 | 4.1216 | 4.1836 | 4.2465 | 4.3101 | 4.3746 | 4.4399 | 4.5051 | 4.5731 | 4.6410 |
| 5 | 5.1010 | 5.2040 | 5.3091 | 5.4163 | 5.5256 | 5.6371 | 5.7507 | 5.8666 | 5.9847 | 6.1051 |
| 6 | 6.1520 | 6.3081 | 6.4684 | 6.6330 | 6.8019 | 6.9753 | 7.1533 | 7.3359 | 7.7233 | 7.7156 |
| 7 | 7.2135 | 7.4343 | 7.6625 | 7.8983 | 8.1420 | 8.3938 | 8.6540 | 8.9228 | 9.2004 | 9.4872 |
| 8 | 8.2857 | 8.5830 | 8.8923 | 9.2142 | 9.5491 | 9.8975 | 10.260 | 10.637 | 11.028 | 11.436 |
| 9 | 9.3685 | 9.7546 | 10.159 | 10.583 | 11.027 | 11.491 | 11.978 | 12.488 | 13.021 | 13.579 |
| 10 | 10.462 | 10.950 | 11.464 | 12.006 | 12.578 | 13.181 | 13.816 | 14.487 | 15.193 | 15.937 |
| 11 | 11.567 | 12.169 | 12.808 | 13.486 | 14.207 | 14.972 | 15.784 | 16.645 | 17.760 | 18.531 |
| 12 | 12.683 | 13.412 | 14.192 | 15.062 | 15.917 | 16.870 | 17.888 | 18.977 | 20.141 | 21.384 |
| 13 | 13.809 | 14.680 | 15.618 | 16.627 | 17.713 | 18.882 | 20.141 | 21.495 | 22.953 | 24.523 |
| 14 | 14.947 | 15.974 | 17.086 | 18.292 | 19.599 | 21.015 | 22.550 | 24.215 | 26.019 | 27.975 |
| 15 | 16.097 | 17.293 | 18.599 | 20.024 | 21.579 | 23.276 | 25.129 | 27.152 | 29.361 | 31.772 |
| 16 | 17.258 | 18.639 | 20.157 | 21.825 | 25.657 | 25.673 | 27.888 | 30.324 | 33.003 | 35.950 |
| 17 | 18.430 | 20.012 | 21.762 | 23.698 | 25.840 | 28.213 | 30.840 | 33.750 | 36.974 | 40.545 |
| 18 | 19.615 | 21.412 | 23.414 | 25.645 | 28.132 | 30.906 | 33.999 | 37.450 | 41.301 | 45.599 |
| 19 | 20.811 | 22.841 | 25.117 | 27.671 | 30.539 | 33.760 | 37.379 | 41.446 | 46.018 | 51.159 |
| 20 | 22.019 | 24.297 | 26.870 | 29.778 | 33.066 | 36.786 | 40.995 | 45.762 | 51.160 | 57.275 |
| 21 | 23.239 | 25.783 | 28.676 | 31.969 | 35.719 | 39.993 | 44.865 | 50.423 | 56.765 | 64.002 |
| 22 | 24.472 | 27.299 | 30.537 | 34.248 | 38.505 | 43.392 | 49.006 | 55.457 | 62.873 | 71.403 |
| 23 | 25.716 | 28.845 | 32.453 | 36.618 | 41.430 | 46.996 | 53.436 | 60.893 | 69.532 | 79.543 |
| 24 | 26.973 | 30.422 | 34.426 | 39.083 | 44.502 | 50.816 | 58.177 | 66.765 | 76.790 | 88.497 |
| 25 | 28.243 | 32.030 | 36.459 | 41.646 | 47.727 | 54.865 | 63.249 | 73.106 | 84.701 | 98.347 |
| 26 | 29.526 | 33.671 | 38.553 | 44.312 | 51.113 | 59.156 | 68.676 | 79.954 | 93.324 | 109.18 |
| 27 | 30.821 | 35.344 | 40.710 | 47.048 | 54.669 | 63.706 | 74.484 | 87.351 | 102.72 | 121.10 |
| 28 | 32.129 | 37.051 | 42.931 | 49.968 | 58.403 | 68.528 | 80.698 | 96.339 | 112.97 | 134.21 |
| 29 | 33.450 | 38.792 | 45.219 | 52.966 | 62.323 | 73.640 | 87.347 | 103.97 | 121.14 | 148.63 |
| 30 | 34.785 | 40.568 | 47.575 | 56.085 | 66.439 | 79.058 | 94.461 | 113.28 | 136.31 | 164.49 |
| 35 | 41.660 | 49.994 | 60.462 | 73.652 | 90.320 | 111.43 | 138.24 | 172.32 | 215.71 | 271.02 |
| 40 | 48.886 | 60.402 | 75.401 | 95.026 | 120.80 | 154.76 | 199.64 | 269.06 | 337.88 | 442.59 |
| 45 | 56.481 | 71.893 | 92.720 | 121.03 | 159.70 | 21.74 | 285.75 | 386.51 | 525.86 | 718.90 |
| 50 | 64.463 | 84.579 | 112.80 | 152.67 | 209.35 | 290.34 | 406.53 | 573.77 | 815.08 | 1163.9 |
| 60 | 81.671 | 114.05 | 163.05 | 237.99 | 353.58 | 533.13 | 815.52 | 1253.2 | 1944.8 | 3034.8 |

기간이자율($r$)

| 기간수 ($n$) | 11% | 12% | 13% | 14% | 15% | 16% | 17% | 18% | 19% | 20% |
|---|---|---|---|---|---|---|---|---|---|---|
| 1 | 1.0000 | 1.0000 | 1.0000 | 1.0000 | 1.0000 | 1.0000 | 1.0000 | 1.0000 | 1.0000 | 1.0000 |
| 2 | 2.1100 | 2.1200 | 2.1300 | 2.1400 | 2.1500 | 2.1600 | 2.1700 | 2.1800 | 2.1900 | 2.2000 |
| 3 | 3.3421 | 3.3744 | 3.4069 | 3.4396 | 3.4725 | 3.5056 | 3.5389 | 3.5724 | 3.6061 | 3.6400 |
| 4 | 4.7097 | 4.7793 | 4.8498 | 4.9211 | 4.9934 | 5.0665 | 5.1405 | 5.2154 | 5.2913 | 5.3680 |
| 5 | 6.2278 | 6.3528 | 6.4803 | 6.6101 | 6.7424 | 6.8771 | 7.0144 | 7.1542 | 7.2966 | 7.4416 |
| 6 | 7.9130 | 8.1152 | 8.3230 | 8.5355 | 8.7537 | 8.9775 | 9.2068 | 9.4420 | 9.6830 | 9.9299 |
| 7 | 9.7830 | 10.089 | 10.405 | 10.730 | 11.067 | 11.414 | 11.772 | 12.142 | 12.523 | 12.916 |
| 8 | 11.859 | 12.300 | 12.757 | 13.233 | 13.727 | 14.240 | 14.773 | 15.327 | 15.902 | 16.499 |
| 9 | 14.163 | 14.776 | 15.416 | 16.085 | 16.786 | 17.519 | 18.285 | 19.086 | 19.923 | 20.799 |
| 10 | 16.722 | 17.549 | 18.419 | 19.337 | 20.304 | 21.321 | 22.393 | 23.521 | 24.709 | 25.959 |
| 11 | 19.561 | 20.655 | 21.814 | 23.045 | 24.349 | 25.733 | 27.199 | 28.755 | 30.404 | 32.150 |
| 12 | 22.713 | 24.133 | 25.650 | 27.271 | 29.002 | 30.850 | 32.823 | 34.931 | 37.180 | 39.581 |
| 13 | 26.211 | 28.029 | 29.984 | 32.089 | 34.352 | 36.786 | 39.404 | 42.219 | 45.244 | 48.497 |
| 14 | 30.095 | 32.393 | 34.883 | 37.581 | 40.505 | 43.672 | 47.103 | 50.818 | 54.841 | 59.196 |
| 15 | 34.405 | 37.280 | 40.418 | 43.842 | 47.580 | 51.660 | 56.110 | 60.965 | 66.261 | 72.035 |
| 16 | 39.199 | 42.753 | 46.672 | 50.980 | 56.717 | 60.925 | 66.649 | 72.939 | 79.850 | 87.442 |
| 17 | 44.501 | 49.884 | 53.739 | 59.118 | 65.075 | 71.673 | 78.979 | 87.068 | 96.022 | 105.93 |
| 18 | 50.396 | 55.750 | 61.725 | 68.394 | 75.836 | 84.141 | 93.406 | 103.74 | 115.26 | 128.12 |
| 19 | 56.939 | 63.440 | 70.749 | 78.969 | 88.212 | 98.603 | 110.29 | 123.41 | 138.16 | 154.74 |
| 20 | 64.203 | 70.052 | 80.947 | 91.025 | 102.44 | 115.38 | 130.03 | 146.63 | 165.42 | 186.69 |
| 21 | 72.265 | 81.699 | 92.469 | 104.77 | 118.81 | 134.84 | 153.14 | 174.02 | 197.85 | 225.03 |
| 22 | 81.214 | 92.503 | 105.49 | 120.44 | 137.63 | 157.41 | 180.17 | 206.34 | 236.44 | 271.03 |
| 23 | 91.148 | 104.60 | 120.20 | 138.30 | 159.28 | 183.60 | 211.80 | 244.49 | 282.36 | 326.24 |
| 24 | 102.17 | 118.16 | 136.83 | 158.66 | 184.17 | 213.98 | 248.81 | 289.49 | 337.01 | 392.48 |
| 25 | 114.41 | 133.33 | 155.62 | 181.87 | 212.79 | 249.21 | 292.10 | 342.60 | 402.04 | 471.78 |
| 26 | 127.99 | 150.33 | 176.85 | 208.33 | 245.71 | 290.09 | 342.76 | 405.27 | 497.43 | 567.38 |
| 27 | 143.08 | 169.37 | 200.84 | 238.50 | 283.57 | 337.50 | 402.03 | 479.22 | 571.52 | 681.85 |
| 28 | 159.82 | 190.70 | 227.95 | 272.89 | 327.10 | 392.50 | 471.38 | 566.48 | 681.11 | 819.22 |
| 29 | 178.39 | 214.58 | 258.58 | 312.39 | 377.17 | 456.30 | 552.51 | 669.45 | 811.52 | 984.07 |
| 30 | 199.02 | 241.33 | 293.19 | 356.79 | 434.75 | 530.31 | 647.44 | 790.95 | 966.71 | 1181.9 |
| 35 | 341.59 | 431.66 | 546.68 | 693.57 | 881.17 | 1120.7 | 1426.4 | 1816.7 | 2314.2 | 2948.3 |
| 40 | 581.83 | 767.09 | 1013.7 | 1342.0 | 1779.1 | 2320.8 | 3134.5 | 4163.2 | 5529.8 | 7343.9 |
| 45 | 986.64 | 1358.3 | 1874.2 | 2590.6 | 3585.1 | 4965.3 | 6879.2 | 9531.6 | 1320.3 | 1828.1 |
| 50 | 1668.7 | 2400.0 | 3459.5 | 4994.5 | 7217.7 | 10436. | 15089. | 21813. | 31515. | 45497. |
| 60 | 4755.1 | 7471.6 | 11762. | 18535. | 29220. | 46057. | 72555. | 114189. | 179494. | 281737. |

〈표 A-4〉 정상연금 1원의 현재가치 $PA_n = \sum_{t=1}^{n} \frac{1}{(1+r)^t} = \frac{1-(1+r)^{-t}}{r}$ 기간이자율($r$)

| 기간수 ($n$) | 1% | 2% | 3% | 4% | 5% | 6% | 7% | 8% | 9% | 10% |
|---|---|---|---|---|---|---|---|---|---|---|
| 1 | 0.9901 | 0.9804 | 0.9616 | 0.9615 | 0.9524 | 0.9434 | 0.9346 | 0.9259 | 0.9174 | 0.9091 |
| 2 | 1.9704 | 1.9416 | 1.9165 | 1.8861 | 1.8594 | 1.8334 | 1.8080 | 1.7833 | 1.7591 | 1.7355 |
| 3 | 2.9410 | 2.8839 | 2.8286 | 2.7751 | 2.7232 | 2.6730 | 2.6243 | 2.5771 | 2.5313 | 2.4868 |
| 4 | 3.9020 | 3.8077 | 3.7171 | 3.6299 | 3.5460 | 3.4651 | 3.3872 | 3.3121 | 3.2397 | 3.1699 |
| 5 | 4.6534 | 4.7135 | 4.5797 | 4.4518 | 4.3295 | 4.2124 | 4.1002 | 3.9927 | 3.8897 | 3.7908 |
| 6 | 5.7955 | 5.6014 | 5.4172 | 5.2421 | 5.5057 | 4.9173 | 4.7665 | 4.6229 | 4.4859 | 4.3553 |
| 7 | 6.7282 | 6.4720 | 6.2303 | 6.0021 | 5.7864 | 5.5824 | 5.3893 | 5.2064 | 5.0330 | 4.4684 |
| 8 | 7.6517 | 7.3255 | 7.0197 | 6.7327 | 6.4632 | 6.2098 | 5.9713 | 5.7466 | 5.5348 | 5.3349 |
| 9 | 8.5660 | 8.1622 | 7.7861 | 7.4353 | 7.1078 | 6.8017 | 6.5152 | 6.2469 | 5.9952 | 5.7590 |
| 10 | 9.4713 | 8.9826 | 8.5302 | 8.1109 | 7.7217 | 7.3601 | 7.0236 | 6.7101 | 6.4177 | 6.1446 |
| 11 | 10.368 | 9.7868 | 9.2526 | 8.7605 | 8.3064 | 7.8869 | 7.4987 | 7.1390 | 6.8052 | 6.4951 |
| 12 | 11.255 | 10.575 | 9.9540 | 9.3851 | 8.8633 | 8.3838 | 7.9427 | 7.5361 | 7.1607 | 6.8137 |
| 13 | 12.134 | 11.348 | 10.635 | 9.9856 | 9.3936 | 8.8527 | 8.3577 | 7.9038 | 7.4869 | 7.1034 |
| 14 | 13.004 | 12.106 | 11.296 | 10.563 | 9.9886 | 9.2950 | 8.7455 | 8.2442 | 7.7862 | 7.3667 |
| 15 | 13.865 | 12.849 | 11.938 | 11.118 | 10.380 | 9.7122 | 9.1079 | 8.5595 | 8.0607 | 7.6061 |
| 16 | 14.718 | 13.578 | 12.561 | 11.652 | 10.838 | 10.106 | 9.4466 | 8.8514 | 8.3136 | 7.8287 |
| 17 | 15.562 | 14.292 | 13.166 | 12.166 | 11.274 | 10.477 | 9.7632 | 9.1216 | 8.3436 | 8.0216 |
| 18 | 16.398 | 14.992 | 13.756 | 12.659 | 11.690 | 10.828 | 10.059 | 9.3719 | 8.7665 | 8.2014 |
| 19 | 17.226 | 15.679 | 14.324 | 13.134 | 12.085 | 11.158 | 10.336 | 9.6036 | 8.9501 | 8.3649 |
| 20 | 18.046 | 16.351 | 14.877 | 13.590 | 12.462 | 11.470 | 10.594 | 9.8181 | 9.1285 | 8.5136 |
| 21 | 18.857 | 17.011 | 15.415 | 14.029 | 12.821 | 11.764 | 10.835 | 10.017 | 9.2922 | 8.6487 |
| 22 | 19.660 | 17.658 | 15.937 | 14.451 | 13.163 | 12.042 | 11.061 | 10.201 | 9.4424 | 8.7715 |
| 23 | 20.456 | 18.292 | 16.444 | 14.857 | 13.489 | 12.303 | 11.272 | 10.371 | 9.5802 | 8.8832 |
| 24 | 21.243 | 18.914 | 16.935 | 15.247 | 13.799 | 12.550 | 11.469 | 10.529 | 9.7066 | 8.9847 |
| 25 | 22.023 | 19.524 | 17.413 | 15.622 | 14.094 | 12.783 | 11.654 | 10.675 | 9.8266 | 9.0770 |
| 26 | 22.795 | 21.121 | 17.877 | 15.983 | 14.375 | 13.003 | 11.826 | 10.810 | 9.9290 | 9.1609 |
| 27 | 23.560 | 20.707 | 18.327 | 16.330 | 14.643 | 13.210 | 11.987 | 10.935 | 10.027 | 9.2372 |
| 28 | 24.316 | 21.281 | 18.764 | 16.663 | 14.898 | 13.406 | 12.137 | 11.051 | 10.116 | 9.3066 |
| 29 | 25.066 | 21.844 | 19.188 | 16.984 | 15.141 | 13.591 | 12.278 | 11.158 | 10.198 | 9.3696 |
| 30 | 25.808 | 22.397 | 19.600 | 17.292 | 15.373 | 13.765 | 12.409 | 11.258 | 10.274 | 9.4269 |
| 35 | 29.409 | 24.999 | 21.487 | 18.665 | 16.374 | 14.498 | 12.948 | 11.655 | 10.567 | 9.6442 |
| 40 | 32.835 | 27.356 | 23.115 | 19.793 | 17.159 | 15.046 | 13.332 | 11.925 | 10.757 | 9.7791 |
| 45 | 36.095 | 29.490 | 24.519 | 20.720 | 17.774 | 15.456 | 13.605 | 12.108 | 10.881 | 9.8628 |
| 50 | 39.196 | 31.424 | 25.730 | 21.482 | 18.256 | 15.762 | 13.801 | 12.233 | 10.962 | 9.9148 |
| 60 | 44.955 | 34.761 | 27.676 | 22.623 | 18.929 | 16.616 | 14.039 | 12.376 | 11.048 | 9.9671 |

기간이자율($r$)

| 기간수 ($n$) | 11% | 12% | 13% | 14% | 15% | 16% | 17% | 18% | 19% | 20% |
|---|---|---|---|---|---|---|---|---|---|---|
| 1 | 0.0909 | 0.8929 | 0.8850 | 0.8772 | 0.8696 | 0.8621 | 0.8547 | 0.8475 | 0.8403 | 0.8333 |
| 2 | 1.7125 | 1.6901 | 1.6681 | 1.6467 | 1.6257 | 1.6052 | 1.5852 | 1.5656 | 1.5465 | 1.5278 |
| 3 | 2.4437 | 2.4018 | 2.3612 | 2.3216 | 2.2832 | 2.2459 | 2.2096 | 2.1743 | 2.1399 | 2.1065 |
| 4 | 3.1024 | 3.0373 | 2.9745 | 2.9137 | 2.8550 | 2.7982 | 2.7432 | 2.6901 | 2.6386 | 2.5887 |
| 5 | 3.6959 | 3.6048 | 3.5172 | 3.4331 | 3.3522 | 3.2743 | 3.1993 | 3.1272 | 3.0576 | 2.9906 |
| 6 | 4.2305 | 4.1114 | 3.9975 | 3.8887 | 3.7845 | 3.6847 | 3.5892 | 3.4976 | 3.4098 | 3.3255 |
| 7 | 4.7122 | 4.5638 | 4.4226 | 4.2883 | 4.1604 | 4.0386 | 3.9224 | 3.8115 | 3.7057 | 3.6046 |
| 8 | 5.1461 | 4.9676 | 4.7988 | 4.6389 | 4.4873 | 4.3436 | 4.2072 | 4.0776 | 3.9544 | 3.8372 |
| 9 | 5.5370 | 5.3282 | 5.1317 | 4.9464 | 4.7716 | 4.6065 | 4.4506 | 4.3030 | 4.1633 | 4.0310 |
| 10 | 5.8892 | 5.6502 | 5.4262 | 5.2161 | 5.0188 | 4.8332 | 4.6586 | 4.4941 | 4.3389 | 4.1925 |
| 11 | 6.2065 | 5.9377 | 5.6869 | 5.4527 | 5.2337 | 5.0286 | 4.8364 | 4.6560 | 4.4865 | 4.3271 |
| 12 | 6.4924 | 6.1944 | 5.9176 | 5.6603 | 5.4206 | 5.1971 | 4.9884 | 4.7932 | 4.6105 | 4.4392 |
| 13 | 6.7499 | 6.4235 | 6.1218 | 5.8424 | 5.5831 | 5.3423 | 5.1183 | 4.9095 | 4.7147 | 4.5327 |
| 14 | 6.9819 | 6.6282 | 6.3025 | 6.0021 | 5.7245 | 5.4675 | 5.2293 | 5.0081 | 4.8023 | 4.6106 |
| 15 | 7.1909 | 6.8109 | 6.4624 | 6.1422 | 5.8474 | 5.5755 | 5.3242 | 5.0916 | 4.8759 | 4.6755 |
| 16 | 7.3792 | 6.9740 | 6.6039 | 6.2651 | 5.9542 | 5.6685 | 5.4053 | 5.1624 | 4.9377 | 4.7296 |
| 17 | 7.5488 | 7.1196 | 6.7291 | 6.3729 | 6.0472 | 5.7487 | 5.4746 | 5.2223 | 4.9897 | 4.7746 |
| 18 | 7.7016 | 7.2497 | 6.8399 | 6.4674 | 6.1280 | 5.8178 | 5.5339 | 5.2732 | 5.0333 | 4.8122 |
| 19 | 7.8393 | 7.3658 | 6.9380 | 6.5504 | 6.1982 | 5.8775 | 5.5845 | 5.3162 | 5.0700 | 4.8435 |
| 20 | 7.9633 | 7.4694 | 7.0248 | 6.6231 | 6.2593 | 5.9288 | 5.6278 | 5.3527 | 5.1009 | 4.8696 |
| 21 | 8.0751 | 7.5620 | 7.1015 | 6.6870 | 6.3125 | 5.9731 | 5.6648 | 5.3837 | 5.1263 | 4.8913 |
| 22 | 8.1757 | 7.6446 | 7.1695 | 6.7429 | 6.3587 | 6.0113 | 5.6964 | 5.4099 | 5.1486 | 4.9094 |
| 23 | 8.2664 | 7.7184 | 7.2297 | 6.7921 | 6.3988 | 6.0442 | 5.7234 | 5.4321 | 5.1668 | 4.9245 |
| 24 | 9.3481 | 7.7843 | 7.2829 | 6.8351 | 6.4338 | 0.0726 | 6.7465 | 5.4509 | 5.1822 | 4.9371 |
| 25 | 8.4217 | 7.8431 | 7.3300 | 6.8729 | 6.4641 | 6.0971 | 507662 | 5.4669 | 5.1951 | 4.9476 |
| 26 | 8.4881 | 7.8957 | 7.3717 | 6.9061 | 6.4906 | 6.1182 | 5.7831 | 5.4804 | 5.2060 | 4.9563 |
| 27 | 8.5478 | 7.9426 | 7.4086 | 6.9352 | 6.5135 | 6.1364 | 5.7975 | 5.4919 | 5.2151 | 4.9636 |
| 28 | 8.6016 | 7.9844 | 7.4412 | 6.9607 | 6.5335 | 6.1520 | 5.8099 | 5.5016 | 5.2223 | 4.9697 |
| 29 | 8.6501 | 8.0218 | 7.4701 | 6.9830 | 65509 | 6.1656 | 5.8024 | 5.5093 | 5.2292 | 4.9747 |
| 30 | 8.6938 | 8.0552 | 7.4957 | 7.0027 | 6.5660 | 6.1772 | 5.8294 | 5.5168 | 5.2347 | 4.9789 |
| 35 | 8.8552 | 8.1755 | 7.5856 | 7.0700 | 6.6166 | 6.2153 | 5.8582 | 5.5386 | 5.2512 | 4.9915 |
| 40 | 8.9511 | 8.2433 | 7.6344 | 7.1050 | 6.6418 | 6.2335 | 5.8713 | 5.5482 | 5.2582 | 4.9966 |
| 45 | 9.0079 | 8.2825 | 7.6609 | 7.1232 | 6.6543 | 6.2421 | 5.8773 | 5.5523 | 5.2611 | 4.9986 |
| 50 | 9.0417 | 8.3045 | 7.6572 | 7.1327 | 6.6605 | 6.2463 | 5.8801 | 5.5541 | 5.2623 | 4.9995 |
| 60 | 9.0736 | 8.3240 | 7.6873 | 7.1401 | 6.6651 | 6.2491 | 5.8819 | 5.5553 | 5.2630 | 4.9999 |

〈표 A-5〉 이상연금 1원의 현재가치 기간이자율($r$)

| 기간수 ($n$) | 1% | 2% | 3% | 4% | 5% | 6% | 7% | 8% | 9% | 10% |
|---|---|---|---|---|---|---|---|---|---|---|
| 1 | 1.0000 | 1.0000 | 1.0000 | 10.000 | 1.0000 | 1.0000 | 1.0000 | 1.0000 | 1.0000 | 1.0000 |
| 2 | 1.9901 | 1.9804 | 1.9709 | 1.9615 | 1.9524 | 1.9434 | 1.9346 | 1.9259 | 1.9174 | 1.9091 |
| 3 | 2.9704 | 2.9416 | 2.9135 | 2.8861 | 2.8594 | 2.8334 | 2.8080 | 2.7833 | 2.7591 | 2.7355 |
| 4 | 3.9410 | 3.8839 | 3.8286 | 3.7751 | 3.7233 | 3.6730 | 3.6243 | 3.5771 | 3.5313 | 3.4869 |
| 5 | 4.9020 | 4.8078 | 407171 | 4.6220 | 4.5460 | 4.4651 | 4.3872 | 4.3121 | 4.2397 | 4.1699 |
| | | | | | | | | | | |
| 6 | 5.8534 | 5.7135 | 5.5797 | 5.4518 | 5.3295 | 5.2124 | 5.1002 | 4.9927 | 4.8897 | 4.7908 |
| 7 | 6.7955 | 6.6014 | 6.4172 | 6.2421 | 6.0757 | 5.9173 | 5.7665 | 5.6229 | 5.4859 | 5.3553 |
| 8 | 7.7282 | 7.4720 | 7.2303 | 7.0021 | 6.7864 | 6.5824 | 6.3893 | 6.2064 | 6.0330 | 5.8684 |
| 9 | 8.6517 | 8.3255 | 8.0197 | 7.7327 | 7.4632 | 7.2098 | 6.9713 | 6.7466 | 6.5348 | 6.3349 |
| 10 | 9.5660 | 9.1622 | 8.7861 | 8.4353 | 8.1078 | 7.8017 | 7.5152 | 7.2469 | 6.9953 | 6.7590 |
| | | | | | | | | | | |
| 11 | 10.4713 | 9.9826 | 9.5302 | 9.1109 | 8.7217 | 8.3601 | 8.0236 | 7.7101 | 7.4177 | 7.1446 |
| 12 | 11.3676 | 10.7869 | 10.2526 | 9.7605 | 9.3064 | 8.8869 | 8.4987 | 8.1390 | 7.8052 | 7.4951 |
| 13 | 12.2551 | 11.5753 | 10.9540 | 10.3851 | 9.8633 | 9.3838 | 8.9427 | 8.5361 | 8.1607 | 7.8137 |
| 14 | 13.1337 | 12.3484 | 11.6350 | 10.9857 | 10.3936 | 9.8527 | 9.3577 | 8.9038 | 8.4869 | 7.1034 |
| 15 | 14.0037 | 13.1063 | 12.2961 | 11.5631 | 10.8986 | 10.2950 | 9.7455 | 9.2442 | 8.7862 | 8.3667 |
| | | | | | | | | | | |
| 16 | 14.8651 | 13.8493 | 12.9380 | 12.1184 | 11.3797 | 10.7123 | 10.1049 | 9.5595 | 9.0607 | 8.6061 |
| 17 | 15.7179 | 14.5777 | 13.5611 | 12.6523 | 11.8378 | 11.1059 | 10.4467 | 9.8514 | 9.3126 | 8.8237 |
| 18 | 16.5623 | 15.2919 | 14.1661 | 13.1657 | 12.2741 | 11.4773 | 10.7632 | 10.1216 | 9.5436 | 9.0216 |
| 19 | 173983 | 15.9920 | 14.7535 | 13.6593 | 12.6896 | 11.8276 | 11.0591 | 10.3719 | 9.7556 | 9.2014 |
| 20 | 18.2260 | 16.6785 | 15.3238 | 14.1340 | 13.0853 | 12.1581 | 11.3356 | 10.6036 | 9.9501 | 9.3649 |
| | | | | | | | | | | |
| 21 | 19.0456 | 17.3514 | 15.8775 | 14.5903 | 13.4622 | 12.4699 | 11.5940 | 10.8182 | 10.1286 | 9.5136 |
| 22 | 19.8570 | 18.0112 | 16.4150 | 15.0292 | 13.8212 | 12.7641 | 11.8355 | 11.0168 | 10.2922 | 9.6487 |
| 23 | 20.6604 | 18.6581 | 16.9369 | 15.4511 | 14.1630 | 13.0416 | 12.0612 | 11.2007 | 10.4424 | 9.7715 |
| 24 | 21.4558 | 19.2922 | 17.4436 | 15.8568 | 14.4886 | 13.3034 | 12.2722 | 11.3711 | 10.5802 | 9.8832 |
| 25 | 22.2434 | 19.9139 | 17.9355 | 16.2470 | 14.7986 | 13.5504 | 12.4693 | 11.5288 | 10.7066 | 9.9847 |
| | | | | | | | | | | |
| 26 | 23.0232 | 20.5235 | 18.4132 | 16.6221 | 15.0939 | 13.7834 | 12.6536 | 11.6748 | 10.8226 | 10.0770 |
| 27 | 23.7952 | 21.1210 | 18.8768 | 16.9828 | 15.3752 | 14.0032 | 12.8258 | 11.8100 | 10.9290 | 10.1610 |
| 28 | 24.5596 | 21.7069 | 19.3270 | 17.3296 | 15.6430 | 14.2105 | 12.9867 | 11.9352 | 11.0266 | 10.2372 |
| 29 | 25.3164 | 22.2813 | 19.7641 | 17.6631 | 15.8981 | 14.4062 | 13.1371 | 12.0511 | 11.1161 | 103066 |
| 30 | 26.0658 | 22.8444 | 20.1885 | 17.9837 | 16.1411 | 14.5907 | 13.2777 | 12.1584 | 11.1983 | 10.3696 |
| | | | | | | | | | | |
| 35 | 29.7027 | 25.4986 | 22.1318 | 19.4112 | 17.1929 | 15.3681 | 13.8540 | 12.5869 | 11.5179 | 10.6086 |
| 40 | 33.1630 | 27.9026 | 23.8082 | 20.5845 | 18.0170 | 15.9491 | 14.2649 | 12.8786 | 11.7255 | 10.7570 |
| 45 | 36.4555 | 30.0800 | 25.2543 | 21.5488 | 18.6628 | 16.3832 | 14.5579 | 13.0771 | 11.8605 | 10.8491 |
| 50 | 39.5881 | 32.0521 | 26.5017 | 22.3415 | 191687 | 14.7076 | 14.7668 | 13.2122 | 11.9482 | 109063 |
| 60 | 45.4046 | 35.4561 | 28.5058 | 23.5284 | 19.8757 | 17.1311 | 15.0129 | 13.3667 | 120423 | 109639 |

기간이자율$(r)$

| 기간수 $(n)$ | 11% | 12% | 13% | 14% | 15% | 16% | 17% | 18% | 19% | 20% |
|---|---|---|---|---|---|---|---|---|---|---|
| 1 | 1.0000 | 1.0000 | 1.0000 | 1.0000 | 1.0000 | 1.0000 | 1.0000 | 1.0000 | 1.0000 | 1.0000 |
| 2 | 1.9009 | 1.8929 | 1.8850 | 1.8772 | 1.8696 | 1.8621 | 1.8547 | 1.8475 | 1.8403 | 1.8333 |
| 3 | 2.7125 | 2.6901 | 2.6681 | 2.6467 | 2.6257 | 2.6052 | 2.5852 | 2.5656 | 2.5465 | 2.5278 |
| 4 | 3.4437 | 3.4018 | 3.3612 | 3.3217 | 3.2832 | 3.2459 | 3.2096 | 3.1743 | 2.1399 | 3.1065 |
| 5 | 4.1025 | 4.0374 | 3.9745 | 3.9137 | 3.8550 | 3.7982 | 3.7432 | 3.6901 | 3.6386 | 3.5887 |
| | | | | | | | | | | |
| 6 | 4.6959 | 4.6048 | 4.5172 | 4.4331 | 4.3522 | 4.2743 | 4.1994 | 4.1272 | 4.0576 | 3.9906 |
| 7 | 5.2305 | 5.1114 | 4.9976 | 4.8887 | 4.7845 | 4.6847 | 4.5892 | 4.4976 | 4.4098 | 4.3255 |
| 8 | 5.7122 | 5.5638 | 5.4226 | 5.2883 | 5.1604 | 5.0386 | 4.9224 | 4.8115 | 4.7057 | 4.6046 |
| 9 | 6.1461 | 5.9676 | 5.7988 | 5.6389 | 5.4873 | 5.3436 | 5.2072 | 5.0776 | 4.9544 | 4.8372 |
| 10 | 6.5671 | 6.3283 | 6.1317 | 5.9464 | 5.7716 | 5.6065 | 5.4506 | 5.3030 | 5.1633 | 5.0310 |
| | | | | | | | | | | |
| 11 | 6.8892 | 6.6502 | 6.4262 | 6.2161 | 6.0188 | 5.8332 | 5.6586 | 5.4941 | 5.3381 | 5.1925 |
| 12 | 7.2065 | 6.9377 | 6.6869 | 6.4527 | 6.2337 | 6.0286 | 5.8364 | 5.6560 | 5.4865 | 5.3271 |
| 13 | 7.4924 | 7.1944 | 6.9177 | 6.6603 | 6.4206 | 6.1971 | 5.9884 | 5.7932 | 5.6105 | 5.4392 |
| 14 | 7,7499 | 7,4236 | 7,1218 | 6.8424 | 6.5832 | 6.3423 | 6.1183 | 5.9095 | 5.7147 | 5.5327 |
| 15 | 7.9819 | 7.6282 | 7.3025 | 7.0021 | 6.7245 | 6.4675 | 6.2293 | 6.0081 | 5.8023 | 5.6106 |
| | | | | | | | | | | |
| 16 | 8.1909 | 7.8109 | 7.4624 | 7.1422 | 6.8474 | 6.5755 | 6.3242 | 6.0916 | 5.8759 | 5.6755 |
| 17 | 8.3792 | 7.9740 | 7.6039 | 7.2651 | 6.9542 | 6.6685 | 6.4053 | 6.1624 | 5.9378 | 5.7296 |
| 18 | 8.5488 | 8.1196 | 7.7291 | 7.3729 | 7.0472 | 6.7488 | 6.4746 | 6.2223 | 5.9897 | 5.7746 |
| 19 | 8.7016 | 8.2497 | 7.8399 | 7.4674 | 7.1280 | 6.7179 | 6.5339 | 6.2732 | 6.0333 | 5.8122 |
| 20 | 8.8393 | 8.3658 | 7.9380 | 7.5504 | 7.1982 | 6.8775 | 6.5845 | 6.3162 | 6.0700 | 5.8435 |
| | | | | | | | | | | |
| 21 | 8.9633 | 8.4694 | 8.0248 | 7.6231 | 7.2593 | 6.9288 | 6.6277 | 6.3528 | 6.1009 | 5.8696 |
| 22 | 9.0751 | 8.5620 | 8.1016 | 7.6870 | 7.3125 | 6.9731 | 6.6648 | 6.3837 | 6.1268 | 5.8913 |
| 23 | 9,1751 | 8.6447 | 8.1695 | 7.7429 | 7.3587 | 7.0113 | 6.6964 | 6.4099 | 6.1486 | 5.9094 |
| 24 | 9.2664 | 8.7184 | 8.2297 | 7.7921 | 7.3988 | 7.0443 | 6.7234 | 6.4321 | 6.1669 | 5.9245 |
| 25 | 9.3481 | 8.7843 | 8.2829 | 7.8351 | 7.4338 | 7.0726 | 6.7365 | 6.4510 | 6.1822 | 5.9371 |
| | | | | | | | | | | |
| 26 | 9.4217 | 8.8431 | 8.3300 | 7.8729 | 7.4642 | 7.0971 | 6.7662 | 6.4669 | 6.1915 | 5.9476 |
| 27 | 9.4881 | 8.8957 | 8.3717 | 7.9061 | 7.4906 | 7.1182 | 6.7831 | 6.4804 | 6.2060 | 5.9563 |
| 28 | 9.5478 | 8.9426 | 8.4086 | 7.9352 | 7.5135 | 7.1364 | 6.7975 | 6.4919 | 6.2151 | 5.9636 |
| 29 | 9.6016 | 8.9844 | 8.4412 | 7.9607 | 7.5335 | 7.1520 | 6.8099 | 6.5606 | 6.2228 | 5.9697 |
| 30 | 9.6501 | 9.0218 | 8.4701 | 7.9830 | 7.5509 | 7.1656 | 6.8204 | 6.5098 | 6.2292 | 5.9747 |
| | | | | | | | | | | |
| 35 | 9.8293 | 9.1562 | 8.5717 | 8.0599 | 7.6091 | 7.2098 | 6.8541 | 6.5356 | 6.2490 | 5.9899 |
| 40 | 9.9357 | 9.2330 | 8.8268 | 8.0998 | 7.6381 | 7.2309 | 6.8695 | 6.5468 | 6.2572 | 5.9959 |
| 45 | 9.9988 | 9.2764 | 8.6568 | 8.1205 | 7.6524 | 7.2409 | 6.8765 | 6.5517 | 6.2607 | 5.9984 |
| 50 | 10.0362 | 9.3010 | 8.6730 | 8.1312 | 7.6596 | 7.2457 | 6.8797 | 6.5539 | 6.2621 | 5.9993 |
| 60 | 10.0717 | 9.3229 | 8.6866 | 8.1397 | 7.6649 | 7.2490 | 6.8818 | 6.5552 | 6.2630 | 5.9999 |

# INDEX

## B~P


BSC 194, 195, 198
CVP도표(cost-volume-profit chart) 90
CVP분석 84, 86, 99, 105
PV도표(profit-volume chart) 90


## ㄱ


가격결정 315
가격차이 233
가중평균 공헌이익률법 97, 98
가치공학(value engineering) 프로세스 317
가치사슬 308, 310
가치사슬원가계산 310
가치사슬원가계산(value chain costing) 308
경영의 순환과정 186
경제적 부가가치
(economic value added : EVA) 287
계단식원가(step costs) 16
계량화 152
계정분석법(accounting analysis method) 22
고저점법 24
고정예산 172
공헌이익 86, 98, 192
공헌이익(contribution margin) 86
관련성(relevance) 120
관련원가 133
관련원가(relevant cost) 19
관련원가(relevant costs) 121
관리회계 3
균형성과표(balanced scorecard; BSC) 195
기준조업도 69, 71
기초원가 18
기회원가(opportunity cost) 121, 130
기회원가(opportunity costs) 20
꾸러미법 97


## ㄴ~ㅁ


노무비(labor cost) 17
누적평균시간모형 36
다중선형회귀분석
(multiple linear regression) 30
매몰원가(sunk cost) 121
매몰원가(sunk costs) 20
매출배합차이 260
매출수익률(return on sales : ROS) 286
매출조업도차이 259
목표원가계산 317
목표원가계산(target costing) 316
민감도 분석(sensitivity analysis) 99


## ㅂ


변동예산 172, 225
변동원가(variable costs) 15
변동원가계산(variable costing) 54, 59
변동제조간접비 221
분권화(decentralization) 187

## ㅅ

사업부경영자 공헌이익 192
산포도법 28
생산예산(production budget) 158
세무회계 3
소멸되지 않은 원가(non expired costs) 12
소멸된 원가(expired costs) 12
손익분기도표(break-even chart) 90
손익분기점(BEP) 89
수익중심점 평가 278
수익중심점(revenue center) 189
스루풋 공헌(throughput contribution) 66
스루풋 원가계산 66
스트레치(stretch)예산 171
시장가격(market price) 290
시장규모차이 262
시장점유율차이 262
실제원가 291
실제원가계산(actual costing) 209
실제최대조업도(practical capacity) 70

## ㅇ

안분(proration) 232
안전한계(safty margin) 94
영기준(zero-base)예산 172
예산 151
예산기간 152
예산조업도(master-budget capacity) 70
예산주체 152
완제품기말재고예산 162
원가(cost) 10
원가가산가격결정(cost-plus pricing) 124
원가대상(cost objective) 11
원가중심점 성과평가 278
원가중심점(cost center) 189
원가행태(cost behavior) 14
의사결정(Decision making) 123
의사결정기능
(function of decision making) 5
이론적 조업도(theoretical capacity) 69
이익가산기준 291
이익중심점 253
이익중심점(profit center) 190, 252

## ㅈ

자문적 예산편성
(consultative budgeting) 170
잔여이익(residual income) 284
재무회계 2, 3
전략적 원가관리
(strategic cost management) 306
전부원가계산 56
전제적 예산편성(authoritative budgeting)
169
전통적 원가계산 316
정상원가계산(normal costing) 209
정상조업도(normal activity) 70
제조간접비예산 161
제품수명주기 원가계산
(product life-cycle costing) 311
제품수명주기원계산 306

조업도(capacity) 69
조직도(organization chart) 188
종합예산(master budget) 151, 156
준고정원가(semi-fixed costs) 16
준변동원가(semi-variable costs) 15
준평균법(semi-average method) 26
증분예산편성법 171
증분원가(incremental costs) 121
직접노무비예산(direct labor budget) 160
직접재료비예산
(direct materials budget) 159

## ㅊ

차액원가(differential costs) 19
차이안분(disposition of difference) 232
참여적 예산편성
(participative budgeting) 169
책임중심점(responsibility center) 188
책임회계제도
(responsibility accounting system) 187
최대이전가격 293
최소이전가격 292
최소자승법(least squares method) 30
추정대차대조표 166
추정손익계산서
(budgeted income statement) 165
추정재무제표
(budgeted financial statements) 156

## ㅋ~ㅌ

카이젠원가계산 306, 322
투자수익률 286
투자수익률
(return on investment : ROI) 279
투자중심점 성과평가 282
투자중심점(investment center) 190

## ㅍ

판매예산(sales budget) 156, 157
표준고정제조간접비 214
표준변동제조간비 213
표준원가 208
표준원가계산(standard costing) 209

## ㅎ

학습곡선(learning curve) 34
학습곡선모형 34, 39
현금예산 163
협상이전가격(negotiated transfer price) 291
활동기준 예산편성
(activity-based budgeting) 171
활동성기준원가 318
회귀분석 30

## ▣ 저자소개

**신 현 대**

남서울대학교 세무학과 교수
홍익대학교 경영학박사
한국창업정보학회부회장
한국홀리스틱교육학회 부회장
한국국제회계학회 편집이사
세무공무원시험 출제위원

【주요 저서】

회계원리, 전산회계, 경영학원론 등과 다수의 논문

現代 **의사결정 관리회계**

2014년 2월 27일 초판 인쇄
2014년 3월 2일 초판 발행

저지와의 협의하에 인지생략

**저 자** 신현대
**발행인** 추일재
**발행처** 비즈프레스

서울시 강동구 천호 359-23
E-mail : bizpress@hanmail.net
등록 : 2006년 11월 27일 제324-2006-0044호

**정가 23,000원**

ISBN 978-89-92730-87-7